⊙铜都论坛

铜陵学院优秀学术报告选集
（2015—2017）

丁家云　倪国爱　主编

合肥工業大學出版社

图书在版编目(CIP)数据

铜陵学院优秀学术报告选集:2015—2017/丁家云,倪国爱主编.—合肥:合肥工业大学出版社,2018.5

ISBN 978-7-5650-3987-4

Ⅰ.①铜… Ⅱ.①丁…②倪… Ⅲ.①社会科学—文集②自然科学—文集 Ⅳ.①Z427

中国版本图书馆CIP数据核字(2018)第095425号

铜陵学院优秀学术报告选集(2015—2017)

丁家云 倪国爱 主编　　　　责任编辑 王钱超

出 版	合肥工业大学出版社	版 次	2018年5月第1版
地 址	合肥市屯溪路193号	印 次	2018年5月第1次印刷
邮 编	230009	开 本	710毫米×1000毫米 1/16
电 话	人文编辑部:0551-62903205	印 张	20.25
	市场营销部:0551-62903198	字 数	383千字
网 址	www.hfutpress.com.cn	印 刷	安徽昶颉包装印务有限责任公司
E-mail	hfutpress@163.com	发 行	全国新华书店

ISBN 978-7-5650-3987-4　　　　定价:49.00元

前　言

2009年9月，铜陵学院被安徽省教育厅、安徽省财政厅正式批准为“省示范应用型本科高校立项建设单位”。为探索应用型高校发展道路，建设高质量、有特色的应用型本科高校，在示范上见成效，培养高素质、复合型、应用型人才，让广大师生享受最优质的教学资源，铜陵学院党政领导坚持以科学发展观为指导，以示范应用型高校建设为契机，紧密结合创先争优活动的开展，自2010年上半年开始，研究部署并实施“八百工程”，即：打造百家名师讲坛、推出百堂精彩一课、举办百场学术报告、实施百个合作项目、通读百部经典名篇、出版百部教材论著、选派百名教师访学、推行百项服务承诺。

本报告集系铜陵学院推出的“八百工程”系列之一“举办百场学术报告”的汇编成果，是在2015—2017学年举办的225场学术报告中，精选了36篇优秀学术报告文稿，经整理结集而成。目的是活跃校园学术气氛，开阔师生视野，把校内学术报告打造成展示学术成果的高层次平台，努力提高教学科研水平，促进科研与教学互动，促进科研与创新人才培养相结合。本报告集中的作者基本为铜陵学院副教授以上职称或博士学历的专业教师，在自身科研和教研方面均颇有建树。报告内容涉及经济管理、文学艺术、政治法律、工程科技（计算机科学技术、数学、电气信息、机械材料）等。

铜陵学院“举办百场学术报告”的宗旨是坚持以科研促教学，打造学院严谨治学、潜心研究、精心教学、积极进取、锐意创新的教学科研团队，将教师的科研成果充实教学内容，及时传授给学生，在学院积极营造“无时不学术、无处不学术、无人不学术”的学术文化氛围。铜陵学院计划每年举办近100场学术报告，并出版一本《铜陵学院优秀学术报告集》，形成系列书籍，以供科研教学参考。

2018年4月

前言

目　录

经济·管理

文学·艺术

政治·法律

工程·科技

经济·管理

安徽城镇化建设问题的探讨

丁家云

摘　要：目前中外具有代表性的城镇化理论主要有：聚集—扩散理论；三元结构理论；中心地理论；增长极理论；“广义小城镇学”理论。安徽城镇化经历了中等城市与小城镇发展战略（1978—1989 年）、皖江外向开放战略（1990—2000 年）、中心城市带动战略（2000—2009 年）和城市群发展战略（2010 年以来）的时空结构演变过程。目前来看，安徽城镇化速度明显加快；城镇布局在逐步优化；城镇建成区域增加快速；城镇综合承载力有所提高；城市综合实力正稳步提升；城镇人居环境不断改善；城镇规划工作得到加强；城镇化与工业化“双轮驱动”。城镇化建设中也存在城镇化发展水平较低；城镇化发展质量不高；中心城市带动能力不强，区域城镇化发展不平衡；城镇化体制机制不灵活；空间资源利用效率较低等问题。对此，安徽新型城镇化要走集约、节能、生态的新路子，其核心是以人为本，关键是提高城镇化的质量，目的是造福百姓和富裕农民。其路径主要有：产城融合型城镇化；中心集聚性城镇化；土地集约型城镇化；市场主导型城镇化；以人为本型城镇化。

关键词：安徽；城镇化；时空结构；路径设计

所谓城镇化，就是国外所说的城市化（urbanization），不同的学科从不同的角度对之有不同的解释，就目前来说，国内外学者对城镇化的概念分别从人口学、地理学、社会学、经济学等角度予以了阐述。本文将其定义为：由农业（第一产业）为主的传统乡村社会向以工业（第二产业）和服务业（第三产业）、高新技术产业和信息产业（第四产业）为主的现代城市社会逐渐转变的历史过程。具体包括人口职业的转变、产业结构的转变、土地及地域空间的变化。新型城镇化则是以城乡统筹、城乡一体、产城互动、节约集约、生态宜居、和谐发展为基本特征的城镇化，是大中小城市、小城镇、新型农村社区协调发展、互促共进的城镇化。新型城镇化的核心是以人为本，关键是提高城镇化的质量，目的是造福百姓和富裕农民，要走的是集约、节能、生态的新路子。

一、城镇化理论

（一）聚集—扩散理论

该理论是对城乡动态关系，特别是小城镇形成机制的描述。主要包括聚集效应和扩散效应。

1. 聚集效应

聚集是因为在工业布局的技术因素影响下，最高的经济效益是通过最大限度的空间集中而获得，其结果是工业由农村疏散布局方式集中到农村中心，随后，人口、建筑等要素在农村快速发展。聚集效应有两个子概念：聚集经济和聚集不经济。聚集经济又称聚集经济效益，意指由于一批厂商的相对聚集而带来的经济效益的增加或费用的减少。例如工业的聚集，可以共享电力、水源和交通运输等各种基础设施，避免污染的扩散。聚集不经济是指社会经济活动及相关要素空间集中所引起的费用增加或收入、效用的减少。

聚集效应是由社会经济活动的空间集中所形成的聚集经济和聚集不经济综合作用的结果。聚集经济为社会经济活动的空间聚集提供了吸引力和推动力；聚集不经济则构成空间聚集的排斥力和约束力。

一座城市的兴衰，实际上由聚集效应的聚集经济和聚集不经济的综合作用所决定。自觉运用聚集效应的原理指导小城镇建设有着非常重要的意义。

2. 扩散效应

该效应是指当经济发展到一定程度以后，发展速度将放慢，原来已经积聚的资金和技术力量开始寻求更高的发展机会，于是出现由增长点向周边地区的扩散，带动周边经济的发展。在这个过程中，可能由于劳动力、市场、自然资源等方面的原因使新的增长点得以形成。由聚集一扩散产生的地域结构变化推进了农村城市化进程。该过程中城乡支撑体系的完善是关键一步，没有畅通的流通渠道，资金、技术、信息无法从城市输入，而人口、产业等也无法在农村地域上聚集，农村城市化进程必然严重受阻。

（二）三元结构理论

美国著名经济学家阿瑟·刘易斯，在1954年发表《劳动无限供给条件下的经济发展》，首次指出了二元结构的困境，把发展中国家经济的“二元性”明确地刻画出来，认为发展中国家的经济结构可以概括为落后的农业部门与现代化的工业部门同时并存。

1. 双重二元经济结构理论

指旧有的城乡二元经济结构已逐步转向城乡之间、城市内部和农村内部的双重二元结构，即位于农村地域上的农村工业部门和农业部门，以及位于城市地域上的城市传统工业区和城市新型经济区。由此构成了城乡双重二元矛盾，使以往的城乡矛盾更趋复杂。

2. “三元结构”

比“二元结构”多出来的另一元，就是以中间技术为主导，以乡镇工商企业为主体的农村非农业部门及其载体——小城镇。

(三) 中心地理论

1933年，德国地理学家克里斯塔勒在他的重要著作《德国南部中心地原理》一书中，系统地建立起了对聚落地理学具有重大影响的理论。该理论的目的在于探索决定城市的数量、规模以及分布的规律是否存在，如果存在又是怎样的规律。他从经济学观点来研究城市地理，认为经济活动是城市形成、发展的主要因素。他不仅注意每个具体城市的位置、形成条件，而且更加关注一个区域的城市总体数量、区位、发展和空间结构。中心地理论表明，城市服务功能的档次决定着中心城市的等级及其吸引范围。中心城市服务档次越高，便需要更大空间范围的消费者作为服务对象，才能够实现其最基本的收益。

(四) 增长极理论

增长极理论是50年代法国经济学家弗朗索瓦·佩鲁在《经济空间理论和应用》一文中首先提出的。当时人们对二战后一些新兴独立国家的经济增长与社会发展不协调感到困惑，在这种情况下，佩鲁提出增长极概念，主张以非总量的方法安排经济计划，建立和发展增长极，以极的增长推动整个国民经济的增长。在20世纪50年代至60年代，许多国家运用增长极策略发展大城市。

1. 增长极的含义

一是指具有创新能力、规模大、增长迅速关联效应大的推进型主导产业部门；二是在地理含义上指区位条件优越的地区，通过极化效应和扩散效应带动区域经济的发展的地理空间。

2. 增长极理论的核心内涵

区域经济增长总是在某些子区域呈现极快的经济增长。经济增长的契机只能出现在个别部门、个别地区，造成经济增长点实力膨胀，形成中心地。出现了带头产业与支柱产业，在其作用下使经济发展出现了增长极核，同周围地区形成一种势差，最终带动整个区域经济发展。经济极化过程既可以是功能性的，也可以是地域性的。

根据增长极思想，佩鲁提出了政策建议：如果一个发达国家和地区缺少发展极，那就应该创建增长极。创建增长极要区分两类增长极：一类是吸引中心，一类是弥散中心。前者的作用是把边沿地区的居民吸引到发展极来，减少边沿地区的人口压力，使农户的耕作面积扩大并改进生产技术，以提高边沿地区的人均福利水平；后者是投资的结果，将增加边沿地区的人口密度。

在发展中国家，增长极战略主要用于解决三个问题：（1）落后地区经济开发和现代化问题；（2）与自然资源开发相关的城市化问题；（3）首位城市过度膨胀的控制问题。

3. 增长极策略

把工业和投资集中于极，促使被视为增长极的城市迅速发展、增长和繁荣，然后再由增长极影响周边地区发展，以争取较高经济效益。

该理论被广泛地用于小城镇的发展。如改革开放以来，中国东南沿海地区得到迅速发展。小城镇大多分布在区位优越、交通便利、生产要素富集的地区。小城镇迅速发展带来的产业集聚、生产要素集聚效应及规模经济效应，使小城镇经济增长率迅速提高，其经济增长速度远远高于周围广大农村区域，成为农村区域经济的增长极。

(五)“广义小城镇学”理论

（1）“广义小城镇学”理论提出的背景：一是根据产业革命两百多年来世界性工业化、城市化发展的经验教训；二是直接依据了20世纪80年代以来，中国人民积极推进乡村工业化，发展乡镇企业和小城镇的创新实践。

（2）理论基础。霍华德的《明日的田园城市》；刘易斯·芒福德著《城市发展史》；费孝通的《小城镇，大问题》和《论小城镇建设》。

（3）具体理论。主要包括：（1）霍华德的“城乡磁铁”论。霍华德设想出三种磁力：城市、农村和城乡接合。他为此绘制了“三磁铁图”，认为可以把城市和乡村当作两块磁铁，它们各自力争把人民吸引过去。然而还有一个与之抗衡的劲敌，那就是部分吸取二者特色的代表新生活方式的第三块磁铁：城市—乡村磁铁，这个磁铁兼具城市和乡村的优点，而尽可能地避免了二者的缺点。他指出城市和乡村具有彼此依赖的优点和缺点：城市的有利因素是提供就业机会和享用各种市政设施的机会，但自然环境恶化；乡村有好的自然环境，是一切美好事物和财富的源泉，是智慧、艺术、诗歌、音乐灵感的沃土，阳光明媚，空气新鲜，但缺少城市的物质设施和就业机会，生活简朴。“城乡磁铁”兼具二者优点。霍华德说：“城市磁铁和乡村磁铁都不能全面反映大自然的用心和意图。人类社会和自然美景应兼而有之”。尽管在现代社会中，霍华德的理想并不能真正实现，但它确实指明了城市健康发展的方向。它向世人展示了一种不同凡响的城市观：即城市是一个有机整体，人类应该注重城市规划和城市建设，重视城市环境保护，走可持续发展的城市化道路。(2) 地区城市理论。刘易斯·芒福德提出的地区城市理论设想是对霍华德“城乡磁体论”的继承和发展。一是芒福德的城市观。芒福德持一种动态的、社会学的城市观。他认为:乡村是大地的产物,它们反映了农民在支配大地时的技巧,乡村生活的每一个方面都影响着城市;城市始终是一个开放的大系统,一旦和外部环境脱离,就会逐步丧失活力。原始的农业区不论在生产上还是思想上发展都很缓慢,长期居住在矿区和林区的人知识难以更新,有些中小城市的产品质量长期上不去,都是由于缺乏和外部交流、竞争。因而,城市无论大小,都应该力争把自己的经济、文化活动和全国的,甚至是世界的经济、文化活动联系在一起。芒福德认为,人类社会和自然界的有机体有许多相似之处,有机体为了维持自身的生命状态,就必须不断更新自己,与周围的环境建立积极的联系,有机体和环境之间存在着作用和反作用的关系,这种关系一旦失衡,生命就会暂时停止或永远死亡。与有机体生命活动相关的环境就是它的生态环境。人类社会也是一样,它必须与周围的自然环境在供求上相互取得平衡,才能持续地保持活力。而且,由于人类社会必须继承十分复杂的社会传统,这就有必要把社会传统作为赖以生存的第二种环境。二是芒福德的区域观。芒福德把城市社区赖以生存的环境称为区域。他所谓的区域作为一个独立的地理单元是既定的,而作为一个独立的文化单元则部分是人类深思熟虑的愿望和意图的体现。因而,芒福德所谓的区域,是地理因素、经济因素和文化因素的综合体。芒福德指出,要划分区域,不能仅着眼于寻求它周边范围,而是要研究它的中心。城市的引力范围已经成为一个重要的地理因素、这个范围内的能量、人口和商品具有向该城市集中的趋势;他们在那里聚集、分配、疏导、转运。这个范围就是区域。城市的活动有赖于区域的支持;区域的发展取决于城市的推动。在城镇发展问题上,芒福德提出了地区城市理论设想,即在一个大城市地区范围内,设置许多小城市,再用各种交通工具把这些小城市连接起来。目的是在大城市周围通过设置这些小城市来构建一个区域,形成城市与区域的互动关系。

(4) 费孝通的小城镇理论。费孝通最早注意到中国实施改革开放政策后,中国农村乡镇企业的发展,他实地调查了乡镇企业发展与小城镇发展进程对中国工业化、城市化的影响,进行了社会学的研究,研究了农村、农民和农业发展与乡镇企业和小城镇发展的关系,研究了现代小城镇成长和变化的动力。费孝通把发展乡镇企业与小城镇在地方经济社会体系中的影响,作为他构思乡村工业化、城市化的基本构架。主要包括:(1) 小城镇道路理论。第一,决定发展小城镇的因素。一是中国人口及其分布特点;二是避免“大城市病”,大城市模式不利于广大居民安居乐业,况且这种模式与我国国情也很难适应;三是小城镇为主,大中城市为辅(是费孝通主张的中国城市化的道路);四是重视小城镇作为农村地区商品集散中心的地位。第二，关于小城镇发展动力。农村工业化是小城镇发展的直接推动力；发展农村特色工业。(2) 人口流动论。人口流动的两个阶段："离土不离乡"和"离乡不离井"是农村剩余劳动力转移第一阶段的主要形式；"离土又离乡"和"离乡又离井"是农村剩余劳动力转移第二阶段的主要形式。费孝通主张"做活人口这盘棋"，两个棋眼：一是发展内地的小城镇这种人口蓄水池，一是疏散人口到地广人稀的边区开发资源。(3) 区域经济发展模式论。1983 年在《小城镇·再探索》一文中，费孝通提出了"经济发展模式"的概念，即从整体出发，探索每个地区发展的背景、条件以及在此基础上形成的与其他地区相区别的发展特色。例如，"苏南模式"：由乡镇工业的兴起而进入工业化。"温州模式"：个体私营经济发展形成了家庭工业与专业市场。即"小商品，大市场"。"珠江模式"：珠江三角洲借助香港的地缘优势普遍发展"三来一补"企业，与香港形成前店后厂格局。此外，费孝通还提出了一些区域经济发展模式，如"民权模式""侨乡模式"等。

二、安徽城镇化时空结构演变

改革开放以来，安徽城镇化水平较快提升，时空结构演变经历了 4 次转型。具体如下：

(一) 中等城市与小城镇发展战略 (1978—1989 年)

20 世纪 80 年代我国城镇化方针是"严格控制大城市规模，合理发展中等城市，积极发展小城市"。当时缺乏大城市，中等城市成为全省发展重点，1986 年《安徽省经济社会发展战略纲要》，提出了以合肥、蚌埠、阜阳、芜湖、安庆、黄山 6 个城市为中心的"六个经济区"空间战略，促进了全省中等城市发展新格局。与此同时，农村改革释放了大批农村劳动力，安徽不少地区也办起了乡镇企业，带来小城镇的繁荣。1984 年 5 月省委省政府发布了发展小城镇的 36 条措施，允许务工经商的农民进入小城镇，离土不离乡，就地就近就业，小城镇得到了较快的发展，实现了全省以中等城市为主体、小城镇为基础的城镇空间结构第一次转型。第一次转型起步于农村城镇化，小城镇在城镇化初期中起到了重要推动作用，中等城市得到一定程度的发展。城镇化率由 1978 年的 12.6%，上升到 1990 年的 18.8%，平均每年增长不到 0.5 个百分点，安徽城镇化发展进入启动阶段。

(二) 皖江外向开放战略 (1990—2000 年)

1990 年安徽省委省政府做出开发皖江的决策，提出了由马鞍山、芜湖、铜陵和安庆 4 市组成的皖江经济区。1991 年，为抓住浦东开发开放机遇，省委省政府做出"开发皖江，呼应浦东，迎接辐射，加快发展"的战略决策，皖江地区成了后来的皖江城市带。长江黄金水道在皖江段401.5km，有“八百里皖江”之说，自上而下流经安庆、池州、铜陵、芜湖、马鞍山5市，形成沿江分布的城市密集带。《安徽省“八五”发展规划纲要》首次将皖江城市带列为全省重点对外开放开发地区，以芜湖作为对外开放的窗口，实施皖江开发开放战略。“九五”期间，进一步明确“一线两点”（“一线”指马芜铜宣的沿江地区，“两点”是合肥、黄山市）作为发展外向型经济的重点区域。这时期皖江城市带得到大力发展，不仅与对外开放开发政策支持有关，还与1990年代农村人口开始向城市大规模转移有关，除了跨省流动的劳动力以外，大量省内农村人口向省域内城市流动也有了较快的增长，其中向经济增长较快的皖江城市带转移人数最多，形成了城镇空间结构的第二次转型。第二次转型是以重点区域城市为主导的，农村劳动力开始由农村向经济发达的城镇大规模转移，促进了这些地方的城镇化步伐的加快，全省城镇化率由1990年的18%提高到2000年的28%，年均增加1个百分点，城镇化进入提速时期。

（三）中心城市带动战略（2000—2009年）

进入新千年后，对外开放力度继续加大。2003年4月，安徽省委做出加速融入长三角经济圈的重要决策，发展中心城市受到重视。2005年以后，城市群、国家中心城市目标进入国家战略框架。2006年国务院出台《关于促进中部地区崛起若干意见》提出以省会城市和资源环境承载力较强的中心城市为依托，加快发展沿干线铁路经济带和沿长江经济带。2008年《安徽省人民政府工作报告》强调构建省会经济圈，《安徽省“十一五”发展规划纲要》主推“实施中心城市带动战略”，《安徽城镇体系规划》（2004—2020）将合肥经济圈、沿江城市带、“两淮一蚌”列为重点发展地区。

在政策导向下，以大城市为代表的中心城市发展进入扩张期。最为显著的是省会城市合肥，自2000年以后加速发展，“十一五”期间GDP年均增长幅度达17.9%，高居全国省会城市首位，城市规模逐年扩大，2005年构建“一个主城区、四个副中心、一个滨湖新区”的“141”大城市空间组团。2006年构建以合肥为中心，包括六安、淮南、巢湖，随后又加上县级桐城市和定远县在内的“省会经济圈”，2009年确立为合肥经济圈。此外，芜湖、安庆、马鞍山、淮北、宿州、阜阳等城市也加快了发展，并由中等城市上升为大城市，相邻城市出现合（肥）淮（南）同城化、芜（湖）马（鞍山）铜（陵）同城化趋势。以大城市的快速发展为标志，城镇空间结构出现了第三次转型。

以大城市为主导的第三次结构转型，大大加快了城镇化进程，全省城镇化率由2000年的28%提升到2010年的43.2%，年均增加1.52个百分点，这是安徽城镇化加速最快的时期。

（四）城市群发展战略（2010年以来）

“十二五”时期，城市群是我国新型城镇化的主体形态，全省上下积极谋划城市群发展。2010年1月国务院批准了《皖江城市带承接产业转移示范区规划》，皖江城市带上升至国家发展战略层面，2012年国家出台《关于大力实施促进中部地区崛起战略的若干意见》，皖江城市带作为中部地区重点区域、中部核心地带和重要增长极，进一步提升了皖江城市带的发展地位。2011年7月行政区划调整，撤销地级巢湖市，将巢湖市所辖的一区四县分别划归合肥、芜湖和马鞍山，扩大了城市带中心城市的范围与承接大规模的产业转移的空间，提升大城市的经济实力，推进了合肥经济圈与皖江城市带的进一步发展。2012年合肥市市域空间全面升级，形成“1331”（1个主城区及城市组团、3个城市副中心、3个产业新城、1个环巢湖示范区）新的大城市空间格局，合肥经济圈进一步扩大，2013年底滁州市整体加入。《安徽“十二五”发展规划纲要》提出“一带一圈一群”（皖江城市带、合肥经济圈和皖北城市群）的城镇群发展的空间格局，《安徽省“十二五”城镇化发展规划》对合肥、芜湖、安庆、蚌埠、阜阳、黄山等6市的城市功能进行了定位，新修编的《安徽省城镇体系规划（2012—2030）》提出“两圈两带一群”［合肥都市圈、芜马都市圈、沿江（皖江）城市带、淮蚌合芜宣发展（轴）带、皖北城市群］多极并举的城镇空间格局。

2013年底出台《安徽省主体功能区规划》在促进合肥经济圈和皖江城市带的融合基础上，将“两圈两带”整合在一起，提出以合肥为核心，包括沿江、沿淮及江淮之间10个地级市的“1＋10”城镇空间结构的“江淮城市群”，实现了由单极到多极并举，再走向融合一体的第四次空间结构转型。

以城市群为主导的第四次转型，改变了城镇化的传统发展模式，更加注重城乡统筹、城乡一体化以及城镇间协调发展，全省城镇化率得到了快速提升，由2010年的43.2％上升到2013年的47.9％，3年内年均增长近1.6个百分点，城镇化发展进入了新中国成立以来的黄金期。

三、安徽城镇化现状

（一）城镇化速度明显加快

近年来，安徽城镇化推进速度明显加快，高于同期全国年均增长水平。具体表现为：一是城镇人口迅速增加。2005年～2013年，安徽城镇人口由2173万人增加到3318万人，城镇化率由35.5％提高到了47.86％，年均提高1.77个百分点，高于全国的平均增长速度（全国为1.53个百分点）。二是城镇化率逐年提高。1978年安徽省城镇化率仅为12.6％，2005年达到35.5％，2017年安徽省城镇化率达到53.5％，城镇化率逐年提高，2017年比1978年城镇化率增长了近

3.5 倍。三是城镇化差距日益缩小。安徽城镇化水平与全国平均水平的差距由 2002 年的 8.39 个百分点缩小到 2013 年的 5.84 个百分点。（其中，2013 年安徽城镇化率 47.86%，全国平均水平为 53.7%）

（二）城镇布局逐步优化

安徽积极实施中心城市带动战略，把培育壮大中心城市摆在优先位置，加快县城和重点镇的规划建设，初步形成了层级合理、分布均衡、梯次分明、功能互补的城镇体系。

2012 年，全省城镇人口数 100 万以上的特大城市有 4 个、50 万至 100 万人口的大城市有 5 个、20 万至 50 万人口的中等城市有 15 个、10 万至 20 万人口的小城市 35 个、10 万人以上的特色镇 48 个。

（三）城镇建成区域快速增加

安徽各地根据经济发展水平、历史文脉特色、产业发展基础，积极引导产业向开发区、产业园区集中，2012 年全省城镇建成面积为 1565 平方公里，比 2008 年的 1311 平方公里增加了 254 平方公里，年均增长近 20%。

（四）城镇综合承载力有所提高

安徽坚持城市发展与产业成长“两手抓”，促进城镇产业优化升级，把城镇化与调整产业结构、培育新兴产业、促进就业创业结合起来。各城镇实施完成城市路网、燃气供水、污水处理、园林绿化、公共事业、安置房建设等一批基础设施项目，城镇承载能力有所提高。例如：黄山市荣获“中国人居环境奖”；阜阳市城市中心区园林绿化建设项目获得“中国人居（范例）奖”。

（五）城市综合实力稳步提升

随着长江经济带战略的实施，以及皖江城市带和合肥经济圈的发展，安徽特别是皖江城市带综合实力逐步增强。

从经济实力来看，2013 年，皖江城市带 GDP 总额为 12555.5 亿元，占安徽省的比重为 65.95%，人均 GDP 最高的铜陵达到 92599 元。据 2013 年中国城市排行榜，合肥和芜湖进入 100 强，共计 6 个城市进入 200 强。

从城市布局来看，皖江城市带基本形成了“一核一带三极多点”的城市发展格局，即：“一核”以合肥国际化大都市建设为核，“一带”以长江经济带国家战略为带，“三极”以马鞍山、芜湖和铜陵次核心城市为极，“多点”以安庆、池州、滁州、六安为点。

（六）城镇人居环境不断改善

2013 年，33 项民生工程累计投入 605.6 亿元，惠及 6000 多万城乡居民，共有省、市、县级环境监测站 91 个，16 个省辖城市均开展了空气环境质量监测，其中 8 个城市空气质量达到二级标准。同时，启动城镇绿化，按照 300 米见绿地、500 米见公（游）园的标准，到 2017 年，城镇主要道路绿化达标率达到 80%以上，人均公园绿地面积达到 12 平方米。城镇人居环境不断改善。如：2013 年，池州市荣获“中国人居环境奖”。

（七）城镇规划工作得到加强

近年来，安徽实施《安徽省城镇体系规划》，抓好城镇密集地区城镇群或城镇带规划，加快市、县域城镇体系和总体规划编制工作，加强城市详细规划和专业规划编制工作。目前共 22 个设市城市开展了到 2020 年总体规划修编工作；56 个县城到 2020 年总体规划修编已完成 90%以上。

在空间发展策略上，安徽目前实施中心城市带动战略，全面推进城市群（圈）规划与建设，打造跨越式发展的战略支点。城镇空间布局主要依托沿江、沿淮城市群和合肥经济圈这“两群一圈”展开。

（八）城镇化与工业化“双轮驱动”

城镇化是工业化和经济发展的必然结果。随工业化水平的提高和经济的发展，必然带来城镇化水平的提高。2013 年末，安徽城镇化率为 46.786%，工业化率为 46.9%，城镇化率与工业化率大致相当，二者的比例将近 1∶1。可见，在安徽大力实施工业强省战略时，城镇化也进入持续快速发展阶段，呈现出城镇化与工业化“双轮驱动”的良性发展态势。

四、安徽城镇化存在的问题

（一）城镇化发展水平较低

安徽城镇化基础设施薄弱，城镇化发展仍处于较低水平。2012 年，城镇化率只有 46.3%，而全国平均水平则为 52.6%，安徽城镇化发展水平与全国平均水平差距仍较大；与中部其他省份相比，安徽的城镇化率仅高于河南。

我省城镇化率从 2008 年的 40.5%提高到 2012 年的 46.5%，年均增长 1.20 个百分点，高于全国平均增长速度。全省城镇化水平与全国平均水平的差距由 2002 年的 8.39 个百分点缩小到 2012 年的 6.1 个百分点。但是，安徽省城镇化率仍低于全国平均值，城镇化率位居中部六省第五位，2012 年的城镇化率分别相当于全国、湖南、湖北、江苏和浙江的 88.4%、87.7%、86.9%、78.8%和 73.6%。

另外，安徽城市的区域首位度（城市首位度，是用于测量城市的区域主导性的指标，反映区域城镇规模序列中的顶头优势性，也表明区域中各种资源的集中程度；一般用一个地区最大城市与第二大城市经济规模之比来表示这个最大城市的首位度，它通常用来反映该国或地区的城市规模结构和人口集中程度。一般认为，城市首位度小于 2，表明结构正常、集中适当；大于 2，则存在结构失衡、过度集中的趋势。很多发展中国家的第一大城市的人口往往比第二大城市的人口多3倍～9倍，最高达到12倍～13倍。也有种说法是，指一个国家、地区或者省的首都或省会城市人口占总人口的比例。）不高，皖北、皖南缺少有集聚力、带动力、辐射力和影响力的区域中心城市。

一是城镇化率低于全国平均水平。2013年，安徽城镇化率为47.9％，低于全国5.8个百分点，约相当于2009年全国平均水平，滞后于全国4年左右；与发达地区相比，差距更为明显，城镇化率比广东、浙江、江苏分别低21.2，17.4和15.0个百分点；比中部省份湖北低4.9个百分点。二是城镇化滞后于工业化发展。2013年，安徽城镇化率为47.9％，工业化率为46.9％，城镇化率与工业化率比值为1.02：1，与国际经验值相比，明显表现出城镇化水平滞后于工业化进程。三是半城镇化问题突出。按照户籍人口计算，安徽城镇化率不足25％，约有1000万农民工及随迁人员居住在城镇，但没有取得城镇户籍，还不是真正意义上的城镇居民。

（二）城镇化发展质量不高

一是城市基础设施和公共服务水平有待提升。安徽城市交通、信息、水电气供应、防灾减灾等现代化基础设施体系仍需加快完善，主要指标与全国平均水平还有一定差距。2012年，安徽每万人拥有公共交通车辆10.6台，比全国低1.2台、比江苏低0.7台、比浙江低5.8台。二是城镇化发展方式粗放。在城市快速扩张过程中，规划建设水平不高，学校、医院、公园、商场、文化、休闲等配套服务设施不足，建筑风格、文化品位、城市品牌等建设标准较低，城镇之间产业结构需同、城镇建设模式相似、城市文化特色缺失成为普遍现象。

再以安徽经济发达的皖江城市带为例，城镇化质量总体不高。一是城镇化发展不协调。2012年，皖江城市带建成面积为981平方米，人口1678万人，分别比2009年增长了34.94％和12.02％，可见，城镇化发展速度与人口增长速度不协调，主要在于过分重视城市规模扩张却忽略人口规模的增加。二是城镇化发展不稳定。皖江城市带大约占全省人口的45％左右，因为各种条件的限制，如住房、医疗保险、社会福利等，致使部分人尽管从事非农工作，但却无法断绝与土地的联系，从城里返回家乡的比例较高。根据统计年鉴，安徽省2012年的非农人口比重为22.89％，远远低于2012年的城镇化率46.5％。

（三）中心城市带动能力不强

进入城镇化快速发展时期，安徽城镇人口和建成区的规模快速扩张，设区市数量仍相对较多，区域中心城市功能培育和形成没能及时跟上，导致中心城市功能不完善，竞争力总体较弱，对区域辐射带动能力不足，集聚要素能力亟待增强。

将全省中心城市分为3类：省级中心城市、地级市的区域性中心城市、县域中心城市。总体表现为：一是省级中心城市（如省会合肥）发展空间有待拓展。2013年，合肥经济总量为4672.9亿元，其经济总量占全省的比例由2005年的15.9%上升为2013年的24.4%，但其辐射范围只是所辖的4县1市，其经济首位度为24.5%，位居中部第3位，低于武汉的36.7%，长沙的29.2%，仍有进一步提升的空间。二是区域中心城市辐射能力较弱。省内15个地级市的区域性中心城市中，除了芜湖、马鞍山、铜陵、淮南、淮北市5个市以外，其他10个地级市是20世纪由“区改市”而来，行政管辖4—8个县，如芜湖经济总量2099.5亿元，不足合肥的1/2，城市能级仍然偏小。虽然一些地级市人口达到大中城市的规模，但市辖区还只是区域行政中心，如安庆、蚌埠、阜阳等区域性中心城市不大不强，无法形成对周边小城市的带动效应，“市弱县强”，导致实力小、功能弱的中心城市对应的是一个大区域，出现“弱中心与大区域”并列的格局，“小马拉不动大车”，对区域的辐射带动能力较弱。三是县域中心城市辐射半径有限。县域中心城市，包括了5个小城市和56个县城。除去15个经济强县外，多数县城综合功能不强，由于其集聚产业和人口不足，潜力没有得到充分发挥，小城镇数量多、规模小且不合理、服务功能弱，辐射半径十分有限，难以承担对全县（市）经济发展的带动作用。

（四）区域城镇化发展不平衡

由于受地理环境、历史条件、自然资源等作用和影响，安徽城镇化发展水平区域差距较大，呈现较明显的东高西低及南高北低的区域发展差异。具体表现为：一是皖江城市带城镇化优势明显。该区域是安徽经济发达地区，城镇分布密集，城镇化率最高。如2013年铜陵市城镇化率最高，达76.3%，已接近国内一线城市；省会合肥是全省的经济文化中心和要素集聚的“高地”，城镇化率为66.4%。二是皖北地区城镇经济社会实力较弱。该区域经济欠发达，农业人口多，城镇发展滞后，城镇化率低。宿州市为34.8%、阜阳市为34.9%，亳州市只有33%，不及铜陵市的一半，省域城镇化水平最高与最低差距43个百分点。三是皖西地区城镇化规模小。如六安市域人口多，城镇人口少，2013年，市域733万人，城镇300多万人，城镇化率不足45%，总体规模偏小。

此外，在安徽省城镇化建设过程中，区域特色缺乏问题还较突出，城镇职能分工不明确，一定程度上还存在着产业结构趋同、重复建设和资源浪费等问题。

（五）城镇化体制机制不灵活

一是体制机制障碍仍然较多。目前，安徽土地管理制度、就业制度、社会保障制度、户籍管理制度等方面的改革滞后，城乡之间仍处于二元分割的状态，经济政策和社会政策不协调，制约了公共资源在城乡的优化配置和生产要素在城乡之间的合理流动，影响了城镇化的健康有序发展。二是投融资体制改革有待推进。地方政府主要依靠财政资金、土地资金、银行贷款三个渠道筹措城镇化建设资金，缺乏多样化、多层次的融资渠道，很难在资金市场上筹措到匹配的资金。尽管政府正在探索与民营资本合伙经营等新型融资模式，但由于规模小、领域窄、风险高等原因，现阶段也难以满足不断攀升的城镇化融资需求。

（六）空间资源利用效率较低

一是“土地城镇化”快于“人口城镇化”。城镇化的快速发展，促进城镇边界快速向外扩张，如全省地级市以上建成区面积2005年为886平方公里，2012年增加到1682平方公里，年均增长12.8%，而同时期城镇人口由2172万增加到2784万，年均增长只有4%，城镇建成区面积增长速度是城镇人口增长速度的3倍，显然“土地城镇化”快于“人口城镇化”，表明在快速城镇化过程中城镇建设“摊大饼”式的无序扩张，各自为政，带来空间资源的极大浪费。二是大城市规模扩张，小城镇人口承载力不够。2012年安徽城市与集镇建成区的平均人口密度是每平方公里分别为6400人和2800人，均低于全国平均水平。土地利用是低密度的扩张，造成大城市规模不断扩大，出现“空城”现象，小城镇处在萎缩状态，人口数量增长放缓，人口外迁，城市功能不全，产业集聚力弱，对人口集聚力不强，小城镇的人口承载力严重不足。

五、安徽城镇化路径设计

（一）产城融合型城镇化路径

产城融合是指产业与城市融合发展，以城市为基础，承载产业空间和发展产业经济，以产业为保障驱动城市更新和完善服务配套，以达到产业、城市、人之间有活力、持续发展的新模式。产城融合化的城镇化发展理念，一方面强调以产兴城，将产业视为城市发展的基础；另一方面产与城融，将城市视为产业发展的载体，以城促产、协调推进。

众所周知，城镇化的本质是在于产业、人口和要素在一定空间的高度集聚。其中，产业集聚是人口和要素集聚的基础和前提，也就是城镇化的基础。同时，产业集聚是产业集群形成的内在要求，产业集群是产业集聚发展的高级形态，产城融合是新型城镇化的重要支撑。因此，安徽应合理定位自身城镇功能，以独特的主导产业推进安徽产城融合的新型城镇化进程。具体包括：一是强化合肥先进制造业基地的地位，同时重点建设“六大服务业集聚区”。二是发挥芜湖汽车产业、区域性综合交通枢纽和商贸流通业优势，打造汽车产业之城和现代物流中心。三是保留铜陵和马鞍山的重工业优势，积极发展生产性服务业。四是发挥池州、宣城和六安的文化旅游资源优势，积极打造生态旅游和生态农业。五是立足安庆和滁州的石化产业，通过延伸产业链，努力开创精细化工等先导性产业。最终实现以产兴城、城与产融、以产聚人，营造城市发展有主导、产业发展有支撑、人民生活有保障的皖江城市带新型城镇化局面。

（二）中心集聚性城镇化路径

《安徽省十二五城镇化发展规划》指出，安徽省新型城镇化旨在形成和完善以区域中心城市为核心、其他区市为节点、县城和中心镇为基础的现代城镇体系。因此，可以选择合肥、芜湖、蚌埠、阜阳等综合实力较强的区域中心城市为龙头城市，大力发展合肥经济圈、芜马都市圈、沿江城市带、沿淮城市群，将其作为安徽省新型城镇化的重点发展区域，突出重点区域的引领带动及中心辐射作用。对于某一省份来说，中心城市不可能有很多。一般来说，通常采用城市首位度来衡量城市规模，反应区域城镇体系的发展水平，首位城市就是一个地区的中心城市，在城市体系中起到关键作用，对区域经济发展和经济增长的贡献要远远高于其他规模水平的城市。显然，在安徽，合肥是当之无愧的首位城市，首位度达到1.624，确立了合肥市在安徽省经济社会的核心地位。因此，可以选择合肥走基于经济集聚的中心城市化发展路径，充分利用合肥经济实力雄厚、带动作用明显、发展潜力巨大的特点和优势，将合肥作为安徽经济发展的增长极，并以此为依托，不断做大做强，充分发挥合肥的集聚优势和辐射作用，推动安徽新型城镇化进程。

（三）土地集约型城镇化路径

从国内土地集约实践来看，主要有昆山的八度原则、杭州的“一调两宽两严”办法和苏州的“单位面积土地利用投资强度”模式等，且取得了较好的成效，对安徽推进特色新型城镇化特别是土地利用具有很好的借鉴意义。具体对策和措施如下：

一是以土地总体规划为纲领，优化安徽区域城镇布局。以集约用地为宗旨，对园区进行科学选址，加强城镇居民点用地的科学规划，确保项目集中于园区，土地凸显出规模，农民生活在城镇。工业园区用地上严格按照国家政策审批、监管；居民用地上体现特色，做到因地制宜，系统布局，注重内涵发展。

二是以开发闲置土地为手段，提高安徽土地利用率。盘活和开发闲置土地是缓解皖江城市带城镇化进程中土地需求与供给矛盾的有效途径。一方面，要积极发掘土地潜力，如对安徽企业利用低效或闲置的土地实施改造，从建筑容积率、投资强度等方面进行评估，切实提高土地利用率；另一方面，实施旧企业和旧村改造，增加土地可利用总量，或是采用“等价置换”的方式整合零散或分散的碎块土地，提高土地系统利用效率。

三是以城市跨江发展为战略，拓展沿江城市城镇用地空间。如皖江城市带中有5个城市依江而建，特别是铜陵、马鞍山和芜湖城镇化用地十分紧张，发展空间受到限制。随着皖江城市带交通枢纽特别是各市长江大桥的建立与行政区划的调整（如巢湖），跨江发展成为可能。因此，皖江城市带新型城镇化进程中，可以通过实施跨江发展战略扩大城市发展空间。

（四）市场主导型城镇化路径

传统城镇化主要由政府主导和推动，而十八届三中全会强调市场在资源配置中的决定性作用，可见，安徽城镇化应该交给市场决定，从政府主导的二元经济结构向政府引导、市场主导的城乡一体化经济结构转型。国外城镇化经验也启发我们，城镇化要回归理性，如美国经历了大都市群带动、小城镇无序蔓延和精明增长调整三个阶段，其发展经验也告诉我们，安徽城镇化应以市场决定为导向，政府规划为先导，坚持以人的城镇化为核心，全面提高城镇化质量。

具体来讲，市场主导的城镇化路径就是在城镇化进程中，以城镇开发、建设和经营为对象，作为经营主体的企业在政府的引导下，利用市场化运作手段对构成城镇空间的载体及其构成城镇的资源进行重组、集聚、运营，从而推进城镇化的动态发展。该路径就是倡导以政府为引导、以市场为运作手段、以企业为经营主体的新型城镇化。同时，城镇化作为一种资源要素集聚和优化配置的手段，集聚的推力和拉力由市场决定。市场主导的新型城镇化作为一种新的路径，为保证其顺利实施，必须建立配套的城镇化运作机制，如皖江城市带新型城镇化市场运作机制、政府与市场相互结合的运作机制以及政府协调机制等，通过这些机制确保政府在城镇化进程中由主导向引导转变，简政放权，让市场充分发挥资源配置的决定性和主导作用，由企业来组织，并鼓励全社会居民积极参与，提高安徽城镇化质量。

（五）以人为本型城镇化路径

城镇化的本质是人的城镇化，安徽城镇化的关键是人的问题，要切实提高区域城镇人口的素质和居民生活质量，必须充分凸显以人为本的特点，充分征求居民的意见，尊重他们的意愿，扎实搞好新型城镇化的“后勤工作”。具体措施包括：第一，安徽城镇化不能以城镇化率作为奋斗目标，不能为了推进城镇化而城镇化，要切实解决失地农民的土地补偿问题和就业问题；第二，安徽城镇化要加大城镇基础设施和公共服务建设，以国家户籍改革指导和契机，解决进城人口的身份认同问题，做到新进城农民与城市居民享受同等待遇，进一步推进农业转移人口市民化；第三，安徽城镇化要重点提高农业转移人口的整体素质和文明程度，安抚他们面对改变的情绪，实现他们思想上的真正“城镇化”。

事实上，城镇化影响城市人口的生活，也影响农村人口的生活，典型的就是带来农村的空心化，出现日益严重的留守儿童、留守妇女和留守老人问题。因此，落实以人为核心的城镇化，需要回归到人的需求的多样性，回归到人的利益和权利的多样性，从而真正聚焦于城镇化过程对不同群体的影响，并在城镇化过程中实现具体个人的利益福利和发展追求。

深化创新创业教育改革，全面提高应用型人才培养质量

倪国爱

摘　要：当前，我国高等教育正逐步从“精英教育”向“大众教育”过渡，大众创业、万众创新已成为国家创新驱动发展战略，各高等学校更加注重大学生知识、素质和能力的培养。铜陵学院从人才培养模式改革、创新创业教育机制体制、应用型课程体系、“双能型”师资队伍建设、实践教育平台和应用型人才评价等方面做到“六个优化”，深入推进创新创业教育改革，不断提高应用型人才培养质量。

关键词：创新创业教育；人才培养；课程体系；师资队伍

党的十八大以来，“大众创业、万众创新”成为国家创新发展战略。2015 年 5 月，国务院办公厅出台了《关于深化高等学校创新创业教育改革的实施意见》(国办发［2015］36 号)，明确了创新创业教育的指导思想、目标任务和具体措施，开启了我国高等学校创新创业教育改革的新纪元。同年 12 月，安徽省政府办公厅也制定了相应的实施意见，提出了“分类培养、分类施教、强化实践，优化人才培养结构，全面深化教育教学改革，促进学生全面发展和个性发展”的基本原则。省内各高校紧跟时代发展步伐，找准定位，积极开展相关工作，把深化创新创业教育改革作为推进事业改革、建设和发展的重要抓手。

铜陵学院作为地方应用型本科高校，坚持走应用型办学道路，先后制定了《铜陵学院关于深化创新创业教育改革的实施意见》（院发［2016］24 号）和《铜陵学院大学生创新创业学分认定及学籍管理办法（试行)》(院发［2016］72 号）等文件。紧紧围绕应用型办学定位、创新型人才培养、双能型教师建设、创业型学生发展的“四型”教育理念，深入推进“六个优化”，不断深化创新创业教育改革，全面提高教育教学质量。

作者简介：倪国爱（1963—），男，安徽庐江人，铜陵学院校长，教授，博士。研究方向：审计学、高等教育管理。

一、优化应用型人才培养模式

以能力培养为主线，以提高应用型人才培养质量为核心，切实增强学生的创新精神、创业意识和创新创业能力。一是健全产教融合、协同育人新机制，校企共同制定人才培养方案，共同构建课程体系和内容，共同制定核心课程标准，改革教学方法和手段，改革评价方法。二是顺应世界“互联网＋”发展趋势，探索网络化教育新模式，建立网络学习学分认定与学分转换等制度。三是以“主辅修制”为龙头，持续推动“弹性学制”“主辅修制”“冠名班”“创新创业教育”等多样化人才培养模式的探索，加快学生成长与成才。四是科学落实暑期小学期制，全面推进创新创业训练、技能培训、专业辅修重修与集中性实践教学环节等教学活动。五是重点推进“卓越人才教育培养计划”，与企业行业深度合作，共同建立课程体系、实践教学体系和质量评价体系，从人才培养方案、培养机制、课程设置、教学内容、教学方法等方面大胆改革和创新。

二、优化创新创业教育改革机制体制

学校创新应用型人才培养机制，成立创新创业教育工作领导小组，专门设立创新创业学院，以创新实验中心、实习实训基地、创客实验室（或创客空间）等为依托，联合社会各类众创企业和联盟，整合创新创业教育资源，协同合作、整体推进，形成党政齐抓共管、职能部门和二级学院多方联动的支持大学生创新创业的良好创新创业教育环境。逐步构建以立德树人、实践育人、创新创业三位一体相互融合的全方位教育体系（见图1所示）。

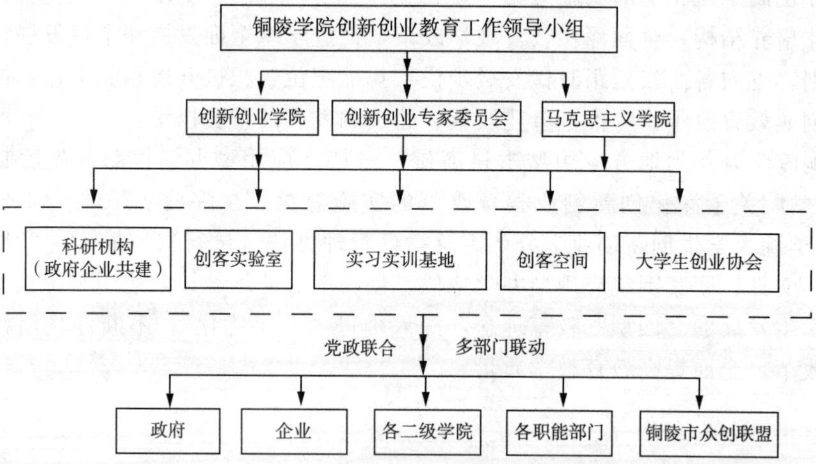

图1 全方位教育体系

三、优化创新创业教育课程体系

学校依托人文素质教育，找准专业教育和创新创业教育的契合点，探索合理路径，改革教学方法，将创新创业教育融入专业教育。坚持理论联系实际，理论教学和实践训练相互促进，实行创新创业最低学分制，建立专业培养与创新创业教育相互融合的课程体系。

注重理论课教学，融合大学生就业指导和职业生涯规划等内容，在人才培养方案中设置创新创业系列基础课，将其列为必修课。采取小班授课，明确学生主体、教师主导作用，注重学生个性发展和创新精神养成教育，培养学生创新创业兴趣，根据不同专业人才培养目标，引导教师加强课程规划和教案设计，将创新创业类课程与专业课程体系有机融合。此外，积极开设形式多样的创新创业选修课和培训课，发挥网络（含 MOOC）课程优势，采取翻转课堂、混合式教学等模式，推动学生自主学习。

突出创新创业实践，通过 GYB、SYB 等创业技能专门训练，使大学生在社会调研——灵感捕捉——团队组建——计划书撰写——项目展示等环节中提升创业实践感知能力。根据专业类别的不同，组织学生参加各级各类学科和技能竞赛，大力实施大学生创新创业训练计划项目，提高创新创业实践能力。强化实践教学，优化实践条件，引导学生在实验、实习、课程设计、毕业综合训练等教学活动中培养和提高自身的创新意识和创造能力，鼓励有条件的毕业生入驻企业园区或创业基地进行项目孵化，积极开展创新创业实践。

四、优化“双能型”师资队伍结构

加大教育供给侧改革力度。积极引进高层次人才，尤其是加大具有一定行业企业背景的“双能型”教师的引进力度，必要时可采取柔性引进措施，聘请知名专家、创业成功者、企业家、风险投资人等各行各业优秀人才，担任专业课、创新创业课授课或指导教师。根据学科专业布局，在岗位考核、晋职晋级、津贴分配等方面向“双能型”教师倾斜，更好地满足应用型人才培养的需要。在第一轮“双百计划”实施的基础上，实施第二轮“双百计划”。

首先，学校以创新创业学院和各专业建设指导委员会为依托，成立专门的创新创业教学和科研团队，对全校创新创业课程进行科学论证、组织和规划，有计划、成系统地组织教学。在中青年教师中广泛开展创新创业导师培训，建立创新创业教育专职教师到行业企业挂职锻炼制度，使他们成为学校创新创业教育的中坚力量和改革先锋。完善学校科技成果转化、处置和收益分配制度，结合“互联网＋”大学生创新创业大赛等重要赛事，鼓励教师深度参与指导，带领学生创新创业。一方面，学校有计划地组织专业课程教师到对口企业单位挂职，学习企业的管理经营、技术研发、市场开拓等内容，体验创业过程，提高专业教师的实践能力；另一方面，从行业企业聘请中高层管理人员、企业家、社会创业典型等来校开设讲座或担任外聘教师，丰富和扩充创新创业教育团队。

五、优化创新创业教育实践平台

强化大学生创新创业实践，深入实施大学生创新创业训练计划。学校将深入开展“未来企业家”培养计划，逐步开设创业培训班、创业兴趣班、创业实验班和创业实践班。学校设立创业基金，对每个符合条件的创业项目将给予一定的创业启动资金和创业流动资金资助。

建设国内领先的创新、创客实验室。继续依托“四个基地”，优化校外实习实训基地，与产学研基地联合建设创新创业基地，重点建设好省级以上校企合作创新创业实践基地。根据学校《大学生创业孵化基地管理办法》，加强创客实验室和众创空间的建设，定期举办创新创业咨询讲座和培训活动。在学校新建的大学生活动中心内开辟专门场地，重点建设“大学生科技创新创业基地”，为孵化基地项目负责人提供相关服务，设立专项资金支持大学生创新创业。

六、优化应用型人才质量评价机制

推进校内人才培养质量评价制度改革，将大学生实践创新能力、创业就业能力作为评价教学质量的重要指标，将服务企业岗位能力作为毕业生质量考核的重要内容，建立适应应用型高校的人才培养质量标准。积极推进学分制管理，在完善学年学分制的基础上，认真总结经验，逐步完成学年学分制向完全学分制的过渡。创新学籍管理方式，注重学生个性发展，推进过程考核，建立学分互认制度和学分替换制度，允许学生休学创业。探索建立社会评价机制，吸纳行业、企业参与评价专业人才培养质量。

当前，全校上下已统一思想认识，坚持立德树人根本任务，以人为本、因材施教，紧紧围绕应用型人才培养这个核心，深化创新创业教育改革，强化能力培养，突出应用实践，不拘一格，百花齐放，努力形成了教育教学改革的生动局面。当代大学生肩负着时代发展和民族振兴的重任，只有牢牢把握当前教育改革发展的良好机遇，刻苦学习，勇于实践，才能掌握真才实学，练就过硬本领，在大众创业、万众创新的时代潮流中一展身手，书写人生精彩华章。

参考文献：

[1] 龚兵丽，赖祥亮，张君诚．应用型本科高校创新创业教育体系的重构与

实践 [J]. 鸡西大学学报, 2016 (3): 12—15.

[2] 黄兆信, 王志强. 论高校创业教育与专业教育的融合 [J]. 教育研究, 2013 (12): 59—67.

[3] 倪国爱. 地方应用型高校创新创业教育改革的实践与探索 [J]. 应用型高等教育研究, 2016 (3): 44—47.

[4] 张恩韶, 李清晨. 新建应用型本科院校大学生创新创业教育的实践与探索 [J]. 山东青年政治学院学报, 2015 (2): 73—77.

[5] 哈艳, 高向杰. 高校创新创业教育研究 [J]. 河北大学学报 (哲学社会科学版), 2014 (6): 148—150.

[6] 李月云, 杨文艺. 强化协同: 新建本科高校创新创业教育改革的路径选择 [J]. 国家教育行政学院学报, 2016 (2): 56—60.

(本文由吴卫兵根据讲座整理。)

宅基地退出与土地开发权交易

——以皖江城市带为例

徐诗举

摘　要：土地开发权是国家赋予土地使用者的权利，可以独立于土地所有权而存在，农村宅基地退出的本质是宅基地开发权交易。宅基地补偿的内涵包括宅基地开发权转移收益和地上房屋及其他附着物补偿费。皖江城市带宅基地补偿存在补偿标准偏低、补偿标准不统一和补偿标准缺乏动态调整机制等问题。目前，皖江城市带农村土地交易市场不完善，建议采用基于“市场参照法”的宅基地补偿方案；将来，形成了统一的城乡土地交易市场，再采用基于“区域交易法”的宅基地补偿方案。

关键词：宅基地；土地开发权交易；增减挂钩；皖江城市带

一、问题的提出及相关研究综述

按照《国家新型城镇化规划（2014～2020年）》提出的目标，到2020年，我国将转移1亿左右农业人口到城镇落户，常住人口城镇化率和户籍人口城镇化率应分别达到60%和45%左右。但是人口的户籍地与居住地分离，造成农村宅基地大量闲置。同时，城镇建设用地供给不足，导致城市房价过高，进一步降低了城镇化的质量。国土资源部的数据显示，我国农村居民点空闲和闲置用地面积达3000万亩左右，相当于现有城镇用地规模的1/4，低效用地达9000万亩以

基金项目：教育部人文社科规划基金项目“主体功能区视阈下的城乡土地置换问题研究——以皖江城市带为例”（12YJA790157）、国家社科基金项目“促进人口布局与主体功能区规划相协调的财政政策研究”（12BJL070）。

作者简介：徐诗举（1968—），男，安徽省长丰县人，铜陵学院教授，经济学博士，全国优秀教师，安徽省教学名师，安徽省政协委员。主持国家社科、教育部人文社科以及安徽省社科基金等多项课题。代表作：《促进主体功能区建设的财政政策研究》（经济科学出版社，2011年5月版）、《对西方财政幻觉假说的拓展》（财政研究，2009年第1期）、《对完善主体功能区差别化税收政策的建议》（税务研究，2016年第9期）。主要研究方向为区域经济与地方财政。

上，相当于现有城镇用地规模的3/4。[①] 显然，建立合理的宅基地退出及补偿机制是当务之急。

目前，学界主要围绕宅基地退出的制约因素、补偿方式、补偿标准以及受偿主体等问题进行了研究。例如，刘同山等认为国家法律法规限制了宅基地使用权交易及其价值体现，制约了农户闲置宅基地的有偿退出。魏后凯等认为相对于宅基地换房和宅基地收储方式，市场化交易更能够体现宅基地价值、实现供需平衡，有更好的推广价值。滕亚为认为宅基地退出补偿标准低、补偿标准不统一，降低了农民宅基地的退出意愿。欧阳安蛟等建议以宅基地使用权人放弃宅基地在城镇或社区新村获得相当住房保障为标准。程春丽指出我国农村宅基地退出补偿机制不合理，主要表现在补偿办法由政府单方确定，农民土地发展权没受到保护。徐小峰等主张宅基地的受偿主体只能是村集体和农民，地方政府除按法律法规收取相关税费外不参与收益分配。

其实，当前无论是法律或制度层面，还是宅基地退出的实践层面出现的问题，根源在于没有从理论层面厘清我国宅基地使用权的性质。主张宅基地私有化的观点，实际上是将宅基地使用权混同于所有权，是对集体权益的侵害。而单方面强调宅基地的集体所有权，忽视农民的土地开发权，实际上又是对农民宅基地使用权的无情剥夺。本文将依据土地开发权交易理论界定我国农村宅基地退出的性质，并以皖江城市带为例，研究农村宅基地退出补偿问题。

二、宅基地退出的本质是宅基地开发交易

（一）宅基地是被赋予了土地开发权的集体土地

土地开发权是国家赋予土地使用者的权利，可以独立于土地所有权而存在。一个完整的土地开发权力包括确定土地的使用性质和开发强度两个要件，决定了土地价值的大小。《宪法》第十条规定城市的土地属于国家所有，农村土地属于集体所有。同时，规定宅基地等也属于集体所有。显然，《宪法》关于城市土地和农村土地的划分，事实上就是国家对土地的分区管制。除了出于生态和文化保护意图的禁止开发区以外，国家对城市地区一般赋予较大的土地开发权，比如城市工业、商业、居住性开发用地以及城市公共性开发用地等。与其相反，农村土地的开发权要受到严格限制，主要用于农林牧渔业，但是为保证农民正常的生产生活需要，还要对一些农村土地赋予一定程度的开发权，比如农村宅基地、公共用地和集体经营性建设用地等。因此，农村宅基地本质是国家赋予了农民一定土

---

① 参见国土资源部网站：《国土资源部关于推进土地节约集约利用的指导意见》解读之一。http：//www.mlr.gov.cn/tdzt/tdgl/jyjy/zcjd/201410/t20141015_1332337.htm

地开发权的农村集体土地。然而，与农村公共建设用地和集体经营性建设用地的土地开发权属于集体所有不同，宅基地的开发权是国家为了保障农民基本生活而赋予其的居住性建筑权力，在市场经济环境下，寓于宅基地之上的宅基地开发权理应属于农民个人所有的一项财产权利。可以用等式表达为：耕地＋宅基地开发权＝宅基地。其中耕地属于集体所有，宅基地开发权属于农户所有。

（二）宅基地退出的本质就是宅基地开发权交易

土地开发权作为变更土地用途的权利，它可以从土地产权束中分离出来并让渡给他人（Ralph Henger and Kilian Bizer，2008）。土地开发权可以从被设计为发送区的地块上分离出来，并转移到被定义为接受区的另一地块上使之获得更大的开发强度，发送区在出售或转让这种财产权利之后，通常会受到严格的开发限制（John C. Danner，1997）。显然，宅基地退出应该是退户农民将复垦后的土地无偿退还给集体，但是原先国家赋予其中的开发权或居住性建筑权则属于农民家庭或个人所有。农户可以自愿退出宅基地并将宅基地复垦为耕地，农户仍然拥有并自由处置国家赋予的土地开发权。例如农村拆旧建新的宅基地整治项目中，农户可以利用拆旧区的部分宅基地开发权，在新建区内建设住房，也可以出售拆旧区取得的全部或部分宅基地开发权，到城镇购买住房。宅基地退出家庭只需宅基地复垦成本及相关费用分担，也就是说地方各级政府和任何组织不该参与宅基地退出产生的收益分配。我国的《宪法》《土地法》以及《物权法》等法律都没有提及“宅基地退出”概念，而宅基地退出的本质就是土地开发权交易。

2000年以来，全国各地都纷纷进行各种形式的宅基地退出改革试点，最典型的是浙江嘉兴的“两分两换”（用宅基地换城镇住房，用承包经营地换社会保障）、天津的“宅基地换房”、成都的“三集中”（工业向集中发展区集中，农民向城镇集中，土地向承包经营户集中）和重庆的“地票交易”等，无论宅基地退出试点农民换回的是住房、实物，还是货币，其实质都是土地开发权转让。然而，从各地的试点情况来看，主要是政府主导的土地发展权补偿方式，导致补偿标准过低，农民退地积极性不高。例如，重庆2010年上半年主城区出让的房地产类用地的平均地价为274万元/亩，重庆市地票交易的平均价格10万元以上，荣昌县补偿给农民8千元每亩，潼南县最高可补偿到1.4万每亩。补偿标准与市场价值相去甚远。[①] 有些地方政府为了取得更多的新增建设用地指标，出现逼农民上楼等严重侵害农民利益的问题发生。市场经济条件下，既然宅基地开发权是国家赋予农民的独立于集体所有权之外的财产权利，农民就应该享有相应的处置

① 资料来源：参见滕亚为的文章《户籍改革中农村土地退出补偿机制研究——以重庆市为例》，载于《国家行政学院学报》2011年第4期

权和收益权。宅基地退出的补偿标准应依据宅基地开发权供求竞争基础上形成的市场均衡价格，而不是取决于地方政府或任何组织的意志。当然，宅基地开发权交易不同于一般商品交易，因其涉及耕地保护、城乡建设规划、产业分布以及人口布局等诸多问题，既要保证市场在资源配置中的决定性作用，又不能忽视政府的宏观引导作用。

三、宅基地退出补偿的构成及内涵

如前文所述，宅基地退出本质是宅基地开发权交易。因此，宅基地补偿标准应该取决于宅基地开发权交易价格，将农村实施土地整治、城乡建设用地增减挂钩腾出的建设用地指标按照一定的价格出让给建设用地指标不足的城镇化地区，这一价格称之为宅基地开发权交易价格。而宅基地开发权是国家赋予农民的居住性建筑权，因此宅基地开发权转移收益属于农民家庭或个人所有。但是，现实中，宅基地开发权交易价格不等于开发权转移收益，宅基地开发权交易价格中还要做相应的成本扣除，属于部分才是土地开发权转移收益。首先，要扣除宅基地复垦成本，因为，农村实施土地整治、拆旧建新、土地复垦、土地置换、资金融通、城乡建设用地增减挂钩结余指标交易等工作都需要乡镇政府或者农村集体组织参与，其中会发生一些费用，这些费用在对农户进行宅基地退出补偿之前，应该作为宅基地开发权交易成本予以预先扣除。其次，要扣除对宅基地上的房屋及其他附着物补偿成本，房屋及其他附着物是农户建设投入，因宅基地退出而构成农户的损失，可以参照同时期区县（自治县）人民政府发布的征收农村房屋及其地上构（附）着物补偿标准给予补偿，虽然也应该补偿给农户，但是属于宅基地开发权交易成本的一部分予以预先扣除。

令：每亩宅基地开发权交易价格为 P；每亩宅基地复垦成本为 Cf，其中包括退地工作经费 $Cf1$、工程施工费 $Cf2$、复垦项目融资成本 $Cf3$、其他费用 $Cf4$ 等；房屋和地上构（附）着物补偿费为 Cb；每亩宅基地开发权转移收益为 R。

则每亩宅基地开发权转移收益为（1）：$R=P-Cf-Cb$，其中 $Cf=Cf1+Cf2+Cf3+Cf4$

对（1）整理后得出（2）：$R+Cb=P-Cf1-Cf2-Cf3-Cf4$

从等式（2）的左边看，宅基地退出补偿为：$R+Cb$，即宅基地退出补偿包括宅基地开发权转移收益 R 和房屋和地上构（附）着物补偿费 Cb 两部分，但是二者的性质不一样，一般 R 与宅基地开发权交易价格直接相关，就单个农户而言还主要取决于其腾出的建设用地指标大小。比如，一个退出旧宅基地后还要在新规划范围内占用宅基地的农户，其腾出的建设用地指标就是前者扣除后者差额面积，而一个放弃农村宅基地使用权，直接到城镇购买住房的农户腾出的建设用地指标就是退出旧宅基地的面积，当然对于超过国家规定标准的宅基地应当根据当地具体情况另行考虑。而 Cb 只与地上房屋和附着物的成本有关，比如对于建筑物可以按照混凝土结构、混砖结构、砖木结构、土坯结构等进行分类，并根据相应的单位面积补偿标准和建筑面积来进行补偿。

从等式（2）的右边看，退出宅基地农户可以取得的总收入为：$P-Cf1-Cf2-Cf3-Cf4$，即宅基地开发权交易价格 P 扣除退地工作经费 $Cf1$、工程施工费 $Cf2$、复垦项目融资成本 $Cf3$、其他费用 $Cf4$ 等宅基地复垦成本以后的所有收入都应该用于补偿退出宅基地的农户，地方政府和集体经济组织都不应该参与其中分配。

四、皖江城市带宅基地退出补偿方案设计

本文以皖江城市带为例，解释以宅基地开发权交易为基础的宅基地退出补偿机制。皖江区域是对安徽沿长江两岸地区的泛称，2010 年国务院批复《皖江城市带承接产业转移示范区规划》，包括合肥、马鞍山、芜湖、铜陵、池州、安庆、滁州、宣城、六安（部分）等 9 个市的 58 个县（市、区）。① 皖江城市带将成为临江产业密集带、沿江城镇密集带，建设用地需求量较大，预计 2015—2020 年城镇建设用地将增加 130 千公顷，年增长率为 10.53%。② 皖江城市带未利用地面积较小，主要分布在生态环境突出区域，总体质量较差，环境脆弱，适宜开垦土地极其有限。③ 因此，皖江城市带建设用地紧张局面将长期存在。为了解决城镇化建设用地指标不足的矛盾，2013 年《安徽省人民政府关于深化农村综合改革示范试点工作的指导意见》（皖政〔2013〕69 号）提出探索建立符合农民合理需求的宅基地退出补偿激励机制，实施土地整治、城乡建设用地增减挂钩腾出的建设用地指标，可按有关规定有偿调剂使用。各地也都想利用城乡建设用地增减挂钩结余指标，通过城乡土地置换等方式，增加城镇建设用地供给，但是因宅基地退出补偿问题，农民退出宅基地积极性不高。以下将针对皖江城市带宅基地退

---

① 2010 年国务院批复《皖江城市带承接产业转移示范区规划》，皖江城市带包括合肥、芜湖、马鞍山、铜陵、安庆、池州、巢湖、滁州、宣城九市，以及六安市的金安区和舒城县，共 59 个县（市、区）。2011 年国务院批复同意撤销地级巢湖市，2015 年国务院批复同意将铜陵县与铜官山区合并为义安区，皖江城市带包括 58 个县（市、区）。

② 根据黄金碧等的研究结果，2015－2010 年皖江城市带将新增建设用地 1300.46km^2，换算约为 130 千公顷，参见黄金碧、冯长春．基于 DEA 模型优化的城镇建设用地需求预测——以皖江城市带为例[J]．《城市发展研究》，2013（11）：第 77 页

③ 参见安徽省国土资源厅网站：《安徽省土地整治规划（2011－2015 年）》http：//www.ahgtt.gov.cn/zwgk/gkml_show.jsp? row_id=302013020000007341

出补偿存在的问题，提出相应的解决方案或对策设想。

（一）皖江城市带现行宅基地退出补偿存在的问题

目前，皖江城市带宅基地退出补偿主要存在补偿标准低、标准不统一和补偿标准缺乏动态调整机制等问题。具体情况如下：

1. 补偿标准偏低

以宁国为例，该市位于皖江城市带东南部，紧邻浙江，县域经济较为发达，外出务工人员多，目前有闲置宅基地2200余亩。根据该市2013年推出的《宁国市农村宅基地退出办法（试行）》规定，法定面积范围内的宅基地退出每亩补助4万元～6万元，超出部分每亩补助2万元～3万元。但是，相对于日趋攀升的城市房价，每亩最高补偿6万元，在城里买不到10平方米的房子，因为补偿标准过低，农民退出宅基地意愿低，《宁国市农村宅基地退出办法（试行）》至今尚未能有效付诸实施，实际处于搁浅状态。

2. 补偿标准不统一

由于缺乏国家层面补偿政策和依据，各地制定的宅基地退出补偿标准差异悬殊。例如，宣州区与宁国市交界，根据宣州区政府2009年印发的《宣州区新农村土地整治项目房屋及附属物拆迁补偿和安置暂行办法》的规定，宅基地原则上按置换指标3.5万元/亩工作费用进行结算，验收完成后按5000元/亩予以奖励。也就是说到农户手中，每亩补偿标准要远低于4万元每亩。繁昌县位于皖江城市带中心位置，隶属于芜湖市，根据2010年该县《关于新港镇土地整治整村推进工作实施方案的批复》，对于退地农民的房屋及其他附着物按照当地现行集体土地上拆迁补偿标准执行，再对每人一次性补助3000元，除此以外没有任何优惠政策及相关待遇。不仅皖江城市带区域内各县市区之间宅基地退出补偿标准差异较大，与省外相比差距更大。例如，2010年陕西省《关于举家进城落户农村居民退出宅基地、承包地实施办法》规定退地补偿最多为每亩22万元～25万元，其他地区为14万元～16万元；重庆市2010年《关于规范地票价款使用促进农村集体建设用地复垦的指导意见（试行）》规定每亩退出宅基地补偿不低于9.6万元；而2013年《南京市农村宅基地有偿退出与利用暂行办法》规定宅基地退出补偿标准是参照当地同期集体土地房屋拆迁补偿安置标准执行。显然，补偿标准不统一、差距过大，会降低补偿标准较低地区农民退出意愿。

3. 补偿标准缺乏动态调整机制

仍以宁国市为例，该市2013年制定退出宅基地每亩最高补偿6万元，当时省会合肥房价是均价4500元左右每平方米，目前合肥市房价均价是20000元左右每平方米，但是当地宅基地退出补偿标准依然没有相应调整。目前，很多农户在城市已经有稳定的收入和固定的住所，宅基地已经不是其“安身立命之所”，但是进城农户宁愿让宅基地闲置，也不愿意按照现在的补偿标准退出，而是期望将来政府会出台新的补偿政策，取得更高的收入补偿。显然，缺乏有效的宅基地退出补偿的动态调整机制，也是制约农村宅基地退出的重要因素之一。

由于宅基地退出补偿政策是由地方政府制定，或者说宅基地退出补偿标准决定于行政机制而非市场机制，最终导致农村集体经济组织和地方政府直接或间接参与了宅基地开发权交易收益的分配，造成退出补偿标准过低或其他侵害农民利益的问题出现。一方面，地方政策直接规定集体经济组织参与宅基地开发权交易收益的分配；另一方面，宅基地退出补偿标准由地方政府制定，而腾出的建设用地指标又由地方政府支配使用，宅基地补偿标准低的本质就是地方政府变相参与了宅基地开发权交易收益的分配。

（二）皖江城市带宅基地补偿方案设计

由于皖江城市带农村土地交易市场平台没有建立，尚未形成完善的宅基地开发权或“地票”交易市场，建议皖江城市带宅基地退出补偿方案分两步走。为此，我们设计两个方案：一是在目前农村土地交易市场不完善情况下，城乡建设用地增减挂钩结余指标只限于本县市区行政范围内调剂使用，适合采用“市场参照法”下的宅基地补偿方案；二是在将来皖江城市带统一的农村土地交易市场形成的情况下，城乡建设用地增减挂钩结余指标可以在皖江城市带范围内跨区域交易使用，适合采用“区域交易法”下的宅基地补偿方案。

方案一：“市场参照法”下的宅基地补偿方案

目前，安徽省城乡建设用地增减挂钩结余指标只限于本县市区行政范围内调剂使用，皖江城市带尚未形成统一的宅基地开发权交易市场，宅基地开发权交易价格无法直接通过市场竞争机制表现出来。但是，农村宅基地开发权一旦转化为城镇建设用地指标，其价格应取决于城镇建设用地供求关系，进而与城市土地交易价格之间存在正向比例关系。建议参照农村宅基地开发权交易市场比较成熟的省市的经验数据，根据其宅基地交易价格与城市住宅土地交易价格之间的比例关系，推算出皖江城市带各县（市、区）的宅基地开发权交易价格。由于重庆市2008年12月农村土地交易所就挂牌成立并开始了城乡建设用地增减挂钩腾出的指标交易，又称“地票”交易，宅基地开发权交易市场较为成熟。为此，建议参照重庆市“地票”交易价格与同期住宅用地价格之间比例关系确定皖江城市带宅基地开发权交易价格。

首先，重庆市“地票”交易价格与其同期城市住宅用地价格之间比例关系，简称之为“地票地价系数”，“地票地价系数”可以用重庆市一定时期“一篮子”每亩“地票”交易价格与“一篮子”每亩城市住宅用地交易价格之间的比值表示。K 表示地票重庆“地票地价系数”、cdi 表示重庆市某块“地票”平均每亩交易价格、cti 表示重庆市某块城市住宅建设用地平均每亩交易价格，则“地票地价系数”K 可以表示为：

$$K=\sum_{i=1}^{n}cdi\div\sum_{i=1}^{n}cti$$

其次，确定皖江城市带某县(市、区)“一篮子”城镇住宅建设用地平均每亩交易价格 S，用 wti 表示皖江城市带某县(市、区)某块城镇住宅用建设地每亩交易价格，则其“一篮子”城镇住宅建设用地平均每亩交易价格 S 表示为：

$$S=\sum_{i=1}^{n}wti\div n$$

于是，皖江城市带某县(市、区)每亩宅基地开发权交易参考价格 P 为：

$$P=K\times S$$

最后，按照前文每亩宅基地复垦成本 Cf 包括退地工作经费 $Cf1$、工程施工费 $Cf2$、复垦项目融资成本 $Cf3$、其他费用 $Cf4$ 等，则农户平均每亩宅基地退出补偿额 B 为：

$$B=P-Cf=P-Cf1-Cf2-Cf3-Cf4$$

当然，在整村或成片宅基地拆旧新建项目中，因为各户房屋及其他地上附着物建筑成本不同，实际分配到各个农户的每亩宅基地退出补偿标准有差异。

方案二：“区域交易法”下的宅基地补偿方案

2013 年《安徽省人民政府关于深化农村综合改革示范试点工作的指导意见》提出要逐步建立统一的城乡土地交易市场，推进城乡统一的土地交易市场门户网站和交易平台建设，农村宅基地开发权将会被逐步纳入城乡统一的土地交易市场。因此，统一的城乡土地交易市场建成以后，农村宅基地开发权直接上市交易，上述的“市场参照法”确定宅基地开发权交易价格就可以被实际的市场交易价格取代。需要特别指出的是，目前皖江城市带城乡建设用地增减挂钩腾出的指标只限于在本县（市、区）内调剂使用，但是，皖江城市带区内各个县（市、区）之间建设用地供需差异很大。根据《安徽省主体功能区规划》，皖江城市带 58 个县（市、区），其中 29 个属于重点开发区，29 个属于限制开发区（见表 1 所列）。根据主体功能区功能定位，重点开发区是人口、经济的主要集聚地，2016 年合肥、马鞍山、芜湖、铜陵、池州、安庆、滁州和宣城等 8 个皖江城市纳入《长江三角洲城市群发展规划》，将会进一步加剧皖江城市带重点开发区的 29 个区县城镇化建设用地供求矛盾。同时，皖江城市带 29 个限制开发区分布在江淮丘陵、沿江平原、大别山区以及皖南山区等国家级或省级农产品主产区或重点生态功能区，将有大量农业剩余劳动力和生态超载人口转移到城镇化地区，会出现大量宅基地闲置。根据笔者的测算，建设将皖江城市带 29 个限制开发区的 64.83 千公顷建设用地指标转移给 29 个重点开发区，就可以实现皖江区域城乡建设用地最优配置①。因此，随着我省农村土地交易市场的建立与完善，应适时打破城乡建设用地增减挂钩结余指标只限于本县市区行政范围内调剂的做法，实行城乡建设用地增减挂钩结余指标在皖江城市带区域范围内公开交易，称之为“区域交易法”。实行“区域交易法”条件下，直接采用皖江城市带范围内的城乡建设用地增减挂钩结余指标交易价格作为宅基地开发权交易价格，宅基地开发权交易价格扣除各种宅基地复垦成本即为宅基地开发权转移收益。宅基地开发权转移收益连同房屋和地上构（附）着物补偿费都应作为对宅基地退出补偿。具体分配程序和方法与“市场参照法”下的宅基地补偿方案相同，不再赘述。

在“区域交易法”下，宅基地开发权在整个皖江城市带 9 个市的 58 个县（市、区）之间交易，一方面将会增加位于国家级重点开发区的合肥、芜湖等中心城市建设用地指标，缓解大中城市房价上涨压力；另一方面，有利于增加农产品主产区和重点生态功能区农民宅基地退出补偿收入，减少宅基地闲置浪费，促进大别山区、皖南山区以及皖江区域农产品主产区生态超载人口和农村剩余劳动力向城市转移，实现人口布局与经济与环境资源承载力的相协调。

表 1　皖江城市带各县（市、区）主体功能区规划情况

主体功能区类型	主体功能区级别及名称	主体功能区范围
重点开发区（29 个区县）	江淮地区国家级重点开发区（28 个区县）	庐阳区、瑶海区、蜀山区、包河区、肥西县、肥东县、镜湖区、弋江区、鸠江区、三山区、无为县、繁昌县、花山区、雨山区、博望区、当涂县、和县、铜陵郊区、铜官区、义安区、枞阳县、贵池区、迎江区、大观区、宜秀区、琅琊区、南谯区、宣州区
	六安片区省级重点开发区（1 个区）	金安区

① 详见拙文《皖江城市带城乡土地置换情况调研——基于主体功能区的视角》，载于《铜陵学院学报》2016 年第 5 期

（续表）

主体功能区类型	主体功能区级别及名称	主体功能区范围
限制开发区（29个县市）	江淮丘陵国家级农产品主产区（7个县市）	长丰县、来安县、全椒县、定远县、凤阳县、明光市、天长市
	沿江平原国家级农产品主产区（13个县）	巢湖市、庐江县、舒城县、芜湖县、南陵县、含山县、东至县、桐城市、怀宁县、宿松县、望江县、郎溪县、广德县
	大别山区国家级重点生态功能区（4个县）	太湖县、岳西县、潜山县、石台县
	皖南山区省级重点生态功能区（5个县）	青阳县、泾县、旌德县、绩溪县、宁国市

资料来源：《安徽省主体功能区规划》（皖发〔2013〕82号）

参考文献：

［1］刘同山，孔祥智．参与意愿、实现机制与新型城镇化进程的农地退出［J］．改革，2016（06）：79－89.

［2］魏后凯，刘同山．农村宅基地退出的政策演变、模式比较及制度安排［J］．东岳论丛，2016（09）：15－24.

［3］滕亚为．户籍改革中农村土地退出补偿机制研究——以重庆市为例［J］．国家行政学院学报，2011（04）：101－105.

［4］胡序威．我国区域规划的发展态势与面临问题［J］．城市规划，2002（2）：23－26.

［5］程春丽．农村宅基地退出补偿与利益机制构建探析［J］．农村经济，2014（1）：13－17.

［6］徐小峰，胡银根，魏西云，等．中国土地勘测规划农村宅基地退出与补偿的几点思考［J］．国土资源情报，2011（08）：31－33.

［7］Ralph Henger，Kilian Bizer. Tradable planning permits for land-use control in Germany［J］. Land Use Policy，2010（27）：843－852.

［8］John C. Danner. TDRs—great idea but questionable value［J］. The Appraisal Journal，1997（4）：133－142.

基于投资者利益均衡视角的企业价值管理指标体系构建

张　凌

摘　要：文章充分考虑财务因素和非财务因素，从效率（公司盈利、投资者回报）和公平（同股同权）两个角度，立足投资者利益均衡视角，构建企业价值管理指标体系。该体系有助于中小投资者获得充分且对称的信息，规避市场投资风险，从而更好保护自身利益，使大中小投资者利益实现均衡。同时，该体系使企业价值管理定位更加清晰并符合中国这一新兴市场实际，有助于企业形成持续竞争优势和价值增值。

关键词：投资者利益均衡；价值管理指标；价值驱动；价值分配

一、引言

20 世纪 80 年代后，传统利润最大化目标不再是企业管理的核心，价值管理逐渐成为西方学术界和实务界的研究热点。价值管理突破了传统利润管理，确立价值管理在企业管理中的核心地位，以价值最大化作为企业经营管理目标，强调内在价值创造和外部市场价值实现，是现代企业管理理论的新发展。企业价值管理模式上，先后出现了股东价值（SVA）管理模式、经济增加值（EVA）价值管理模式、麦肯锡价值管理模式等，这些价值管理模式沿着价值创造路径发展和完善，较少有基于价值分配探讨因价值分配不均而引发的中小投资者利益受损问题（陈筱玥，2014）。

2012 年 12 月，国资委在其发布的《中央企业负责人经营业绩考核暂行办

作者简介：张凌（1968—），男，安徽桐城人，铜陵学院会计学院教授，博士，研究方向：财务理论与方法。

基金项目：安徽省哲学社会科学规划基金项目“财务柔性、内控质量与企业价值研究”（AHSKYG2017D178）；铜陵学院人才科研启动基金项目“企业价值管理研究—基于投资者利益均衡保护视角”（2014tlxyrc06）。

法》中，将经济增加值设定为中央企业负责人经营业绩核心考核指标，标志着以经济增加值为核心的价值管理指标体系被我国所接受和认可并在央企采用。2014年1月，国资委发布的《关于以经济增加值为核心加强中央企业价值管理的指导意见》再次凸显了EVA指标与价值管理的重要作用。

我国学者在进行价值管理研究时，大多以“股东价值最大化”作为价值管理目标，将股东视为一个整体，而股东中大股东与中小股东风险偏好并不一致，价值取向具有差异性。因此，简单的“股东价值最大化”可能会对企业经营管理和资源配置起到反作用。另外，很多实证研究表明，中小投资者保护水平降低会增加代理成本，降低财务决策效率，使企业规模低效率扩张，进而毁损企业价值。我国企业“一股独大”现象较为普遍，加之资本市场法律监督机制不完善、公司治理结构不合理，使得我国中小投资者保护环境较差（沈艺峰，2004）。大股东容易联合管理层，通过低买高卖、关联交易等方式掏空企业价值，或采取有利于己的分配方式和分配时机，导致投资者利益分配不均衡，大股东为了自身短期利益而侵占中小股东利益，不利于企业价值实现。因此，不能简单强调股东利益最大化，更要考虑“价值分配公平化”即投资者利益均衡问题，妥善处理大、中小股东之间的价值分配关系。

二、企业价值驱动因素

价值驱动因素是公司价值的决定因素和影响因素，是给公司经营和财务运行带来显著影响的因子，是影响价值创造的一个决策变量（Thakor，2002）。找出价值驱动因素可以明晰企业价值创造的路径，对价值驱动因素进行有效管理能够增加企业价值，有利于企业从战略发展角度，全面衡量各利益主体在企业发展中所处地位，保持利益分配的动态均衡，有助于均衡股东利益，确保企业可持续发展。

（一）财务价值驱动因素

价值驱动因素存在于公司各个层面，多数以财务驱动因素方式体现。传统财务指标不能很好反映企业价值。经济增加值（EVA）是一种评价企业经营者有效使用资本和为股东创造价值的能力，20世纪90年代以来，越来越多的国际性大公司开始采用经济增加值衡量企业价值。本文将影响经济增加值（EVA）的因素由上而下层层分解作为财务驱动因素。

通常，企业价值创造的核心财务驱动因素由现金流和资本成本延伸得到（EVA＝税后经营净利润－资本总额×加权平均资本成本率）。借鉴杜邦分析体系图，对影响EVA的财务因素进行分解，如图1所示。

其中：EVA＝NOPAT－TC×WACC

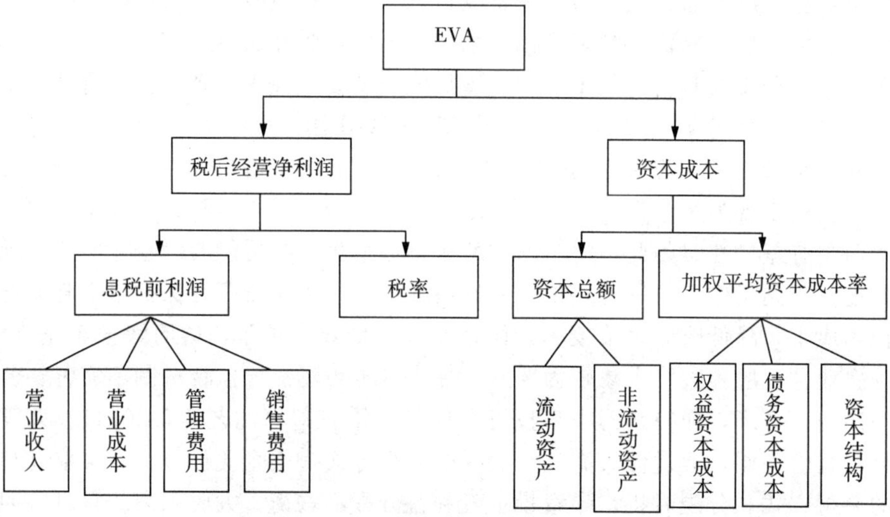

图 1 财务价值驱动因素

NOPAT＝EBIT×（1－T）

NOPAT——税后经营净利润；EBIT——息税前利润；WACC——加权平均资本成本；TC——总资本；T——所得税税率。

企业价值主要驱动因素分解如下：

1. *税后经营净利润*

税后经营净利润是企业价值最主要的驱动因素，产生于企业营运活动中，是企业现金流的主要来源。通过对 NOPAT 的进一步分解可看出 NOPAT 受到营业收入及成本费用影响。

2. *资本成本*

与传统利润观不同，经济增加值充分考虑债务成本和权益成本。从股东视角看，经济增加值是股东投资收益超过资本成本部分。研究表明，企业价值与企业资本成本呈负相关关系，资本成本也是企业价值的重要驱动因素。同时，“资本成本”是链接企业价值和投资者保护的枢纽，“资本成本约束”是企业股东利益得以保护的最为有效的财务机制（姜付秀、支晓强，2008）。股东根据企业投资风险程度确定其要求的必要报酬率，建立资本成本约束机制，企业以资本成本为底线进行价值管理，一方面保证企业价值增值，另一方面通过对现金股利等共享收益分配、大股东控制权私有收益约束来保障中小股东利益，达到“价值创造最大化、价值分配公平化”目的（陈筱玥，2014）。

（二）非财务价值驱动因素

图 1 统筹考虑了股东利益和债权人利益，对投资者增值收益进行了量化。但

该动因突出强调股东利益最大化，对投资者利益保护考虑不足。实际上，外部市场的非财务动因——中小股东利益保护也对经营活动产生影响。

众多实证研究表明，中小股东利益保护能够提升企业价值，从世界各国或地区看，私人投资者是中小投资者主要组成部分。中小投资者参与公司经营管理决策积极性高，当公司开展经营管理和投资决策时，中小投资者积极为公司决策提出意见建议，一定程度上可提高公司决策科学性。中小投资者积极关注公司发展，积极监督大股东，能促进公司治理结构的进一步完善。中小投资者保护将有效提升公司治理水平，降低代理成本，提高投资决策效率和控制权转移效率，促进公司价值增值。

中小股东利益保护促进企业价值创造，是重要的非财务价值驱动因素。从中小股东利益保护这个非财务动因出发，又可引导出驱动价值分配公平性的动因，如图 2 所示。

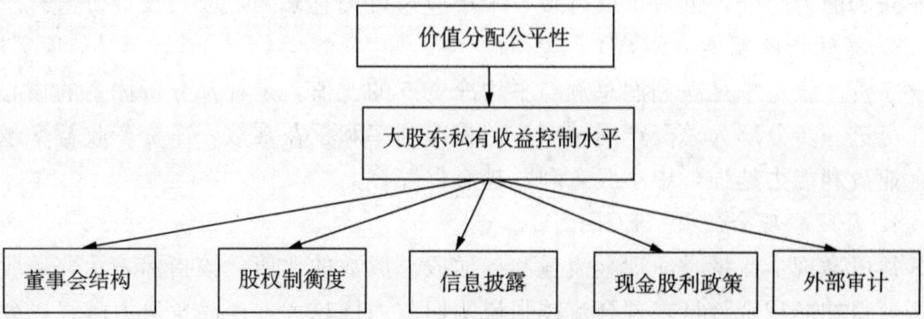

图 2　非财务价值驱动因素

三、基于投资者利益均衡视角的企业价值管理指标体系构建

有什么样的指标体系就有什么样的管理模式。要构建一个科学合理的价值管理指标体系，首先要了解企业价值驱动过程，从价值驱动过程视角评价企业绩效。本文根据纳入了投资者均衡的价值驱动因素，从价值创造能力和价值分配均衡两方面构建一个包含财务和非财务指标的用于评价投资者利益均衡的价值管理体系。

（一）财务指标选取

价值管理时代，企业核心财务指标设计应用于衡量企业价值，并体现不同利益分配关系，充分考虑企业抗风险能力和可持续发展。本文从价值创造量、价值创造效率和盈利能力三方面来评价价值创造，价值分配公平性则主要从共享收益和控制权私有收益水平两个方面考虑。从以上分析可看出，企业价值驱动的重要因素之一是企业盈利能力及创造现金能力，大股东、中小股东对企业投资的目的是获得投资回报，盈利能力是一项重要财务指标。

本文在股东利益均衡视角下构建企业价值管理指标体系，较多考虑了中小股东最为关心的获利能力指标。获利能力可用每股收益（EPS）、净资产收益率（ROE）、每股净现金流量（ECFPE）度量，用 EVA 和 EVA 率分别度量价值创造量和价值创造效率。

1. EVA 和 EVA 率

企业价值创造量可用经济增加值（EVA）表示，但 EVA 只反映公司创造的价值量，不能反映单位资本价值创造效率，因此用 EVA 率反映单位资本价值创造效率。EVA 率＝EVA/资本成本。

2. 每股收益（EPS）

每股收益是净利润与普通股加权平均数的比值，一般来说，每股收益越高，企业获利能力越强，创造价值越多，中小股东可用它来测定股票投资价值。

3. 净资产收益率（ROE）

净资产收益率是净利润总额与平均净资产的比值，是杜邦分析体系的核心指标，可进一步分解为总资产周转率、销售净利率和权益乘数，净资产收益率越高则企业盈利能力越强，中小股东利益越有保障。

4. 每股净现金流量（ECFPS）

每股净现金流量是净现金流量和普通股总股数的比值，该指标表示普通股每股所获得的净现金流量，现金流越强说明回款力度越大，产品竞争力越强，公司信用度越高，发展前景越好，中小股东价值越有实现的可能性。

5. EPS 增长率、ROE 增长率、ECFPE 增长率、EVA 增长率、EVA 率增长率

$$\text{EPS 增长率}=\left(\frac{\text{本期净利润}}{\text{本期普通股总股数}}-\frac{\text{上期净利润}}{\text{上期同期普通股总股数}}\right)\div\left(\frac{\text{上期净利润}}{\text{上期同期普通股总股数}}\right)\times 100\%$$

$$\text{ROE 增长率}=\left(\frac{\text{本期净利润}}{\text{本期平均净资产}}-\frac{\text{上期净利润}}{\text{上期平均净资产}}\right)\div\left(\frac{\text{上期净利润}}{\text{上期平均净资产}}\right)\times 100\%$$

$$\text{ECFPE 增长率}=\left(\frac{\text{本期净现金流量}}{\text{本期普通股总股数}}-\frac{\text{上期净现金流量}}{\text{上期同期普通股总股数}}\right)\div\left(\frac{\text{上期净现金流量}}{\text{上期同期普通股总股数}}\right)\times 100\%$$

$$\text{EVA 增长率}=\frac{\text{本期 EVA}-\text{上期 EVA}}{\text{上期 EVA}}\times 100\%$$

$$\text{EVA 增长率}=\frac{\text{本期 EVA 率}-\text{上期 EVA 率}}{\text{上期 EVA 率}}\times 100\%$$

上述指标都可用来衡量企业当前盈利能力和价值创造能力，具有短期性特征，但价值管理强调价值创造的长期性，中小股东更看重企业长期价值创造能

力，因此，还要选择衡量企业未来价值创造能力的指标。一般采取间接方式，以企业过去发展能力近似反映未来发展能力。

6. 现金股利支付率

价值分配公平性主要用现金股利支付率表示。现金股利支付率越高，中小股东投资回报保障程度越高，中小投资者利益被侵占的可能性越低，大、中小股东之间价值分配公平性就越高。

7. 现金股利/净经营现金流

用现金股利与净经营现金流之比衡量企业是否存在超能力派现，是对现金股利支付率指标的改进，更能体现股利支付的现金来源和可靠程度。若其介于0和1之间，则说明现金股利支付比例较为合理；若比值为负，则说明在净经营现金流为负的情况下，公司仍派发股利；若比值大于1，则说明现金股利派发数大于现金净流量。后两种情况都反映出大股东存在超能力派现或恶意分红行为。

（二）非财务指标的选取

非财务指标主要用来衡量大、中小股东之间价值分配是否公平。在非财务指标选取上，主要考虑控制权私有收益水平、第一大股东权力是否受到制约、独立董事是否发挥积极作用、外部审计是否独立有效、信息披露是否高质量等五个方面，考察大、中小股东间价值分配是否公平合理。

1. 控制权私有收益水平

价值分配是否公平能够用大股东控制权私有收益水平来衡量，私有收益控制水平越高，表明大、中小股东间价值分配越公平，中小股东利益越能得到保护。国内学者一般借鉴国际上“大宗股权转让的交易溢价”来估计控制权私有收益水平。为度量控制权私有收益水平，采用间接方式也即基于大宗股权转让的交易溢价来估计控制权私人收益水平。本文采用国内学者韩德宗（2004）构建的理论模型来估计控制权私有收益水平，如式1所示：

$$\mathrm{PBC}=\frac{w\ (P-Y_b)}{Y_b} \qquad (式1)$$

其中：PBC——控制权私有收益比；Y_b——宣布控制性股权转移第二天的股票收盘价；P——获取控制权而支付的股票价格；w——控制性股权所占比例。PBC指标越高，表明大股东利用其控制权获得的私有收益越高，中小股东利益受损程度越高。

2. 股权制衡度

我国上市公司股权结构是集中型的，集中型股权结构导致大股东拥有绝对控制权，而中小股东由于股权分散且数目较小，不构成影响，所以一般不参与企业经营决策或干脆“用脚投票”。持有较多股份的控股股东就有动机也有机会通过控制权获取私有收益，侵害中小股东利益。由于大股东积极参与公司经营管理决策，企业价值将得到提升，投资者利益保护也得以加强。但股权集中度过高，会使大股东在缺乏监管和约束条件下，通过损害中小股东利益最大化自身利益。“一股独大”现象在我国比较普遍，“一股独大”不利于投资者利益保护，故企业应引进战略投资者以形成制衡的股权结构，如此则有利于保护中小投资者利益。这里用第二到第十大股东持股比例之和与第一大股东持股比例之比，来说明公司其他股东对公司第一大股东的制衡度，即：

$$\text{股权制衡度}=\frac{\sum_{k=2}^{10}\text{第 }k\text{ 大股东持股比例}}{\text{第一大股东持股比例}} \qquad \text{（式 2）}$$

3. 独立董事比例

现代企业由于所有权与经营权相分离，导致委托代理问题出现。独立董事是出于保护中小股东利益考虑。建立良好的董事会结构，健全非执行董事尽职机制，可大大增强投资者信心，有效保护中小投资者利益。独立董事通过自身专业优势参与公司经营管理决策，对大股东形成有效制衡，可一定程度上解决上市公司普遍存在的治理失效问题，从而保护中小投资者利益。这里用独立董事比例表示董事会结构合理性，独立董事比例越高，企业存在内部人控制机会的可能性越低。

4. 外部审计

外部审计主要考虑审计独立性和可靠性。独立性方面考察审计是否受到被审计单位影响、是否有审计之外的其他业务来往。可靠性方面考察近几年审计单位是否被出具保留意见的审计报告，同时考察审计单位是否曾出现违规行为。

5. 信息披露

上市公司信息披露是保证股东知情权的最有效手段。信息的可靠性和相关性是会计信息质量的核心，信息相关性和可靠性最为关键，相关性要求上市公司必须公开所有法定项目信息，可靠性要求公司所披露信息客观真实。高质量信息披露从三方面提高中小投资者利益保护水平。

第一，中小投资者在做投资决策时，主要依靠上市公司所披露信息，充分且高质量的信息披露有助于投资者做出正确的投资决策；

第二，及时、准确、可靠的信息披露对证券公平价格形成有一定作用，高质量信息披露有助于中小投资者投资价格公平的证券；

第三，上市公司内部人掌握公司真实经营状况，而外部人处于严重的信息不对称状况，信息不对称导致投资者保护问题的出现，高质量信息披露可提高投资者利益保护水平。

四、结论

20世纪80年代后价值管理成为研究热点，这一理念已逐渐被实务界所接受。然而，以往价值管理都以为股东创造最大化价值为目标，将“股东”看作一个整体，忽略了大股东与中小股东之间价值分配的公平性、大小股东由于利益目标差异而带来的代理问题。大小股东间价值分配关系处理不好，将严重影响企业价值创造。

本文将中小投资者利益均衡保护理念融入企业价值管理体系中，将价值管理目标设定为“价值创造最大化”和“价值分配公平化”。在此基础上，构建基于投资者利益均衡的价值管理指标体系，以期我国企业在价值创造和价值分配过程中更加注重投资者利益均衡，从而实现价值增值。

参考文献：

[1] Grossman，Sanford，Oliver Hart. One share on vote and the market for corporate control [J]. Journal of Financial Economics，1988 (20)：175－202.

[2] La Porta R.，Lopez－de－Silanes F.，Shleifer，A.，etal. Agency Problems and Dividend Policies around the World [J]. Journal of Finance，2000 (55)：1－33.

[3] La Porta R.，Lopez－de－Silanes F.，Shleifer，A.，etal. Investor Protection and Corporate Valuation [J]. Journal of Finance，2002 (57)：1147－1170.

[4] 科勒，戈德哈特，威赛尔斯．价值评估：公司价值的衡量与管理（第四版）[M]．北京：电子工业出版社，2007.

[5] 李文华．基于监管视角的中小投资者保护问题研究 [J]．南方金融，2013 (6)：35－39.

[6] 陈蕾．中国证券投资者保护水平的实证研究 [J]．东南学术，2013 (5)：145－152.

[7] 王秀华．企业价值管理理论发展趋势研究：一个文献综述 [J]．财会通讯，2011 (11)：111－113.

[8] 陈炜．基于投资收益的中小投资者保护效率研究 [J]．中国工业经济，2010 (10)：117－126.

[9] 唐勇军，沈菊琴．利益相关者与价值管理框架研究 [J]．现代管理科

学，2009（5）：105－106.

[10] 陈志斌．基于自由现金流管理视角的价值动因解析模型研究［J］．会计研究，2006（4）：58－62.

[11] 吕长江，周县华．公司治理结构与股利分配动机——基于代理成本和利益侵占的分析［J］．南开管理评论，2005（3）：9－17.

[12] 贺建刚，刘峰．大股东控制、利益输送与投资者保护——基于上市公司关联交易的实证研究［J］．中国会计与财务研究，2005（9）：10－13.

[13] 刘淑莲．企业价值评估与价值创造战略研究——两种价值模式与六大驱动因素［J］．会计研究，2004（9）：67－71.

[14] 汤谷良，林长泉．打造VBM框架下的价值型财务管理模式［J］．会计研究，2003（12）：23－37.

[15] 陈信元，陈冬华，朱红军．净资产、剩余收益与市场定价：会计信息的价值相关性［J］．金融研究，2002（4）：59－70.

[16] 郑志宏．央企价值管理全面导入EVA考核［J］．上海国资，2014（4）：26－27.

[17] 柴聪，孙红梅．全流通后大股东与中小股东的利益博弈分析［J］．会计之友，2012（2）：54－55.

《政府会计准则——基本准则》解读

朱继民

摘　要：2014年12月，国务院批转了财政部制定的《权责发生制政府综合财务报告制度改革方案》，《方案》提出，权责发生制政府综合财务报告制度改革是基于政府会计规则的重大改革，其前提和基础就是要构建统一、科学、规范的政府会计准则体系，包括制定政府会计基本准则、具体准则及应用指南和健全完善政府会计制度。据此，财政部于2015年10月23日颁布《政府会计准则——基本准则》，并要求在2017年1月1日实施。本报告对该准则出台的背景、准则的意义、准则的重大理论创新及准则主要条款进行解读。

关键词：政府会计准则；基本准则；财务会计；权责发生制；解读

一、准则出台背景

1. 现状

我国在政府会计领域实行的是以收付实现制为核算基础的预算会计标准体系，主要包括财政总预算会计制度、行政单位会计制度和事业单位会计准则制度等。

2. 存在问题

一是不能如实反映政府“家底”，不利于政府加强资产负债管理；二是不能客观反映政府运行成本，不利于科学评价政府的运营绩效；三是缺乏统一、规范的政府会计标准体系，不能提供信息准确完整的政府财务报告。

3. 目标

新《预算法》对各级政府财政部门按年度编制以权责发生制为基础的政府综合财务报告提出了明确要求。2014年12月，国务院批转了财政部制定的《权责发生制政府综合财务报告制度改革方案》，《方案》提出，权责发生制政府综合财

作者简介：朱继民（1965—），男，汉族，皖太和县人，铜陵学院会计学院，副教授。

务报告制度改革是基于政府会计规则的重大改革，其前提和基础就是要构建统一、科学、规范的政府会计准则体系，包括制定政府会计基本准则、具体准则及应用指南和健全完善政府会计制度。

未来我国政府会计准则体系将于2020年前完成。

二、准则的意义

（一）《基本准则》的定位

《基本准则》作为政府会计的“概念框架”，统驭政府会计具体准则和政府会计制度的制定，并为政府会计实务问题提供处理原则，为编制政府财务报告提供基础标准，属“顶层设计”。

（二）颁布的意义

一是有利于规范政府会计核算，提高政府会计信息质量。

《基本准则》从不同角度明确了政府会计标准体系中需要解决的基本问题、基本原则和方法，构建起了统一、科学、规范的政府会计概念体系，为整合现行政府预算会计制度体系，建立国家统一的政府会计标准体系奠定了基础，有利于规范各级政府、各部门、各单位的会计核算，提高政府会计信息的可靠性、全面性、相关性、可比性、及时性和可理解性。

二是有利于夯实财政管理基础，建立现代财政制度。

《基本准则》在完善现行政府预算会计功能的同时，强化政府财务会计功能，在政府会计核算中引入权责发生制原则，对资产、负债等会计要素的概念、信息质量特征，都做出了重新界定、提出了新的要求，从而保证政府资产、负债等信息得以如实记录、完整反映，有利于全面反映政府财务状况，有利于进一步加强政府的资产管理和控制债务风险，有利于健全预算管理基础，对于建立全面规范、公开透明的现代预算制度，促进财政可持续发展，具有重要的基础性作用。

三是有利于准确反映政府运行成本，科学评价政府绩效。

《基本准则》按照权责发生制原则规范了收入和费用要素，在政府财务报告中引入成本、绩效等先进理念，能够合理归集、反映政府的运行费用和履职成本，科学评价政府、部门、单位等耗费公共资源、成本边际等情况，有利于建立并有效实施预算绩效评价制度，为科学开展考评政府绩效提供扎实有效的信息基础。

四是有利于提升政府工作透明度，促进国家治理能力的现代化。

《基本准则》确立了政府预算会计和财务会计适度分离又相互衔接的政府会计体系，要求政府会计主体同时提供决算报告和财务报告，能够全面、清晰反映政府预算执行信息和财务状况，显著提升财政透明度，满足权力机关、社会公众等对政府财政财务信息全面性、准确性和及时性的需求，从而有利于进一步规范政府行为和提高政府决策能力，促进国家治理能力的现代化。

三、准则重大制度理论创新

（一）构建了政府预算会计和财务会计适度分离并相互衔接的政府会计核算体系

相对于实行多年的预算会计核算体系，《基本准则》强化了政府财务会计核算，即政府会计由预算会计和财务会计构成，前者一般实行收付实现制，后者实行权责发生制。通过预算会计核算形成决算报告，通过财务会计核算形成财务报告，全面、清晰反映政府预算执行信息和财务信息。

（二）确立了“3+5要素”的会计核算模式

《基本准则》规定预算收入、预算支出和预算结余3个预算会计要素和资产、负债、净资产、收入和费用5个财务会计要素。其中，首次提出收入、费用两个要素，有别于现行预算会计中的收入和支出要素，主要是为了准确反映政府会计主体的运行成本，科学评价政府资源管理能力和绩效。同时，按照政府会计改革最新理论成果对资产、负债要素进行了重新定义。

（三）科学界定了会计要素的定义和确认标准

《基本准则》针对每个会计要素，规范了其定义和确认标准，为在政府会计具体准则和政府会计制度层面规范政府发生的经济业务或事项的会计处理提供了基本原则，保证了政府会计标准体系的内在一致性。特别是《基本准则》对政府资产和负债进行界定时，充分考虑了当前财政管理的需要，比如，在界定政府资产时，特别强调了“服务潜力”，除了自用的固定资产等以外，将公共基础设施、政府储备资产、文化文物资产、保障性住房和自然资源资产等纳入政府会计核算范围；对政府负债进行界定时，强调了“现时义务”，将政府因承担担保责任而产生的预计负债也纳入会计核算范围。

（四）明确了资产和负债的计量属性及其应用原则

《基本准则》提出，资产的计量属性主要包括历史成本、重置成本、现值、公允价值和名义金额，负债的计量属性主要包括历史成本、现值和公允价值。同时，《基本准则》强调了历史成本计量原则，即政府会计主体对资产和负债进行计量时，一般应当采用历史成本。采用其他计量属性的，应当保证所确定的金额能够持续、可靠计量。这样规定，既体现了资产负债计量的前瞻性，也充分考虑了政府会计实务的现状。

（五）构建了政府财务报告体系

《基本准则》要求政府会计主体除按财政部要求编制决算报表外，至少还应编制资产负债表、收入费用表和现金流量表，并按规定编制合并财务报表。同时强调，政府财务报告包括政府综合财务报告和政府部门财务报告，构建了满足现代财政制度需要的政府财务报告体系。

四、准则内容及主要条文解读

（一）准则总体框架

第一章为总则，规定了立法目的和制定依据、适用范围、政府会计体系与核算基础、基本准则定位、报告目标和使用者、会计基本假设和记账方法等。

第二章为政府会计信息质量要求，明确了政府会计信息应当满足的7个方面质量要求，即可靠性、全面性、相关性、及时性、可比性、可理解性和实质重于形式。

第三章为政府预算会计要素，规定了预算收入、预算支出和预算结余3个预算会计要素的定义、确认和计量标准以及列示要求。

第四章为政府财务会计要素，规定了资产、负债、净资产、收入和费用5个财务会计要素的定义、确认标准、计量属性和列示要求。

第五章为政府决算报告和财务报告，规定了决算报告、财务报告和财务报表的定义、主要内容和构成。

第六章为附则，规定了相关基本概念的定义，明确了施行日期。

（二）总则解读

1. 适用范围（第二条）

本准则适用于各级政府、各部门、各单位（以下统称政府会计主体）。这里所称各部门、各单位是指与本级政府财政部门直接或者间接发生预算拨款关系的国家机关、军队、政党组织、社会团体、事业单位和其他单位。

军队、已纳入企业财务管理体系的单位和执行《民间非营利组织会计制度》的社会团体，不适用本准则。

2. 政府会计目标（第五条）

政府会计主体应当编制决算报告和财务报告。决算报告的目标是向决算报告使用者提供与政府预算执行情况有关的信息，综合反映政府会计主体预算收支的年度执行结果，有助于决算报告使用者进行监督和管理，并为编制后续年度预算提供参考和依据。政府决算报告使用者包括各级人民代表大会及其常务委员会、各级政府及其有关部门、政府会计主体自身、社会公众和其他利益相关者。财务报告的目标是向财务报告使用者提供与政府的财务状况、运行情况（含运行成本，下同）和现金流量等有关信息，反映政府会计主体公共受托责任履行情况，有助于财务报告使用者做出决策或者进行监督和管理。政府财务报告使用者包括各级人民代表大会常务委员会、债权人、各级政府及其有关部门、政府会计主体自身和其他利益相关者。

3. 其他原则（或会计前提）

（1）持续运行（2）会计分期（年度、月度）（3）记账本位币（人民币，发生外币业务时，应当将有关外币金额折算为人民币金额计量，同时登记外币金额）（4）记账方法（借贷记账法）

（三）政府会计信息质量要求

1. 真实性（可靠性）原则

政府会计主体应当以实际发生的经济业务或者事项为依据进行会计核算，如实反映各项会计要素的情况和结果，保证会计信息真实可靠。

2. 全面性（统一性）原则

政府会计主体应当将发生的各项经济业务或者事项统一纳入会计核算，确保会计信息能够全面反映政府会计主体预算执行情况和财务状况、运行情况、现金流量等。

3. 相关性（有用性）原则

政府会计主体提供的会计信息，应当与反映政府会计主体公共受托责任履行情况以及报告使用者决策或者监督、管理的需要相关，有助于报告使用者对政府会计主体过去、现在或者未来的情况做出评价或者预测。

4. 及时性原则

政府会计主体对已经发生的经济业务或者事项，应当及时进行会计核算，不得提前或者延后。

5. 可比性原则

政府会计主体提供的会计信息应当具有可比性。纵向可比：同一政府会计主体不同时期发生的相同或者相似的经济业务或者事项，应当采用一致的会计政策，不得随意变更。确需变更的，应当将变更的内容、理由及其影响在附注中予以说明。横向可比：不同政府会计主体发生的相同或者相似的经济业务或者事项，应当采用一致的会计政策，确保政府会计信息口径一致，相互可比。

6. 明晰性原则

政府会计主体提供的会计信息应当清晰明了，便于报告使用者理解和使用。

7. 实质重于形式原则

政府会计主体应当按照经济业务或者事项的经济实质进行会计核算，不限于以经济业务或者事项的法律形式为依据。

（四）政府预算会计要素

三要素：预算收入、预算支出与预算结余。

1. 预算收入

（1）含义：预算收入是指政府会计主体在预算年度内依法取得的并纳入预算管理的现金流入（非收入本质，强调预算管理）。

总会计核算的收入包括一般公共预算本级收入、政府性基金预算本级收入、国有资本经营预算本级收入、财政专户管理资金收入、专用基金收入、转移性收入、债务收入、债务转贷收入等。

（2）确认：预算收入一般在实际收到时予以确认，以实际收到的金额计量。

2. 预算支出

（1）含义：预算支出是指政府会计主体在预算年度内依法发生并纳入预算管理的现金流出。

总会计核算的支出包括一般公共预算本级支出、政府性基金预算本级支出、国有资本经营预算本级支出、财政专户管理资金支出、专用基金支出、转移性支出、债务还本支出、债务转贷支出等。

（2）确认：预算支出一般在实际支付时予以确认，以实际支付的金额计量。

3. 预算结余

（1）含义：预算结余是指政府会计主体预算年度内预算收入扣除预算支出后的资金余额以及历年滚存的资金余额。

（2）组成：预算结余包括结余资金和结转资金。

结余资金是指年度预算执行终了，预算收入实际完成数扣除预算支出和结转资金后剩余的资金。结转资金是指预算安排项目的支出年终尚未执行完毕或者因故未执行，且下年需要按原用途继续使用的资金。

符合预算收入、预算支出和预算结余定义及其确认条件的项目应当列入政府决算报表。

（五）政府财务会计要素

五要素：资产、负债、净资产、收入和费用。

1. 资产

（1）定义：资产是指政府会计主体过去的经济业务或者事项形成的，由政府会计主体控制的，预期能够产生服务潜力或者带来经济利益流入的经济资源。

（2）分类：流动资产：流动资产是指预计在1年内（含1年）耗用或者可以变现的资产，包括货币资金、短期投资、应收及预付款项、存货等。

非流动资产：非流动资产是指流动资产以外的资产，包括固定资产、在建工程、无形资产、长期投资、公共基础设施、政府储备资产、文物文化资产、保障性住房和自然资源资产等。

（3）确认：符合资产定义的经济资源，在同时满足以下条件时，确认为资产。

第一，与该经济资源相关的服务潜力很可能实现或者经济利益很可能流入政府会计主体。

第二，该经济资源的成本或者价值能够可靠地计量。

（4）计量：资产的计量属性主要包括历史成本、重置成本、现值、公允价值和名义金额。

在历史成本计量下，资产按照取得时支付的现金金额或者支付对价的公允价值计量。

在重置成本计量下，资产按照现在购买相同或者相似资产所需支付的现金金额计量。

在现值计量下，资产按照预计从其持续使用和最终处置中所产生的未来净现金流入量的折现金额计量。

在公允价值计量下，资产按照市场参与者在计量日发生的有序交易中，出售资产所能收到的价格计量。

无法采用上述计量属性的，采用名义金额（即人民币1元）计量。

政府会计主体在对资产进行计量时，一般应当采用历史成本。采用重置成本、现值、公允价值计量的，应当保证所确定的资产金额能够持续、可靠计量。

2. 负债

（1）含义：负债是指政府会计主体过去的经济业务或者事项形成的，预期会导致经济资源流出政府会计主体的现时义务。

（2）分类：流动负债是指预计在1年内（含1年）偿还的负债，包括应付及预收款项、应付职工薪酬、应缴款项等；非流动负债是指流动负债以外的负债，包括长期应付款、应付政府债券和政府依法担保形成的债务等。

（3）确认：符合负债定义的义务，在同时满足以下条件时，确认为负债。

第一，履行该义务很可能导致含有服务潜力或者经济利益的经济资源流出政府会计主体。

第二，该义务的金额能够可靠地计量。

（4）计量：负债的计量属性主要包括历史成本、现值和公允价值。

在历史成本计量下，负债按照因承担现时义务而实际收到的款项或者资产的金额，或者承担现时义务的合同金额，或者按照为偿还负债预期需要支付的现金计量。

在现值计量下，负债按照预计期限内需要偿还的未来净现金流出量的折现金额计量。

在公允价值计量下，负债按照市场参与者在计量日发生的有序交易中，转移负债所需支付的价格计量。

政府会计主体在对负债进行计量时，一般应当采用历史成本。采用现值、公允价值计量的，应当保证所确定的负债金额能够持续、可靠计量。

3. 净资产

净资产是指政府会计主体资产扣除负债后的净额。净资产金额取决于资产和负债的计量。

符合资产、负债、净资产定义和确认条件的项目期末列入资产负债表披露。

4. 收入

(1) 含义：收入是指报告期内导致政府会计主体净资产增加的、含有服务潜力或者经济利益的经济资源的流入。

(2) 确认：收入的确认应当同时满足以下条件。

第一，与收入相关的含有服务潜力或者经济利益的经济资源很可能流入政府会计主体。

第二，含有服务潜力或者经济利益的经济资源流入会导致政府会计主体资产增加或者负债减少。

第三，流入金额能够可靠地计量。

(3) 具体内容：以财务会计的角度来归类。

5. 费用

(1) 含义：费用是指报告期内导致政府会计主体净资产减少的、含有服务潜力或者经济利益的经济资源的流出。

(2) 确认：费用的确认应当同时满足以下条件。

第一，与费用相关的含有服务潜力或者经济利益的经济资源很可能流出政府会计主体。

第二，含有服务潜力或者经济利益的经济资源流出会导致政府会计主体资产减少或者负债增加。

第三，流出金额能够可靠地计量。

(3) 具体内容：总会计核算的支出包括一般公共预算本级支出、政府性基金预算本级支出、国有资本经营预算本级支出、财政专户管理资金支出、专用基金支出、转移性支出、债务还本支出、债务转贷支出等。

行政单位的支出包括经费支出和拨出经费。

符合收入、费用定义和确认条件的项目，应当列入收入费用表披露。

(六) 政府决算报告和财务报告

1. 政府决算报告

政府决算报告是综合反映政府会计主体年度预算收支执行结果的文件。政府决算报告应当包括决算报表和其他应当在决算报告中反映的相关信息和资料。政府决算报告的编制主要以收付实现制为基础，以预算会计核算生成的数据为准。政府决算报告的具体内容及编制要求等，由财政部另行规定。

2. 政府财务报告

政府财务报告是反映政府会计主体某一特定日期的财务状况和某一会计期间的运行情况和现金流量等信息的文件。政府财务报告应当包括财务报表和其他应当在财务报告中披露的相关信息和资料。政府财务报告的编制主要以权责发生制为基础，以财务会计核算生成的数据为准。

3. 财务报表

财务报表是对政府会计主体财务状况、运行情况和现金流量等信息的结构性表述。财务报表包括会计报表和附注。会计报表至少应当包括资产负债表、收入费用表和现金流量表。

上市公司会计报表的阅读与分析

陈　颖

摘　要： 会计报表阅读与分析是会计信息使用者对企业的财务状况和经营成果进行评价和分析的一种基本手段，但由于现行企业的财务报表、财务分析指标以及财务分析方法存在一定的局限性，财务报表分析的作用并没有完全发挥出来，这使得企业财务分析和评价有失客观。本文就上市公司会计报表的阅读与分析做一些简要探讨，以帮助会计信息的使用者有效利用财务报表信息做出正确的抉择。

关键词： 会计报表阅读；会计报表分析；局限性；财务比率

作为上市公司信息披露最主要形式之一的公司会计报表，它一直都是市场关注的焦点。从长远看来，不管是来源于差价，还是股利分红，投资者的长期收益最终仍然取决于被投资企业的业绩上扬。因此，通过会计报表来了解一个公司的经营状况就变得非常重要。投资者对于公司的年报有了更高的期望，期望年报内容能真实准确、及时完整。可是，事实并不是这样，公司财务报表粉饰已经成为一个历史悠久，并且影响极为恶劣的国际性问题。于是，会计报表阅读与分析便体现出了它的价值。相关人员可通过对公司会计报表进行阅读与分析研究，来评价企业的经营状况，比如获利能力、可持续发展能力、偿债能力等。因此，会计报表阅读与分析是一种特别实用的工具，同时也是一个值得关注和研究的领域。

一、会计报表阅读与分析的基础

若想读懂会计报表和真正理解会计报表反映的各项指标，首先需要了解什么是会计报表，它的作用如何？

（一）会计报表的概念及构成

会计报表，是指对外提供的反映企业某一特定日期财务状况和某一会计期间

作者简介： 陈颖（1975—），女，汉族，湖北省公安县人，铜陵学院会计学院副教授、硕士。

经营成果、现金流量的文件。会计报表至少应当包括资产负债表、利润表、现金流量表等报表及其附注。小企业编制的会计报表可以不包括现金流量表。所有者权益变动表成为一张主表，现行利润分配表成为报表附注。上市公司应提供的主要财务分析资料如下：

（1）资产负债表、利润表、现金流量表、所有者权益变动表。

（2）会计报表附注。

（3）审计报告以及其他资料，如证券交易所、行业协会、投资咨询机构提供的有关资料等均可成为财务报表分析的补充资料。

财务报告使用者通常包括投资人、债权人、政府及相关机构、企业管理人员、职工和社会公众等。不同的报告使用者对其所提供信息的要求各有不同。

（二）会计报表的编制基础与报表相互关系

会计报表主要以持续经营和权责发生制作为编制基础，现金流量表以收付实现制作为编制基础。资产负债表反映各期期末财务状况结果，是静态会计报表；利润表反映财务成果的形成过程，是动态会计报表；现金流量表反映资产负债表中各方最关心的敏感资产——现金的变化，也是动态会计报表；所有者权益变动表是附表升格而来，突出资产负债表，也是动态会计报表。

（三）会计报表的作用

从企业与相关利益者关系分析，会计报表信息对会计信息使用者的影响与重要性是非常突出的，其作用包括：

1. 引导与优化资源配置

（1）投资者与债权人通过对会计报表信息理解的财务状况、盈利能力和现金流情况，做出是否投资或提供贷款的决策，引导和促进社会资源流向效益好的企业。

（2）企业经营管理者通过对会计报表信息掌握的不同业务的盈利能力和占用资源情况，做出哪些应该退出或扩张的决定，以便调整企业业务拓展和投资方向，实现内部资源的优化配置。

2. 揭示和规避经营风险

（1）投资者与债权人需要通过会计信息了解企业的投资、营销模式对经营效果的分析与判断，评估投资风险。

（2）可以揭示企业的优势与弱点，企业经营管理者借助会计信息分析投资效果和经营策略产生的效果，以及财产损失与坏账风险，以便适时调整经营发展战略和营销模式。

3. 反映企业经营者受托经营责任和绩效

通过会计报表信息可以揭示企业经营者对经济资源的经营效果，反映资产是否完整、资本是否有效保全、增值以及能否创造有利的现金流情况等，从而可以反映和评价企业管理者对受托资产经营责任的履行情况与经营绩效水平。

二、会计报表的阅读

在我们日常的学习中，经常会接触到各类企业报表，可是当面对资产负债表、利润表、现金流量表时，大多数人根本无从下手，不知道如何评价企业的财务状况、经营成果和现金流量情况。下面，我们以三张主要报表为例，来谈谈如何阅读会计报表。

（一）资产负债表的阅读

资产负债表就是反映企业在某一特定日期，所拥有的资产以及所占用的资金的来源——负债和所有者权益的报表。通过资产负债表可以判断企业的财务状况。

资产负债表提供给我们的主要信息并不少，资产负债表的右边一般是资本结构——财务风险；左边通常是资产结构——经营风险。换句话说，资产负债表右边是企业资金来源，通过负债和所有者权益项目金额的对比以及期末和期初的对比，基本上就可以判断企业财务风险的高低和变化趋势。资产负债表左边是企业资产的分布，通过流动资产和长期资产项目金额的对比，期末和期初的对比，大致上就能判断企业的经营风险的高低和变化趋势。因此，在阅读资产负债表时，首先要看的是资金来源，其次是资产分布，最后进行前后期的对比分析。

通过资产负债表的阅读，我们可以把握以下几方面：

（1）企业所采用的会计政策。如递延税款项目有金额表明企业的所得税会计政策采用的是纳税影响会计法，反之则是应付税款法。

（2）企业采用的组织形式。如“已归还投资”项目有金额表明该企业为中外合作经营企业；如有“股本”项目表明该企业为股份有限公司，否则为有限责任公司或独资企业。

（3）企业资产的质量。待摊费用、长期待摊费用以及递延税款借项等仅仅属于纯会计意义上的资产，如果所占金额大、比重大表明该企业的资产质量差。

（4）企业资产的变现能力。流动资产在资产总额中的比重、速动资产在流动资产中的比重、现金类资产在速动资产中的比重分别反映了企业资产的长期、短期和即期变现能力。

（5）企业资产的盈利能力。由于流动资产仅仅是为了保持生产弹性所需要的，相反固定资产等非流动资产却主要是为了提供生产经营条件，故资产的流动性与资产的营利性呈反比，因而资产的营利性主要看非流动资产、特别是固定资产在资产总额中的比重大小。

(6) 企业资产负债的匹配程度。通过流动资产和流动负债的数量关系可以判断企业资产负债的匹配性。如果流动资产大于流动负债，表明企业有不受流动负债影响的自由流动资金；如果流动资产小于流动负债，表明企业没有自由流动资金，生产经营活动必然受到偿还流动负债的短期压力。

(7) 企业所处的市场状况。产品市场：如果应收款项远远大于预收款项，表明产品市场是一典型的买方市场；如果应收款项远远小于预收款项，表明产品市场是一典型的卖方市场。材料市场：如果应付款项远远大于预付款项，表明材料市场是一典型的买方市场；如果应付款项远远小于预付款项，表明材料市场是一典型的卖方市场。

(8) 企业的稳定性。未分配利润、盈余公积、资本公积和实收资本是防止企业破产的四道防线，故企业的稳定性主要看所有者权益的具体构成。

另外，要注意对资产负债表一些重要项目的阅读和分析。例如解读交易性金融资产时，应当关注其期末的公允价值，注意分析交易性金融资产投资的规模是否适度；判断分析预付账款时，应考虑规模是否合适，主要应考虑采购特定存货的市场供求状况，一般而言，预付账款不构成流动资产的主体部分，若企业预付账款较高，则可能预示着企业有非法转移资金、非法向有关单位提供贷款以及抽逃资金等不法行为；其他应收款在判断分析时，应考虑其他应收款既为“其他”，则与主营业务产生的债权（应收账款等）比较其数额不应过大；如果其数额过高，则属于不正常现象，容易产生一些不明原因的占用，要警惕企业利用该项目粉饰利润、让大股东无偿占用资金以及转移销售收入偷逃税款，等等。

(二) 利润表的阅读

在利润表中，同期的内部结构分析可以帮助我们判断企业利润的来源以及构成；前后期同项目的对比分析，则能帮助我们判断盈利变化的原因和它的发展趋势。因此，对利润表首先要进行结构分析，来判断公司盈利质量高低，然后进行前后期比较分析，以便掌握公司盈利能力的变化原因和企业的发展能力。

通过利润表的阅读，我们应重点把握以下几方面：

(1) 企业的规模大小。企业的规模大小主要看利润表中的“主营业务收入”的金额大小。

(2) 企业的增值能力。企业的增值能力主要看主营业务成本和主营业务收入的比值。一般来讲，主营业务成本占主营业务收入的比值越小，其增值能力越强。

(3) 企业利润的稳定性。企业利润的稳定性，主要看利润的主要构成。一般来讲，主营业务利润的稳定性好、其他业务利润的稳定性差；产业性投资收益的稳定性好、证券性投资收益的稳定性较差；补贴收入和营业外收入的稳定性不仅最差，而且有粉饰经营业绩的嫌疑。

（4）企业所处的政策环境。企业所处的政策环境主要看是否有补贴收入以及补贴收入的金额和比重；此外，还要考虑所得税在利润总额中的比重以及税金及附加在主营业务收入中的比重大小。

（三）现金流量表的阅读与分析

现金流量主要包括经营活动产生的现金流量、投资活动产生的现金净流量、筹资活动产生的现金净流量以及现金和现金等价物的净增加额。其中，经营活动中产生的现金流量是基础和根本，同时，我们也要去掌握经营活动、投资活动和筹资活动的现金流量之间的相互关系。

通过现金流量表的阅读，我们应重点把握以下几方面：

（1）企业经营业绩的质量。企业经营业绩的质量主要看"净利润＋固定资产折旧"与"经营活动产生的现金净流量"之间的关系，如果前者远远大于后者，本期的经营业绩质量差；如果后者远远大于前者，前期的经营业绩质量差；如果二者接近，本期的经营业绩质量好。

（2）企业所处的生命周期。一般来讲，处于初创期的企业，经营活动产生的现金流入金额小、比重小，投资活动产生的现金流出金额大、比重大；处于成长期的企业，经营活动产生的现金流入金额大、比重大，投资活动产生的现金流出金额也大、比重也大；处于稳步发展期的企业，经营活动产生的现金流入金额大、比重大，但投资活动产生的现金流出金额小、比重也小；处于衰退期的企业，经营活动产生的现金流入金额小、比重小，筹资活动产生的现金流出金额大、比重大。

（3）企业的财务状况变动。企业的财务状况变动主要看现金及现金等价物净增加额是为正还是为负，如果为正表明期末的财务状况变好，反之变差；此外，经营活动产生的现金净流量如果为正，表明企业在短期内有"造血"机能，反之则存在"失血"问题。

（4）企业的生产转型情况。企业的生产转型情况主要看"处置固定资产、无形资产和其他长期资产所收回的现金净额"的金额大小、比重大小。如果金额大、比重大则说明企业有生产转型的情况，反之则说明不存在生产转型的情况。

（四）阅读会计报表应特别注意的几个方面

（1）提高报表阅读层次：从关心指标应过渡到关心报表；从关心报表应过渡到关心附注；从关心附注应过渡到关心企业实际。

（2）特别注意特殊项目：其他项目、负数项目、异常项目。

（3）从赞赏挑剌到客观：赞赏不能发现问题、挑刺发现太多问题，只有客观才能解决问题。

（4）了解动量存量关系：大雁飞过必然要留下影子，存量的变化产生动量、动量的变化必然影响存量。

三、会计报表的分析

会计报表分析就是通过专门方法对会计报表进行再加工，发现和发掘会计报表文字和数字背后所能揭示的其他有用信息，为决策者服务。会计报表所反映的是过去的事项，而会计报表分析则不仅仅在于评价过去，更是通过分析过去，来预测未来。

（一）会计报表分析的步骤

第一，要明确会计报表分析的目的，确定会计报表分析范围；第二，选择出适当的分析方法以及分析程序；第三，查找相关信息资料，并根据分析的目的及需要把整体细分成各个部分；第四，研究每个部分和彼此之间的联系，发现其中的问题；第五，再次加以研究并得出结论，提出相关建议，撰写分析报告。

（二）会计报表分析的作用

通过科学合理的会计报表分析，能帮助投资者和债权人充分了解上市公司的整体财务状况，再在深入分析的基础上进行预测及决策。一般来说，会计报表分析的作用表现在两个方面：

（1）考核企业内部各个职能部门和单位的工作业绩以及相关计划指标的完成情况。

（2）揭示企业在生产经营活动和管理过程中存在的问题，并总结经验教训，协助企业经营管理者不断改善企业的经营管理、提高管理水平。

（三）会计报表分析的方法

财务会计理论和实务的不断发展，使我国目前的会计实务形成了一套成熟、固定的财务报表分析方法。而这些分析方法的精髓全都是比较，通过比较去发现问题、分析问题、继而解决问题。这些分析方法一般被分为四种：比较分析法、比率分析法、因素分析法以及模拟会计报表。

1. 比较分析法

比较分析法，是一种把不同时期的财务状况或者不同企业之间的财务状况进行比较，进而揭示企业财务状况所存在的差异的方法。它是最基本的会计报表分析方法，如果没有研究对象之间的比较，那么分析就不可能进行。

在使用比较分析法时，还要注意对比指标之间的可比性，这一点是用好比较分析法的必备条件。否则，就不能正确的说明问题，有时甚至得到错误的结论。若是企业之间所进行同类指标比较，同时还要注意到企业之间的可比性。

2. 比率分析法

比率分析法是财务分析中最为重要、常用的一种分析方法。具体来说，指的是对比同一时期企业财务报表的相关项目，并运用专门的方法来计算出一系列能反映企业在不同方面能力的财务比率。通过计算财务比率的方法建立不同财务数字之间的联系，帮助我们了解企业的财务状况和经营成果。

比率分析也需要找到一个标准，才能得出结论。因此它往往要借助于比较分析和趋势分析方法。财务比率最主要的好处就是可以消除规模的影响，用来比较不同企业的收益与风险，从而帮助投资者和债权人做出理智的决策。

按反映的内容不同，可以把财务比率划分为偿债能力比率、营运能力比率、获利能力比率三类共十几个具体指标。

（1）偿债能力分析与评价方法。短期偿债能力剖析的方法以变现能力比率为主，长期偿债能力分析的措施一般有负债比率。短期偿债能力缺乏一般会很大程度上影响企业的形象，加大以后筹资的本钱和难度，也许会让企业坠入财务危险，还有可能倒闭。

（2）营运能力分析与评价方法。评价一家公司的营运能力通常是比较运营效率，即公司在资产管理方面的效率。资产的周转率越快，可以理解为资产经过经营流程的效率较高，那么获取收入与利润的周期随之减短，运营效率也就越高。

（3）盈利能力分析与评价方法。盈利能力是公司内部以及外部投资者对企业关注的重点，也是一家企业经营的重中之重。因此，只要有利益关系的投资者都会在第一时间注意盈利能力的变化情况。

3. 因素分析法

因素分析法，是根据财务指标及其驱动因素之间的关系，把所分析的指标分解成可以单独计量的因素，依次用各个因素的比较值代替基准值，从数量上确定出各个因素对分析指标的影响程度。因素分析法通常有四个步骤：

（1）确定分析对象，确定需要分析的财务指标，通过比较实际数额和标准数额来计算两者的差额。

（2）确定财务指标的驱动因素，即建立财务指标和各个驱动因素之间的函数关系模型。

（3）确定驱动因素的替代顺序，也就是根据各个驱动因素的重要性来进行排序。

（4）按照先后顺序计算出各个驱动因素脱离标准的差异对财务指标的影响。

4. 模拟会计报表

对企业未来一定期间的盈利状况和财务状况进行预测形成的会计报表，是一种前瞻性的分析。通过模拟会计报表，可以帮助我们了解企业不同的经营、投资和融资活动可能产生的结果，从而帮助企业做出更好的决策。

在实际工作当中，往往是以比率分析和现金流分析为主，综合运用各种不同的财务分析手段。另外还要注意运用：（1）基本面分析方法。企业的基本面分析包括宏观经济分析、行业现状和前景分析、公司在行业的位置、公司高级管理人员的经营管理能力、公司的经营策略、公司的市场份额和声望等，它与财务分析息息相关。如果企业的会计报表严重脱离了宏观经济运行状况和行业发展状况以及公司的经营策略和管理能力，那么，脱离之处应该是调查分析重点。（2）现场调查方法。现场调查的目的是根据财务分析和基本面分析提供的问题线索，判断企业问题区域、风险范围和风险程度，并且更广泛和深入地发现企业问题区域和风险，判断企业会计报表反映其财务状况及经营成果和现金流量情况的真实程度，确定贷款或投资对象。

（四）会计报表分析的主要内容包括三个方面

1. 财务状况分析

财务状况分析主要指对公司目前资产、负债和所有者权益的各个方面进行评价。分析企业资产结构、债务结构、变现能力、偿债能力、资本保值增值能力和现金流量。

2. 盈利能力分析

盈利能力分析主要是通过对各专业及各项收入、成本费用的增长分析、结构分析、预算完成情况分析等，了解企业过去的经营业绩，掌握各项收支因素增减变动对利润的影响。

3. 资产运营效率分析

运营效率分析主要是通过对资产运营产生的经营效果分析它的周转速度、投资回报等情况，了解和衡量企业经济资源的运营状态和资产管理水平。

四、会计报表阅读与分析的局限性

（一）会计报表的局限性

会计报表是进行财务分析和评价的基础，会计报表的局限性决定着财务分析与评价的局限性，它的局限性通常表现在以下几个方面。

1. 会计政策和会计处理方法的选择对会计报表的影响

会计政策和会计处理方法的多种选择，让各个企业同类的报表数据缺乏可比性。根据《企业会计准则》的规定，企业存货发出计价的方法、固定资产折旧的方法、坏账的计提方法、对外投资的核算方法以及所得税会计的核算方法等都能有不同的选择。

2. 会计估计的存在对会计报表的影响较大

会计报表的有些数据并不准确，有些项目的数据是根据会计人员的经验和情况而估计出来的，由于会计程序的方法在使用上有很大的选择性，因此企业会计报表之间的可比性非常差。资产项目的计量应该采用不同的计价方法和会计原则，没有统一的标准，也有可能导致资产负债表上得出的合计数失去可比性，进而影响了会计信息的相关性。

3. 会计报表的编制重结果、轻过程

会计报表一般只能说明企业财务结果、经济效益成果，却不能具体反映它的经济内容的实现过程。例如，资产负债表上反映的只是某一时间点上的资产、负债和所有者权益的静态情况，却不能明确反映企业管理当局在企业生产经营过程中怎么筹集资金，以及如何具体运用这些资金。

（二）会计报表分析的局限性

财务报表是由企业会计人员依据法律法规、企业会计准则和会计处理惯例而编制的，由于每个企业具有其独特的会计环境及会计政策，所以编制的财务报表会存在差异，影响财务数据的可比性和财务报表分析的准确性。

（1）企业也许会出于自身利益的考虑，对一些应该披露的事项进行隐瞒，因此财务报表并不能涵盖全部所要披露的信息，造成企业管理人员和外部使用者的信息不对称。

（2）企业提供的财务报表都是由会计人员编制的，很多数据需要结合他们的职业判断来确定，因此受到他们主观因素的影响较大，使数据存在一定的误差。

总之，财务报表的分析是对企业多角度、全方位的分析，必须考虑到所有可能对会计报表分析带来影响的因素，并排除他们的影响。

参考文献：

[1] 2016 年度注册会计师全国统一考试辅导教材．会计［M］．北京：中国财政经济出版社，2016.

[2] 吴义惠．浅析财务报表分析在企业财务管理中的作用［J］．商业经济，2009：24.

[3] 吴世农，吴宇辉．CEO 财务分析与决策［M］．北京：北京大学出版社，2008.

[4] 龚志彬．企业财务报告分析若干问题探讨［J］．现代商业，2009：17.

商誉及其减值有关问题的探讨

吴本洲

摘　要： 商誉是资产负债表中所有资产项目中最复杂且最有争议的一项，是最无形的无形资产。我国对商誉的规定和研究起步较晚，财政部参照国际会计准则重新制定、修订并发布了《企业会计准则》，对商誉进行了一些规定，但规定很不完善。笔者主要就商誉的本质、计量模式及其减值有关问题进行研究探讨并提出自己的一些看法，一方面提高学生对商誉的确认、计量及其减值的认识，以便更好地学习中级财务会计和高级财务会计相关内容；另一方面也有利于我国商誉会计规定和理论的完善。

关键词： 会计准则；企业合并；资产减值；商誉；购买法

随着我国经济体制改革的不断深入，企业之间的改组、兼并和出售等业务越来越多，越来越频繁，企业都会遇到商誉的确认与计量问题。商誉乃是资产负债表中所有资产项目中最复杂且最有争议的一项，我国会计准则对商誉进行了一些规定，但规定很不完善。笔者主要就商誉的本质、计量模式及其减值有关问题进行研究探讨并提出自己的一些看法。

一、商誉的本质

（一）无形资源论

“无形资源论”认为商誉是可以给企业带来超额盈利的一切有利要素和情形，是超额盈利的资本化价值。商誉是最无形的无形资产，它必须与企业的整体结合在一起，不可单独分开，所以也是最不可辨认的无形资产。构成商誉的因素很多，可分为广义和狭义两大类。狭义的商誉构成要素主要有：①杰出的管理人员，②科学的管理制度，③融洽的公共关系，④优秀的资信级别，⑤良好的社会形象。广义商誉构成要素主要有：①优越的地理位置，②独特的生产技术，③专

作者简介： 吴本洲（1968—），男，汉族，安徽无为人，铜陵学院会计学院副教授，博士。研究方向：会计理论与方法。

营专卖特权（会计研究，1998）。

（二）超额收益论（又称超额盈利观）

超额收益论认为商誉是预期未来超额盈利（能力）的贴现值。这一观点试图用商誉能创造超额利润这一特征来解释并计量商誉，它起源人们对资产特征的认识。

佩顿在1922年所作的一篇文章中论述：“‘商誉’一词在广义上表示未来超额盈利的估计价值。确切地说，商誉从这一点上可以被定义为某一特定企业所能赚取的超额盈利的资本化价值，即超过具有相同资本投资的代表性竞争者‘正常’企业的盈利水平的那部分盈利”。

（三）总计价账户论（又称剩余价值观）

总计价账户论认为商誉是企业总体价值与单个可辨认净资产价值的差额。这种间接理解商誉、计量商誉的观点又称“剩余价值观”。

从理论上说，如果企业的总体价值和单个可辨认资产的价值都可以客观地加以确定，按照“超额收益观”和“剩余价值观”计算的商誉价值应该是一致的。但在实务中，企业的总体价值和绝大多数可辨认资产价值都是不能准确计算的，至少目前是这样的。通过“剩余价值观”的含义推出，企业的商誉可能是由四部分价值组成的：

① 构成商誉的各无形因素的价值；

② 企业总体价值估算的误差；

③ 单个可辨认资产价值估算的误差（高估或低估）；

④ 在企业收购时，购买双方的谈判技巧都会影响交易价格的确定，从而影响到商誉的计算。

显然，只有第一部分才是真正应归属于商誉的价值，但在这里，“商誉”却当作一个“调节器”，承受着一切主观因素的影响。

二、商誉的计量模式

（一）商誉的计量模式

目前世界上商誉计量模式流行惯例主要有两种，即直接计量法和间接计量法。

第一种为直接计量法。所谓直接计量法是指估计企业未来“超额利润”，按照平均利润率所计算出的现值。

公式为：$P=A\times(P/A,i,n)$

其中：P——商誉价值

A——超额利润即实际收益与正常利润（或市场平均利润）之差

i——市场平均利润率

n——计算期数

(P/A，i，n)——年金现值系数。

如果假设企业持续经营，市场平均利润率不变，则企业的商誉可以简化计算，公式：商誉=超额利润/市场平均利润率（或 $P=A/i$）。

第二种为间接计量法。间接计量法所依据的理论有母公司理论和实体理论。

母公司理论对合并商誉的计量仅按母公司持股比例计算，与少数股权无关，所计算出的商誉仅仅是公司部分商誉，故又称"部分商誉法"。间接计量法是以购买方的合并成本与被购买方可辨认净资产的公允价值份额之间的差额计量为商誉。

公式：商誉=购买方的合并成本－被购买方可辨认净资产公允价值的份额

其中购买方的合并成本一般等于购买日为取得对被购买方的控制权而付出的资产、发生的负债以及发行的权益性证券的公允价值。

而实体理论对合并商誉的计量按子公司净资产全部公允价值确定，属于全体股东，所计算出的商誉是公司全部商誉，故又称"全部商誉法"。

间接计量法是以被购买方整个企业的整体出售价值与被购买方可辨认净资产的公允价值之间的差额计量为商誉。

公式：商誉=被购买方的整体出售价值－被购买方可辨认净资产的公允价值

其中被购买方的整体出售价值=购买方支付的收购价÷购买方收购的股权比例。

两种计量方法的评价：

第一种计量模式，由于涉及参数估计，所以直接计量模式往往会给商誉的会计计量，甚至估价带来一系列的偏误和不可操作性。

第二种计量模式则和财务会计概念框架的层次性存在一定的不协调性——因为是商誉的定义决定商誉的计量，而非商誉的计量结果决定商誉的定义。

尽管如此，这两种商誉的定义方式，还是得到了理论界和实务界很大程度的接受。

（二）我国准则规定模式

我国《企业会计准则第20号——企业合并》准则中非同一控制下的企业合并第十三条规定："购买方在购买日应当对合并成本进行分配……

第一，购买方对合并成本大于合并中取得的被购买方可辨认净资产公允价值份额的差额，应当确认为商誉。

第二，购买方对合并成本小于合并中取得的被购买方可辨认净资产公允价值份额的差额，应当按照下列规定处理：

① 对取得的被购买方各项可辨认资产、负债及或有负债的公允价值以及合

并成本的计量进行复核。

② 经复核后合并成本仍小于合并中取得的被购买方可辨认净资产公允价值份额的，其差额应当计入当期损益（营业外收入）”。

我国准则规定的商誉价值计量方法类似于间接计量法。它的理论特征介于母公司理论和实体理论之间，故又称为“修正的实体理论”。

其中，非同一控制下合并成本主要包括以下三项内容：

① 一次交换交易实现的企业合并，合并成本为购买方在购买日为取得被购买方的控制权而付出的资产、发生或承担的负债以及发行的权益性证券的公允价值。

② 通过多次交换交易分步实现的企业合并，合并成本等于合并日之前持有的被购买方的股权投资账面价值与合并日新增股权投资成本之和。

③ 在合并合同或协议中对可能影响企业合并成本的未来事项做出约定的，购买日如果估计未来事项很可能发生并且对合并成本的影响金额能够可靠计量的，购买方应当将其计入合并成本。

案例1：丙公司现有可辨认净资产账面价值1200万元，丙公司可辨认净资产公允价值1500万元，甲公司支付现金1600万元购入丙公司80%的股份。

企业的合并商誉＝1600－1500×80%＝400（万元）。

即按照我国现行准则，甲公司个别报表（或合并报表）中列示的商誉价值仅为400万元，而少数股东商誉100万元是不确认的。因此，我国准则采用的“修正的实体观”，所计算的商誉仅按母公司持股比例计算，采用的是“部分商誉法”。

而国际准则采用的实体观，其计算的商誉按子公司净资产全部公允价值确定，采用的是“全部商誉法”。其商誉计算如下：

企业的合并商誉＝1600÷80%－1500＝500（万元）。

即甲公司个别报表（或合并报表）中列示的商誉价值则为500万元，少数股东商誉100万元是确认的。

三、商誉会计研究中的几个问题

（一）商誉揭示的不完整性

第一，非同一控制下的外购商誉揭示的不完整性。我国准则采用的“修正的实体观”，所计算的商誉仅按母公司持股比例计算，采用的是“部分商誉法”，少数股东商誉是不确认的。

第二，其他途径的外购商誉我国准则要么没有予以确认，要么没有单独地予以确认。

(1) 同一控制下的企业合并，不确认商誉。

(2) 具有重大影响或共同控制，采用权益法进行账务处理，如果被投资单位也可能有某种获得超额盈利的要素和情形，即自创商誉，投资方进行投资时，其投资成本包含了被投资方自创商誉的份额部分，该部分商誉的金额没有单独入账，而仅仅体现在投资方的“长期股权投资—投资成本”账户中。

第三，自创商誉不入账。

原因剖析：

(1) 自创商誉不符合资产确认的一般标准。

① 商誉成本的计量具有不确定性。

② 商誉价值的计量也具有不确定性。

(2) 确认自创商誉不符合稳健主义要求。

(3) 确认自创商誉背离了历史成本会计基础。

(4) 确认自创商誉不符合会计目标的要求，即不能提供对信息使用者决策有用的信息。

(二) 商誉减值测试不准确

1. 从商誉价值实际构成看，商誉减值测试不准确

我们把企业合并时账面上（或合并报表中）列示出的商誉价值姑且叫账面商誉，合并后企业集团的实际商誉价值叫实际商誉。

账面商誉＝购买方的合并成本－被购买方（子公司）可辨认净资产的公允价值×母公司持股比例。

实际商誉＝［购买方的合并成本－被购买方（子公司）可辨认净资产的公允价值×母公司持股比例］＋未确认的少数股权商誉＋未入账购买方的自创商誉＋在权益法下母公司没有单独予以确认的商誉价值。

上述实际商誉的公式有两点需要说明：

(1) 在权益法下母公司没有单独予以确认的商誉价值已经体现在“长期股权投资—投资成本”账户中，对以后的商誉减值测试几乎无影响，故后面分析商誉减值测试时对该部分内容不予考虑。

(2) 如果有同一控制下的企业合并，则未入账的自创商誉还应包括被合并方的自创商誉。

2. 从时间上看，商誉减值测试不准确

按照现行准则规定，商誉的减值测试一般在年末。

年末实际的商誉价值包括两部分：

(1) 企业合并时实际商誉价值。

（2）从合并时到年末所追加的未入账自创商誉价值。

故在年末进行减值测试时，以年末实际的商誉价值与企业合并时的账面商誉价值进行比较，这显然是不合理的。

案例 2：甲企业于 2010 年 1 月 1 日以 1600 万元的价格收购了乙企业 80%股权。在购买日，乙企业可辨认资产的公允价值为 1500 万元，假定没有负债和或有负债。

在 2010 年末，甲企业确定该乙企业的可收回金额为 1000 万元，可辨认净资产的账面价值为 1350 万元。

试作：商誉减值测试。

案例分析：

（1）甲企业在购买日编制的合并资产负债中确认商誉 400 万元（1600－1500×80%）。

（2）鉴于乙企业作为一个单独的整体可收回金额 1000 万元中，包括归属于少数股东权益在商誉价值中享有的部分。因此，出于减值测试的目的，在与乙企业可收回金额进行比较之前，甲企业应当对乙企业账面价值进行调整，使其包括归属于少数股东权益的商誉价值。

（3）少数股东权益的商誉价值 100 万元［（1600/80%－1500）×20%］。

（4）比较乙企业的账面价值和可收回金额，确定是否发生了减值损失以及应予确认的减值损失金额。

（5）计算：

① 调整后乙企业账面价值＝1350＋400＋100＝1850（万元）。

② 乙企业可收回金额＝1000（万元）。

③ 乙企业减值损失＝850（万元）。

（6）会计处理：

① 乙企业减值损失 850 万元，首先冲减商誉 500 万元，然后再将剩余的 350 万元分摊至乙企业中的其他资产。

② 会计处理。

借：资产减值损失　　750 万

　　货：商誉减值准备　　400 万

　　　　相关资产减值准备　　350 万

（注：少数股东商誉 100 万元是未确认的。）

（三）对商誉减值损失确认后不予转回的质疑

1. 商誉发生减值后不准转回缺乏理论基础

2. 商誉发生减值后不准转回与实务操作不符

(四) 负商誉的会计处理不符合实质重于形式原则

负商誉是指在未来给企业带来低于市场平均利润率的一切不利要素和情形，它与正商誉相反。只要存在正商誉，即高于市场平均利润率的企业；则肯定存在负商誉，即低于市场平均利润率的企业。如果市场平均利润率是按照企业个数加权的，则约有一半的企业拥有正商誉，约有一半的企业拥有负商誉。通过上述分析，负商誉在实践中肯定存在的，故我们现在不是讨论有无负商誉的问题，而是研究负商誉如何处理的问题。

我国《企业合并会计准则第 20 号——企业合并》第 13 条规定：购买方对合并成本小于合并中取得的被购买方可辨认净资产公允价值份额的差额，应当按照下列规定处理：

① 对取得的被购买方各项可辨认资产、负债及或有负债的公允价值以及合并成本的计量进行复核。

② 经复核后合并成本仍小于合并中取得的被购买方可辨认净资产公允价值份额的，其差额应当计入当期损益，即记入“营业外收入”。

(五) 其他方面影响商誉的计量

1. 非商誉因素影响商誉的计量

(1) 所得税法的规定影响商誉的计量，主要通过递延所得税资产或递延所得税负债的确认和计量来影响商誉的金额大小。

(2) 公允价值的计量误差：

公允价值的确定一般分三个层次：活跃交易市场对资产和负债的报价；类似资产和负债可观察到的市价；运用估价技术所确定的价值。正是由于公允价值的计量具有不可靠性，导致资产或负债的公允价值与账面价值（或者历史成本）之间的差额。

(3) 双方谈判技巧。

2. 没有考虑合并企业的自创商誉对外购商誉的影响

企业合并的方式主要有吸收合并、新设合并和控股合并三种方式，为实现这三种方式，企业可以支付现金、转让非现金资产、发行债券等负债方式，甚至发行普通股方式进行支付。不同的支付方式，被合并企业的股东与合并企业的关系是不同的，合并企业的自创商誉对外购商誉的影响也是不同的。

(1) 当合并企业以支付现金、转让非现金资产等方式支付时，被合并企业收到现金和非现金资产等，并把收到现金和非现金资产等按一定比例分配给原有股东，原股东解除与被合并企业所有权性质的投资与被投资关系，被合并企业的股东与合并企业之间也不存在任何关系，在这种情况下，合并企业的自创商誉对外购商誉没有影响。

（2）当合并企业以发行债券等负债方式支付时，被合并企业的原有股东收到合并企业发行的债券等债权，原股东解除与被合并企业所有权性质的投资与被投资关系，而形成了与合并企业的债权债务关系，由于债券等利息是事先确定的并且是固定的，故在这种情况下，合并企业的自创商誉对外购商誉也没有影响。

（3）当合并企业以发行普通股方式进行支付时，情况却大不相同，这时合并企业以新发行的股票交换被合并企业原股东手上的股票，交换后被合并企业原股东成为合并企业的新股东，合并企业则成为被合并企业的股东。因此，交换后被合并企业原股东的利益与合并企业息息相关，所以合并企业的自创商誉对外购商誉有影响，即当合并企业自创商誉等于被合并企业自创商誉时，被合并企业原股东在企业出售前和企业出售后所获得收益相同，这时被合并企业的卖价按照正常价（即不考虑自创商誉时价格）；当合并企业自创商誉大于被合并企业自创商誉时，被合并企业原股东在企业出售后从合并企业所获得收益大于在企业出售前从被合并企业所获得收益，这时被合并企业的卖价可以低于正常价；相反，当合并企业自创商誉小于被合并企业自创商誉时，被合并企业原股东在企业出售后从合并企业所获得收益小于在企业出售前从被合并企业所获得收益，这时被合并企业的卖价可以高于正常价。因此，当合并企业以发行普通股方式进行支付时，合并企业自创商誉对外购商誉有影响。

3. 没有考虑被合并企业已经确认的商誉

按照我国现行《企业合并》准则的规定，合并方在购买日应当对合并成本进行分配，合并方对合并成本大于合并中取得的被合并方可辨认净资产公允价值份额的差额，应当确认为商誉。这种规定有些欠妥，因为合并方对合并成本大于合并中取得的被合并方可辨认净资产公允价值份额的差额，只能反映被合并方在购买日这一时点的全部商誉总额，至于合并方在报表中应确认多少，还应考虑被合并方已经确认的商誉，而我国现行会计准则对这一点却没有考虑，更没有这方面的规定。

四、商誉会计研究的若干思考

（一）企业自创商誉确认和计量的思考

（1）自创商誉确认的必要性。

（2）自创商誉的确认具有可能性。

（3）自创商誉的计量问题。

（4）自创商誉的列示问题。

（二）少数股权商誉应予以披露

从充分披露、如实反映的角度看，应确认少数股权商誉。其计算原理可以参照《资产减值》准则讲解，采用推定的方法予以计算确定。具体公式为：

少数股权商誉＝（母公司收购价/母公司收购的股权比例－子公司可辨认净资产的公允价值）×少数股权比例。

（三）企业合并会计方法应统一：采用购买法

（四）商誉减值计提后可以转回

（五）负商誉的会计处理

负商誉是指在未来给企业带来低于市场平均利润率的一切不利要素和情形，形成负商誉的原因很多，根据不同的原因分别采用不同的会计处理方式。具体为：

（1）如果负商誉由于被合并企业资产高估或负债低估了，则应予以调整，在调整时减少资产或增加负债。

（2）如果负商誉是被合并企业隐含的负债，则在编制调整分录时增加负债。例如被合并企业存在大量的冗员，他们以后的工作安排将发生的辞退福利等，在编制调整分录时计入“应付职工薪酬”等账户，待以后实际发生时冲减“应付职工薪酬”等账户。

（3）如果负商誉是合并企业与被合并企业进行合并谈判时比较高的谈判技巧将合并价格压低，在调整时计入当期损益。因为谈判时所发生的支出计入当期费用，减少了当期的损益。

（4）如果负商誉是由于被合并企业将来预期损失等发生而事先给予合并企业的补偿等形成的，可以被看作合并交易过程中形成的资本利得，而这个资本利得不能一次性地计入当期损益，而应该绕过损益表，笔者大胆地建议列入全面收益表中的其他全面收益项目（假设企业增设了全面收益表），待以后预期损失发生时，从其他全面收益项目中转回，计入当期收益。因此，在编制调整分录时计入“递延收益—其他全面收益”等账户，待以后损失实际发生时冲减“递延收益—其他全面收益”等账户。

参考文献：

［1］张鸣，王明虎．对商誉会计理论的反思［J］．会计研究．1998（4）．

［2］中华人民共和国财政部．企业会计准则［M］．北京：经济科学出版社，2016.

［3］中华人民共和国财政部．企业会计准则讲解［M］．北京：经济科学出版社，2016.

[4] 中华人民共和国财政部．企业会计准则应用指南［M］．北京：经济科学出版社，2016.

[5] 国际财务报告准则实用指南［M］．北京：中国财政经济出版社，2011.

[6] 国际财务报告准则（中译本）［M］．北京：中国财政经济出版社，2013.

新型城镇化背景下地方政府债务风险动态管理研究

王桂花

摘　要：随着新型城镇化的发展，地方政府债务的多年累积引起社会的普遍关注。根据我国地方政府债务风险的表现形式、产生机理及传导机制，文章以违约债务为基点，构建基于熵模型的地方政府债务风险预警模型指标体系。在量化地方政府债务风险基础上，提出新型城镇化进程中防范地方政府债务风险的对策建议，比一般的线性预警方法更能有效而合理地反映债务风险规模，在理论上提供了一种新的债务风险控制思路。

关键词：新型城镇化；地方政府债务；风险预警；熵模型；动态管理

一、引　言

《国家新型城镇化规划》（2014—2020 年）的出台意味着中国特色的新型城镇化建设的重大战略正式实施。发展新型城镇化过程中，地方政府债务在原有基础上的膨胀已成为社会普遍关注的焦点，必须"严控地方政府债务风险"。地方政府债务扩张一方面是由于 GDP 导向的地方官员政绩考核机制，使得地方官员扩大财政预算支出，大规模进行基础设施建设以提高地方经济发展增速，进而在地区间的"标尺竞争"中得到晋升（周黎安，2007）；另一方面，在经济转型时期，我国事实上存在一条隐性担保体系，以中央政府为核心，以地方政府为主体（卢文鹏、尹晨，2004）。因为中央政府的"兜底"的逆向激励，地方政府忽视偿债能力而盲目扩张债务。

地方政府债务是地方政府承担的还款责任，既有显性债务，也有隐性债务、或有债务。根据世界银行高级顾问 Hana Polackova Brixi（1998）的财政风险矩阵，学术界普遍认为政府债务分为四类：直接显性债务（Direct Explicit

---

作者简介：王桂花（1972—），女，安徽合肥人，铜陵学院会计学院副教授，博士。研究方向：会计信息与资本市场。

Liability）、直接隐性债务（Direct Implicit Liability）、或有显性债务（Contingent Explicit Liability）、或有隐性债务（Contingent Implicit Liability）。显性债务一般表现为地方政府预算债务，隐性债务有的是企事业单位自行举债政府兜底，政府项目拖欠工程款项，未挂账的垫资欠款，地方政府集资形成的债务，BT（回购）融资债务和信托融资债务。隐性债务因其隐蔽性强，透明度差，难以实施有效监控。隐性债务和或有债务潜在风险很大，极易诱发地方政府债务风险，必须特别加以关注。

关于地方政府债务的风险评估，目前相关文献中有的采用基于评价指标的风险综合评估法，或者通过评价指标衡量地方政府债务风险（刘尚希等；2003）；一般运用线性加权预警指数法来衡量债务风险（Ma，2001；Hemming & Petrie，2002；裴育，2003；王亚芬、梁云芳，2004；丛树海，2005）。线性加权预警指数法是指通过构建指标体系来综合反映财政收入、财政支出等体制内因素以及制度、金融等体制外因素，并运用一定的计量方法来反映风险程度。其方法虽然简单，易于分析，但是这种线性加权预警的合理性存在质疑，静态分析风险存在局限性，显性指标难以反映地方政府债务风险，事实上地方政府债务存在大量隐性债务和或有债务等。

由此可见，已有相关研究的文献薄弱环节在于：难以准确反映地方政府债务的各种风险要素，难以及时发出预警信号；较少基于我国地方财政的实际，在理论探讨基础上构建地方政府债务风险预警模型指标体系；其研究结论迥然而异，给出的政策建议也是互不相同。本文转换研究视角，结合新型城镇化背景下我国地方财政的实际情况，根据我国地方政府债务风险的表现形式、产生机理及传导机制，以违约债务为基点，构建基于熵模型的地方政府债务风险预警模型指标体系，动态衡量债务风险，避免地方政府债务风险的集聚而爆发债务危机，危害金融安全和社会稳定。在量化地方政府债务风险基础上，提出新型城镇化建设中防范地方政府债务风险的对策建议，比一般的线性预警方法更能有效而合理地反映债务风险规模，在理论上提供了一种新的债务风险控制思路。

二、新型城镇化建设中的地方政府债务风险

（一）新型城镇化建设可能加大地方政府债务风险

1. 新型城镇化建设的巨大融资需求

随着新型城镇化的快速推进，城市基础设施、生态环保以及社会保障体系建设等存在巨额投资需求。2002 年我国城镇化率是 39.09%，2012 年城镇化率达到 52.57%。虽然我国城镇化率发展迅速，但与发达国家 80%的平均城镇化率相比，未来新型城镇化建设存在巨大发展潜力。据测算，未来 10 年，新型城镇化

的发展将新增大约4亿城镇人口。城镇人口的大量增加，需要城镇基础设施、公用事业和公共服务的配套跟进，如生活设施、交通、住宅、教育、医疗等。分税制后政府的投资权限呈现下移趋势，新型城镇化建设的巨额资金投入，主要依赖地方政府的投资。城镇化建设的巨额融资需求与地方政府的有限财力的矛盾日渐凸出。

2. 土地融资使地方政府承担巨大的债务风险

地方政府由于事权过重而财权过轻，以土地为抵押物从金融机构大量融资，尽可能地放大土地的融资功能，导致对土地财政的严重依赖。过去的城镇化其实是以“土地城镇化”为特征，是处于较低层次的粗放式的城市化。土地财政存在两种方式：土地出让金和房地产相关税费。在城镇化进程中，地方政府创新土地融资模式，土地从资源转变为资产，导致银行借贷资本与土地资本的结合。由于土地是一项稀缺资源，是不可再生的，使得严重依赖土地财政这种资源依托型模式的地方财政具有不稳定性。目前房地产行业的疲软及下行趋势，土地出让收入机制面临危机，使得地方政府的土地收益大幅降低，削弱了地方政府的偿债能力，增加了地方政府债务的违约风险。

3. 新型城镇化建设中地方政府债务风险可能上升

十八大提出的新型城镇化建设，带来巨大投资需求和消费需求的同时，也潜伏着风险。在新型城镇化建设进程中，城镇化与家园化、产业化相结合，需要金融机构的大量资金支持，地方政府融资平台发挥着重要作用。由于地方政府融资平台在实际运行中融资渠道单一化，以银行贷款为主，民间资本较少参与，从而使得大部分财政风险转嫁给了银行。同时，由于融资平台的“政府担保”在法律上无效，信息不透明，使得隐形债务巨大，平台本身财政风险过大；同时，地方政府在房地产行业的巨大经济利益，使得融资平台部分贷款流向房地产行业，房地产泡沫一旦破裂，面临失去土地财政的巨额收益，地方政府债务风险加大，甚至导致债务危机的发生。

（二）地方政府债务风险的表现形式

1. 财政风险

很长一段时间内，土地财政是我国地方政府财政资金的主要来源。2012年我国地方政府的土地出让金收入为2.69万亿元，占地方财政收入的47%，2010年为72%。但由于土地的不可再生性，可开发的土地的持续减少以及土地整理成本的提高，来源于土地的财政收入将减少。由此导致地方政府债务还款压力增大，地方政府债务面临财政偿付风险。

事实上，在显性债务外，存在大量隐性债务威胁我国的财政安全。虽然我国的“赤字率”指标在国际警戒线之下，但实际上预算软约束普遍存在，地方各级财政具有融资的权利。举债主体如地方政府、公益性社会团体等避开《预算法》的约束，组建地方政府融资平台大规模举债，导致财政风险的累积。我国的财政风险包括中央财政风险和地方财政风险两部分。中央财政的显性债务风险主要源自国债等，隐性债务风险来自地方财政风险，即当我国省、市、县、乡四级地方政府财政出现债务危机时，中央财政需担负救助重任，从而使债务风险自下向上层层传递，甚至蔓延至金融领域。因此，财政风险的控制必须从源头上防范地方政府债务风险的爆发。

2. 金融和经济风险

首先，金融风险。当地方政府不能偿还负债，如果中央政府因硬预算约束不给予支援时，会导致银行等金融机构不良资产的增加，财务状况恶化，由此可能导致坏账的发生，累积到某种程度可能出现金融机构倒闭的风险。其次，通货膨胀风险。假如中央政府基于社会稳定等因素考虑，愿意代为偿还地方政府负债时，如使用外汇储备偿还，需要把外汇储备转移到银行。中央政府使用所控制的信贷资源，代地方政府超发货币。货币超发易引发普遍的通货膨胀。再次，信用风险。金融是现代经济的核心，而现代经济主要依靠信用来支撑。市场经济依赖人与人之间的信用联结，政府信用对于一国的金融来说至关重要，是国家金融存在和发展的前提。如果政府硬性干预，强行分离地方政府不良债务，如此“赖账”行为会使政府失去信用，政府调控经济的作用就会降低。最后，商业信用风险。市场经济中交易双方是建立在一定的契约基础上，履行约定的权利和义务，如果违约，违约的一方需接受相对应的惩罚机制。如果地方政府无力偿还到期债务，出现债务违约，说明市场监督机制未能有效发挥作用，基本的商业信用没有遵循，将影响政府的公信力，影响整个社会的诚信体系，进而影响社会秩序的稳定。

3. 地方政府融资平台风险

2008 年后，受国家 4 万亿投资影响，地方政府利用地方政府融资平台的融资规模迅速膨胀，地方政府债务风险凸显。地方政府融资平台信息透明度低，隐蔽性强，风险管理机制缺失，难以准确评估和有效监管。地方政府融资平台和“土地财政”、地方房地产行业有千丝万缕的联系，但由于“土地财政”的不可持续性以及目前房地产市场的持续走弱，地方政府的隐性债务风险愈加明显。如果一旦房地产泡沫破灭，地方政府不能偿还负债，银行呈现大量不良资产，这种风险会波及社会经济体系，影响财政的稳定和整个经济社会的可持续发展，甚至会诱发社会稳定风险。因为地方政府大肆融资进行配套建设，意在抬高周围土地出让收入，并以此还本付息。假如土地停止上涨或流转出现问题，资金链就会发生断裂，银行贷款无法及时偿还，失地农民无法获得补偿，影响社会的和谐稳定。

三、地方政府债务风险的产生机理及传导路径

防控风险的首要问题是查找警源。社会经济运行中各种不确定因素都可能诱发地方政府债务风险的爆发，其中既有制度外的因素，也有制度内的因素。制度安排的合理性程度如何决定了地方政府债务风险的强弱。制度的变迁要经历很长时期的演化过程（North，1990），即使制度的设计是合理的，但是制度执行不严密，或者执行过程中受到利益相关者的阻挠，会使结果偏离预期目标。因此，如果从源头上防控地方政府债务风险，能够阻断风险传导的路径，可以有效抑制地方政府债务风险的扩大，对相关体制的改革形成“倒逼”机制，从而实现资源的有效配置。

上文提及的四类政府债务即直接显性债务、直接隐性债务、或有显性债务、或有隐性债务是对地方政府债务的概括，能够作为研究地方政府债务风险的逻辑起点。其中隐性债务是地方政府债务风险防范的重点和核心。

中国地方政府举债动机是多方面的。首先是由于财政体质约束，即分税制后地方政府财权和事权不平衡。我国1994年实施的分税制改革，使得财权大部分集中在中央，而事权则大部分由地方政府承担。这种财权上收和事权的下放，导致地方政府提供大量基础教育、医疗卫生和社会保障等公共服务，并且提供大量配套资金。另外我国政府间的转移支付制度，没有考虑各地方财政收支的差异，采用历史基数法，且较多体现中央政府的意志，导致地方政府可自由支配的资金极其有限。这种地方政府财权和事权的不匹配是驱使地方政府债务扩张的动机之一。其次是地方政府投资冲动。地方政府的投资冲动主要是因为现行激励机制扭曲而产生的地方政府财政机会主义行为。在目前地方官员的管理体制和考评制度下，受强烈升迁和利益动机的驱使，重视GDP等考核指标，地方官员制造政绩工程来提升GDP。基于盲目追求地方政绩和管理缺位的背景，地方官员一方面大力举债，盲目投资建设，出现大规模的“短平快”工程，促使本地生产总值提升；另一方面可能将债务风险转嫁到下届政府，因为地方官员调离后很少追究其在位时的责任。

改革开放后，尤其是2008年4万亿投资后，地方政府债务规模持续扩张，因此国内相当一部分文献以地方政府债务规模来衡量地方政府债务风险。这种研究视角存在一定的局限性，因为地方政府举债行为并不必然带来债务风险。如果地方政府融资能够带动本地经济增长，或举债项目经过认真严密的可行性论证，能够获得持续稳定的收益，能基本维持财政收支平衡，不至于造成地方政府债务风险的爆发。因此，地方政府债务风险的产生机理为如果政府财政收不抵支，或举债所投资的项目失败，导致大量债务无法及时偿还，这种违约债务不断地累

积，导致财政背负巨额债务，不堪重负；地方政府迫于压力举债隐性化，大量的非显性化债务的存在，产生难以预期的风险负担，或者地方政府由于财政压力被迫降低预算内项目支出，对经济发展不利，导致财政压力巨大——地方政府借新债——债务违约——债务风险积聚——预算外弥补——抑制经济增长的恶性循环（如图1所示）。

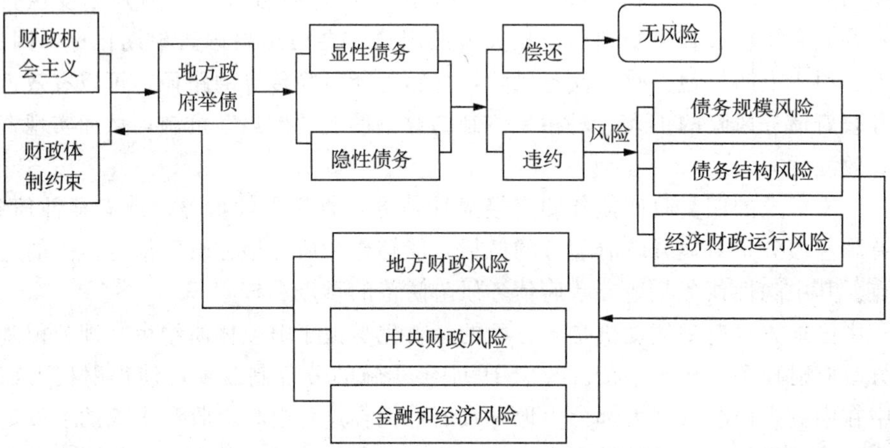

图1 地方政府债务风险的传导路径

地方政府债务的传导路径分析：地方政府由于财力和事权失衡、中国独特的土地管理体制、“预算内软约束”和“预算外基本无约束”现行不合理的体制以及不健全的激励约束机制、对政府官员的考核遵循GDP评价机制等导致地方政府的“财政机会主义”行为。地方政府债务规模的过度扩张使得地方政府无法及时还债，出现大量违约债务，地方政府不断的举债导致债务风险的积聚。财政风险在地方财政内部积聚，通过行政链条，逐级向上传导，最终演变为中央财政风险。地方财政风险和中央财政风险演变到一定程度，可能出现金融和经济风险。

和其他风险相比，地方政府债务风险存在异质性。因为财政体制的约束，中央和地方的财权和事权不对称，各级政府事权的划分不明确，地方政府债务风险并非全部自己承担，风险自下而上传导，最终中央财政兜底。地方政府债务中存在的大量隐性债务，财政部门设法通过技术手段维持账面上的平衡。

四、基于熵模型的债务风险预警模型指标体系构建

为了全面反映财政风险程度，下文以违约债务为基点，测算显性债务风险和隐性债务风险，并构建基于熵模型的地方政府债务风险指数，从而量化财政风险，有效地对地方政府债务风险进行动态监控和预先警示，以便采取相应对策防

范债务危机的发生。债务风险的外在表现是违约债务，而预算软约束、政府职能不清、上至中央下至地方的隐形担保是债务风险的内在制度诱因。在借鉴相关研究成果基础上，本文主要运用违约债务、显性债务、隐性债务、熵值和债务风险指数等指标来反映地方政府债务风险。

设 $Ed_{i,t}$ 表示显性债务，$Nd_{i,t}$ 表示隐性债务，D_i 表示总债务。若根据债务契约，第 i 项债务需在 r 年内偿还本息，则

$$D_i = \sum_{i=1}^{r} D_{i,t} = \sum_{i=1}^{r} Ed_{i,t} + \sum_{i=1}^{r} Nd_{i,t} \tag{1}$$

如果地方政府债务不能按照契约及时清偿债务，则发生违约成本，以 F_c 表示。其中，此违约成本仅指微观意义上的成本，包括违约滞纳金、利息损失等，不包含因违约而产生的社会成本，如政府公信度降低、声誉损失等。

(一) 显性债务风险的测算

显性债务包括直接显性债务和或有显性债务。按“预算年度”(每年的 1 月 1 日至 12 月 31 日) 来测算违约债务(按照契约逾期未偿还的债务)。第 t 期违约债务 $Vd_{i,t}$ 的动态变化可描述为：

$$Vd_{i,t} = Vd_{i,t-1} + ND_{i,t} - Hd_{i,t} \tag{2}$$

其中，$Vd_{i,t-1}$ 为第 $t-1$ 期违约债务，其金额等于第 1 期至第 $t-1$ 期每期新增违约债务之和，$Nd_{i,t}$ 表示第 t 期新增违约债务，$Hd_{i,t}$ 表示地方政府在第 t 期偿还的前欠旧账。进一步，第 t 期违约债务 $Vd_{i,t}$ 可表示为：

$$Vd_{i,t} = \sum_{s=0}^{t} Nd_{i,s} = \sum_{s=0}^{t} (Ed_{i,s} - Hd_{i,s} + Fc_{i,s}) \tag{3}$$

债务余额可表示为：

$$Bd_{i,t} = Vd_{i,t} + Ded_{i,t} - \sum_{x=0}^{t} Ded_{i,x} \tag{4}$$

其中，$Bd_{i,t}$ 表示第 t 期债务余额；$Ded_{i,t}$ 表示第 t 期直接显性债务；$\sum_{x=0}^{t} Ded_{i,x}$ 表示 t 期内已偿还的债务。

或有显性债务指地方政府承担的担保债务。如果被担保单位如企业、金融机构财务暂时陷入困境，不能还债时，地方政府则要按契约规定承担连带的还款责任。这种担保债务作为一项债务在实际估算时，要参照国际经验和我国具体情况适度确定概率。

（二）隐性债务风险的测算

隐性债务的测算包括直接隐性债务和或有隐性债务。

$$Nd_{i,t}=Dnd_{i,t}+Ind_{i,t} \tag{5}$$

其中，Dnd 为直接隐性债务，Ind 为或有隐性债务。直接隐性债务主要是指社会保障基金缺口，即社保基金入不敷出，收入无法满足支付需求。其中，社保基金收入主要来源于缴纳的社保费用、财政补贴和运用社保基金获得的投资收益；社保基金支出主要指社会保险、救济和社会福利等，经济发展水平、人口及年龄等因素影响支出的多少。

$$Dnd_{i,t}=\sum_{j=0}^{t}(Sp_j-Si_j+Fc_j) \tag{6}$$

其中，Sp 表示社保基金支出，Si 表示社保基金收入，Fc 为违约成本，此处是指社保基金收不抵支时的利息损失。

或有隐性债务是指在特定情形下出现社会问题，社会公众期望政府有所承担的非法定的责任或义务。其主要涉及国有银行的不良资产、国有企业补亏等事项，其并不必然发生，发生与否存在很大的不确定性。例如国有企业亏损，如果所属行业由于外面因素影响由冷转热，或者受惠于国家经济政策，企业经营由亏损转为赢利。当国有企业确实亏损严重无法自我扭亏时或金融机构出现大笔不良资产确需地方财政救助时，由于预算软约束及道德风险的存在，财政援助程度的大小取决于申请用款单位和财政部门的博弈，是基于不完全信息的动态博弈。

$$Ind_{i,t}=Am_{i,t}\times\mu_{i,t}-Sm_{i,t}+Fc_{i,t} \tag{7}$$

其中，$0<\mu<1$，μ 表示真实需求额与申请额的比率，财政部门一般根据以前年度经验和当年度实际情况确定，Am 表示申请额，Sm 表示财政部门实际补助额。

（三）基于熵模型的地方政府债务风险指数构建

德国物理学家 K. Clausius 和 L. Boltgman 第一次提出熵的概念。在原始熵的基础上，发展为信息熵，是美国人 Wiener 和 Shannon 提出的。熵的基本原理：矩阵 $\mathbf{A}=(x_{ij})n\times m$，如果 x_{ij} 指标值差越大，那么该指标在综合评价中的影响力越大，反之所起的作用愈小。本文基于熵模型构建地方政府债务风险指数来动态地检测地方政府债务风险。

首先，构建债务风险指标的初始矩阵 $\mathbf{A}=(x_{ij})n\times m$。

$$\mathbf{A}=\begin{vmatrix} x_{11} & x_{12} & x_{13} & \cdots & x_{1m} \\ x_{21} & x_{22} & x_{23} & \cdots & x_{2m} \\ x_{31} & x_{32} & x_{33} & \cdots & x_{3m} \\ \vdots & \vdots & \vdots & \ddots & \vdots \\ x_{n1} & x_{n2} & x_{n3} & \cdots & x_{nm} \end{vmatrix} \tag{8}$$

其中，x_{ij} 表示第 i 项第 j 时段债务。

其次，对 $\mathbf{A}=(x_{ij})n\times m$ 进行无量纲化并计算熵值。

$$\alpha_{ij}=\frac{\max x_{ij}-x_{ij}}{\max x_{ij}-\min x_{ij}}，\alpha_{ij}\in[0，1] \tag{9}$$

$$\alpha_{ij}=\frac{x_{ij}-\min x_{ij}}{\max x_{ij}-\min x_{ij}}，\alpha_{ij}\in[0，1] \tag{10}$$

其中，α_{ij} 是第 i 时段第 j 项债务的无量纲标准值。式(8)中的 α_{ij} 值越大越好，式(9)中的 α_{ij} 值越小越好。

然后计算熵值。

$$\delta_j=\sum_{i=1}^{n}\frac{\omega_{ij}\ln\omega_{ij}}{\ln(n)} \tag{11}$$

其中，δ_j 表示熵值；$\omega_{ij}=\frac{\alpha_{ij}}{\sum_{i=1}^{m}\alpha_{ij}}$，$i=1，2，3，\cdots，n$；$j=1，2，3，\cdots，m$

最后，确定地方政府债务风险指数。

$$\mu_j=\frac{1-\delta_j}{\sum_{j=1}^{m}(1-\delta_j)}，j=1，2，3，\cdots，m \tag{12}$$

$$DR_i=\sum_{j=1}^{m}\mu_j\alpha_{ij}，i=1，2，3\cdots，n；j=1，2，3，\cdots，m \tag{13}$$

其中，μ_j 为客观权重；DR_i 为地方政府债务风险指数，如其值越大，债务风险越高，反之，其值越小，债务风险越小。

五、新型城镇化背景下防范和化解地方政府债务风险的建议

地方政府债务风险的形成既有体制因素、机制因素，也有政策因素，据此，在城镇化进程中防范和化解地方政府债务风险的对策可以集中于以下几个方面：

（一）深化分税制改革，规范转移支付制度

控制地方政府债务风险，根本在于从体制上解决地方政府的财权与事权不对称，消除“小马拉大车”的现象。为此，一方面深化分税制改革，明确中央和地方的事权，即合理区分中央和地方的支出责任。地方政府应承担区域性较强的、易管理的、能够调动地方政府积极性的支出。然后，根据事权合理分配财权，地方政府应有稳定的与事权相匹配的财源，才能从内在机制上根除地方政府债务膨胀问题。地方政府应扭转对“土地财政”的过分依赖，开设其他税种如房地产税等来增加地方财政收入。另一方面，建立规范、透明的转移支付制度。根据地方政府的实际情况，鼓励和引导发达地区对落后地区的横向转移支付，加大中央对地方的转移支付力度，使地方政府可支配收入基本满足事权所需。尤其是中央对地方的资本专项转移支付，应该确保透明、规范，使投资者和监管者掌握地方财政收支情况，以便判断地方政府能否及时偿还债务。中国必须从制度上构建有效的财政管理制度和债务风险控制机制，将地方政府借债纳入良性循环。

（二）规范地方政府融资平台的运营

地方政府融资平台在世界上多数国家都存在，当地方财政资金出现缺口时积极融资，促进了地方经济的发展。美国、英国等发达国家的地方政府融资首选发行债券方式，与我国地方政府过度依赖融资平台不同。为了确保地方债务风险可控，必须规范融资平台的运营。首先，为降低地方政府债务积聚风险，对无序的融资平台进行梳理和重组，严格执行平台准入制度，遏制融资平台贷款的过度膨胀。其次，健全融资平台治理结构，根据现代企业制度来培育融资平台，使之成为独立的市场主体，能够独自承担民事权利和市场经营风险。同时完善用人机制和人才培养机制，着力培养地方建设和发展需要的财政投融资领域的高级专业人才，提高地方融资平台资金使用效率，从而实现财政的资源配置功能和价值创造功能。另外，加强对融资平台的监管，建立强制性信息披露制度，促使地方政府债务的公开透明化，以便合理控制地方政府债务规模，防止系统性风险的发生，提高地方政府债务安全度。

（三）构建地方财政偿债机制

为了防止地方政府债务高峰期因集中偿还债务而对当期正常的预算造成影响，地方政府应建立财政偿债机制，统筹偿债计划的编制、偿债资金的来源、运用及管理等。合理而有效的地方政府债务偿债制度设计应该确保有一笔稳定的财

政风险基金，专门偿还违约债务，规范偿债程序，控制预算赤字，防范财政风险的积聚。偿债资金的来源有财政预算拨款、财政结余调剂、项目投资收益等；偿债资金的运用包括违约债务的偿还及较低风险的投资。当然，要强化偿债资金的监管，地方政府应定期评估偿债资金的运用风险，从而做出相应的调整。将偿债资金的管理绩效和地方官员的政绩挂钩，审查偿债资金计划的执行情况及偿债资金运用的合理性，以便阻断风险的传导。

（四）转变政府职能，改革政绩考核机制

明确地方政府职能重点是社会管理，在地方经济运行中扮演的是监管者角色。转变政府职能，彻底改变地方政府“全能”的角色，建设服务型政府。避免地方政府对商业银行的行政干预，逐步实施金融机构改革，强化对金融机构的监管，逐步建立银行破产制度。在激烈的市场竞争环境中，提高商业银行的风险管理能力，提高其市场主体地位，防范区域性金融风险的发生。另外，强化地方政府的社会管理和公共服务职能，改革以 GDP 为中心的政绩考核机制，健全相应的责任追究机制。在地方经济发展中持可持续发展理念，更加重视经济发展的质量，而不能过分强调速度，不能再继续鼓励依靠投资来拉动经济增长。可从国内生产总值、负债、投入、环境保护、资源消耗等多方面进行考核，抑制地方官员为了提升政绩的非理性投资行为。

（五）实施可持续风险管理

随着中国新型城镇化的推进，地方政府债务的膨胀，防范债务风险成为地方政府债务管理的中心。由于现行制度利益博弈的复杂性，地方政府债务风险管理问题是政府和社会各界期待在研究上取得突破的课题。目前我国还没有建立有效的地方政府债务风险控制机制，防止债务规模过度扩张从而引发资金链断裂甚至债务危机的发生是当前亟待解决的问题。重点关注隐性债务，实现地方政府债务风险的显性化，降低举债的负的外部性，内部风险控制和外部风险监管二者并举。在新型城镇化背景下，在宏观制度层面和微观管理方面构建地方政府债务风险识别、风险评价、风险预警、风险控制完整体系，实行可持续风险管理，是尤为必要的。

参考文献：

［1］刘立峰．地方政府的土地财政及其可持续性研究［J］．宏观经济研究，2014（1）．

［2］周黎安．中国地方官员的晋升锦标赛模式研究［J］．经济研究，2007（7）．

［3］芦亮．新型城镇化背景下地方政府融资平台的债务风险问题研究［J］．

中央财经大学学报，2013（9）．

［4］蔡书凯．新型城镇化下地方政府融资可持续机制构建［J］．当代经济管理，2013（12）．

［5］胡文骏．公共精神培育：民间资本参与城镇化投融资的有效路径［J］．江西社会科学，2013（9）．

服务贸易与中国服务业营销创新

李光辉

摘　要：报告陈述了我国服务贸易的发展现状，总结了我国服务贸易发展的五个特点。报告认为，我国服务贸易发展总体水平较低，与其他国家仍有较大差距。报告介绍了“服务营销”的内涵，并用发达国家成熟服务企业营销创新的实际做法说明了服务营销创新的特点及发展趋势。针对国内服务企业营销活动的现状，结合服务业发展最新动态，报告总结了国内服务企业服务营销创新的四种模式和基本策略，并就如何发展我国服务贸易提出了相关建议。

关键词：服务贸易；服务业；服务营销创新

一、我国服务贸易发展现状

2014年，中国服务贸易进出口总额为6043.4亿美元，比2013年增长12.6%（如图1所示），增速远高于全球服务贸易4.7%的平均水平。其中，服务出口2222.1亿美元，增长7.6%；服务进口3821.3亿美元，增长15.8%；服务贸易逆差1599.3亿美元。

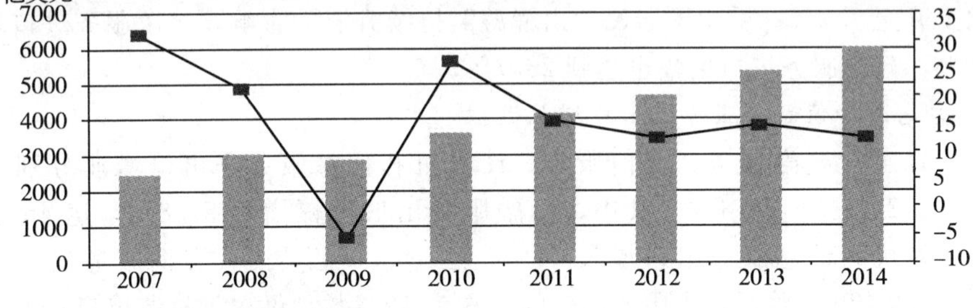

图1　中国服务贸易进出口总额及增长率（2007—2014）

作者简介：李光辉（1980—），男，汉族，安徽省南陵县人，铜陵学院经济学院副教授，经济学博士。

2007年至2014年期间，我国国际服务贸易发展呈现以下基本特点：

1. 服务贸易占对外贸易总额的比重持续上升

服务进出口额从2007年的2509亿美元攀升至2014年的6043.4亿美元，7年时间里增长了1.5倍。

中国服务贸易在对外贸易总额（货物和服务进出口额之和）中的比重持续上升。2014年，中国服务贸易增速高出货物贸易增速10.3个百分点，服务贸易占对外贸易总额的比重达12.3%，比2013年提高0.8个百分点。

2. 服务贸易逆差进一步扩大

2014年，中国服务贸易逆差1599.3亿美元，同比增长35%。中国服务贸易连续13年处于逆差状态。

其中旅游贸易逆差为1078.9亿美元，大幅增长40.3%，占服务贸易逆差总额的67.5%，是服务贸易逆差的最大来源。其次是运输服务、专有权利使用费和特许费逆差额分别为579亿美元、219.7亿美元，均比2013年略有增长。保险服务逆差179.4亿美元，比2013年小幅缩窄。

2014年，中国加工服务顺差为212.7亿美元，是顺差最大的服务贸易项目。咨询、建筑服务顺差均突破100亿美元，分别为166亿美元和104.9亿美元。计算机和信息服务、其他商业服务分别实现98.6亿美元和97.4亿美元的顺差。广告宣传实现了12亿美元的小额顺差。

3. 传统服务进出口仍占据服务贸易的过半

2014年，中国三大传统服务（旅游、运输服务和建筑服务）进出口合计3765.5亿美元，占服务贸易总额的62.6%。其中，旅游出口增长10.2%，占服务出口总额的比重为25.6%，仍居各类服务之首；运输服务出口同比微增1.7%，占比降至17.7%，位居第二；建筑服务出口实现了44.6%的强劲增长，占比上升至7.1%。受中国居民“出境游”持续升温的影响，旅游服务进口增长28.2%。建筑服务进口增幅也达到26.7%。

4. 高附加值新兴服务进出口增长迅猛

2014年，金融服务、通信服务、计算机和信息服务进出口增速分别达到59.5%、24.6%、25.4%。其中，金融服务出口大幅增长57.8%，达46亿美元；计算机和信息服务出口增长19%，达183.6亿美元；咨询服务出口增长5.8%，达429亿美元，占服务出口的比重为19.8%，仅次于旅游出口；电影音像出口增长22.3%，金额为1.8亿美元。

金融服务、计算机和信息服务、通信服务、广告宣传进口分别增长61%、42%、40.7%和21.2%。

5. 服务外包产业发展成效显著

2014 年中国承接服务外包合同金额首次超过 1000 亿美元，达到 1072.1 亿美元，执行金额 813.4 亿美元，同比分别增长 12.2%和 27.4%。其中承接离岸合同金额 718.3 亿美元，执行金额 559.2 亿美元，同比分别增长 15.1%和 23.1%。

云计算、大数据、移动互联等技术快速普及应用，推动中国服务外包产业向价值链高端延伸。离岸知识流程外包业务达 186.7 亿美元，占离岸执行总额的比重为 33.4%。

离岸服务外包市场多元化趋势日益显现，逐渐从美欧日和香港地区等传统市场拓展至东南亚、大洋洲、中东、拉美和非洲等近 200 个国家和地区。

2014 年，中国承接美国、欧盟、中国香港和日本的离岸服务外包执行金额合计 346.5 亿美元，占执行总额的 62%，比去年同期下降 2.9 个百分点。

与此同时，中国与“一带一路”沿线国家服务外包合作快速发展，承接“一带一路”沿线国家服务外包合同金额和执行金额分别为 125 亿美元和 98.4 亿美元，同比分别增长 25.2%和 36.3%，均远高于总体增速。

二、我国国际服务贸易在全球的地位

据世界贸易组织（WTO）最新统计，2014 年中国服务出口额与进口额的全球占比分别为 4.6%和 8.1%，位居全球第五位和第二位，但服务贸易比重偏低。

目前，我国服务贸易在全球服务贸易中的占比仅为 6%，是货物贸易所占比重的一半左右。与世界服务贸易强国的美国相比，中国存在较大差距。据美方统计，2014 年美国服务贸易额为 11323.1 亿美元，同比增长 3.7%。其中出口额 6819.7 亿美元，同比增长 5.0%；进口额 4503.4 亿美元，同比增长 1.8%；顺差 2316.3 亿美元，同比增长 12.0%。

三、我国服务业发展状况

2013 年，中国第三产业的增加值占国内生产总值（GDP）的比重为 46.1%，占比已超过第二产业。2014 年，第三产业增加值比重为 48.2%，但远低于世界平均水平。

目前，服务业占世界经济总量的比重为 70%左右，主要发达经济体的服务业比重则达 80%左右。从总体上看，我国服务业具有以下特点：

① 服务贸易发展的产业基础仍然薄弱。

② 生产性服务业水平不高，尚未形成对产业结构优化升级的有力支撑。

③ 生活性服务业有效供给不足，与大众日益增长的消费需求有较大差距。

④ 服务企业国际竞争力不强，缺少大企业、大集团和知名品牌。

四、服务营销创新的内涵

（一）服务营销内涵

服务营销是企业在充分认识满足消费者需求的前提下，为充分满足消费者需要在营销过程中所采取的一系列活动。

（二）服务营销与传统营销的不同

① 供求分散性。

② 营销方式单一性。

③ 营销对象复杂多变。

④ 服务消费者需求弹性大。

⑤ 服务人员的技术、技能、技艺要求高。

（三）发达国家成熟的服务企业的营销创新做法

① 着意增加广告投入。

② 引进新产品和服务，产品和服务得以扩散。

③ 重视市场研究、营销策划、营销服务培训。

④ 强化品牌运作。

⑤ 微笑运动。

⑥ 改善服务的外部促进行为。

⑦ 服务质量差距的确认。

⑧ 顾客来信分析、顾客行为研究。

⑨ 经常研究竞争对手。

⑩ 注重所有关键市场。

⑪ 严格分析和整合营销计划。

⑫ 数据基础的营销。

⑬ 改善程序和系统。

⑭ 改善措施保留老顾客。

（四）国外服务企业营销创新的发展方向

① 强化人本管理。

② 追踪并满足顾客新需求。

③ 注重服务差异化。

④ 服务营销多元化。

⑤ 服务品牌化。

⑥ 注重有效沟通。

五、国内服务营销创新的几点思考

(一) 基本判断

根据国内外服务业发展的基本状况，报告提出如下几个基本判断：

趋势1：新技术向新服务的转化——云技术应用服务、物联网应用服务、无线移动互联通信技术、环境技术应用服务、新医疗技术的应用服务都是典型的这类服务转化现象，对于最终消费者与用户来说，短周期与密集型的新技术发展，导致了新的接受障碍，而应用服务的发展重点解决通俗性、易用性及与原有设备技术的兼容性服务，并以更加整合服务的方式，建立新的一站式服务体系。

趋势2：新制造向新终端服务的转化——制造必须同时考虑对于终端的掌握，这是市场转化的关键，也是成本控制的关键，因此垂直电子商务与专业连锁服务的发展空间大大伸展。同时，线下业务电商化、横向业务的纵向整合需要与一些重要专业领域本身的重大业务发展空间，纵向电子商务在制造品牌终端化方面扮演重要角色。

趋势3：文化创造推动娱乐服务的新增长——文化产业发展与文化事业改革创造了很多新的商机，其中一个非常重要的方面是推动了文化娱乐服务行业的创新发展，可以预期的是娱乐性主题公园、影视屏、线上线下互动游戏、社区化娱乐服务、艺术连锁超市、收藏服务等行业均有重大的发展，娱乐业面临扩容与升级的双重机会。

趋势4：新设计成为服务发展新基础——设计正从以往独特的艺术表达技能成为将消费者心理诉求转化为实际的产品与服务形态的高级心理服务工作，它也扮演了产生产品与服务附加值的核心要素的角色。这一点尤其在满足新一代消费者与高端消费群体消费需求中会表现得特别突出，由于购买力与生活方式升级而导致的消费革命，将成为具有规模的B2B服务机制。

趋势5：服务加方效应进一步显现——不只制造业依靠增加服务含量发展，服务业将增加更多服务含量来形成新的服务形态，比如第四方物流服务、技术合同管理将由节能环保领域扩展到其他领域，信息咨询与更多专业服务广泛结合。

趋势6：公共服务外包的发展——在社会保障建设的过程中，民生服务（社区养老服务、公益创投、廉租房社区管理、医疗保险服务、职业教育与培训、公共呼叫等）内容进一步发展，但是在这些服务中传统公共服务模式无论在服务的质与量上均不能满足公众需要，新兴的多领域商业性的或者公益性的外包服务将充分兴起。

趋势7：服务精细化发展创造的空间——几乎所有我们已经知道的服务业将因为进入更为深度细分的服务行业而得到新的振兴：养老会区分出高端、中高端、中端、大众端与保障端养老服务；咨询也将会出现更多分行业的咨询；电子商务会更加垂直。

（二）基本模式

从大部分企业的经营角度来看，其主要工作基本可以归结为：对内的管理工作和对外的营销工作两大类工作和方法体系。制造业企业大多重视以技术、生产为主的企业管理工作；服务业企业由于必须直接面向最终消费者开展各项经营工作，所以会更加注重对外部市场的营销工作。因此，服务业企业营销创新，就是服务业企业关注于以满足市场需求为核心的模式创新，是创建能够生产出让消费者满意的服务产品的经营模式的过程。

从市场营销学研究的思路来看，服务业企业营销创新可分为以下几种：

1. 全新创新模式

该模式是企业采用以往从未有过的新原理、新技术创建的，具备全新的经营模式。这种模式通常代表了服务业发展史上的一个新突破，甚至会改变人们的消费习惯和生活方式。例如，以现代科技为支撑的连锁经营模式，就是一项重要的商业企业经营模式的创新，正是这一模式帮助沃尔玛仅用了半个世纪，就从一家小杂货铺成长为世界500强之首，而在此之前，这一位置一直被制造业企业和资源生产企业牢牢占据。每项全新模式的诞生，往往是服务业领域的一项重大突破，因而极为难得。因为一个完全创新模式的出现，从理论到应用，不仅时间过程长，而且投入资源多，是一般企业难以承受的。

2. 换代创新模式

该模式是企业利用新的原理或科技在原有经营模式的基础上建设的、具有新的结构或流程的经营模式。例如，从百货商场到 Shopping Mall，商业企业从以琳琅满目的各类商品销售为主的购物场所，发展为集销售、展示、娱乐、休闲、餐饮、健身等多项功能于一身的综合性消费服务场所，使消费者从进一家商店能买到各类商品，发展到进一家店能获得各类的生活服务，为消费者提供了极大的便利。换代创新模式的开发较之全新创新模式，技术上的难度和投资有所降低，因而风险相对较小。

3. 改进创新模式

是企业对原有经营模式主要在外显形式和服务功能上做出改善而形成的模式。这种新模式与原有模式的差别不大，往往是在原有模式的基础上派生出来的变形模式。例如，近年来大部分家电专业销售商场，纷纷从原来以销售家用电器为主的场所，改成既销售家电，又销售电脑和通讯产品的3C销售中心。其服务功能的扩充，便于消费者在一个场所，获得更多的同类商品选择的便利。改进创新是企业较容易开展，也比较稳妥的经营模式创新途径，因此采用的企业较多，但竞争也相对激烈。

4. 仿制创新模式

是企业对市场上已有的经营模式进行模仿或稍做改变，然后应用到新的目标市场的一种模式。这种模式可能对一些市场而言已不是新模式，但对新的目标市场或本企业来说，则可能是新的模式。例如，我国很多商业企业引进的新型经营模式，就是在国外市场已经存在，而国内市场还未出现的模式，这就属于仿制创新模式。企业根据市场需求和自身条件，模仿某些有竞争力的经营模式，能缩短开发时间，节省资源，提高成功的可能性。但仿制创新模式不能完全照搬照抄，应根据新的目标消费者、市场环境和本企业的特点，对原有模式有所改进，突出某些方面的特色，以提高其在新市场中的竞争力。

以上四种创新模式尽管“新”的角度和程度不同，但都有一个共同特点，就是消费者认为它与现有的模式相比更具有特色，消费者会更加满意，因而能为企业带来超额利益或稳定的收益。

(三) 基本策略

服务业企业营销创新的基本策略可总结为以下类型：

1. 市场导向创新策略

市场导向创新策略基于满足市场需求的指导思想，以服务业企业面临的外部市场影响因素为主要创新切入点，通过发现并分析市场需求，组合、重构或创建企业的经营模式，形成新的满足目标市场需求的盈利机制。

服务业企业经营的特点与内容主要是依赖于服务产品的特点形成。服务产品的首要特点就是“无形性”，但服务业企业必然需要通过有形的运营方式，在市场中建立能够吸引消费者的独特卖点。而且，这些有形卖点的形式和内容往往不是以企业自身的意愿为建设依据的，更多的是受到企业所面临的外部市场因素的影响和制约。采取市场导向创新策略就是建立在服务业企业对服务市场的这一认识和分析的基础上。如果企业资源充分、能力强、市场时机恰当，则依据效益最大化的经营原则，创建全新的模式，满足新的目标市场的需求；否则可依据成本最低化的经营原则，通过将已有的经营模式重新整合，或引入目标市场未知的成熟经营模式，来满足已有市场的需求。

例如，在国内正在迅速发展的“城市综合体”，就是利用我国近年来城市化进程加快的机遇，将城市中的商业、办公、居住、旅店、展览、餐饮、会议、文娱、休闲等功能进行适当地组合与积聚，建成一个多功能、高效率的城市功能集聚区。由于具有比以往的购物场所更全面、更便利的服务产品供应，因而受到消费者的广泛欢迎。

服务业企业应用市场导向创新策略时的实施要点是“经营重构”。将服务产品、向消费者提供服务的途径、经营的方式等，通过企业的管理、营销工作进行重新组合，创建新型的经营、管理方式，达到满足服务消费者需求，并使其获得充分的消费满足感。

2. 产品导向创新策略

产品导向创新策略通过服务产品的创新引导市场需求的指导思想，以影响服务业企业经营的产品因素为主要创新切入点，通过对市场需求的探寻与研究，创新、改进或重新利用企业的服务产品，引导新的消费需求，或解决已有的需求困惑，进而形成新的、稳定的盈利机制。

服务产品的另一项重要特点就是“差异性”，由于服务生产者的差异以及消费者心理、动机、消费行为等的差异，使得同类服务产品，甚至同一来源的服务产品都可能会产生生产和消费的差异。服务的这一特点虽然不利于产品的标准化，但却给服务模式的创新带来了层出不穷的素材。采取产品导向创新策略的服务业企业正是抓住服务的这一多变的特性，以服务产品的创新、换代或改进，带动企业经营模式的创新，满足不同类型的消费者，乃至同一消费者在不同状态下的需求，从而建立多样的盈利机制。

例如，连锁经营是企业经营管理的标准化与规模化的体现。随着市场竞争的加剧，以及由此衍生的消费者需求的多样化与苛求化，越来越多的连锁企业所属的单个门店，开始注重在不突破连锁企业整体经营模式的基础上，通过服务人员的个性化服务、服务场所个性化的视觉系统、与公众特殊关系的建立等方式，创建彰显门店个性的服务方式，满足消费者个性化、差异化的需求。

服务业企业应用产品导向创新策略时的实施要点是“产品创新”。通过创造能够让服务消费者获得新的满足的服务产品，并将新服务应用于新市场或新服务应用于旧市场，带动与之配套的服务业企业经营模式的创新与重构。

3. 市场—产品整合创新策略

市场—产品整合创新策略是指服务业企业通过整合市场与产品两个方面的资源与影响因素，进行经营模式的综合创新。

服务产品的另外两项重要的特点就是“不可分割性”和“易逝性”，这就需要买卖双方共同、即时完成服务产品的生产、传递与消费的过程。因此，服务业企业在经营模式的创新工作中，也不可避免地会寻求将市场导向与产品导向加以整合的共同创新思路与途径，以保障服务产品生产与生产消费的有序衔接。这就决定了全新、换代、改进与仿制模式，在这一策略中可以综合地运用。

例如，现在方兴未艾的“网络购物商店”，是通过互联网渠道实现商品销售服务的一种模式。“网络购物商店”提供的服务产品的创新主要是为消费者提供了一种以最少的时间与精力投入，获得及时且相对较全面的所需购买产品的信息以及产品获取渠道的服务。其市场模式的创新主要是利用互联网、第三方支付工具和快递物流等为主的外部支持因素，创建满足当代中、青年消费者以便利、时尚为核心的消费需求。这一模式将原本在实体商店所完成的信息流、商流、资金流、物流传递等服务，分解至不同的企业，并用有序的工作联系起来，在消费者能够承受的合理时间内，实现了服务过程的“不可分割性”。而“易逝性”问题的解决，主要是通过信息可储存的网上预定货系统，网店以外的支付、物流等第三方服务以及消费者自主搜寻、比较、选择、支付等自助服务等途径，增强网店的服务能力，为消费者提供及时、可靠的购物服务。这一系列工作是由网店内、外部服务主体共同协作完成，从而构建了完备的服务产品的生产体系和消费者满意的市场体系。

服务业企业应用市场—产品整合创新策略实施要点是“内外协调”。通过服务业企业自身的建设，特别是服务产品的创新，结合外部市场影响因素的梳理与利用，整合内、外资源，创建满足消费需求、让消费者满意的服务业企业经营模式。

总之，推进服务业企业营销创新，是服务业企业生存与发展的一项重要保障措施，但现有的研究与应用还远不能满足企业的需求，这就需要服务业从业人员和研究者不断探索，创建更多科学、有效的服务业企业营销模式，促进我国服务业的健康发展。

（四）若干建议

1. 进一步加大服务业对外开放力度

未来较长时期，教育培训、养老服务、医疗保健等生活服务方面的需求潜力将得到充分发掘，将进一步扩大金融、物流等服务业对外开放，稳步开放教育、医疗、体育等领域，引进优质资源，提高服务业国际化水平。服务企业“走出去”发展前景也十分广阔。随着“走出去”战略的深入实施，更多的服务企业将追随制造业企业“走出去”。

中国将在上海自由贸易试验区的基础上，继续探索服务业对外开放新举措，探索实施“准入前国民待遇”和“负面清单”的外资管理模式，服务业对外资的吸引力将明显增强。加上中国经济结构转型调整，服务贸易发展环境优化提升，中国服务贸易有望迎来快速增长期。

2. 服务业和服务贸易发展依赖于创新驱动

要促进服务与科技融合，鼓励服务企业进行科技创新、商业模式创新、贸易业态创新，培育以技术、流程、品牌、质量为核心的服务企业竞争新优势。创新服务贸易模式，改善贸易配套条件和增值能力，促进外贸向产业链高端延伸，从代加工向代设计和自主品牌发展。鼓励智力、技术密集型服务出口，形成货物贸易和服务贸易良性互动、协调发展的良好局面。

3. 紧抓产业转移机遇，提高服务外包承接能力

从 20 世纪 70 年代开始，服务外包迅速发展，中国正在成为承接服务外包较

多的国家之一。当前，以服务业跨国转移和要素重组为主的新一轮国际产业转移不断加速，为我国服务贸易实现跨越式发展提供了难得历史机遇。

要把承接国际服务外包作为扩大服务贸易的重点，鼓励中国企业积极承接信息管理、数据处理、技术研发、工业设计等国际服务外包业务，着力提高利用外资的质量和水平，最终推动外向型经济的可持续发展。

4. 发挥比较优势，提升服务业国际竞争力

服务贸易特别是离岸外包转移的工作岗位主要集中在知识密集型和技术密集型行业。大力发展服务贸易能够帮助解决我国结构性的就业难题。在服务贸易中，技术、设计、创意、分销、环境、法律、保险、通信等，这些都有利于制造业的转型升级，能够增加大学生就业，发挥知识型人才的作用。

要加强服务市场的开发，加强在国际贸易中的竞争力，这是一个贸易强国的必备条件。优化服务业支持政策，借力“一带一路”倡议。要加快服务业的发展，不断对现有服务产业进行升级，提高国际竞争力，力争早日与国际市场接轨，加强服务出口，大力提高服务贸易在国际市场的份额。

参考文献：

[1] 中华人民共和国商务部．中国服务贸易统计［M］．北京：中国商务出版社，2014.

[2] 商务部综合司．中国服务贸易状况［EB/OL］．http：//zhs. mofcom. gov. cn/article/Nocategory/201505/20150500961987. shtml，发表时间：2015－05－5.

[3] 袁岳．服务业创新七大趋势［EB/OL］．http：//www. ebusiness review. cn/articledetail－123409. ht. Ml，发表时间：2012－05－1.

[4] 周峰．服务业企业经营模式创新的营销学思路［J］．市场营销，2012（7）．

[5] 陆康祈．新技术的服务营销创新管理［J］．科技与创新，2016（22）．

[6] 贾婧．苹果公司在华服务营销模式创新研究［D］．天津：天津大学，2012.

[7] 马勇．基于新技术的服务营销管理创新研究［J］．商业研究，2011（08）．

[8] 韦福祥，姚亚男．服务营销范式的演进与创新初探［J］．现代财经，2009，29（07）．

[9] 谢铁华．企业服务营销方式的创新方向［J］．企业活力，2004（08）．

安徽省小微企业集群信用评级研究

芮训媛

摘　要： 小微企业融资难是制约其发展的重要原因，如何针对小微企业的财务特点进行授信，缓解小微企业融资难问题是理论和实务界都需要解决的问题。本文在对安徽省部分地区小微企业进行实际调查的基础上，结合产业集群理论，全面分析和解剖当前安徽省小微企业融资难的现实问题，提出构建小微企业集群信用评级机制、进行集群授信、单个企业信用价值内生化为信用价值外生共享，进而实现小微企业集群信用价值增值，以破解融资困境。

关键词： 小微企业；集群信用；资信评级

十八届三中全会从国家高度阐述了构建普惠金融的目标，公平普惠的金融经济环境离不开对小微企业的支持。改革开放以来，我国小微型企业迅速发展，已经成为社会主义市场经济的重要组成部分。随着国家针对小微企业一系列优惠政策的出台和 2013 年 1 月起小企业会计准则的实施，小微企业的发展越来越受到政府和社会的广泛关注。目前我国小微企业规模已近 5000 万家，为国家解决了大量的就业人口，在国民经济中的支撑作用越来越大。虽然小微型企业出现数量加速扩张和质量渐进提升的趋势，但小微企业长期遭遇着“两高两难两门（成本高，税负高；用工难，融资难；玻璃门，弹簧门）”困境，陷入一个“信用评级机制不健全→信贷歧视→贷款难融资难→发展受限”的怪圈。为此，国务院和各省都相应下发关于支持小微企业发展的专项文件，安徽省十二五产业集群镇发展规划则提出 5 年打造 200 个产业集群镇。

本文从和谐公平的基本社会价值观着手，剖析小微企业信用受限的原因，找出小微企业集群发展的信用增值机会；立足安徽实际，在实际调查的基础上，总结我省小微企业集群发展的特点，分析小微企业与大企业的信用风险差异，从集群信用的视角探索构建适应小微企业集群的资信评级指标，针对小微企业的风险离散型特点，提出集群授信、集群评级、集群融资的新思路，引导金融资源的合理配置，破解小微企业融资难问题，实现我省小微企业产业集群的良性发展。

一、小微企业融资现状分析

（一）实际操作与理论研究

1. 小微企业团体贷款初试牛刀

国外对小微企业贷款早已有较为成熟的模式，典型的是孟加拉国的乡村银行模式，推出针对妇女创业的农户互助贷款。而在国内，中国民生银行在中小企业金融服务领域首先提出了“小微企业”及“商户融资”的概念，并将其小微企业金融服务方案取名“商贷通”（将小微企业及其实际控制人统称为“商户”）。其他的各商业银行、小额贷款公司，甚至担保公司都纷纷推出了自己面向小型企业的金融服务品牌。国有银行中小企业金融品牌以中国银行的“中银通达”和建行的“速贷通”为代表。同时，中国银行还针对小企业贷款推出了“中银信贷工厂模式”、建行温州分行推出的小微企业“信用贷—善融贷”、宁波银行的“小微融”信用贷款、工行的“小微便利贷”、徽商银行的“提升服务　助力小微”活动、民生银行的“美食贷”等。各股份制银行也推出了自己的小企业金融品牌，其中有很多品牌特色值得同行借鉴。比如整贷零偿的还款方式、根据小企业的成长周期和业务流程提供差异化的产品、关注小企业投行业务资金需求、“联贷联保”的批量贷款模式等，都值得深入研究和学习。应该说，这些举措极大地促进了小微企业的发展，但总体来看，同业产品的客户定位大多在具有一定规模的中小企业，品牌属于公司金融产品，真正面向小微企业的金融服务仍然不足。

2. 信用评级制度抓大放小

目前国外信用评级方法的研究大致沿着两条路径在发展，一是理论界走的定性与定量分析相结合的思路，二是实业界走的风险最小化与收益最大化的思路。理论界的信用评级方法大致有三类：一是基于定性分析的传统信用评级法：5C法、5P法、5W法、4F法、LAPP法、CAMPARI法等；二是基于信用风险分析的统计模型法：Z评分模型（Altman，1968）、ZETA评分模型（Haldeman，Narayanan，1977）、巴萨利模型（Alexander. Bathory）等；三是基于因素分析的层次分析法（T. L. Staay，1970）等；另外还有一些补充的方法，如神经网络风险分析法、支持向量机方法等。实业界主要有第三方评级与内部评级：前者如国际公认的三家专业信用评级机构——穆迪、标准普尔和惠誉，基本以“现金流量对债务的保障程度”为基础，使用统计分析模型进行相关评级；后者如J. P. 摩根集团1997年提出的Credit Metrics模型（计算违约概率），KMV公司1993年开发的KMV模型（期权定价），瑞士银行金融产品部1996年研发的Credit Risk＋模型（分析违约行为），麦肯锡公司设计的Credit Portfolio View模型

(离散多期宏观经济变量分析)等。国内的研究有中小企业集群信任研究(冯德连,2006),上市公司信息评级(欧志伟等,2002),债券、信贷、金融机构评级(李振宇,2003),主权、保险、企业、银行、基金评级(郐润扬,2005),保险信用评级(朱建平,2007),层次法分析小企业信用评级(王凯,2008),支持向量分析上市公司财务风险(刘云涛等,2005)。

这些企业信用评级研究的特点是研究对象集中于大企业和上市公司,评级方法侧重于定性财务数据分析,评级工具依赖于计量方法的应用,分析基础建立在企业有较完备的财务制度基础上。国内走的是一条内部评级路线,主要是授信方对受信方的评级,注重于从防范风险的角度增加部门收益,立足于上市公司市场化风险研究,没有充分考虑小微企业的非财务因素主导型、风险离散型、财务制度非规范性等特点。同时国内还没有设计出较完备的专门针对小微企业集群信用风险的评级指标,小微企业的制度外发展造成金融资源配置市场上的非均衡性,从而形成不利于和谐发展的局面,有失公平性。

处于经济转型和社会快速发展时期的中国,二元金融体系所导致的金融资源分配不公,影响社会公平目标的实现及和谐社会的构建。建立普惠金融体系是顺应社会要求,调整社会矛盾的重要举措,传统信用资源不均衡所带来的分配不公需要从制度上加以调整和纠偏,这就要求从根源上解决小微企业的融资难问题,这个根源则落脚于小微企业的信用评级制度的构建。

(二)小微企业信贷需求特点剖析

总体上来说,小微企业贷款需求呈现出“短、小、频、急”四个特点。

一是贷款期限短,小微企业融资一般为流动资金贷款,满足短期资金周转需要。二是贷款金额低,小微企业的规模决定了其贷款金额需求不高。三是贷款频率高,小微企业的经营方式导致其容易产生临时性的贷款需求。四是贷款时效性强,小微企业受规模限制,内部资金腾挪空间有限,议价能力较低,资金缺口难以通过应收账款及其他支付工具解决。在融资需求特点外,小微企业还普遍存在缺乏抵押担保物的问题,无力为其融资需求提供有效担保。

1. 缺口大,需求强

人民银行2014年2月24日发布的《2013年金融机构贷款投向统计报告》显示,截止到2013年12月末,全国主要金融机构及小型农村金融机构、外资银行人民币小微企业贷款余额13.21万亿元,占企业贷款余额的29.4%。相比于小微企业的数量来说,这个贷款比例实不为高。

由于银行融资的限制性,部分小微企业主要通过民间融资、小额贷款公司等途径进行融资。经调查,有超过40%以上的小微企业融资依靠民间借贷,超过50%以上的小微企业有使用民间借贷应急的需求。

2. 渠道少，不通畅

一般来说，企业融资方式可分为内源融资和外源融资两类。内源融资主要是通过股东入股、折旧、留存收益、亲友借款等自有资本及职工集资等债务融资；外源融资则主要包括直接融资和间接融资两类方式：直接融资是指企业直接在证券市场上通过发行企业证券（包括股票和债券）取得资金，间接融资是指企业资金来自银行、非银行金融机构的贷款等融资活动。

目前，大多数小微企业的资金需求主要依靠自筹，即内源融资。外源融资的高门槛让小微企业选择求助于民间金融市场。近年的民间融资风险事件频发现象，在很大程度上对民间融资市场造成了冲击。民间融资市场急需规范，融资增速放慢，且利率不断提高，小微企业融资成本压力较大，融资渠道不通畅。

3. 抵押难，可担保物少

目前我国各商业银行普遍实行抵押担保贷款制度，只有少数银行推出了非房产抵押担保类（如联保、信用等）的贷款方式。但是对于大多数小微企业来说，由于固定资产少，土地、机器、设备、房地产的所有权或使用权等传统抵押物缺乏，抵押能力不足。而且大部分小微企业因经营规模较小、经营状况不稳定等原因而无法获得联保、信用等方式的融资。担保难和抵押难是小微企业向银行等金融机构贷款时面临的两大难题。

4. 成本高，机会少

由于银行融资规模受限，各银行普遍通过提高贷款利率来维持各自的利润空间。许多银行对微型企业的融资需求根本不予考虑，它们很难直接从银行获取贷款，信贷壁垒的存在使小微企业长期游离于正规金融的门槛之外。

（三）小微企业融资难原因分析

1. 信用等级低，缺乏抵押担保物

目前大多数小微企业的信用等级基本都很低，更有很多小微企业压根没有进行资信评级。银行要获利避险只有将信贷资金的安全性主要寄托于抵押担保，但企业资产中应收账款和存货所占比例较大，缺乏可抵押的不动产，也找不到有实力的担保人，银行基于审慎经营原则只有将小微企业置之门外。

2. 外部环境不足

（1）是担保体系不健全。在现有的小微企业金融服务体系中，政府背景的担保基金或担保公司较少，目前占主导作用的民营融资担保机构虽然一定程度上缓解了小微企业担保难问题，但收取的担保费和采取的反担保措施等也在一定程度上加重了小微企业的融资成本，降低了小微企业向银行贷款融资的主动意愿。另一方面，目前担保机构仍存在着公司治理不完善、内控制度不健全、经营不合规等问题，抗风险能力较弱，因此完全由民营担保公司为小微企业担保存在局限性，需要引入政府背景的担保公司。

（2）企业信息体系不完善。目前国内银行业开展小微企业信贷业务所需的公共信息主要依靠人民银行的征信系统，能够查询企业在我国各银行业金融机构的信用情况，但小微企业的其他信息散落在其他行政部门和单位中，例如企业的缴税情况、水电等公共收费情况等，难以以较低成本快速地全面获取企业信息，而企业信息系统的不完善阻碍银行有效甄别借款人资质，银企信息不对称问题难以有效解决。

（3）贷款风险分担体系不健全。小微企业贷款具有较高的风险，而目前小微企业贷款风险多由银行全部承担，制约了银行提升小微企业金融服务水平的能力，一定程度上减弱了银行的主动作为意愿，因此有必要由地方政府介入建立贷款的风险分担机制，通过地方政府、企业承担一部分贷款风险，扩大银行的服务能力，激发银行的内生动力，从而扩大小微企业金融服务覆盖面。

3. 金融机构服务不到位

（1）金融组织体系不完善。目前大部分的小微企业集中在县域，但目前县域金融服务能力仍显不足。大多数省内典型的县域金融机构网点配置就是工、农、中、建四大国有银行和邮储银行以及农信社，缺少中小银行业金融机构，无法有效地满足小微企业的融资需求。

（2）信息传达不充分。由于金融组织体系的不完善，县域许多小微企业对银行的金融服务了解不多。我们调研发现，在未获得贷款的小微企业中，存在着相当一部分企业主有贷款需求但没有贷款意愿，因为他们不了解银行有什么产品适合自身需求，保持着银行不为小微企业服务的老观念，即使银行贷款利率相对较低，在他们有短期资金需求的时候，也更愿意选择亲友借贷或民间融资而不是银行，这里主要是因为银行宣传不到位的原因。

（3）服务创新能力有待提高。对于小微企业缺乏抵押物、贷款期限与企业经营周期不匹配等问题，仍需要更多的金融创新予以支持。此外，由于受信贷规模限制，大企业、大项目的融资需求也一定程度上挤占了小微企业贷款规模。

二、安徽省产业集群发展现状分析

产业集群专业镇是安徽省委、省政府为加快产业集群发展，鼓励和引导全省建制镇加快特色经济发展的重要举措。目前，产业集群专业镇在全省非公经济总量中的龙头作用日益明显。其中，中小企业在产业集群专业镇企业中占了绝对多数。产业集群专业镇发展迅速，中小企业高度集聚，呈现出产业聚集程度不断提高、块状经济发展加快、龙头企业带动性增强、集群产业链逐步延伸、产业主体向园区集聚等突出特征，已形成电线电缆、电子、汽车配件、机械制造等特色经济板块，带动了资本、劳动、技术、信息、品牌的有效聚集，成为推动县域工业化、城镇化的重要力量。以专业镇主导产品命名的产业基地不断涌现：无为高沟镇被认定为“国家火炬计划无为特种电缆产业基地”、当涂县博望镇被认定为“刃模具机床高新技术产业基地”、桐城市被命名为“中国包装印刷产业基地”和“中国塑料包装产业基地”等。

当前以中小企业高度集聚为特征的产业集群专业镇发展迅速，已从粗放式规模发展转向内涵整合提升阶段，成为推动县域工业化、城镇化的重要力量。一是产业集聚效应和经济规模显著放大；二是专业镇地域特征和产业特色日趋明显；三是龙头企业以大带小拉长产业链的作用日益突出；四是产业集群专业市场建设及配套功能得到加强。但是，还存在业集群规模偏小、龙头企业带动能力较弱、企业创新能力不强等困境。特别是社会服务体系不健全，与产业集群的发展不相适应。专业镇普遍缺少资产评估、项目咨询、人才培训、产品检测、物流配送等方面的配套服务，突出的是金融服务方面，远远满足不了产业集群专业镇的发展需要。

三、小微企业集群融资模式探析

（一）现状分析

目前国内在小微企业融资业务营销及开展服务方面普遍适用的模式有两种：一种是单户营销，另一种是区分不同业态商业集群进行批量开发。两种开发或营销模式不存在优劣之分，只有适合与否、可操作与否之分。

单户营销或介入模式俗称“散单”，是小微企业融资业务发展的基本方案，但对于“零售业务批发做”的小微企业金融营销及发展思路来讲，立足于集群项目进行批量开发的模式更容易把小微企业金融做大做强。

在商业集群批量开发营销模式方面，民生银行的做法值得借鉴和推广。民生银行首先将小微企业融资业务的重点发展行业定位于“国家产业政策支持、区域优势明显、受经济波动和通胀影响较小、经营周期相对稳定、与大众生活密切相关、日常认知度高的行业”。在此前提下，紧紧围绕“商业圈”“产业链”及“供应链”（一圈两链）集群进行批量的、系统性的开发和授信。

比如，根据产业链商户分布，将商户分为原材料供应商、制造商（厂商）、品牌代理商或经销商，并重点发展处于流通领域、成本能够迅速转嫁、有稳定分销渠道的代理商和经销商集群以及大型、知名、垄断企业上游供应商集群；根据流通领域商业业态的不同特征，将商户分为交易市场商户、超市等卖场商户、商业街门店商户及电子商务门店商户等四大类，积极鼓励前三类业态的商户集群发展，并有针对性地给出授信方案。

(二) 模式创新

1. 家居行业集群项下商户租金贷款融资模式

模式背景及设计初衷：在家居建材行业中，如果经营商户是租赁所在商城中市场管理方的商铺进行经营，单次租赁期限较短，且租金逐年/次上涨较多，假如市场管理方（出租人）计划一次性提前收取未来1～3年的商铺租金，并根据预交的限期给予经营商户不同程度的折扣回报，而银行又认可该家居商城集群，同意对商城中的经营商户进行小微企业融资授信，在市场管理方愿意对商户租金贷款承担全程连带责任保证担保，而且愿意为其保证行为另行提供其他“再担保”的条件下，银行可以进行两个不同性质的额度授信，即首先核定并给予家居商城内全部经营商户一个最高额授信额度（由市场管理方推荐其认可的经营排名靠前的商户，且单户租金贷款的额度不超过其新签订租赁合同约定的总租金的80%），另外向市场管理方给予一个相应的最高额保证担保额度，并通过银行与市场管理方签订相关法律协议的形式完成保证担保的法律程序。

在实际操作时，商户的贷款会直接划入市场管理方（出租人）的对公账户（按揭操作模式），商户可选择按月等额本息或等额本金还款，如果贷款出现逾期，作为保证人的市场管理方可以暂停与逾期商户进行内部货款结算，并有权代银行扣划逾期商户的结算款项，这种风险控制措施对贷款商户而言，无疑是一种有效威慑力量。此种模式是一种典型的“三赢”模式，三方利益相互渗透，风险控制措施巧妙，可推广性较强。

2. 百货商超类集群供应链商户融资模式

此种模式的思路侧重于信用融资方式的运用。背景及思路是针对城市主城区内大型的百货、商业街区及超市经营者（即核心企业）的上游供应链涉及的小微企业，如其经营的产品或服务容易产生经营现金流，且存货及应收账款周转较快，属于与日常大众消费关联度较高、受经济周期或政策影响较小行业，如其与核心企业合作期限较长、货款结算频繁（一般以周为频次，或者更频繁），经核心企业推荐，银行可以给予上游供应链的小微企业一定额度的信用担保融资授信，供小微企业进行短期资金周转使用，但一般均要求核心企业与银行形成金融合作关系，要求核心企业负有协助银行进行小微企业经营数据核实及贷款催清收等附随义务。

当然，如果核心企业能够及愿意对其上游供应链企业提供保证担保，也可以考虑增加授信的客户范围及信用授信额度。

3. 产业链品牌核心企业下游一级代理商应付（预付）账款融资模式

基本思路及初衷：本模式主要是为解决知名品牌的生产或销售商与下游一级

代理商之间货款结算的支付问题而提出。对于在当地或全国享有较高知名度的品牌，要求核心企业推荐其认可的资信较好的代理商，并提供相应的保证担保，由银行在审核后向品牌代理商给予一定的融资额度授信，主要由代理商向核心企业支付赊销的应付账款，或者预先支付预付货款使用。核心企业能够实际监控贷款及其用途。

本融资模式的优点是在品牌及其代理范围事先已经调查确定的情况下，系统性风险已经预先得到了排查和降低，对品牌生产→代理销售环节而言，向代理商融资实质上是对核心企业融资，客观上有助于核心企业的做大做强，结果同样是“三赢”。但需要重点关注核心企业的经营及品牌的管理能力以及品牌所处行业与大众日常生活的关联度和知名度。

四、小微企业集群融资需防范的风险分析

（一）风险分析

1. 信用风险

对于银行来说，信用风险不仅是一种重要的风险，而且是一种始终存在的风险。银行开展小微金融业务面临的是大量的小微企业，缺乏以往的信用记录和有效信用评估方法，贷款也缺乏财产做抵押，银行的信贷资金存在严重的风险隐患。一些借款户信用意识淡漠，欠账不还，签字不认，利用各种方法逃、废、赖债务，极易形成信用风险。

2. 经营风险

产业空心化，社会投机盛行带来的经营性风险。在小微企业经营环境恶化，产业利润率低的情况下，不少小微企业不是在本行业进行转型升级，而是将资金投资于房地产市场、金融市场，造成产业空心化。

3. 风险连锁反应

因单个企业发生风险而引起的集群内小微企业连锁反应。据不完全统计，由于资金链断裂，从 2013 年 4 月份以来，温州市已连续发生 80 多起企业老板“失踪”、公司关门、员工讨薪等事件，其中 9 月份就高达 26 起，并且呈现出小微企业受影响范围从资质较差类型蔓延到实力较强的行业龙头企业的趋势。对于小微企业而言，企业之间的联系较为紧密，上下游企业资金链关联度较高，而且有部分小微企业采取联保方式从银行进行融资。一旦单个企业发生风险，可能会引起连锁反应。

（二）政策建议

1. 建立完善小微企业信用担保制度

信用担保制度是解决小微企业融资难的一项金融支持制度。目前国内的担保

公司在小微企业直接债务融资担保上的一大缺陷就是自身资本实力不足，不能最大限度地为小微企业降低融资成本。因此政府应加大政策扶持力度，采取具体措施促进担保机构开展业务。同时积极引导小微企业健全内部信用管理制度，加强风险管理，增强诚信经营理念。有条件的小微企业应该成立专门的信用管理部门，借鉴国内外客户信用分析模型、客户信用评级方法与技术、合约管理、营销预警和应收账款管理技术，建立健全企业信用管理制度。从原始资料积累开始，对企业进行全程信用管理。制定合理的信用政策，根据企业和不同客户的具体情况确定适宜的授信额度，将信用管理的重点转向事前和事中阶段，形成信用管理工作的全覆盖，实现信用管理与企业经营发展的良性互动，提升小微企业的市场竞争力和持久发展能力。

2. 加大技术和人才投入，促进小微企业产业升级

金融机构应当对小微企业信贷资金加强监管，防止信贷资金流入房地产市场、金融市场，造成产业空心化，引发信贷风险，而且地方政府要鼓励和引导企业引进人才和先进的技术，促进安徽省小微企业的转型升级。通过人才的集聚，加强企业综合管理，为小微企业集群发展孕育一个良好的人才技术环境，进而得到有效的转型升级。小微企业的重振不仅仅可以让本地民间资本回流实体经济，同时还可以吸引大量的外地以及海外资本的投资。

3. 信贷总量控制下的结构优化

防止小微企业倒闭的连锁反应，要求金融机构在信贷总量控制的前提下，对信贷结构进行必要的调整，保证真正需要流动资金贷款的小微企业在资金需求方面不受太大影响。相关部门要加快规范民间信贷，把“地下钱庄”地面化，让其规范运作，合法经营，规定可浮动的利率空间，弥补民营企业资金的不足。坚决打击高利贷行为，同时规劝居民个人不要参与金融诈骗行为，避免成为非法金融活动的受害者。

参考文献：

[1] 焦瑾璞．建设中国普惠金融体系——提供全民享受现代金融服务的机会与途径［M］．北京：中国金融出版社，2009.

[2] 李冰洁．升华普惠金融［J］．中国农村金融，2013.

[3] 吴晓灵．普惠金融是中国构建和谐社会的助推器［N］．金融时报，2010－06－21.

[4] 杜晓山．小额信贷与普惠金融体系［J］．中国金融，2010.

[5] 高连和．国内中小企业集群融资研究综述与展望［J］．经济体制改革，2013.

[6] 聂强，杜晓山．小额信贷中团体贷款理论研究述评［J］．现代经济探讨，2011.

[7] 陈旭炜．基于博弈论视角的产业集群内中小企业信用增级机制解析［J］．企业导报，2013.

[8] 潘永明．基于集群信誉链的中小企业团体融资主体研究［J］．金融理论与实践，2013.

[9] 冯德连．中小企业集群创新的动力机制研究［J］．商业经济与管理，2010.

项目投资决策中利息费用的相关性分析

汪 群

摘　要：在运用贴现的现金流量方法进行项目投资决策时，利息问题一直困扰着我们，在财务管理的教学中，“借款利息是否应计入现金流量?”“利息费用在投资项目决策中如何处理?”之类的问题总是很难回答。本文以费雪分离原理和M&M的资本结构理论为依据，运用具体的案例深入地分析和探索这一问题。

关键词：费雪分离原理；利息费用；贴现现金流量法；全投资假设

在进行项目投资决策时，现行的财务管理教材往往都回避负债资本的利息费用问题。从表面上看，企业为某个投资项目从银行借入资本，是需要用现金去还本付息的，为什么用现金支付的利息费用在计算项目的现金流量时不作为一项现金流出呢？也不用考虑利息费用的抵税效应呢？这个问题我们可以从费雪分离原理和M&M的资本结构理论找到依据。

一、费雪分离原理与投资项目的决策

20世纪30年代，美国经济学家欧文·费雪（Irving Fisher）指出在完美的资本市场假设下，资本市场将产生一个单一的利率，此时投资者的投资决策是由客观市场规则决定的，而与投资者个人的主观偏好无关。这样投资者在进行消费或投资决策时都可以单一的市场利率为依据，而反过来又促使投资和筹资决策能够相互分离。

依据费雪分离定理，公司经理进行投资决策时，无须考虑个体投资者的偏好，因为只要存在完全竞争市场，个体投资者可以在市场上选择符合其需要的最佳投资或消费的时间模式。公司经理只要选择净现值大于零的投资机会，就能增加投资者所持有的公司股份的市场价值，实现个体投资者财富最大化，这就是净现值（NPV）决策法则的理论基础。投资决策不依赖于投资者个人对现金取得时间的偏好，资本市场产生了单一的利率，使得投资和融资决策可以分离，否则，现代化的大公司就不可能存在。

现代公司理财中的投资决策理论很大程度上来自欧文·费雪的贡献，其中最重要的就是NPV法则，当运用其他投资决策方法得出的结论与该法则相背离时，我们一般接受NPV法则得到的结果。费雪分离定理告诉我们，给定完美的资本市场，公司的投资决策由客观的市场规则决定，而不用考虑个体的主观偏好。依据效用理论，对于那些特别偏好当期消费的投资者可以通过在资本市场的借贷而享有更多的当期消费，从而提升自身的效用水平。这就意味着，只要资本市场是完美的，每个人都会选择净现值大于零的投资项目，即使公司制企业里的每个股东的效用函数都不一样，经理人员只要按照NPV法则进行投资决策，就能满足全体股东的要求。

费雪分离定理仅仅从理论上给出了我们一个理想化的分析基准。事实上，世界上众多的中小企业所面临的最大问题就是它们无法将投资和筹资截然分开，而股份有限责任公司和上市公司正是为了解决这一问题而产生的。上市公司的股东通过股票在公开市场上的买卖，解决投资或消费的价格和跨期问题，而上市公司的经理人则无须考虑每个股东投资或消费效用函数，按照NPV法则进行投资决策即可。同样在金融市场上，机构投资者也能够有效地实现投资和筹资决策的分离。

二、利息费用与贴现的现金流量法

贴现的现金流量法是对项目未来现金流量选择恰当的贴现率进行贴现，计算净现值，这种方法已成为现代财务分析的一个基本工具。在运用该方法时，我们首先要区分与项目决策相关的现金流量与非相关的现金流量。在实际教学中，经常有学生问："借款利息是否应计入现金流量？"这个问题我们往往不能用简单的"是"或"不是"来回答。

计算项目的净现值有两种方法：一种是实体现金流量法，即以企业价值最大化为理财目标，确定项目对企业实体现金流量的影响，以企业加权平均的资本成本为折现率；另一种是股权现金流量法，即以股东财富最大化为目标，确定项目对股权现金流量的影响，以股权资本成本为折现率。这两种方法的分析比较如下：

比如，某公司的总资本500万，资本结构为负债资本40%，股权资本60%，负债资本（税后）成本为5%，股权资本成本为15%，其加权平均的资本成本为11%。若该公司有一投资项目需要投资100万元，预计每年可产生税后（息前）现金净流量20万元。假设该项目可以永久地持续下去，即可以得到一个永续年金。公司计划筹集40万元的债务资本，税后利息率仍为5%，筹集60万元的权益资本，要求的报酬率仍为15%。

按照实体现金流量法，项目带来的公司现金增量为20万元，这个现金流为债权人和股东共享，所以应使用两者要求的报酬率的加权平均数为贴现率，即净现值为：20÷11%－100＝81.82 万元。而按照股权现金流量法，项目为股东增加的现金流量是每年 18 万元（20－40×5%），这个现金流量属于股东，所以应使用股权资本成本率作为折现率，即净现值为：18÷15%－60＝60（万元）。

从这个例子我们可以得出如下结论：

其一，两种方法计算的净现值有一定的差异。不能用股东要求的报酬率去折现企业实体的现金流量，也不能用企业加权平均的资本成本折现股权现金流量。对于“借款利息是否应计入现金流量?”这个问题，要看使用的折现率是加权平均的资本成本还是股权资本成本，利息是实体现金流量的一部分，但不是股权的现金流量。

其二，增加债务不一定会降低加权平均的资本成本。一般来看，利息支出是付现成本，是项目的一项现金流出，但是这里我们可以从费雪分离原理去理解这个问题，即筹资和投资的分离。如果投资项目所需的资金全部是借来的，那我们仅仅从这笔债务资本的成本角度对该项目进行投资决策是不合理的。因为按照 M&M 的资本结构理论，当企业增加债务时，股权资本变得更具风险，所以成本较低廉的债务资本给企业带来的收益将会被风险补偿增加而上升的股权资本成本所抵消。M&M 理论证明了在一系列假设条件下这两种作用恰好相互抵消。在实践中，虽然不能完全满足 M&M 的那些严格的假设条件，但是负债的增加一定会提高公司的财务风险，从而提高股权资本的成本。所以从这个意义上去看，我们在进行投资项目的决策时，一般必须基于整个企业的加权平均资本成本角度而不是单个项目的筹资成本，这也正是费雪分离原理的一项具体运用。

如果上例中 100 万元的投资全部为负债资本，税后利息率仍为 5%，每年可产生税后（息前）现金净流量还是 20 万元。按照 M&M 资本结构理论，由于企业增加债务股权资本变得更具风险，股东要求的报酬率上升为 18%，此时，企业加权平均的报酬率为：5%×50%＋18%×50%＝11.5%，按照实体现金流量法计算的净现值为：20÷11.5%－100＝73.91（万元），而按照股权现金流量法计算的净现值则是：（20－100×5%）÷18%＝83.33（万元）。

其三，实体现金流量法比股权现金流量法更简洁，因此现行的教材一般运用的是实体现金流量的方法。股东要求的报酬率不但受经营风险的影响，而且受财务杠杆的影响，估计起来十分困难。因此把投资和筹资分开考虑，首先评价的是项目本身的经济价值，而不去考虑筹资的方式和筹资的成本如何。

三、利息费用与“全投资假设”

现行的高等教育财务管理教材在介绍项目投资管理的内容时，对项目投资现金净流量的计算都是基于“全投资假设”，即假设项目所需的全部资金均由所有者投入（即使是负债资本，也假定是自有资本）。因此在计算项目期内每个时点的现金净流量时，就不考虑还本付息的现金流出，“全投资假设”也是依据费雪分离原理。

NPV 的决策法则是选择合理的贴现率对项目未来相关的现金流入、流出量进行贴现，计算净现值，净现值大于零，项目基本可行。什么是合理的贴现率？依据费雪分离原理，就是资本市场产生的那个单一的利率，但是这个假设前提是资本市场是完全的。在不完全的资本市场中（现实），往往选择企业的加权平均资本成本率作为项目的贴现率。

企业的加权平均资本成本率是从整个企业的角度来看的，与某个特定的投资项目的筹资成本还是有区别的。所以在做投资决策时，不需要考虑该投资项目的资本来源以及筹资成本。当然这种情况适用于我们通常所指的公司理财，对于一些单独的大型投资项目，我们往往还是就用这个项目的资本成本作为贴现率。

资本成本是筹资者所付出的代价，也即必须支付给各类投资者的必要报酬，这既包括给权益投资者的，也包括给债权人的。NPV 法用加权平均资本成本作为贴现率，就已经考虑了利息费用作为资本成本的扣除，如果在计算现金流量时又把它扣除了，这便造成利息费用的双重扣除，即所谓的“双重计算”的问题。此外，我们认为也不用考虑“利息抵税”的问题，因为在加权平均资本成本里的债务资本成本已经是税后成本，资本成本率考虑了利息费用的抵税作用，如果现金流量估算再考虑的话，也会造成利息费用抵税作用的双重处理。

从一个具体的案例来看，假设某企业投资新生产线需一次性投入 1000 万元，预计该生产线所需资金全部从银行贷款，贷款年利率为 8%，3 年期，每年付息一次。投资建设期 1 年，预计可使用 10 年，报废时无残值，直线法折旧。建设期满后，还需垫支流动资金 200 万元，该生产线投入使用后，预计可使企业每年实现相关销售收入 1200 万元，耗用的人工和原材料等成本为收入的 60%，所得税率为 25%，企业综合资本成本率为 10%。该项目的现金流的计算为：

$NCF_0=-1000$（万元）

$NCF_1=-200$（万元）

$NCF_{2-10}=[1200\times(1-60\%)-100]\times(1-25\%)+100=385$（万元）

$NCF_{11}=385+200=585$（万元）

在现金流计算的基础上，我们需要计算项目的净现值：

$NPV=-1000-200\times(P/F, 10\%, 1)+385\times(P/A, 10\%, 9)\times(P/F, 10\%, 1)+585\times(P/F, 10\%, 11)=1038.89$（万元）

决策：该项目的净现值为 1038.89 万元，项目可行。

从这个案例来看，首先，我们在项目投资决策时，并没有考虑资金来源，筹资和投资决策分离。该生产线所需资金1000万虽然是从银行以8%的利率贷款筹集的，但是我们不能用8%作为投资决策的贴现率。因为从整个企业的角度来看，该项借款提高了整个企业财务风险，也相应地提高了权益资本的资本成本。

其次，这里每年支付的利息80万在计算项目的现金流量时不用考虑，也没有考虑利息抵税的问题，因为贴现率10%里包含了债务利息成本（税后），避免“双重计算”的问题。

最后，从企业整体的利益角度出发进行投资项目决策，筹资和投资决策是分离的，即在投资决策时不用考虑项目的资金筹集问题。当然如果仅仅从单独投资项目的角度进行决策，则可用项目的资金筹集成本作为贴现率，筹资和投资决策是不分离的。案例中，如果该生产线的投资是一个完全独立的项目，也可以就使用贷款年利率的8%作为贴现率，但为了避免“双重计算”的问题，在计算现金流的时候也不用考虑利息费用。这样的情况更多地适用于无法将投资和筹资截然分开的小型企业。

总体来看，项目的投资决策是一项事前的决策管理活动，与决策主体、决策目标等因素紧密相关，所以我们财务管理教科书只是提供了一般的财务原理、理念或方法，这与会计的核算与管理有很大的不同。我们在具体的项目投资决策活动中，必须审时度势，灵活处理。

参考文献：

[1] 中国注册会计师协会．财务成本管理［M］．北京：中国财政经济出版社，2016.

[2]［美］威廉·L·麦金森．公司财务理论［M］．辽宁：东北财经大学出版社，2011.

[3] Modigliani F，Miller M H. The Cost of Capital，Corporation Finance and the Theory of Investment［J］. American Economic Review，1958，48(3).

战略性新兴产业金融支持绩效及影响因素 DEA－Probit 分析

——基于节能环保产业上市公司经验数据

胡云霞

摘　要：利用 27 家节能环保产业上市公司 2009—2015 年面板数据，分析金融对其支持的 DEA 绩效，并对影响金融支持绩效的因素进行 Probit 二元分析。结果显示，27 家样本公司中，只有 2 家上市公司连续 7 年 DEA 综合绩效有效，我国节能环保产业上市公司的金融支持绩效整体偏低，处于中低效率循环状态。在影响绩效的因素中，研发投入对金融支持绩效有显著的正向影响，公司所在地、所有制形式及文化学历对绩效的影响均不显著。

关键词：DEA；绩效；节能环保产业；影响因素

在可持续发展和低碳经济的大背景下，节能环保产业越来越受到政府的重视。李克强总理在 2014 夏季达沃斯年会上指出："要走在发展中保护，在保护中发展的新路"，让新兴节能环保产业"跑赢"落后产业，足见节能环保产业的重要性。国家统计局数据显示，2015 年中央财政安排累计资金 2000 多亿元支持节能环保产业发展，"十三五"时期，节能环保产业全社会投资规模达 17 万亿元人民币，成为助推资源节约型、环境友好型社会，促进经济转型升级的主力军。节能环保产业作为国民经济新的支柱产业，也吸引了越来越多的金融资金和相关创业项目的加入。据相关数据显示，2015 年节能环保行业创业项目数达 4000 个以上，项目累计最低融资额由 2012 年的 119 亿元上升至 2015 年的 1020 亿元。金融作为现代经济发展的动脉，在培育新兴产业过程中起着基础性、核心支撑作用，金融支持是新兴产业发展的基础，金融支持效率则成为决定产业繁荣程度的关键，而节能环保产业的发展与壮大更离不开金融的支持。

基金项目：安徽省高等学校优秀青年人才基金重点项目（2013SQRW074ZD）

作者简介：胡云霞（1981—），女，汉，安徽安庆人，铜陵学院金融学院，讲师，硕士研究生。

一、文献综述

在金融支持战略性新兴产业发展绩效与影响因素的实证研究方面，目前主要以 DEA 模型为主。马军伟（2013）利用 DEA－Tobit 模型，以战略性新兴产业上市公司为样本，认为我国金融支持战略性新兴产业整体发展的总体效率的趋势是下降的，不同行业效率的影响因素存在差异。熊正德等（2011）用 DEA－Logit 方法测度了新兴产业金融支持效率，结果表明：与低碳相关的节能环保、新材料等新兴产业发展势头强劲，高端设备制造、新一代信息技术、生物医药三大产业实现金融支持效率存在难度，直接融资是提高新兴产业效率的主要因素。高丽丽等（2012）运用 DEA 模型对我国计算机应用服务业 67 家上市公司的效率进行了实证分析，得出计算机应用服务业的手术室公司在资源配置方面的效率不高的结论。宋马林等（2010）利用 DEA－BCC 模型对我国上市生物企业生产效率进行分析，结果显示我国大多数生物企业上市公司的生产效率很不确定，普遍存在投入冗余和产出不足。具体针对节能环保产业的研究方面，岳锋利（2010）对节能环保产业的外部性进行分析，认为节能环保产业是具有正外部性特征的产业，在社会效用和生产收益等方面对厂商之外的个体具有正向的影响。张延平（2012）以广东省为例，构建了节能环保产业发展的“企业主体功能发挥，政府辅助扶持，行业环境营造”理论架构。李碧浩（2012）从节能环保产业的横向特征角度，分析了节能环保产业形成的原因，融合的过程以及产业融合发展的趋势。

综上，目前对节能环保产业的研究主要集中在产业性质、产业发展路径与趋势等方面，而金融支持新兴产业效率及影响因素的分析则以对整个新兴产业，或单个非节能环保新兴产业居多，专门针对节能环保产业的金融支持效率分析几乎没有，基于此，本文利用 DEA－Probit 模型，对节能环保产业的金融支持效率及影响因素进行分析。

二、实证分析

（一）DEA 模型及指标选择

DEA（Data Envelopment Analysis）方法，又称数据包络分析法，最早由 Charnes、Cooper 和 Rhodes（1978）在 Farell 包络思想的基础上提出的，用于评估公共部门和非营利部门的效率。DEA 是使用数学规划模型，从投入最小化和产出最大化两个角度来对决策单元（记作 DMU，Decision Making Unit）进行效率评价。DEA 最常用的模型是 CCR（Charnes－Cooper－Rhodes）和 BCC（Banker－Charnes－Cooper）模型，前者用于评价决策单元的综合效率，后者用于评价决策单元的纯技术效率。本文将金融支持节能环保产业的绩效定义为产业内企业将资金投入到生产经营中，实现最优化综合效率及规模效率，故本文采用可变规模报酬（Variable Returns－To－Scale，VRS）模式下的输入导向(Input Oriented) BCC模型作为评价模型。

DEA绩效评价方法的指标包括投入指标和产出指标，在充分参考现有文献的基础上，遵循可比性、准确性、易得性等原则，本文选择公司总资产、资产负债率、流通股比例作为投入指标。考虑DEA绩效模型要求投入和产出指标之间具有正相关性，且产出指标必须为正值，故此选择营业收入和净资产收益率作为产出指标。

（二）节能环保产业金融支持绩效的DEA分析

表1　节能环保产业上市公司2009－2015年综合效率

公司	2009	2010	2011	2012	2013	2014	2015	均值
彩虹精化	0.656	0.762	0.869	0.605	1.000	1.000	0.537	0.776
创业环保	0.220	0.246	0.226	0.295	0.318	0.182	0.354	0.263
东华科技	0.882	0.854	0.832	1.000	0.763	0.363	0.641	0.762
东源电器	0.486	0.678	0.965	0.844	0.593	0.296	1.000	0.695
菲达环保	0.503	0.600	0.409	0.556	0.414	0.416	0.445	0.478
富春环保	0.936	0.993	0.896	1.000	0.882	0.721	0.687	0.874
国电清新	0.314	0.683	0.417	0.508	0.665	0.266	0.776	0.518
国中水务	0.186	0.455	0.557	0.345	0.504	0.215	0.097	0.337
瀚蓝环境	0.237	0.811	0.275	0.399	0.544	0.336	0.449	0.436
和顺电气	1.000	1.000	0.698	1.000	1.000	0.404	0.579	0.812
恒邦股份	1.000	1.000	1.000	1.000	1.000	1.000	1.000	1.000
凯美特气	0.756	1.000	1.000	1.000	1.000	0.192	0.102	0.721
联创光电	0.607	0.750	0.733	0.546	0.688	0.460	0.760	0.649
龙净环保	0.813	0.698	0.562	0.609	0.768	0.473	0.750	0.668
乾照光电	1.000	1.000	0.715	1.000	1.000	0.261	0.105	0.726
三维丝	0.720	0.522	0.986	0.518	1.000	0.473	0.898	0.731
上海电气	1.000	1.000	1.000	1.000	1.000	1.000	1.000	1.000
首创股份	0.267	0.273	0.278	0.432	0.481	0.302	0.360	0.342

（续表）

公司	2009	2010	2011	2012	2013	2014	2015	均值
双良节能	1.000	0.975	0.829	0.830	1.000	0.646	0.949	0.890
万邦达	1.000	0.349	0.426	0.951	0.722	0.322	0.512	0.612
先河环保	0.512	0.773	0.421	0.955	0.833	0.453	1.000	0.707
新纶科技	0.743	0.662	1.000	1.000	0.736	0.301	0.229	0.667
阳光照明	0.805	0.943	0.872	0.667	0.725	0.558	1.000	0.796
易世达	0.760	0.531	0.496	0.321	0.278	0.084	0.151	0.374
置信电气	0.971	1.000	0.929	0.886	0.814	0.562	0.809	0.853
中电远达	0.584	0.707	0.555	0.935	0.739	0.382	0.551	0.636
中原环保	0.395	0.463	0.697	0.750	0.390	1.000	1.000	0.671
均值	0.680	0.731	0.691	0.739	0.736	0.469	0.620	—

注：表中数据根据 DEAP 软件操作结果整理得出。

上市企业具有相对较强的研发能力，是带动节能环保产业快速发展的重要力量，也是实现技术创新的重要载体。基于此，本文选取沪深两市 30 家节能环保产业上市公司 2009－2015 年面板数据进行分析。其中节能环保产业上市公司，依据 2012 年工信部发布的《战略性新兴产业分类目录》中相关界定，且其第一主营业务属于该分类目录中节能环保产业各类或细分产品之一。由于有 3 家上市公司（新日电气、智光电气、鲁丰环保）部分输入输出指标为负值，故此予以剔除，用剩余的 27 家上市公司累计 189 个样本数据。上市公司数据均来源于和讯网个股数据中心及相关公司年报。

表 2　节能环保产业上市公司 2009－2015 年纯技术效率

公司	2009	2010	2011	2012	2013	2014	2015	均值
彩虹精化	1.000	1.000	1.000	1.000	1.000	1.000	0.674	0.953
创业环保	0.372	0.319	0.283	0.297	0.358	0.459	0.517	0.372
东华科技	0.886	0.894	1.000	1.000	0.828	0.536	0.694	0.834
东源电器	0.609	0.860	0.978	0.901	0.798	0.571	1.000	0.817
菲达环保	0.519	0.685	0.506	0.672	0.597	0.555	0.614	0.593
富春环保	0.942	1.000	0.947	1.000	0.909	0.822	0.765	0.912
国电清新	0.973	0.977	0.929	0.623	0.681	0.552	0.778	0.788

（续表）

公司	2009	2010	2011	2012	2013	2014	2015	均值
国中水务	0.839	0.839	1.000	0.448	0.655	0.615	0.592	0.713
瀚蓝环境	0.464	1.000	0.307	0.400	0.578	0.642	0.583	0.568
和顺电气	1.000	1.000	0.876	1.000	1.000	1.000	1.000	0.982
恒邦股份	1.000	1.000	1.000	1.000	1.000	1.000	1.000	1.000
凯美特气	1.000	1.000	1.000	1.000	1.000	1.000	1.000	1.000
联创光电	0.657	0.830	0.739	0.645	0.738	0.641	0.807	0.722
龙净环保	0.821	0.718	0.562	0.613	0.785	0.603	0.751	0.693
乾照光电	1.000	1.000	0.844	1.000	1.000	0.992	0.830	0.952
三维丝	0.894	0.996	1.000	1.000	1.000	0.918	1.000	0.973
上海电气	1.000	1.000	1.000	1.000	1.000	1.000	1.000	1.000
首创股份	0.399	0.316	0.298	0.436	0.486	0.469	0.497	0.414
双良节能	1.000	0.998	0.838	0.832	1.000	0.695	0.950	0.902
万邦达	1.000	1.000	0.958	1.000	0.787	0.790	0.674	0.887
先河环保	0.777	0.930	0.819	1.000	1.000	1.000	1.000	0.932
新纶科技	0.962	0.977	1.000	1.000	0.809	0.604	0.540	0.842
阳光照明	0.812	0.958	0.956	0.704	0.771	0.726	1.000	0.847
易世达	0.842	0.967	0.870	0.705	0.812	0.611	0.612	0.774
置信电气	1.000	1.000	0.963	0.964	0.834	0.728	0.815	0.901
中电远达	0.599	0.722	0.769	1.000	0.794	0.636	0.669	0.741
中原环保	0.647	0.568	0.697	1.000	0.536	1.000	1.000	0.778
均值	0.815	0.872	0.820	0.824	0.806	0.747	0.791	—

注：表中数据根据 DEAP 软件操作结果整理得出。

从表 1 看，综合效率方面，2009－2015 年历年平均综合效率分别为 0.680、0.731、0.691、0.739、0.736、0.469 和 0.620，综合效率出现一定的波动，呈现出低水平循环，且在最近一段时期有明显的下降趋势。这可能与近些年经济不景气，市场环境不稳定有关。27 家公司中，只有 2 家上市公司 7 年的 DEA 综合效率均有效，占样本总数的 7.4%，它们对资金等资源的配置及规模的控制达到最佳状态，处于最优效率和适度生产规模状态。而创业环保、菲达环保、国中水务、瀚蓝环境、国中水务、首创股份和易世达连续7年综合效率均未达到0.5，它们在金融资源配置方面的效率较低。

表3 节能环保产业上市公司2009－2015年规模效率

公司	2009	2010	2011	2012	2013	2014	2015	均值
彩虹精化	0.656	0.762	0.869	0.605	1.000	1.000	0.796	0.813
创业环保	0.591	0.769	0.799	0.994	0.887	0.396	0.685	0.732
东华科技	0.995	0.955	0.832	1.000	0.922	0.677	0.925	0.901
东源电器	0.798	0.788	0.986	0.937	0.743	0.519	1.000	0.824
菲达环保	0.968	0.876	0.807	0.827	0.694	0.750	0.725	0.807
富春环保	0.993	0.993	0.947	1.000	0.970	0.877	0.898	0.954
国电清新	0.322	0.699	0.449	0.816	0.977	0.483	0.997	0.678
国中水务	0.222	0.542	0.557	0.769	0.769	0.350	0.164	0.482
瀚蓝环境	0.510	0.811	0.896	0.997	0.942	0.523	0.770	0.778
和顺电气	1.000	1.000	0.796	1.000	1.000	0.404	0.579	0.826
恒邦股份	1.000	1.000	1.000	1.000	1.000	1.000	1.000	1.000
凯美特气	0.756	1.000	1.000	1.000	1.000	0.192	0.102	0.721
联创光电	0.924	0.903	0.992	0.846	0.932	0.718	0.941	0.894
龙净环保	0.991	0.971	0.999	0.993	0.978	0.783	0.999	0.959
乾照光电	1.000	1.000	0.847	1.000	1.000	0.263	0.127	0.748
三维丝	0.806	0.524	0.986	0.518	1.000	0.515	0.898	0.750
上海电气	1.000	1.000	1.000	1.000	1.000	1.000	1.000	1.000
首创股份	0.669	0.865	0.936	0.990	0.991	0.644	0.725	0.831
双良节能	1.000	0.977	0.989	0.998	1.000	0.929	0.999	0.985
万邦达	1.000	0.349	0.444	0.951	0.918	0.407	0.761	0.690
先河环保	0.659	0.832	0.514	0.955	0.833	0.453	1.000	0.749
新纶科技	0.772	0.677	1.000	1.000	0.910	0.499	0.424	0.755
阳光照明	0.992	0.984	0.913	0.948	0.940	0.768	1.000	0.935
易世达	0.903	0.549	0.570	0.455	0.343	0.137	0.247	0.458
置信电气	0.971	1.000	0.965	0.919	0.976	0.773	0.993	0.942

（续表）

公司	2009	2010	2011	2012	2013	2014	2015	均值
中电远达	0.975	0.979	0.721	0.935	0.930	0.601	0.824	0.852
中原环保	0.611	0.815	1.000	0.750	0.728	1.000	1.000	0.843
均值	0.818	0.838	0.845	0.896	0.903	0.617	0.762	—

注：表中数据根据 DEAP 软件操作结果整理得出。

如表 2 所列，样本期内节能环保产业 7 年的历年纯技术效率均值分别为 0.815、0.872、0.820、0.824、0.806、0.747 和 0.791，处于中等水平。如表 3 所列，历年规模效率均值分别为 0.818、0.838、0.845、0.896、0.903、0.617 和 0.762，规模效率均值相对较高。由此可以看出，金融支持节能环保产业的综合效率偏低，主要是由于纯技术效率不高导致的。因此，要从提高金融支持节能环保产业的纯技术效率着手，加大在技术人才的培养、技术创新、技术成果的转换等方面的金融支持力度，提升金融资金使用效率，以达到提高金融支持综合效率之目标。纯技术效率和规模效率连续 7 年均小于 1 的公司，在样本中共有 9 家，这类公司无论是在资源配置效率、资金运用和管理水平，还是在经营规模上都有待进一步提高，没有充分发挥各项投入要素的最佳效率，一定程度上存在资源的浪费。

表 4 中，东华科技、首创股份和置信电气连续 2 年或 2 年以上规模收益递减，存在投资规模过大，未实现生产效率的最优。连续 5 年及以上处于规模收益递增状态的公司有 16 家占样本数的 59.3%，说明在完善金融市场的资源配置功能的基础上，我国节能环保产业上市公司可通过提高管理水平、增强内生创新和增长能力、扩大规模实现综合效率的改进。

表 4　规模收益递减的节能环保产业公司

公司名称	规模收益递减年份	公司名称	规模收益递减年份
东华科技	2010、2011、2013	龙净环保	2015
首创股份	2012、2013	置信电气	2011、2012
瀚蓝环境	2010	阳光照明	2011
中原环保	2012	国电清新	2015

注：根据 DEAP 软件关于规模收益原始结果整理得出，限于篇幅，原始结果此处省略。

（三）金融支持绩效影响因素的 Probit 分析

离散选择模型起源于 1860 年 Fechner 进行的动物条件二元反射研究，

Warner 最先将它用于公共交通和私人交通工具的选择问题，后来广泛应用于经济、管理、购买决策等领域。二元 Probit 模型是建立在关于效用最大化基础上的最常用的二元选择模型。本文以 DEA 分析结果中的综合效率（Y^*）为被解释变量，由于效率结果只有有效（综合效率值为 1）和无效（综合效率值小于 1）两种结果，故此处应用 Probit 二元选择模型进行分析，且利用极大似然法中的迭代法进行参数估计。在 Probit 回归模型解释变量的选择上，为找出影响金融支持效率的其他重要因素，选择了不同于投入变量的其他重要的调节变量。鉴于已有的文献，本文选择的调节变量主要包括公司所在地（DD）、公司所有制形式（SY）、文化程度（WH）及研究投入（YF）。所有变量及其含义如表 5 所列。

本文构建的 Probit 二元选择模型的基本形式为：

$$Y^* = \beta_0 + \beta_1 DZ_{it} + \beta_2 SY_{it} + \beta_3 WH_{it} + \beta_4 YF_{it} + \varepsilon_{it}$$

$$\varepsilon_{it} \sim N\ (0,\ \sigma^2),\ i=1,\ 2,\ \cdots,\ N, \quad t=1,\ 2,\ \cdots,\ T$$

通过 Eviews6.0 软件运算，得出了我国节能环保产业金融支持绩效的影响因素的回归结果。

表 5　Probit 模型变量统计表

变量类型	变量名称	变量符号	变量定义
被解释变量	综合效率	Y^*	金融支持是否有效，有效为 1，非有效为 0
解释变量	公司所在地	DZ	虚拟变量：北上广为 1，中部为 2，东部为 3，西部为 4
	所有制形式	SY	虚拟变量：国有控股为 1，非国有控股为 0
	文化程度	WH	硕士及以上学历占比
	研发投入	YF	研发经费支出占营业收入比例

表 6　节能环保产业上市公司影响因素 Probit 分析结果表

变量 (Variable)	系数值 (Coefficient)	估计标准误差 (Std. Error)	Z 统计量值 (z－Statistic)	P 值 (Prob.)
公司所在地（DZ）	0.175817	0.168783	1.041672	0.2976
所有制形式（SY）	0.396849	0.391933	1.012542	0.3113
文化学历（WH）	－0.066170	0.041742	－1.585223	0.1129
研发投入（YF）	0.266324 * *	0.110387	2.412637	0.0158

注：* * 表示在 5% 水平下显著性，没有 * 号表示未通过显著性检验。根据 Eviews 分析

结果整理得出。

从 Probit 分析结果看（如表 6 所列），研发投入对节能环保产业上市公司绩效有显著影响，且影响为正，意味着研发投入越多，金融对上市公司支持绩效越高。金融支持节能环保产业上市绩效在地区上有差异，但统计上不显著。所有制形式对绩效影响为正，即民营性质更有利于金融支持绩效的提高，但影响不显著。文化学历对金融支持节能环保产业绩效的影响也没有通过显著性检验。

三、结论与对策

（一）本文主要结论

第一，从 DEA 效率测度测度结果可以看出，节能环保产业因其新兴性、技术性和高风险性，在经济波动的背景下，其资金综合运用效率不高，上市公司没有充分发挥各项投入要素的最佳效率，一定程度上存在资源的浪费。

第二，节能环保产业上市公司的资金筹集上存在失效的现象。从规模收益结果看，大部分上市公司都处于规模效益递增阶段，它们对资金的运用与管理能力较强，但囿于金融资金投入不足和沉重的税负负担，导致投资规模不足。

第三，从影响金融支持绩效的因素上看，研发投入是影响金融支持绩效的显著因素，公司在技术研发上投入的资金越多，其相应的效率就会越高，这与节能环保产业的高技术、资本密集的特点有密切关系。所有制形式、公司所在地和企业职工的文化学历对绩效并没有显著影响，知识、人才、市场等有利因素并未得到充分发掘和利用。

（二）相关对策建议

基于以上分析结果，笔者认为应从以下方面提升金融支持节能环保产业的效率。

第一，发挥政府在节能环保产业发展中的扶持、激励、引导作用。节能环保产业应属于新兴产业，技术难度高、投资周期长、风险相对较高，需要政府在税收、利率、政策资金上进行相应扶持，发挥财政资金的引导作用，成立与其他各类风险资本相配套的专项资金，引导社会资本进入。完善适合新兴产业的高层次创新人才的培育和进入机制，注重对关键、前沿技术的激励，鼓励企业引进高层次创新人才，引导其加强与科研院所合作，对取得重大技术突破的人才、团队和组织进行物质和精神奖励，加大对企业技术研发税费的补贴和减免力度。引导企业提高自身的内部管理、技术创新水平和内生增长能力。

第二，推动信贷制度创新，加大信贷资金对节能环保产业的支持。鼓励和支持节能环保产业企业把科技专利、商标等知识产权纳入资产管理体系，积极开展知识产权质押贷款，拓展未来收益权质押，开展小企业联保、小企业综合授信贷款等。同时，要建立健全担保机构、权威的第三方信用评级机构等金融中介组织，以降低各类金融机构对节能环保产业融资的风险和顾虑。

第三，构建适合节能环保产业各阶段特征的多维度金融创新服务平台。例如对处于种子期的节能环保产业企业，政府通过扶持，建立引导基金，带动民间资本、风险投资或天使基金支持有应用前景的科研项目，促进科技成果的转化；对处于成长期、成熟期的企业，通过场外交易、中小企业板块、创业板及“新三板”等资本市场建设，拓阔其直接融资渠道，利用市场化的运营模式推动科技成果产业化。

参考文献：

[1] 熊正德，詹斌，林雪．基于DEA和Logit模型的战略性新兴产业金融支持效率［J］．系统工程，2011（6）：35—41.

[2] 马军伟．我国七大战略性新兴产业的金融支持效率差异及其影响因素研究——基于上市公司的经验证据［J］．经济体制改革，2013（03）：133—137.

[3] 熊正德，林雪．战略性新兴产业上市公司金融支持效率及其影响因素研究［J］．经济管理，2010（11）：26—33.

[4] 高丽丽，夏洪胜．基于DEA模型的计算机应用服务业上市公司效率的实证分析［J］．科技管理研究，2012（10）：132—135.

[5] 宋马林，王舒鸿．中国新兴生物企业的生产效率及其不确定性［J］．科学学与科学技术管理，2010（10）：131—137.

[6] 岳锋利．节能环保产业的外部性分析［J］．贵州财经学院学报，2010（5）：25—28.

[7] 张延平，汤萱．战略性新兴产业发展理论分析与实践经验借鉴——以广东省节能环保产业为例［J］．现代城市研究，2012（7）：81—87.

[8] 李碧浩．节能环保产业的渗透性和产业发展路径研究［J］．上海节能，2012（7）：13—17.

[9] 魏权龄．数据包络分析（DEA）［M］．北京：科学出版社，2004.

[10] 戴淑庚，曾维翰．风险投资对我国高科技产业发展的绩效研究［J］．厦门大学学报：哲学社会科学版，2010（06）：43—50.

美丽乡村建设价值、内涵及方式探讨

谢 方 徐志文

摘 要："美丽乡村建设"是我国针对"乡村经济长期落后，生态文化日渐脆弱"等现实问题所提出的一项农村发展战略。战略能否顺利推进有赖于对其内涵、发展方式的正确理解和把握。本文在描述我国现阶段乡村现状的基础上，从经济、生态、文化三个方面重申了乡村建设的价值意义，进而从建设主体、内容、基础和根本四个方面对"美丽乡村建设"的内涵进行了剖析，最后提出了"强化主体意识、提升文化价值、突出乡村独特性"等建设方式。

关键词：美丽乡村建设；经济价值；生态文明；文化治理

自清末民初伊始，中国的乡村建设已经走过百年历程。百年间，无论是知识分子主导的乡建运动，还是政府推动的乡村复兴运动，仅仅只在一定范围内和程度上发挥了作用，对于广阔的乡村腹地而言，其收效甚微。今天的乡村没有走向发展，反而呈现出"农民穷苦，农村凋敝，土地荒芜，文化衰弱"的景象。中国的乡村已经到了不得不拯救和建设的危急时刻。面对于此，"新农村建设""农村社区建设""美丽乡村建设"的重大决策提案逐一出台。当前国家内政稳定、国力比较强盛，正值乡村建设的良好时机，然而，乡村建设的价值和内涵尚需要强调，乡村建设思路和方法仍需要探讨。本文在描述乡村现状的基础上，从经济发展、产业均衡、粮食安全、生态文明、社会秩序、文化治理等方面重申乡村建设的价值意义，进一步剖析美丽乡村建设的内涵，从而疏导出建设的途径和方式。

一、乡村现状描述

（一）收入差距大，农民真穷苦

根据国际劳工组织的数据，世界上绝大多数国家的城乡比都在1.6：1以下，

作者简介：谢方（1980—），女，汉族，陕西汉阴人，副教授，博士，研究方向为农村经济；徐志文（1977—），男，汉族，湖北新洲人，副教授，博士，研究方向为城镇化。

基金项目：安徽省人文社会科学重点项目（sk2016A093）。

英美等发达经济体的城乡收入差距更小，一般在1.5∶1左右。我国2013年的该数据仍然高达3.03∶1（城乡收入差距用城镇居民人均可支配收入与农村居民人均纯收入之比来表示，其值越大代表差距越大；2013年城镇居民人均可支配收入与农村居民人均纯收入分别是26955元和8896元），因此城乡收入的不均衡问题依然十分严峻。若以中国政府确立的农民人均纯收入2020年比2008年翻一番为目标，农民人均纯收入年均增长速度6%、城镇居民收入年均增长速度9%计，到2020年，农民人均纯收入将达到9581元，城镇居民人均可支配收入将达到44387元，城乡居民收入差距将扩大到4.63∶1，收入绝对差距将会由目前的1万元以上扩大到3万元以上（国务院发展研究中心课题组，2010）。由于收入差距的拉大，农民的相对收入是在逐年减少，物质上的相对匮乏，造就了生活境遇的危急，其内心的幸福指数并没有随着绝对收入的增长而提升。尽管GDP在增长，全国人民的收入在增长，但是依然没有改变农民群体自身相对弱势的社会地位，农民也就无法真正享有社会财富增长带来的资源分配的公平与公正。

（二）劳力渐流失，村庄显凋敝

在我国工业化加速、城乡对立等背景因素的影响下，乡村人口大量外流，乡村居民点日益减少，"空心村"比比皆是，乡村失去了应有的活力与生机，一年中仅在春节期间才能感受到走街串巷、熙熙攘攘的乡土风情。"空心村"主要存在两类情况：一类是由于工业化和市场化，村庄为城市提供了大量廉价劳动力（据统计，目前全国有2.6亿农民进城打工），在过疏化和老龄化的背景下，村庄因"穷困和饥饿"而日渐消亡；另一类是由于新生代农民工渴望融入城市，但其融入成本相当高昂，加之难以割舍对承包地维持生计的依赖，所以选择进城租房打工，回村重建扩建住房，出现"两头占地且越占越多""农村盖房越盖越空"的局面。有研究者以大范围村庄调查数据为基础的估算发现，当前我国村庄空置面积超过1亿亩。在走访调查中，我们看见，目前的村庄要么是土房、旧房、平房，要么是砖楼、新楼、高楼，占据着大量的土地，但是人却寥寥无几。

（三）土地愈荒芜，农业欠发展

由于受到城市公共资源的吸引，在城市生活价值理念的感染下，20世纪八九十年代后的新生代农民不愿固守农村生活，"耕作"对于他们来说，成了一种被迫选择，只要有机会，就会抛开一切加入城市圈中，以凸显其生存能力和争取社会地位。在对传统农区的调查表明，70%的受访人员表示对种田不感兴趣，80后、90后受访者95%、96%以上不愿种田。即便在30%愿意种田的人群中，"不想多种地，只种自己口粮田"成为其基本心态，种田已由过去的"主业"演变为"副业"。年轻人不愿种地，年老者种不了地，农地撂荒现象加剧，耕地无人料理，耕种技术得不到创新，耕种文明得不到传承，农业就谈不上发展。尽管产业发展结构需要进一步优化，壮大第二、三产业的发展，但是农业的基础地位是不可撼动的。农业不能在工业文明的加速中日渐凋零或丧失殆尽，农业仍然需要在工业的反哺中不断升级。

（四）资源遭破坏，生态见恶化

在城市生活环境逐步提升的今天，与此相对的是农村生产生活环境日益恶化。有资料显示，我国以农村为主要载体的资源早已严重超载、透支，环境污染触目惊心。全国地下水严重污染的比例已经从2000年的37%发展到2010年的60%。中国粮食主产区与严重水污染地区高度重合。除了水污染以外，土壤的污染更让人不寒而栗，据2014年4月环保部和国土资源部联合发布的调查公报显示：全国土壤总超标率为16.1%，其中耕地土壤点位超标率更是高达19.4%。中重度污染耕地大体在5000万亩左右。从污染分布情况看，南方土壤污染重于北方；长江三角洲、珠江三角洲、东北老工业基地等部分区域土壤污染问题较为突出，西南、中南地区土壤重金属超标范围较大。究其原因，主要一是工业废弃物的无治理排放；二是化学制剂在农作物、动植物上的无监管使用；三是农村资源无序无节制的利用；四是生活废弃物的无规范处理。

（五）秩序殆混乱，文化现失调

良好的秩序是乡村稳定和谐的基础。近些年来，原有的秩序被打破，乡村组织治理能力弱化。很大部分表现在"土地财政"方面。西雅图非营利组织农村发展研究所2011年对中国17个省的调查发现，政府给农民的补偿金只占土地市场价值的不足10%。这种地方政府、开发商和农民之间的不对等的土地交易，使得农民赖以生存的资源被贱卖，农民却没有对等的反抗能力，只能听之任之。从客观层面上讲是各种关系中角色矛盾的突显，利益分配不均衡所致，但不乏主观上存在政策执行人员行为的极度偏差和各级干部的贪腐行为。由征地、拆迁引发的经济利益冲突所带来的各种关于农民、农村的群体性事件也屡见不鲜。在暴力事件中，农民被人指使和利诱，说明农民想争取权益，但是不知如何才是合理合法的。我们应该明白虽然农民处于弱势地位，需要同情和救助，但从深层次来讲，更是因为城乡教育资源差异化投入引发的村民素质低下，欠缺知识和技能所致。

另外，城市强势文化的入侵，正在吞噬着传统意义上的乡村文明，乡村传统文化与美德正在流失。面对两种文化的短兵相接和失调，又如何能使城乡生活理念、行为习惯进一步融合，如何重塑新文化，这需要我们深思。

二、当代美丽乡村建设的价值

多年来，我们以发展城市文明为现代化建设的抓手，在此目标下，乡村资源成为供给的主体，乡村成了廉价的源泉，乡村成了城市的附庸，乡村存在的价值一度消弭殆尽。然而，当看到耕地撂荒、乡村凋敝，农业面源污染、乡村文化衰弱等不堪的景象时，出现的一个发人深省的问题是：乡村究竟有没有存在的价值，乡村建设的价值体现在哪里？回答是肯定的。乡村具有不可替代的价值，乡村是新文明形态的载体。关注和研究乡村价值是构建新型城乡关系的重要条件，是对工业文明、城市文明价值观的超越，下文将从经济价值、生态价值、文化价值三方面对美丽乡村建设的价值做出分析。

（一）经济价值

所谓经济价值就是任何事物对人和社会在经济上的利益，也就是说从其产品和服务中获得的利益的衡量。美丽乡村建设的经济价值主要体现在农业现代化的发展和城乡收入差距的缩小。农业现代化的发展带给人和社会的是丰富、安全、营养、便利的食物供应与交换，这是人类生存的根本。另外，以低碳高效为目标，以生态循环为核心，以信息科技为手段的现代农业能大幅度提高其比较劳动生产率，促进土地流转和集中，提升土地价值，增加乡村居民的农业收益，缩小与二、三产业的差距，促进三次产业的均衡发展。

城乡收入差距的缩小带给人和社会的是消费需求的增加，消费品质的提升以及资源的公平分配。据计生部门估算，中国人口将在2033年达到峰值15亿，如果中国城市化率同期达到70%的水平，那么仍然有4.5亿人口将长期生活在农村，这部分人的消费需求潜力很大，后劲很足。城乡收入差距缩小，城市和乡村的资源才能平等的交换流动，资源的有效利用和公平分配才能成为现实。

（二）生态价值

尽管目前农村水电、道路及部分基础设施得到逐步改善，但是农村生产生活的环境却日益恶化。这源于农业种植养殖过程中的化学添加剂和材料废弃物以及农村生活中的垃圾，其利用和处理方式的落后直接影响到了农业生产和食物的供应，影响到了全民的食品健康和安全。美丽乡村强调人与自然的和谐发展，强调生态文明。宜居、宜业、富裕、文明、和谐是美丽乡村的基本内涵。然而，农业面源污染和生态破坏不断加重，已成为阻碍美丽乡村建设的重要因素。美丽乡村建设重在通过工业机械、科技信息手段，改变传统的种植和养殖技术，改变乡村居民原有的生活方式，让可回收利用的种植养殖废弃物得到集中处理和利用，让人们休养生息的方式与大自然的自我修复进一步和谐。

（三）文化价值

乡村最重要、最核心的价值是其文化价值。数千年农业文明的成果积淀在乡村中，它们都是千百年人与自然相互作用而形成的产物，其中蕴藏着中华民族的文化基因。文化具有价值凝结和行为导向功能，正是文化凝结了社会主流价值观，规范着人的社会行为活动。

自家庭联产承包责任制确立后，家庭重新成为乡村社会的基本生产经营单位。这极大地调动了农民生产的积极性，不仅解决了10多亿中国人口的吃饭问题，还使农民生活和乡村面貌发生了巨大的变化。然而，乡村社会日益表现出个体化、原子化倾向。在市场经济面前，弱势小农显得更加被动和无力。乡村社会已经不再是优良文化的沃土，城市强势文化侵蚀了乡村文化，乡村居民生活的传统方式被逐渐打破，根植于乡村社会的知识、信仰、艺术、道德、风俗、规范逐渐被颠覆，取而代之的是西方的物质文化。当下，如果还不注重对乡村文化价值的挖掘与重塑，乡村就不可能有真正的发展，单纯的经济发展就会成为没有内涵的、单纯物质欲望的满足，反而会给中国乡村乃至中华民族的进步造成严重的障碍。

我们可以看出，乡村建设的价值对于中国现代化的建设，对于中国梦的实现是根本的，是不可低估的。中国的复兴，不是对传统的单纯回归，应当是在经济发展的基础上，在源远流长的中华传统文化优良基因基础上，建设中国特色的经济发展道路，塑造中国特色的新文化。对于中国乡村价值的挖掘就在于如何让经济在生态维护和文化重塑中可持续地发展下去。

三、美丽乡村建设的内涵

乡村是以农业生产为主体的地域，从事农业生产的人就是农民，以农业生产为主的劳动人民聚居的场所就是乡村。乡村建设就是在这样的地区充分利用当地的自然和社会资源，因地制宜地进行规划，以乡村居民为建设主体的，关于农业、农村、农民自身发展的建设。从乡村经济、乡村治理、乡村生态、乡村文化等方面来建设，使之成为有别于城市风貌的，经济、生态、文化共生共存的独特的地域，最终满足社会发展需求和人类自身发展的需求。正如梁漱溟所指："乡村建设，实非建设乡村，而意在整个中国社会之建设，实乃吾民族社会重建一新组织构造之运动。"

本文将从建设的主体、内容、基础和根本四个方面来探讨美丽乡村建设的内涵。

（一）乡村建设的主体

美丽乡村建设应当以乡村为中心，以农民为主体。政府任何政策与制度都只是外源性的助力。要想真正改变乡村的面貌，可持续性地发展乡村，真正的内源性动力应当来自农民。然而，多年的工业化发展、城市发展政策的倾斜加剧了农民在社会中的弱势地位，农民从事农业劳动的尊严丧失殆尽，农民生活休憩的家园凌乱凋敝，新一代农民的"离农"倾向越发严重。这样的局面直接导致内源性主体的缺位。尽快重拾农民生产农业、生活农村的价值感和使命感，强化农民对乡村的认同感和归属感，恢复农民的主体性尊严，满足农民的利益诉求，使其愿意扎根农村，直接参与建设，为美丽乡村建设献计献策是当务之急。

（二）乡村建设的内容

笔者认为，乡村是一个有别于城市的地理区域、产业区域及文化区域。乡村对国家与社会的作用是不可替代的。我们不能按照城市建设的那套规划思维去建设乡村，城乡统筹并不等于城乡同一。需要深入剖析农业功能、乡村价值、乡土情怀，将乡村真正建设成为山美水美、宜居怡乐、农业现代、秩序井然的美丽乡村。所以说，美丽乡村建设是一个内容丰富的建设项目，包括了产业升级、生态环境、基础设施、教育文化、乡村治理等诸多方面，涉及政治、经济、社会的多领域，需要各界有识之士、各领域专业人才的通力合作才能完成。

（三）乡村建设的根本

尽管乡村建设的内容很多，但是最根本的还在于文化建设。文化看似虚无缥缈，实则影响巨大。文化具有包容、同化、规范、自我修复的功能。乡村文化是我中华民族优良的基因库。然而，在经历近百年的剧烈冲击和破坏后，乡村文化荒漠化，婚姻家庭伦理失衡、乡规民俗崩溃、人际情感疏离，精神文化的贫穷成为真正的贫穷。究其原因有二：一是传统文化无法继续适应现代经济和社会发展的方式而淡出乡村生活；二是西方或城市强势文化的艳羡和追随，导致对传统文化的全盘抛弃。美丽乡村建设不仅仅要让乡村经济得到发展，乡村生态环境得到改变，更应该让新文化得到重塑，让新文化的功能得以发挥，否则，经济发展的成果将不会得到维系，甚至会给整个中华民族的伟大复兴梦造成严重的阻碍。

（四）乡村建设的基础

笔者认为乡村建设的基础在于农业的升级优化。乡村之所以区别于城市是在于农业生产，乡村文化之所以区别于城市文化就在于农耕文明。农业具有提供安全农产品、提供工业原材料的经济功能；具有保持生物多样性、改善自然环境的生态功能；具有维持社会稳定，提供基础保障的社会功能；具有审美、休闲、文明教育的文化功能。可以看出，农业是促进乡村复合生态系统的基础，对于其他方面的建设有强烈的支持作用。因而，建设美丽乡村要突出农业的基础地位和特色，要将乡村生活环境的改善和农业的升级优化协调统一起来。

四、美丽乡村建设的方式

（一）强化农民的主体意识

农民是乡村建设的主体，只有激发主体的内源性动力才能真正持久地改造和发展美丽乡村。一切外源的推动都只能是一场没有根基的短暂的运动，自然不能生根和发芽。究竟如何才能让农民具有这种主体意识呢？笔者认为，首先，根据目前的乡村基层组织、民间组织的实际情况，培育成立乡村公共议事平台，充分尊重农民的利益诉求。对于乡村建设涉及农民利益的重大事件都列入议事范围，通过广泛征求农民意见、定期开展评估研讨，形成综合建议再向上反馈。其次，在社会传媒的传导下，着重通过宗族纽带、相亲邻里的社会关系，宣传乡村的社会价值，增强乡村利益主体对乡村的认同感和归属感。另外，通过国民基础教育，在提升农民科学文化素质的同时，有组织、有目的、有计划地向社会成员特别是农民传授乡村发展价值观、乡村社会规范等内容，从而引导其正确价值观念的形成，进而改变社会行为。农民可以真正在乡村价值高度认同的基础上，发挥乡村家园建设的主体作用。

（二）提升乡村独立的文化价值

传统资源是乡村实现独立文化价值的基本保证。乡村的自然环境、植被植物、生产方式、社会组织、风俗习惯、生活样相、村落格局、语言器具、居民建筑等都是乡村的传统资源，正是这些传统资源的存在，才使得乡村具备了区别于城市的形态和文化，拥有了自身独立的价值。它是新中华文化的重要的基因库，是实现中国梦不可或缺的宝贵资源。那么如何提升乡村的独立文化价值呢？首先，应该对其传统资源进行条分缕析、分类管理与保护，绝不能用摧枯拉朽之势来对待乡村的所有传统资源，更不能将城市的观念和方法不假思索地倾倒给乡村。对于那些符合事物发展规律，仍然有效服务于今天人民的，又能造福子孙后代的，应该保护；对于那些腐朽不堪、遗风陋习，违背发展规律的，不符合人类根本发展的，应该给予摧毁和取缔。其次，应该用发展的眼光来重新审视乡村的传统资源。如何吸收城市文明，如何将传统与现代有机地融合在一起，乡村的现代文明又如何能体现，乡村文明与城市文明又如何能够相辅相成，构架出一个和谐圆满的现代社会，这些都是我们应该思考和审视的。保护不等于不发展，相反，发展才是为了让乡村传统文化的优秀基因更好地传承下去，造福于中国人民和整个中国社会。

（三）设计乡村建设的独特模式

乡村建设没有统一规范的模式，就如同乡村的美丽各有各的特点。笔者在这里说的“独特”包含了两层含义：第一，有别于城市；第二，差异化。每个乡村都美在它的美丽不可能完全复制。这也就是说乡村建设的推动者，政府或其他组织机构不可能为乡村设计和规划出一个理想的模式，而应该将设计权交给休养生息在这片土地上的农民。他们熟悉这片土地，熟悉这里的一草一木，生产生活在这里的环境中，随着教育的均等化和科技信息技术的日益完善，现代的农民有自己的见识和思想，他们的思考才是脚踏实地的思考，他们将思想付之于行动也才是乡村建设真正所需要和依赖的。我国城市建设已经饱受千城一面的诟病，不能再让乡村也同一化了。通过农民愿景调研和乡村公共议事平台，认可农民的诉求，尊重农民的选择，相信农民的能力，激发农民的热情，充分发挥农民在乡村建设中主力军的作用，才能保证这种“独特”性。

（四）系统开展乡村建设的各项内容

乡村是一个复合生态系统，包含了农业生产、农村环境、农村生活、农村文化。这里面有农业生产模式的拓展、生产条件的完善、农业多功能性的提升；有农村环境的整治、农村生产生活的布局、农村生活方式的演进、农村基础设施的完善；有农村的基层治理、农村秩序的重构、农村新文化的塑造等，涉及经济、社会、生态、文化方方面面，是一个系统工程。乡村是一个人类和其他生物种群依赖共同资源而长久生存的家园，如何利用有效科技手段，在不造成生物链条断裂的基础上，增进这种和谐共处是我们应该深刻思考的。所谓系统开展乡村建设就是恢复原有的环境净化功能，恢复原本的乡村生态群落依存方式，恢复原有的文化自我修复功能，完成美丽乡村的实质建设。系统建设必须要以整个乡村生态系统的维系和发展为最终目标和指导思想，不能够“头痛医头、脚痛医脚”和“涂脂抹粉”，所有的整治、改造和建设方式手段都要先思考一下，是同时进行还是相继而为，是大刀阔斧还是循序渐进，是斩草除根还是留下火种，不同的治理方式结果不同，最终还是要以生态系统为唯一尺度，认清结果是破坏系统还是重塑系统。

（五）激发全社会组织和人员的参与度

发挥包括政府、企业、非营利组织和学生、知识分子、农民工友等在内的社会各界机构、各类群体的力量，充分利用包括信息、技术、人力、资金等各种资源，在统一建设思想和目标下，共同努力建设美丽乡村。笔者认为，主要的参与方式有以下几种：其一，在全国范围内推广“大学生支农调研活动”和“大学生美丽乡村建设行动”。广大学生的自下而上的支农活动在美丽乡村建设的初期阶段发挥着酵母的作用，一方面把新思维、新信息传播给农民，另一方面，农民也会受到青年学子献身农村、支援农村的精神感染，同时新时代的大学生也能够身临其境地感受乡村的价值和意义。也正是通过与乡土脉络和国情实际的结合，让彼此都重新认识自己的人生价值和社会存在价值，不同程度地改变着实践者的精神面貌，燃烧着实践者的建设激情。其次，创造一切条件让社会各界愿意投身乡村建设的有识之士，来到或回到乡村进行各种方面的建设。比如农业生产、植被保护、土地利用、建筑规划、环境整治、文化秩序规范等，让各种组织和各界人士都有机会重新认识和理解乡土。最后，政府应当重新设定自身的角色和职能。政府是美丽乡村建设的重要推动方，政府不可能取代农民作为建设主体的地位。

应当将政府定位在引导、协调、规范和提供各种服务上。新时代的美丽乡村建设应当是在国家强盛、社会组织强大、农民参与意识强烈、政府职能明确的关系格局下进行的，否则，一旦失去了利益制衡机制，美丽乡村建设的初衷和预期将不可能达到。

参考文献：

[1] 钱忠好，牟燕．土地市场化是否必然导致城乡居民收入差距扩大［J］．管理世界，2013（2）：78—89.

[2] 肖唐镖．近十年我国乡村治理的观察与反思［J］．华中师范大学学报（人文社会科学版），2014（11）：1—11.

[3] 李华东．乡村的价值与乡村的未来［J］．建筑学报，2013（12）：1—3.

[4] 梁漱溟全集（第1卷）［M］．济南：山东人民出版社，1989.

[5] 许标文，刘荣章．台湾“自下而上”乡村发展政策的演进及其启示［J］．农业经济问题，2014（4）：37—41.

心智管理创新研究

王彦长

摘　要：每个人对世界的认识是不一样的，进而深刻地影响一个人的思维定式和心智模式。人们改善心智模式的方法主要有两种方式：一是反思自己的心智模式，通过反思与学习改善自己的心智模式。二是探询他人的心智模式，从自己与别人的心智模式的比较中完善自己的心智模式。良好的心智模式、积极的人生心态可以帮助我们战胜自卑和恐惧，可以帮助我们克服惰性，可以发掘自己的潜能，使我们工作得更有效。

关键词：心智管理；创新；研究

一、开启心智管理之门

1. 心智模式的概念

心智模式是指深植我们心中关于我们自己、别人、组织及周围世界每个层面的假设、形象和故事，并深受习惯思维、定式思维、已有知识的局限。通常指人们习以为常、理所当然的认知。

心智模式的形成先是由于长期的信息刺激，然后经由个人长期观察得到进一步的信息回馈，若自己主观认为是好的回馈，就会保留下来成为心智模式，不好的回馈就会放弃。经过时间的日积月累，这种心智模式不断修正或强化。《列子》里面疑邻盗斧的故事，判断邻居是不是偷斧子的依据，不是邻居的言行举止、仪态表情，而是在于你是否拿“他是一个偷斧子的人”的假设框架来解读邻居的表现。你的假设不同，你思考问题、看待事物的模式就不同，得到的结论当然也不一样。

我们的大脑里充满了各式各样的模式和假设，这就是为什么心智模式会影响我们认知事物、认知世界的方式，这些模式和假设可以帮助我们更为节俭地运用

作者简介：王彦长（1963—），男，汉，安徽省庐江人，铜陵学院创新创业学院副院长，副教授。

认知资源来了解我们周围的生活环境。相传当年古罗马的闹市有一位巫婆，她说她能预测未来的许多事，而且很准。一次，一位卓尔不群的少年前去闹场踢馆，挑战那位巫婆。少年双手合抱，笼着一只雏鸟，向巫婆问其生死。如果断言为死，少年便当众放生；预言为生，少年就要用力合十，注定揭露巫婆之谬。巫婆直视少年双眼，认为其生死在于你的心智。老子《道德经》中说："为学日益，为道日损，损之又损，以至于无为，无为而无不为。"从心智模式的角度来看，每个人心中的"我"和心中的"世界"都是不一样的。这就是为什么有的人生积极乐观，有的人生悲哀叹气；有的人积极与人交往，不断地发现新商机；有的人自我封闭，甘受孤独，做事做人举步维艰。决定一个人一生幸福与否的关键在于：你看自己、看他人、看他人眼中的"我"和看这个世界的层次是不是"契合"的。高度契合的世界里，就充满自信；高度不契合的世界里，就充满悲愤。可以这样说，人类生活的最高水平体现在驾驭自我意识的能力上，你的心智模式怎样，你的人生就是怎样。在低等、固定、僵硬的心智模式里，人会变得无力、悲惨，比完整的人逊色；而在一个更高层次、广阔、丰饶的认知世界里，你会发现自己就是整个宇宙，你的内心会越变越强大，而且是真正有根有基的强大，不是自负。心智模式就是这样决定你的世界！

2. 心智模式的力量

通过上面所述，我们知道长期生活中形成的心智模式，在自觉地指导着人们的行为，影响着企业和个人的喜怒哀乐，影响到企业和社会的进步和发展。当然通过学习，人们可尽可能地改善不好的心智模式，强化好的心智模式。人们改善心智模式的方法主要有两种方式：一是反思自己的心智模式，通过反思与学习改善自己的心智模式。二是探询他人的心智模式，从自己与别人的心智模式的比较中完善自己的心智模式。无数的事实证明，良好的心智模式、积极的人生心态可以帮助我们战胜自卑和恐惧，可以帮助我们克服惰性，可以发掘自己的潜能，使我们工作得更有效。

3. 心智模式能指导你的行为

美国管理学家彼得·圣吉在《第五项修炼》中提出建立学习型组织的关键技能之一，就是改善心智模式，即抛开定式思维模式，建立开放的心态，从多种角度去思考问题，能够充分接纳不同的意见。当组织中的成员能够做到这一点时，其心智模式就得到了改善。心智模式还影响我们的情感、判断和预期。在学校里，当老师经常表扬一个学生是好学生时，我们总觉得他什么方面都好，他平时做的每一件事，我们都认为是正确的事。对男女之间的感情来说，当一方认为对方是优秀的，就觉得他各方面都是优秀的，这就是心智模式在起作用。我们总是认为理科生在思维操练方面有优势，文科生在语言表达方面有优势；欧美大部分国家都是发达的，非洲大部分国家都是贫穷的，这是在我们脑海里改变不了的思维定式。这种思维定式在平时的工作和生活中，指导着我们的行为。当你与欧美国家的人相遇，你总是渴望和他交流，交流宏观和微观的、现在的和未来的、企业的和社会的，希望从中获得新的思想、新的思维，获得新启发，以便来指导你的工作。当你与非洲国家的人相遇，你总是关心他们的生活怎样，能否吃得饱、饮用水是否干净。这些说明你的心智模式在完全指导你的行为。比如说，在现代生活中，你为什么离不开那只小企鹅，你借助它每天要和很多朋友聊天。目前QQ活跃账户达7.1亿，最高同时在线账户数达1.45亿，如此庞大的客户群为腾讯提供了巨大的商机。人们可用QQ聊天、交换QQ号、发邮件、从QQ弹出的新闻窗口来了解身边发生的事。QQ已成为我们生活中的一部分，也成为你心智模式的一部分。因此，当QQ有新的互联网应用推出时，你会不由自主地点击尝试，这就是为什么腾讯的产品链庞大，但仍然继续扩张的原因。哈根达斯为什么能脱颖而出？它是个美国冰激凌品牌，1921年由鲁本·马特斯研制成功，并于1961年命名上市，在全世界销售。为了保质期长，哈根达斯添加了防腐剂、稳定剂，为富人生产的冰激凌改变了富人的心智模式，改变了富人的生活方式。

4. *心智模式能影响企业的发展方向*

在现代企业管理中，受到心智模式影响而导致企业发展方向的例子也是层出不穷。最早的美国汽车市场被底特律三大汽车公司通用、福特、克莱斯勒牢牢占据着。这些汽车产业的老牌龙头深深坚信：汽车是身份的象征，因此汽车的样式是消费者在购买时最注重的品质，而其他品质是次要因素。这样的观点在汽车市场刚兴起时是非常有效的。然而，随着汽车逐渐作为更为实用的消费品进入普通民众的生活里，其实用价值和性价比越来越受到消费者的关注，但是显然自信和傲慢的底特律并没有意识到这一点，并对日本品牌不屑一顾。当时的日本车就是靠性价比悄悄占领美国市场，省油是一大亮点，而底特律意识不到这一点。恰恰就是底特律坚定的自信和固守的营销模式给了日本品牌商机和希望，后来发展到整个底特律城都由于汽车行业的不景气而逐渐衰落。底特律逐渐走向落寞的事实告诉我们，老品牌定律确实会在一段时间内非常有效，但若不随着环境市场的变化积极调整、改变整个企业的心智模式，最终会被那些洞悉市场、不受心智漏洞困扰的前进者所取代。

但是要做到及时更新自己的心智模式、避免心智漏洞其实是一件很难做到的事。因为每个人长时间养成的思维定式和心智模式会让我们不由自主地朝向“事情应该是这样的”方向思考。对于我们每个人来说，不一样的心智模式都会导致对于同样事物的不一样的认知，进而引发不一样的行为。人们的行为一定是和他们的心智模式是一样的。在企业管理中，好的构想没有得到适合推广，不是由于企业的决心太弱，意志力不够坚强，或缺乏系统思考，而是来自“心智模式”。更确切地说，新的想法无法付诸实施，常是因为它和人们深植心中、对于周围世界如何运作的看法和行为相抵触。因此，学习如何将我们的心智模式摊开，并加以检视和改善，有助于改变心中对于周围世界如何运作的既有认知。

海底捞的成功，就是创始人张勇充分利用心智模式来管理企业取得的结果。海底捞在1994年成立初期是一家路边餐饮企业，到2010年公司营业额达15亿，员工人数达14000人，在全国13个城市经营的直营店达60多家，同时还有4大物流配送基地，1个原料生产基地。而且近年来，海底捞还在全国不断扩张。海底捞最大限度地运用心智模式来管理员工，对员工充分的尊重，在员工住房、子女上学等方面充分考虑，尽可能有尊严地满足员工的生活需求，让员工真正有获得感，员工的工作热情就会激发出来。创始人张勇在公司创立初期直接兼任人力资源部经理，用心智管理模式来管理员工，从人员招聘、培训、绩效管理、薪酬分配等方面，完全由内入化，从人的心灵视觉和感应来关心员工、尊重员工。张勇一直在倾心打造家文化，并收到了较好的效果，给公司带来的效益是巨大的。海底捞的经营理念就是：我们是专门为您服务的，您的需求就是我的满足。从心智模式上来分析，海底捞的员工都没有高学历，起初都不是社会精英人士，但在张勇的管理模式中，这些员工被焕发了青春，激活了动力系统，工作充满激情，因为他们都认可组织的价值观，并且在组织中找准了自己的角色担当，全身心地为企业工作，与企业融为一体。海底捞在员工建设、企业文化建设等方面取得的成就，已经成为当今企业的标杆。当然，海底捞在全力奉行的家文化，随着时代的发展也要有所创新，才能在今后的发展中走得更远。

二、强化心智管理，驾好驶向财富人生的“三驾马车”

1. 强化智商，做一个聪明的自然人

人类一直以自己的智能而自豪，因为凭着自身的智慧，几千年来，人类在恶劣的自然环境中生存了下来，并且不断地发展、进步，在优胜劣汰的进化游戏中保持着自己的优势。从古至今，闪耀人类智慧的光芒的故事数不胜数：围魏救赵、声东击西、欲擒故纵、空城计等。现代企业经营管理中的经典大战也是比比皆是。在企业管理中，我们要强化员工培训，提升员工的工作技能，也是提升员工的“智商”，员工整体经营意识的提升，给企业带来的效益是巨大的，难以估量的。

2. 强化情商，做一个聪明的社会人

如果说智商决定你的高度，那么情商就能决定你的宽度。一个人人生的拓展空间有多大，就看你的情商了。情商决定你的人生，情商决定你的幸福。哈佛大学心理学家把情商定义为：能认识自己和他人的感觉、自我激励以及很好地控制自己及在人际交往中情绪的能力。有的心理学家认为，情商，也就是“情感智力”，包含：①对自我有足够的认知；②有能够使自己情感专注的能力；③能合理控制自己的情感；④对他人的情感能够有所感知；⑤能够拥有良好的人际关系。企业在发展中，也要拓展情商，那就是企业要广泛与社会各界交朋友，在与供应商、消费者、金融机构、政府、社区等多方面的深度交流中，灵活地发展起来、壮大起来。

3. 强化财商，做一个聪明的经济人

财商决定你的厚度。在财商调查表中，每个人要清楚你的财商属于哪个象限，是属于一位雇员（你有一份工作）？还是属于企业家（你有一个系统在为你工作）？还是属于小生意人（这份工作属于你）？还是属于投资人（钱为你而工作）？财商可划分为四个维度：财富知识、财富态度、财富行为、财富性格。调查显示，我国民众在财商方面最大的特点为：高态度、低行为和缺知识。同时，财富性格不明显、不突出。在企业管理中，强化财商就是强化企业的商业模式，努力寻找整体上好的商业模式，使企业在激烈的市场竞争中脱颖而出。

三、如何用健康的心智模式做一个理性的决策者

1. 洞察人性背后的陷阱

人的心理支配着人的行为，并通过行为表现出来，成长型心智模式和职业韧性构成了企业管理人员主要的心理特质，并通过它最终实现个体的职业生涯成功。海底捞在企业管理中，高举“亲情文化”“家文化”大旗，经营管理取得了巨大的成功。这是充分了解人性的需求来满足人性的需要，从而获得员工发自内心的感恩，员工激发出极大的工作热情，而这股热情正是点燃企业高速奔跑的动力引线，企业飞速发展就不足为怪了。作为企业管理者要深刻洞察人性，充分把握人性，才能在企业管理中发挥事半功倍的作用。

2. 了解自己的有限理性

在人力资源管理和开发实践中，除了要开发企业管理人员的岗位特质和专业技能外，更重要的是通过形式多样的培训和开发策略对员工的心智模式进行塑造，因为心智模式是人的心灵地图，它能直接决定人生的方向和最终通道，是人生发展的总开关。这个开关一旦出了问题，个人的行动必然出现问题，行为实践必然有错，所做的努力就是白费。人作为社会性的动物，生活在社会之中，他的行为不仅仅源于内在的想法，还要受到身边各种因素的影响以及社会价值观的制约，这些因素导致个体有时无法做出利益最大化的行为决策。

3. 警惕心中的心智火山

在大自然中，火山的爆发是非常恐怖的，大自然的火山目前人类无法控制，但自然人心中的火山，每个人是可以掌控的。河流的支流受到了污染，其他的河水也很难幸免。人的内心活动也是一样，一些不开心的小事，往往引发了对其他事情的不满，工作质量也大打折扣。有的人不会控制自己的心智，不会控制自己的情绪，把情绪带到工作中。不良情绪对人们心理、健康及生活的伤害大。如果你是员工，对企业的伤害也很大，如果你是在窗口行业工作，你的过激的语言和行为，对城市形象都是一个损失。所以从心智模式角度来看，在窗口行业工作的人，都应该是心智模式非常健康的人才能胜任。在企业管理中，管理需要掌控员工心中的火山内部构造，把控员工的情绪，深度了解员工的心理需求，时刻警惕员工个体的不良心智火山，强化心智管理模式，让它永远不会喷发。

4. 每天给自己一个坚强的拥抱

生活中的个人，不少人容易被情绪所左右，哪怕在工作状态，这就迫切需要加强心智管理。企业管理中的员工，需要企业管理人员每天给他一个坚强的“拥抱”，这个坚强的“拥抱”，不是肢体的拥抱，而是管理措施的亲情强化，管理方法的人性彰显。在企业工作中，努力强化“有力姿势”，避免“无力姿势”；及时鉴别和化解员工工作中的不良情绪，确保产品和服务的质量；企业管理人员还要理智寻找情绪根源。别让员工的快乐被情绪牵着走，要求员工强化自我觉察，加强情绪识别，加强自我调控。同样的事，不同的认识，不同的心智模式看世界，让你眼前一亮，原来生活还是这般美好。每天给自己一个拥抱，每天给企业一个拥抱，让自己和企业一道成长！

参考文献：

[1] 陆剑清，丁沁南．心智管理［M］．北京：北京大学出版社，2014.

[2] 李开复．做最好的自己［M］．北京：人民出版社，2005.

[3] 奚恺元．别做正常的傻瓜（第 2 版）［M］．北京：机械工业出版社，2006.

[4] 陆剑清．现代消费行为学［M］．北京：北京大学出版社，2013.

[5] 徐斌，辛愿．海底捞的心智管理模式［M］．中国人力资源开发，2012.

[6] 王鉴忠，宋君卿，曹振杰．企业管理人员成长型心智模式对职业生涯成功影响的研究［M］．管理学报，2015.

学科竞赛与大学生科技创新能力培养

崔 磊

教育部在教高［2007］1号文件中针对实践教学与人才培养模式的改革创新问题强调，应当“继续开展大学生竞赛活动，重点资助在全国具有较大影响和广泛参与面的大学生竞赛活动，激发大学生的兴趣和潜能，培养大学生的团队协作意识和创新精神”。近年来，各类学科竞赛蓬勃发展，通过学科竞赛，强化了教与学的互动，激发了学生开展自主学习，培养创新意识、创新思维和创新技能的热情和潜能。学科竞赛有利于培养大学生创新能力已成为不争的事实。关于学科竞赛的运行机制管理方法及其与学科建设、教学改革、创新人才培养、学生实践能力培养、学风建设等方面的相关性研究，已成为近年来高教研究的热点内容，并已取得不少成果。然而，在这些研究成果中，仍以泛泛而论、重复性议论居多，而系统性、建设性、创新性的研究相对较少。特别是目前各类学科竞赛名目繁多，水平参差不齐，探索建立一种比较普遍适用的培养模式，对于开展学科竞赛和人才培养都具有重要的意义。本文从培养学生创新能力和实践能力的角度，较系统地探讨基于学科竞赛的创新能力培养模式及其运行与评价机制。

一、学科竞赛与创新能力培养

学科竞赛是指在紧密结合课堂教学的基础上，以竞赛的方法，激发学生理论联系实际和独立探索的动力，通过发现问题、解决问题的过程，培养学生学习兴趣、增强学习自信心的系列化活动。1994年制定的《全国大学生数学建模竞赛章程》明确指出，竞赛的目的“在于激励学生学习数学的积极性，提高学生建立数学模型和运用计算机技术解决实际问题的综合能力，鼓励学生踊跃参加课外科技活动，开拓知识面，培养创造精神”。即是说，学科竞赛的基础是课程教学，通过课程教学使学生掌握一些基础知识、基本理论和技能；学科竞赛同时也是一种载体或途径，通过这个载体或途径可以激发学生的学习兴趣和潜能，培养其实

作者简介：崔磊（1982—），男，汉，安徽萧县人，博士，铜陵学院副教授，研究方向：科技创新与转化。

践能力和创造精神。

创造性是创新的关键，亦是创新型人才的本质特征。因此如何培养大学生的创造性，使他们成长为能通过对所掌握知识的运用以及对客观事物的观察、分析、综合、评价，发现新的现象和规律，提出新的理论和方法，创造出新的物质产品和思想文化成果，解决前人未曾解决的问题的人，就显得尤为重要。基于上述分析，可以从以下3个方面来理解学科竞赛与大学生创新能力培养的相关性。

1. 学科竞赛的核心价值在于培养学生的实践能力和创新精神

学科竞赛的题目一般由两部分组成，一是基础部分，二是发挥部分，具有较强的综合性和灵活性。学科竞赛的过程，即是一个要求学生深入系统地理解相关知识，灵活地将理论与实践相结合的过程，也是一个典型的实践过程。而学科竞赛中的发挥部分，则往往需要另辟蹊径，因此要求参赛选手必须具有创新精神，才能在广大参赛选手中脱颖而出。

2. 学科竞赛是培养学生创新能力的重要途径

创新能力包括创新意识、创新思维和创新技能3部分，创新能力的核心是创新思维。学科竞赛是培养学生创新能力的重要途径，它包含两层意思：一是通过学科竞赛能训练学生的创新意识和创新思维；二是通过学科竞赛能锻炼学生的创新技能，即在学科竞赛与训练的过程中，使学生熟练掌握各种基本技能，并在创新思维的引导下生成创新技能。学科竞赛因其高度的综合性与灵活性，要求学生必须在夯实基础知识与技能的基础上，不断提高自身的创新意识与创新思维，因此针对“创新”的训练无疑是竞赛训练的中心工作。学科竞赛经常要求学生独立完成图样设计、样品制作和报告撰写等一系列创造性工作，最终把优秀的参赛作品呈现出来，这就形成了一套连续而严密的创新能力训练方案，由此构成了培养学生创新能力的一条重要途径。

3. 学科竞赛是推动创新人才培养工作的重要载体

学科竞赛的本质是培养学生的创新精神和创新能力，然而如何切实做到这一点，还需要相应的培养方案作为支撑。因此建立以培养学生创新能力为目标，以学科竞赛为基点的课程教学与管理体系至关重要。面向学科竞赛，必然要求相应的系列改革，如改革课程教学体系、加强师资队伍建设、营造校园创新文化等，因此学科竞赛作为推动创新人才培养的重要载体，其意义是无可置疑的。

二、“三位一体”创新能力培养模式的构建

通过上述分析可以发现，学科竞赛对大学生创新能力的培养具有极大的促进作用，借助学科竞赛培养学生的创新能力不但完全可行，也是很有必要的。

1. 模式构建的原则

第一，目标性。基于学科竞赛的大学生创新能力培养模式目标是培养大学生的创新能力。培养模式中每个环节都须以此为原则，围绕培养创新能力展开。

第二，系统性。一个好的培养模式，必然是一个完备的系统工程，因此必须从系统的高度出发，统筹兼顾影响创新能力培养的各个因素与环节，如基本知识与理论、基本技能及其训练方法的系统性以及与之配套的各项保障措施的系统性。

第三，规范性。培养模式的规范性不仅在于该模式本身各教学环节的运行规范，更在于建立起一种基本的范式，使各不同学科专业能据此在其具体的实践中灵活变通。

第四，实践性。好的培养模式必然具有极强的应用性和可操作性，有目标、有内容、有组织、有措施、有监控，能真正付诸实践，并在实践过程中能真正发挥培养学生创新能力的作用。

第五，可评价性。作为一种人才培养模式，必须要而且能接受考核与评价。即模式中的每个教学环节都应有相应的教学质量标准或规范，以便于对该模式的教学效果进行考核与评价，确保模式的科学性和实用性。

2. 培养模式的构建

根据模式构建原则和学校实际，铜陵学院构建了基于学科竞赛的“三位一体”创新能力培养模式，即以课程教学为基础，竞赛项目为载体，技术训练为手段的“三位一体”创新能力培养模式。

第一，以课程教学为基础。学科竞赛不管侧重的是对基础知识与技能的考查还是对创新能力的鼓励，其建基之处始终都在学科基本理论、基本知识和基本技能，而这些知识、理论和技能主要来自课堂教学。因此，要想通过学科竞赛来培养学生的创新能力，必须抓住课堂教学这一重要支点，进一步发挥课程教学的基础性作用。

第二，以竞赛项目为载体。学科竞赛是对知识深入理解、系统整理并创造性发挥的实践过程。鉴于创新能力的培养是一项长期系统的工作，而一般的课堂教学于此缺乏针对性，需要引入以“创新精神”为核心价值的学科竞赛来推动创新能力的培养。以竞赛项目为载体来培养大学生的创新能力，是通过梳理竞赛项目的门类与特色，结合学校实际，逐步建成一个较完善的学科竞赛项目体系，并在此基础上建立起相应的培训体系，系统地培养学生的创新能力。

第三，以技术训练为手段。创造性的提高是知识、技能和策略几方面同时发展的结果。基于学科竞赛的创新能力培养模式以竞赛项目为环境、竞赛内容为问题对象，要求学生综合运用所学知识，制定合理的技术方案，创造性地解决问题，从而达到培养学生创新能力的目的。其中的技术解决方案是核心。因此，在学科竞赛中，加强技术训练是培养创新能力的关键，也是最有效的手段。

课程教学、竞赛项目和技术训练三者从不同侧面和阶段为大学生创新能力培养提供支持，既相对独立，又紧密联系，它们之间相互作用，环环相扣，从而构成了一个较完整的、立体的创新能力培养体系。

三、“三位一体”创新能力培养模式的组织实施

1. 制订教学培训计划

一个好的培养模式更需要一个科学合理的教学计划来贯彻实施，因此将“三位一体”创新能力培养模式的教学内容融入整个教学计划之中就是首要的工作。各学科专业须改革现行的教学计划。首先，要对与竞赛相关的课程体系及其结构进行科学设计，包括课程门类、课时数、开课顺序及考核方式等；其次，应当对各种非课堂教学活动（如校园科技活动、学术论坛、技能培训、日常竞赛训练等）进行整合，使之融于教学计划之内；再次，对各教学模块进行调整，以竞赛项目为依托，改革教学内容和教学方式，以满足不同阶段学生和不同竞赛项目的需求；最后，要组建一支合理的集训团队，不同年级的学生相互渗透，形成梯队，并根据竞赛时间，合理安排集训，确保团队内每个成员训练得当。

2. 建立保障机制

完善的保障机制是保证培养模式稳定、高效运行的重要手段，可以从 5 个方面进行完善。

第一，管理的规范化和制度化。制定相应的教学管理规章制度，完善相关的质量标准和技术规范，从制度上保证各项工作开展有序规范。

第二，指导教师队伍建设。在学科竞赛中，学生是主体，教师是保障，学生的创新能力培养有赖于教师的帮助和指导。因此，学校必须建立一支责任心强、业务水平高、结构合理的指导教师队伍。

第三，加强教学条件建设。加强实验室和创新训练基地建设，为学科竞赛教学提供一个设施完善、开放有序的硬件环境；同时还应注意对教材、技能训练指导书、教学软件等的建设。

第四，创建和优化竞赛环境。通过加强学风建设，积极举办有关学科竞赛的讲座、论坛等，营造鼓励创新的氛围，在全校逐渐形成一种创新文化。

第五，建立经费保障机制，稳定经费来源。根据学校条件，设立专项资金，并制定管理办法，将每年参赛经费的数额或比例列入年度预算。

3. 建立激励和约束机制

学科竞赛是一项艰苦且有风险的工作，不但需要参赛学生和指导教师付出更

多的时间和精力，还要承担竞赛失利的风险。建立以责、权、利相结合为原则，全面考评为基础的奖优罚劣制度将更有利于鼓励广大师生积极投身这项工作。就学生而言，适当奖励成绩突出的学生，除物质奖励外，还可考虑减免学分、推荐免试入读研究生、优先推荐就业等；就教师而言，可以将竞赛成绩与教师的奖金、职称评聘、年度考核、评优评先等挂钩。如此，既充分肯定师生的劳动成果，也为学科竞赛工作良性发展提供保障，从而推动通过学科竞赛培养学生创新能力这一目标的实现。同时，学校要注意避免唯成绩论，这毕竟是一个培养人才的教学过程，过程比结果更重要。

4. 创新能力培养模式的质量监控及反馈

“三位一体”创新能力培养模式涉及理论教学、培训实践和组织管理等诸多方面，环节多、周期长，过程复杂，每一个环节都可能影响教学效果，加之各学科专业的竞赛特点各异，使得该模式下的教学质量难于掌控。因此，学校必须建立相应的质量监控与反馈机制，对各教学和培训环节进行监控。第一，各教学管理部门必须明确分工，加强协作，确保教学管理与监督工作严谨有序；第二，完善相关管理制度和规范，确保教学管理工作有本可依，督促各部门按照教学计划、质量标准、技术规范等文件执行并实施监督。总之，在教学过程中，必须对每个环节的实际教学质量及其质量达标情况进行及时而有效的监控，及时发现问题，纠正错误，以确保各类教学和培训的质量和效益。

与礼同行，优雅人生

——跟大学生谈礼仪

曹佳蕾

一、讲座目的

本讲座从三礼和中国礼仪文化、中国礼仪的现状、大学生应知礼仪常识三个方面进行讲述，重点介绍大学生在校园及毕业后进入职场应掌握的基本礼仪知识，并从理念、形象、交往等层面展开，让学生充分认识礼仪在生活、校园、求职面试等环节中的重要性。

通过本讲座的介绍，让学生充分认识个人形象在求职面试中的重要性，了解并掌握面试的基本礼仪，在生活中从细节入手塑造职业形象，提高学生的就业竞争力，为求职打下坚实的基础。

二、讲座思想和目标设定

（一）讲座思想

本讲座从礼仪的内涵出发，在读秒时代和形象力资本的时代背景下，整合了现代礼仪、职场礼仪与面试技巧的基本知识，反映系统性；讲述了求职面试的真实故事，突出故事性；依托了学校大学生素质拓展中心、公务员培训中心等实践平台，展现实践性；融合了中国礼仪之邦的文化内涵，加强就业与大学生素质提升的能力培养，注重延伸性；结合了当前慕课和微课的教学思想与教学研究的内容，体现研究性。

（二）讲座目标

1. 知识层面

通过本讲座，让学生树立礼仪重要性的意识，理解中国礼仪文化及礼仪的内涵，掌握仪表、仪容、仪态、介绍、握手、接待、会议、座次等礼仪的规范要求和注意事项，并能在生活和工作实践中灵活地运用。

2. 能力层面

培养学生学会具体问题具体分析的能力，在实际的面试求职、校园生活等情景中，不仅要掌握礼仪操作的一般规范，还要学会变通和灵活应对。

3. 素质层面

通过礼仪讲座，延伸到个人良好修养和高尚情操的培养，不仅让大学生掌握基本的礼仪知识，更要从大学生今后的工作和生活出发，让他们适应现代社会激烈的竞争，能够赢在考场、赢在职场、赢在人生。

三、讲座内容

本讲座首先通过图片、文字和测试游戏，用文化的厚重、图片的对比、情景的设置和测试的娱乐性帮助学生树立礼仪重要性的意识，接着从礼仪文化入手，通过“礼、仁、爱、美、和”，阐述礼仪的内涵并让学生体会礼仪的真谛，进而从礼仪的理念树立、形象礼仪（仪表、仪容、仪态等）、交往礼仪（介绍、握手、会议、座次、名片等）方面展开。讲座内容具体从以下三个方面展开：

（一）三礼和中国礼仪文化

1. 三礼

《周礼》又名《周官》，西周时期的著名政治家、思想家、文学家、军事家周公旦所著，是记载古代设官分职的政典，分载天、地、春、夏、秋、冬6官，涉及之内容极为丰富。大至天下九州，天文历象；小至沟洫道路，草木虫鱼。凡邦国建制、政法文教、礼乐兵刑、赋税度支、膳食衣饰、寝庙车马、农商医卜、工艺制作，各种名物、典章、制度，无所不包。它堪称上古文化史之宝库。

《仪礼》原名《礼》，系记载古代礼制的著作。历朝礼典的制定，大多以《仪礼》为重要依据，对后世社会生活影响至深。《仪礼》主要记载古代贵族（包括国君、诸侯、卿、大夫、士）从成人、结婚到丧葬的各种礼节以及交往、燕飨、朝聘、乡射、大射等各种政治和社会活动中的礼仪规范。开篇即是《士冠礼》，一个人成人，就意味着他开始独立地承担自己的责任，参与社会的各项事务。

《礼记》，儒家五经之一，西汉戴圣对秦汉以前汉族礼仪著作加以辑录，编纂而成，共49篇。汉朝学者戴德将汉初刘向收集的130篇综合简化，一共得85篇，称为《大戴礼记》。

2. 中国礼仪文化

按儒家的说法，人类之初，为了满足自己的欲望，人和人就要生出争斗，于是圣人制出礼来维持社会秩序，教人节制，教人平和，教人追念本源，感怀恩德，教人互敬互爱。这分别是制度之礼、宗教之礼、风俗之礼。可见，礼是社会文明和进步的标志。中华民族被称为礼仪之邦，“礼仪文化”是文化中国的核心内容之一。

礼仪的延承——礼仪与人才：仁义与才艺的统一

庄子行于山中，见大木枝叶盛茂，伐木者止其旁而不取也。问其故，曰：“无所可用。”庄子曰：“此木以不材得终其天年。”

五礼：(1) 吉礼：对天神、地祇、人鬼的祭祀典礼。

(2) 凶礼：跟凶丧有关的一系列礼节。

(3) 宾礼：接待宾客，实质是相互尊重和利益的协调。

(4) 军礼：师旅操演、征伐。

(5) 嘉礼：和合人际关系、沟通、联络感情。

3. 礼仪内涵

“礼”是文明的标志；“礼”是自然法则在人类社会的体现；“礼”是安邦定国之根本；“礼”是国家典制；“礼”是社会行为准则；“礼”指仪典、仪式；“礼”是对人的尊敬和礼貌；“礼”通“理”；“礼”指礼物。

“仪”在古代，其内容也是十分丰富，很多时候都同“礼”相近，但与“礼”相比，内容更为具体。“仪”是法度、准则；“仪”指仪式、仪典、仪礼；“仪”指礼节、规矩；“仪”指容貌、举止。

礼仪，是一个合成词，由“礼”和“仪”两个部分组成。

礼——礼者，敬人也。表示尊敬、问候、祝愿。

仪——仪者，仪式也。尊重自己、尊重他人的表现形式。

（二）中国礼仪的现状

中国的礼仪，始于西周，经过几千年不断地发展变化，逐渐形成体系。古代的“礼”和“仪”，实际是两个不同的概念。“礼”是文明、制度、自然法则、准则、交往方式和一种社会意识观念。

“礼”是中华民族的一种思维方式，一种行为准则；“仪”是“礼”的具体表现方式，它是根据“礼”的规定和内容，形成的一套系统而完整的程序。

（三）大学生应知应会礼仪

1. 形象礼仪

(1) 仪表主要指的是着装，针对学生的实际需要，本讲座主要针对的是公务员、事业单位等正式的面试场合。理念决定行动，在面试的着装选择上，先让学生树立原则，着装要符合身份、符合场合，虽然我们讲的是正式场合的面试，但只要学生掌握了这一原则就可以以不变应万变。比方说，特殊的设计、艺术专业可以根据需要穿出个性。其次是扬长避短，重在避短，协调搭配，在面试当中会穿就是要善于选择和搭配适合自己的衣服，着装要符合自身的体型、脸型和肤色等特点。最后，在求职中塑造的是简约、大方的职场人士的形象，因此，色彩要少，符合三色的原理。具体的要求分男生和女生进行介绍。男生的着装从西装、衬衫的要求、领带的选择、鞋袜的搭配四个方面展开，女生从裙装、裤装、丝袜和鞋子的搭配与选择等几个方面展开。

（2）仪容礼仪主要从头发、面容、化妆、手部四个方面展开讲述，仪容上总体的要求是干净、自然和得体。第一，头发首先要梳理整齐，干净利落，保证无异味，无异物，最好不要烫发和染发，在面试中不够庄重，长短要适度。男生不要留长发，适宜的长度是前不覆额、侧不掩耳、后不及领；女生在正式场合，留长发不能披散，可以把它盘起来或者是扎起来，但短发更能给人简约、干练的感觉。第二点是面容，要保持干净、整洁，男生不蓄胡须，女生要保持清新、淡雅。第三点就是女生化妆的问题，在面试中建议女同学化淡妆。第四点是手部，指甲不宜过长，并且保持清洁，女生最好不涂指甲油。

（3）仪态从站姿、坐姿、走姿、手势、眼神等五方面展开。首先是站姿，男生在面试中可采用平行式和“V”字步两种，女生可采用并步式、“V”字步或“丁”字步三种。其次是坐姿，重心前倾，不要满座，更不要跷二郎腿、跷脚尖等，通过正确和错误坐姿的演示让学生掌握坐姿的要领。然后是走姿，走的时候，要注意头正、肩平、勿摆摇、手自然弯曲、重心前倾、步幅适度，以一脚长度为宜，步速平稳，不要忽快忽慢。我们的肢体是会说话的，人的心情不同，走路的姿势也不同，所以，礼仪不光是外在的，也是一种由内而外的一种真实的表达。接下来是手势，面试中恰当的手势会让我们更加的自信，但手势要规范，切不可滥用，避免出现一些小动作。最后，眼神的交流在面试中起着非常重要的作用，训练学生眼神的接触区域。

2. 交往礼仪

（1）介绍礼仪：

介绍形式：介绍集体、自我介绍、为他人做介绍。

介绍内容：在职场交往中，适用的称呼主要有行政职务、技术职称、行业职称、时尚性称呼。四不用称呼：无称呼、称兄道弟、替代性称呼及简称、不适当的地方性称呼。

介绍顺序：尊者优先了解情况。

（2）握手礼义：

握手时谁先伸手：尊者居前，男士和女士握手，一般是女士先伸手；晚辈和长辈握手，一般是长辈先伸手；上级和下级握手，一般是上级先伸手；老师和学生握手，一般是老师先伸手……

握手的顺序：由尊而卑，由近而远，顺时针。

怎样握手：手位、力度、时间、寒暄、距离。

（3）名片礼仪：

名片的制作：名片使用的材料——卡片纸、再生纸、打印纸。

注：不要借题发挥，故弄玄虚，使用一些昂贵的材料。

名片的尺寸：

国内：5.5cm×9cm，名片太大放不进名片夹，太小也不合适。

注：名片最好不要与钱放在一起，钱比较脏。

国际：男士：6cm×10cm；女士：4.5cm×8cm。

名片的色彩：控制在三种颜色之内，包括标记、图案、公司徽记。

两种颜色最好：纸一种颜色，字一种颜色。

纸张最好选择白色或者浅灰色、浅蓝色、浅黄色。

名片的印制：一般用铅印、打印，不要手写。

版式：横式和竖式，一般认为，中文名片采用横式为佳，易收藏，易辨识。

名片的构成：

左上角：所在单位（单位全称　部门　企业标志）。

正中间：本人称谓（姓名　职务　学术技术职称：博士、律师、教授、法官、主任、处长、局长）。

右下角：联络方式（地址　邮政编码　办公室电话）现代商务有的时候印电子邮箱网址也可以，但是一般提供前三项。

名片的递送：手拿名片的位置，要用双手的大拇指和食指拿住名片上端的两个角；名片的正面朝向对方。

①坐着递名片很不礼貌；②单手递名片也不礼貌；③名字不应该朝向自己；④起立，双手递出名片。

名片的接受：站起（位高者可坐着），面带微笑、目视对方；双手接过，接过后认真默读一遍，以视尊重；致敬语："请多关照""谢谢"。

（4）位次礼仪：

位次礼仪应遵循的基本原则：

原则1：面门为上。采用"相对式"就座时，通常以面对房门的座位为上座，应让之于来宾；以背对房门的座位为下座，宜由主人自己在此就座。

原则2：远门为上。

原则3：居中为上。

原则4：观景为上。

判断房间朝向：

如果面门墙壁有会标或讲台等标志，则房间朝向为面门；如果面门墙壁无会标或讲台等标志，则房间朝向为背门。

以左为尊的两大场合：民间和官方内部会议；以右为尊的五大场合：餐桌场合、公共场合、商务场合、国际场合、外交场合。

五大位次礼仪：引领者的位次、陪同者的位次、上下楼梯的礼仪、进出电梯的礼仪、乘车的礼仪。

情况一：平面行进时

两人横向行进，内侧高于外侧。

多人并排行进，中央高于两侧。

多人纵向行进，前方高于后方。

情况二：上下楼梯时

纵向：上下楼时宜单行行进，以前方为上，把选择前进方向的权利让给对方。

男女同行时，一般女士优先走在前方，但如遇到着裙装（特别是短裙）的女士，上下楼时宜令女士居后。

横向：陪同人员应该把内侧（靠墙一侧）让给客人，把方便留给客人。

情况三：出入房间时

出入房门时，一般客人或位高者先出入，表示对宾客的尊重。如有特殊情况时，如双方均为首次到一个陌生房间，陪同人员宜先入房门。

出入电梯顺序

平面式电梯：单行右站。无人操作升降电梯时，陪同人员先进后出，以便控制电梯，先进去可以把按钮摁住，让客人进去方便，不会有被夹的危险，同时可以更方便帮客人按楼层。

有人操作升降电梯时，陪同人员后进后出，但也不绝对。比如电梯里人太多，你最后进来已经堵在门口了，如果你还硬要最后出去，那别人就没法出去了。

双排五座轿车：由主人亲自驾驶时，座位顺序应当依次是：副驾驶座、后排右座、后排左座、后排中座；由专职司机驾驶时，座位顺序应当依次是：后排右座、后排左座、后排中座、副驾驶座。

三排七座轿车：由主人亲自驾驶时，座位顺序应当依次是：副驾驶座、后排右座、后排左座、后排中座、中排右座、中排左座；由专职司机驾驶时，座位顺序应当依次是：后排右座、后排左座、后排中座、中排右座、中排左座、副驾驶座。

吉普车是一种轻型越野车，大都为4座车。不管由谁驾驶，吉普车上座位顺序均依次是副驾驶座、后排右座、后排左座。

多排座轿车是指4排以及4排以上座位的大中型轿车。其不论由何人驾驶，均以前排为上，以后排为下；以右为尊，以左为“卑”；并以距离前门的远近来排定具体座位的顺序。

在公务接待中，除了注意车辆的正常座次排列外，还需要把握以下几点：

乘坐主人驾驶的轿车时，最重要的是不能让前排空着，一定要有一个人坐在那里，以示相伴。

由专人驾驶车辆时，副驾驶座一般也叫随员座，通常坐于此处者多为随员、译员、警卫等。从安全角度考虑，一般不应让女士坐于副驾驶座，孩子与尊长也不宜在此座就座。

必须尊重嘉宾本人对轿车座次的选择，嘉宾坐在哪里，则哪里即是上座。

（5）电话礼仪：

电话礼仪的四要素——时空选择、语气态度、时间控制、通话内容。

座机礼仪工作中打电话给别人的人称为发话人，当准备打电话时应注意以下问题：这个电话该不该打。需要通报信息、祝贺问候、联系约会、表示感谢等时候，都有必要向对方拨打电话。毫无意义和内容的“没话找话”式电话，最好不要打。更不要在单位打私人电话，煲电话粥。

电话内容要规范：

——通话三分钟原则：发话人应当自觉地、有意识地将通话时间控制在3分钟之内，尽量不超过。

——事先要准备：最好把对方的姓名、电话号码、通话要点等内容列出清单，以免说话无条理，无重点，或遗漏内容。

——内容要简明扼要：电话接通后，应先向对方问候，随后自报单位、职务、姓名，请人接转对方时，要向对方致谢。通话时最忌讳吞吞吐吐，含糊不清，东拉西扯。

——通话时语速应适中，语气要亲切热情。用清晰而愉快的语调打电话，能显示出说话人的职业风度和可亲的性格。不要在打电话时带上自己的情绪。

——通话时，嘴部和话筒之间保持3厘米左右的距离，可以避免对方感觉声音过高或过低。

适可而止：要结束电话交谈时，一般应由打电话的一方提出。标准化做法就是重复要点，比如“王总，那我们这次就说好了，下个星期我付款，按照你提供的号码，我把我货款的首期打给你。”

当内容说完时，应果断地终止电话，一般应该由通话双方中位高者或由拨电话者挂断。通话结束时不要忘记道一声“再见”。

注意细节：

——不要把话筒夹在脖子下面，也不要趴着、仰着、坐在桌角上，更不要把双腿高架在桌子上，不可边走边打。

——不要以笔代手去拨号。

——通话时嗓门不要过高或过低。

——挂电话时应轻放话筒，不要用力摔。

——一旦拨错电话，切记要对被打扰的对方道歉。

职场人士在接听电话时虽然是被动的一方，也须专心致志，彬彬有礼。

注意自己的态度和表情：电话铃声响起后，应尽快接听，不可怠慢，最好响铃两次后拿起话筒，以免响一声会让对方觉得突然，一般不要让别人代劳。若电话铃声响了很久才接到电话，通话之初应首先向对方表示歉意。

文学·艺术

差异化为散文诗找到新出路

崔国发

摘　要：散文诗创作必须规避“相似性”而追求“差异性”，在不断冒险求新、蜕旧变新的征程中闯入人迹罕至的精神陌土，开创一种全新的只属于诗人独一无二的话语路径；需要使作品造成“自在的差异”，使散文诗别开生面，另辟蹊径，告别平庸。散文诗为自由而生，它要想找到新的出路，应是这样的“差异性”使然，“差异化”就是对先锋的“奋斗和挣扎”。

关键词：差异化；散文诗；新出路

当代著名诗歌评论家和文艺理论家、《新的美学原则在崛起》论者孙绍振教授在接受中国散文诗研究中心主任、《文学报·散文诗研究》专刊主编箫风先生访谈时指出：“当前最大的问题，就是散文诗的相似性太大，差异性太少，重复别人，重复自己，这个情况太严重了。”这就是说，散文诗创作必须规避“相似性”（“他性”）而追求“差异性”（“自性”）。这种差异性，笔者以为应从同一性中撤离、“逃逸”与决裂，义无反顾地走向由异质因素构成的“个体性”，坚韧不拔地致力于“我化”的生成，一次次地完成向“未完成”的摆渡。由此笔者从著名哲学家吉尔·德勒兹的逃逸理论与柏格森的差异观念中获得深刻的启发，并且固执地认为，散文诗人宜从他者的样式与个我的经验状态中寻求突围，谋划高强度的差异与“特殊”品格的养成，不断地激活自身的原创力且找到不同的艺术文本的进化路线，而在“否定”力量的在场中去实现辩证的差异。散文诗的前途与命运，或将永远寄托在这既作为实在的特殊又构成新文本的“差异”上，也许我们只有施尽浑身解数去捕捉差异、携带差异、诉诸差异、创造差异，才能用差异

作者简介：崔国发（1964—），男，安徽望江人。铜陵学院高级政工师。中国散文诗研究中心特聘研究员，中国作家协会会员，安徽省作协散文诗创作委员会副主任。

代替存在，打破陈规，突破旧俗，挖掘出自己巨大的潜力与一种逻辑可能性，从“实存”中找到“区分的属”，用纯粹“生成”的理论颠覆同一性的压制，而在思想与艺术的游牧场上去驾驭差异的烈马，任意纵横驰骋。“柏格森哲学是差异的哲学，是关于差异的实现的哲学：在那里，我们看到了自在的差异，它作为新奇而实现自身。”散文诗的创新何尝不如是呢？

一、独特的路径：从法国散文诗说起

一直以来，笔者对法国散文诗葆有高度的阅读热情。在笔者看来，迄今为止，在散文诗整体创作实力与水平上，还没有哪一个国家的散文诗能超过法国。

这不是笔者崇洋媚“法”，不服不行啊，且不说那曾为我们写出了象征主义和超现实主义的先驱作品《夜之卡斯帕尔》的贝尔特朗，他是世界散文诗的鼻祖。论城市散文诗的书写，我们确实难以超过波特莱尔；论音乐般的抽象、纯粹与秋天的忧郁，难以胜出马拉美；论通灵术的展示与幻觉的体验，难以僭越兰波；论动物的写作或自然纪事，难以匹敌列那尔和科莱特；论凌空振翼的气势与大海般汹涌澎湃的激情，难以逾越佩斯和克洛岱尔；论追求自我、弘扬主张个性、“不要跟随我，成为你自己”的，难以比肩纪德；论及物写作，难以拼搏勒韦尔迪和蓬热；论诗片断式的凝练，难以攀比勒内·夏尔；论感官直觉的表达与意识或潜意识的流转，难以突破普鲁斯特；论驱魔与荒谬，恐也难以像散文诗怪杰米修（又译作“米肖”）那样扑朔迷离与变幻莫测……如果你有耐心，笔者还向你推荐苏利·普吕多姆的幸福随想，罗曼·罗兰的痛苦的神圣，阿纳托尔·法朗士的影子，弗朗索瓦·莫利亚克所采摘的属于他自己的葡萄——形象、激情与梦想，阿尔贝·加缪关于西西弗下山推石的神话——哦，千万不要小瞧他们，这些法国的诺贝尔文学奖获得者们，散文诗不是他们的主打项目，但即使是客串，他们偶尔写起散文诗来，也让笔者这散文诗小卒目瞪口呆，惭愧啊，惭愧啊，他们怎么这么有才呢。

如果你对散文诗这个“边缘”文体存在偏见的话，不妨去读读法国散文诗；如果你有志于散文诗创作的话，不妨去看看法国散文诗；如果你正在为散文诗难度写作“发愁”的时候，不妨去研读法国散文诗，或许它的“实验”精神与创新路向真的可以成为一种有益的“借镜”。

各写各的——或许就是他们成功的秘密——长期以来，我们提及鲁迅的散文诗创作，总是津津乐道他的《野草》，却很少有人提及他在《野草》之前发表的第一组也是较为重要的散文诗是《自言自语》，这组散文诗包括《序》《火的冰》《古城》《螃蟹》《波儿》《我的父亲》《我的兄弟》等篇什，充满着隐喻与象征，有着形而上的深度。笔者在大学读书的时候，教我们诗歌的老师就没有选《野草》中的篇章，而是选了《自言自语》中的《螃蟹》作为重点篇目进行解读，三十年过去了，笔者还对这章散文诗立意的精切、辞章的跌宕、思想的起伏、深邃的表达震撼于心。笔者个人以为，它虽未收进《野草》集，但却并不逊色《野草》。笔者在这里想借用的是这组散文诗的总题目：《自言自语》——是啊，散文诗写作一定要恪守自己的路子，一定要“自言自语”，而不可“人云亦云”，一切模仿、复制或克隆别人或自己作品的人，只能使散文诗创作走向末路。相信每一位诗人——只要是对自己的创作负责任的——诗人，都要勇于实验，勇于发掘自己独特的创造力，勇于展现自己的个性，诚如2011年诺贝尔文学奖得主、瑞典诗人特兰斯特罗默所言：“诗人的创作应是不断摆脱自己的过去”，他强调“诗人不要成为自己的学舌者”，当然更不能拾人牙慧，不能像鹦鹉，因为它的舌头再婉转，也不过是别人思想与艺术的翻版。散文诗的最大魅力在于一个“新”字，或许，散文诗以实验的姿态出现之日，便是这个被边缘化了的文体扬眉吐气之时。

作品没有嘴巴，但她终究是会说话的——面对以上所列举的法国散文诗人的经典，她们给我们带来的启示，就像诗人、翻译家树才说的那样：“诗歌写作，从某种意义上说，就是‘说出一朵花’的方式”“法兰西民族一向视语言文化为命脉，诗人则以探索和创造为天职。‘说出一朵花’，正是法国诗歌的伟大抱负。每一位有抱负的法国诗人都是从自身的语言个性和精神灵性出发，探索着各自‘说出一朵花’的方式。”把生命的血液融入一个个词语之中，把思想的触须延伸于一条条脉络，将人们引入一个独特的世界。散文诗人的价值就在于，他在不断冒险求新、蜕旧变新的征程中闯入人迹罕至的精神陌土，进而寻求对旧散文诗模式的一种“颠覆”，开创一种全新的只属于诗人独一无二的话语路径，使自己的作品成为率真、至善、大美的生动记录，成为我们这个时代华语散文诗不断攀升而令人叹为观止的艺术标高。

二、自在的差异：散文诗如何告别平庸

进入21世纪以来，散文诗似乎出现了新一轮的繁荣与发展，不仅涌现出高歌猛进、灿然可观的创作大军，发表园地、年度选本、笔会沙龙、研讨活动、评奖推优亦与日俱增，真可谓奇葩竞放，异彩纷呈，因为一种责任感的驱使和艺术担当精神的弘扬，一些仁人志士挺身而出，大义凛然，使一度“在寂寞中绽放”的“冰凉的花瓣”，悄然展露出一派欣欣向荣的景象和迷人的风采，我们不禁从心底为之点赞，为之击掌。

但正如一个人的爬坡，刚开始时轻车熟路，快到坡顶的时候，他又难免气喘吁吁，步履维艰，散文诗发展到一定阶段也是这样，一直想如履平地般的超越与登攀，是何其难矣。有时，即使我们施尽了浑身的解数，也难以根除惯性的写作，难以回避似曾相识的范式，包括突破自己、突破过去、突破他者，企图以独

立自主性卓然傲立于散文诗坛，到头来蓦然发现，自己也不过是“却顾所来径”，风景旧曾谙。由于“艺术的认同”而导致大量的作品出现“重复”而非“差异”，因为“习惯的养成”而使诗人的创作出现“模式”而非“陌生”；由异质因素构成“个体性”的新奇，与同质属性凸显“相似性”的钩沉，二者之间产生了不可调和的矛盾，进而呈现出一种寻求“变化”的张力。

或许，我们真的需要使自己的作品造成“自在的差异”，需要从某种封闭的、自足的、落后的窠臼中，选择对“镜像模仿”与“批量粘贴”的逃离；我们真的不愿意看到，散文诗的发展掉入“中等质量的陷阱”，一种高不成、低不就的艺术困境；我们真的不愿意在散文诗创作中，陈陈相因，枯燥乏味，味同嚼蜡，因“僵化、惰性、重复、可逆性等暴露出它的机械性因素”，而让一些平庸化的表现为人诟病；或许，我们在一种不确定的形式中，反而能够脱颖而出，摆脱约束，无有相生，把自己的审美追求建立在心灵的自由和心灵与生命创化力对于僵化的、机械的、平面的东西的超越这一原理之上，把不可见的东西创造出来。

在某种意义上，我们必须从“差异”开始：在一个新维度上重构形式和主体，重新找到“自我”“大我”或“超我”的位置，找到自己促进散文诗发展与质量提升的显著条件，找到如英国文论家瑞恰兹所说的“意义的意义”之所托付的意象代码，找到个体艺术时空中的词语“不定式”而非“坐标系”之类固化的东西。笔者以为，好的散文诗，在于象征的“多义性”，而不能像科学研究那样精准的“对号入座”，它也不需要“一目了然”而无一点儿“味外味”，它还可能使它的欣赏者因各自的阅历与体验不同而产生“特殊性的差异”。或者说，作者与读者因为散文诗介质的多元性油然而生“差异的快乐”。

前一阵子，笔者在读法国诗人安德烈·维尔泰的长篇散文诗《远航》时就感受到了这种“快乐”与“惊喜”。著名翻译家程抱一先生评价这部作品时说：“圣一琼·佩斯之后一百年，一部新的《阿纳巴斯》出现了”“一开始，我就被喊声抓住：‘无限，让你我对峙！’当然，你不会忽视边界，却毅然将它们超越。”正是因为维尔泰继承了圣一琼·佩斯的《阿纳巴斯》的精髓而又有异于他的意味的《远航》，让笔者获得了一种被“征服”的力量：“一切源自不确定，我们反而不再疑虑，诗歌因追随我们的步伐而改变。”这种“不确定”，这种“改变”，冒犯庸常的秩序与法度，对于诗人而言，最成功的地方就在于把其作品与前辈之作拉开了距离，找到了“区别”所在，“特殊性有效地将自身呈现为最大的张弛，一种传播，一种扩张。”同样，是差异的观念让法国诗坛怪杰亨利·米肖的散文诗极具特色，不胫而走。他的散文诗《有位毫毛》《我曾是谁》《驱魔》《隧道中的历程》等脍炙人口的名篇，对传统的表现型谱极富挑衅意味，文字中的变幻莫测与扑朔迷离，让我们体会到了一种驱魔祛邪的神奇力量，他的散文诗的怪诞与异质嵌入，打破成规，突破旧俗，充分地展示了如俄国形式主义文论家什克洛夫斯基所论及的“陌生化”效果，把生活中熟悉的变得陌生，把文化和思想中熟悉的变得陌生，把过去人们熟悉的东西变得陌生，成为一种“奇特化”的文本。有时，剑走偏锋，或许会产生令人意想不到的杀伤力。

所以笔者说，如何提高散文诗创作质量，也许有许多条路可走，但至少——找到差异性，追求陌生感，可以使你的散文诗别开生面，另辟蹊径，就像米肖那样，也可以赢得不朽的英名：陌生世界的冒险家，微观大陆的探索者，疯狂区域、失明前沿的侦察兵……果真如此，你的散文诗或许就能理直气壮地告别平庸。

三、“差异化”即是对先锋的“奋斗和挣扎”

散文诗的突围与突破，与先锋的主体向度、生动实践、文本动向、现代寻根、自由重构等休戚相关。“先锋”这个词，“意味着艺术形式的变革，同样，这个词也意味着艺术家们为把自己和他们的作品从已经建立起来的艺术陈旧过时的桎梏陈规和艺术品位中解放出来所做的努力。先锋在被认识和接受为正统合法的艺术表达之前，常有一个长时间的忍受和力争得到社会承认其存在价值的奋斗和挣扎的过程。”诚然，我们在散文诗的垦地上拓荒是艰难的，甚至这种变革和现代性的冲动而造就的先锋还需要“奋斗和挣扎”，唯其如此，我们才能找到其别开生面的“差异性”。

谈到散文诗的差异化发展，就不能不触及“先锋”这个话题。所谓“先锋”，即是当代散文诗的“前沿”或“先驱者”“开路者”之意。从文本内核、价值标尺、表现方法、存在形式上来打量当下散文诗创作，笔者以为必须在先锋的维度上，扩展散文诗的精神边界与心灵秩序，丰富散文诗的艺术构造与艺术形式，追觅散文诗通向现代性的艺术轨迹，建构散文诗新的美学原则，占领散文诗新的制高点，使越来越多的散文诗人因为开拓性的贡献而获得更多的文学史意义上的尊重。昌耀的诗集中有许多散文诗篇章，诸如《街头流浪汉在落日余晖中遇挽车马队》《纪伯伦的小鸟》等。耿林莽先生在品评昌耀的散文诗时，指出昌耀散文诗宽松自由的独特风格，“对于过于拘泥于散文诗文体的传统模式，流行观念的束缚，比如抒情精品、美文规范等条条框框的限制不敢越雷池一步的作者，包括我自己在内，也是很有启发的。”耿老一直倾向于散文诗的多极发展，他对昌耀散文诗如此推崇，表明他对散文诗更开阔的视野的期望以及对异质的摄取与变奏的认同，因为它从根本上有利于散文诗的健康发展。同样令笔者感佩的诗人是西川，他的随笔体散文诗《致敬》《厄运》《芳名》《镜花水月》《鹰的话语》《近景和远景》《现实感》《南疆笔记》等，在探求散文诗的可能性上可谓异军突起，别具一格。王家新也是一位散文诗差异性写作的代表，尽管他本人更愿意把他的散文诗叫作“诗片断”，诸如《反向》《另一种风景》《游动悬崖》《变暗的镜子》。也许他受到法国诗坛“居住在闪电里的诗人”勒内·夏尔的影响很深，夏尔的诗洗练短促，格言式框架，他的警句尽管表面像格言，其实毫无共同之处：“格言简洁而明确，一针见血触及问题；夏尔的浓缩的诗句则显示了一种基本矛盾的重心，它们达到了一种神秘的状态，但又避免了晦涩”“最终在迸溅的碎片中窥见一已的真实和透彻。”笔者注意到了“迸溅的碎片”，难怪乎王家新把他的散文诗称作“诗片断”。先锋就是“实验”，就是“逃离”，就是“开拓”，就是“从形式自觉到形式探索”，这种形式探索即是一种“未完成性”，大体有这么几个特点：其一是“多义性”，不需要确定的解释，不在乎甚至是鼓励读者的误读；其二是非纯粹性，打破传统上被认为是散文诗要素的制约，散文诗的这种非纯粹性有时还要求诗人“使散文诗不像散文诗”；其三是实验游戏，尽量拓展写作的可能性，使得先锋派散文诗人不是自我封闭，而是向着更为宽阔的写作可能性充分地敞开。陈东东的《词的变奏》，有 99 章皆从一个词·名词出发派生诗情，以丰富的想象力和新颖的意象组成，别具一格。阳飏以日记形式写出《青藏旅行日记节录》，创设出一条散文诗的新路径。黑陶诗的散文美，阿信散文诗的牧歌意绪，均是散文家或诗人在创作散文诗时对异质的兼容与变奏，从而使散文诗凸显出更为宽广的胸襟和审美价值向度，在多重复合型结构中延伸到“新状态”，于大诗歌的差异性与全新的场域中寻找到其中真正具有先锋性的元素。先锋派理论家马泰·卡林内斯库甚至将这种艺术上的独创与实验视为一种“美学极端主义”“对过去的拒斥和对新事物的崇拜决定了这些新流派的美学纲领。”

行文至此，笔者不能不提到诗人方文竹先生。他喊出了“独立写作，先锋到死”的强音。一方面，他身体力行争当“先锋”，在散文诗创作上充分挖掘文体的多种表达潜能，不断地挑战“难度写作”，对“广场写作”与“相似性写作”进行了毫不留情地痛斥，在散文诗研究上亦是独树一帜，提出了许多具有叛逆性、独创性和前卫性的创作理念，进而推动新的散文诗审美的激变。自 2014 年开始至今，方文竹等人在网络上发起寻找“中国好散文诗”活动，他们选稿的标准是：“好”，不是好坏的好，而是尖锐、先锋、谋新谋异，宁要鲜活的稚嫩，不要陈旧的完美。“应将‘先锋’作为散文诗写作与批评的常态。我们的立场和趣味可以与他人之间存在差异或求同存异，可以说，这才是目前散文诗发展的正常生态。”另一方面，文竹先生所极力推举的散文诗人，也彰显出新颖、奇特、陌生、独到的文本特征，让人崇敬的是他们都锲而不舍地对散文诗的新异品质进行深度勘探。如他在《呼唤张稼文》中这样写道：“十几年前，我特喜欢云南张稼文的散文诗：冷静的叙述语调，反拨流行的低浅抒情和‘思想’，独特的视角和感觉方式等。”散文诗倡导先锋的艺术实践，不局限于某一种审美范式，必须摒弃那种一味追求“发表体”写作而降低艺术品位的机会主义和“投降”行为，它应是多元的、动态性的，永远处于前沿的实验性文体。在这方面，文竹先生斩钉截铁地说：“我就是喜欢唐朝晖的散文诗!”他在《词与物的焦虑》一文中写道：“我喜爱唐朝晖的作品尤其散文诗由来已久。可是当我认真拜读之后，着实犯愁了，老实说，对于一个像我这样多年浸润散文诗的人阅读朝晖的作品是一种挑战！——面对文化惯性这只拦路虎!”“《中国瓷》摆出的是一场迷魂阵。它所透露的是自然、艺术、历史、现实、个体、精神的全息景观。它最吸引我的却是个人经验和私有语码的栈道陈仓，当然，神秘性四处弥漫。这又回到了词与物的关系，那么，它所体现的是一部‘百科全书’，这又不得不让人想起博尔赫斯的‘图书馆情结’。”这可以说是文竹对朝晖作品的知音之论，又岂止是《中国瓷》，近年来，唐朝晖又出版了两部散文诗的先锋力作《通灵者》《梦语者》。从朝晖先生的话语中，无论是“边界突破”“自由表达”“哲学呈现”，还是“很奇怪”“比较奇特”“唱出来的就是新的节奏的散文诗”，都无不具有散文诗先锋性所具有的明显的实验色彩、创新推动下而不符合审美常态的艺术形式、与流行的艺术程式相叫板的反叛性、为诗艺发展开辟出的新的可能性以及不断地革新的自我颠覆性，就像布莱希特所说的那样，我们“不要从旧的好事物开始，宁可从崭新的坏事物开始。”从某种意义上说，差异性使散文诗获得了更多的发展权力，使先锋的超前与先进性，在思想上的异质性与艺术上的创新精神两方面得到高度的统一，尤奈斯库说：“所谓先锋，就是自由。”散文诗为自由而生，它要想找到新的出路，笔者以为便是这样的“差异性”使然。

参考文献：

[1] 陈永国．游牧思想：吉尔·德勒兹、费利克斯·瓜塔里读本[M]．长春：吉林人民出版社，2011.

[2] 舍予．世界艺术百科全书选译[M]．上海：上海人民美术出版社，1987.

[3] 耿林莽．昌耀：为散文诗拓宽道路 [J]．散文诗周刊，2000 (3)：66—68.

[4] 树才．夏尔诗选 [M]．北京：北岳文艺出版社，2002.

[5] 卡林内斯库．现代性的五副面孔 [M]．顾爱彬，译．北京：商务印书馆，2012.

[6] 布鲁斯·罗宾斯．全球化中的知识左派 [M]．北京：中国社会科学出版社，2000.

[7] 王忠琪．法国作家论文学 [M]．北京：北京三联书店，1984.

音乐之神和诗神的使者

——凯瑟作品中的移民形象分析

王桂平

摘　要： 薇拉·凯瑟的作品在多元文化底蕴上刻画了不同种族人物怀念故土，又向往美国现代文明生活的双向矛盾立场。其作品充分展示了不同种族在交往时个体之间的优雅碰触。凯瑟对他者及其文明保持高度的尊重和包容。凯瑟有志成为缪斯的使者，将诗神缪斯带到故土是凯瑟作品的意指所在，同时也构成了凯瑟作品丰富的价值和意义。

关键词： 薇拉·凯瑟；多元文化；包容；移民形象

薇拉·凯瑟在西部东欧移民的环境中长大，接受欧洲传统文化教育，耳濡目染的是北美印第安及宗教传说，深受维吉尔、福楼拜、亨利·詹姆斯及托尔斯泰等大师的影响。在人物塑造上，凯瑟写作深受福楼拜的创作方式影响，而“在他们（指普通读者）看来，福楼拜的作品既缺乏巴尔扎克小说的那种情节剧般的紧张和人物类型的多样化，也缺乏司汤达式的智慧、气魄和政治的老练……即使那些给他带来声誉的所谓“现实主义”小说……也似乎只是微弱地关涉到了所反映时代的社会历史进程，难以产生什么历史效果。”总体来说，福楼拜被称作“小说家的小说家”。他是为小说家们在写小说，读者对象非普通读者。凯瑟的作品因不关注当时的第一次世界大战而遭到海明威等大家的批评。在借鉴福楼拜、詹姆斯等大家的写作风格的同时，凯瑟不断完善自己的写作风格，但是凯瑟“不带家具式”的描写风格，也就是“回避了巴尔扎克式的冗长的客观环境的描写”，造就了她作品中丰富的人物特点，尤其是移民形象。通过塑造各种移民形象，特别是东欧两代移民，其中父辈典型代表为雪墨尔达先生，第二代移民典型代表为安东尼娅，凯瑟为美国文学史的多样性增添了一道靓丽的风景，同时为我们在全球融合时期如何对待不同种族人的宗教、文化和习俗提供良好的范式。

基金项目： 本文为作者主持的安徽省教育厅人文社会科学研究项目“威拉·凯瑟作品中的多元文化底蕴研究”的阶段性成果，项目编号：SK2016A0958。

作者简介： 王桂平（1974—），女，汉族，安徽枞阳人，铜陵学院外国语学院讲师，硕士。

一、父辈移民形象：西部边疆异乡的歌者

凯瑟一方面忠实地展示了人们对外国人或者说异族人的排斥的态度、臆想的心态和窥视的心理；另一方面，凯瑟向我们展示了不同种族在交往时个体之间的优雅碰触，对他者及其宗教、文明和习俗保持高度的尊重。凯瑟在《我的安东尼娅》中，故事的描述者吉姆借助父亲农场的雇工杰克说出“从外国人那里可能会传染到疾病的”。在安东尼娅哥哥安布罗希为了马项圈和吉姆、杰克打架时，杰克对移民的戒备本能地爆发出来“这些外国佬就是不同，不能相信他们会光明正大”。根据费雷泽人类学理论中关于陌生人禁忌的观点，原始观念认为人的灵魂极容易遭受危害，“这种观念并不限于某一民族或者国家”，并“至今还残存于现代欧洲”。杰克的说法代表了人们的惯性思维，陌生人会带来危害的观念非常流行，并扎根于人的记忆之中，因此陌生人到来时，总要抵制他们的危害。最普遍的做法是举行仪式，净化空气、来者跨过火堆以净身。在讲述俄国邻居帕维尔和彼得时，让帕维尔在临终前说出他们不得已来到美国的原因，因为他们在迎亲的路上遇到了狼群，他们俩将新郎新娘扔下雪橇喂狼，回村之后无处容身。这充分展示了对异族人或者陌生人会带来危害的观念以及人类觉得异族人可怕的臆想。冬天的安东尼娅家极其贫困，安东尼娅的母亲还是把自己在波希米亚大森林里采来的风干的蘑菇送给了吉姆的祖母，而祖母“把纸包扔进炉子”，并说：“我是不敢吃。不管怎样，我不想吃任何同旧衣服、鹅绒枕头在一起收藏了几个月的东西”，而“我”（吉姆）“永远也忘不了那种古怪的味道”。这里古怪的味道，包含着小孩子种族记忆深处对陌生人的禁忌。杰克的话，帕维尔的故事和祖母扔掉蘑菇的心理都是人类和陌生人保持距离的普遍心理。但是一味排外和对陌生人的禁忌并不是凯瑟所要表达的宗旨所在。

对移民的接纳和包容是从十岁的吉姆开始的。吉姆虽然讨厌安东尼娅高人一等的腔调，还是教安东尼娅学习英语。圣诞节时吉姆用布做了几本书送给安东尼娅和于尔卡。祖父农场的帮工奥托·富克斯，他从德国到美国一路照顾受人所托的寻夫之女和她的两个孩子以及途中诞下的三胞胎。这三胞胎使得他“冤枉得了个坏名声”，不同于一般人的疑心和指责，祖母认为“上帝一定会记住他这些值得赞美的事情的”并会保佑他。

对移民的尊重更是体现在宗教信仰方面的相互尊重。雪墨尔达先生做祈祷时对着圣诞树跪下，显示了一种不同的宗教信仰。祖母担心祖父会说话，因为祖父在宗教信仰上是狭隘的。祖父平静地说：“一切善良的人祝祷都是好的”。祖父早祷的情景是凯瑟心中移民与本土人优雅相处的最佳状态，尊重对方的宗教和文化，尊重对方言行，因为，心善良就是好的。反之，雪墨尔达先生没有拒绝吃饭

的邀请，他留下来和不同宗教的主人一起过圣诞节、吃饭并握手道别。雪墨尔达先生自杀后，祖母对雇工们的议论总是抱着告诫的眼神，对挪威人阻止雪墨尔达先生进入天主教墓地表示不满意。波希米亚同乡赶来感谢祖母为安东尼娅家的付出："为了您对我们国家来的可怜的外方人那么仁慈"。葬礼上，祖母建议唱赞美诗以冲淡点异教色彩。吉姆宁愿相信，雪墨尔达先生是死于怀乡病，他的灵魂正在启程回到他波希米亚的故乡。

凯瑟笔下对东欧移民形象的展示，常常是借助东欧的音乐传统来演绎移民们对生命意义的追求。小说借助于课本上西班牙人音乐家来比喻雪墨尔达先生，说他是"心碎而死于茫茫荒野"的音乐家。他们英语虽然说不太清楚，但是他们有另外一种语言——音乐。每一个来自东欧的移民天生都是音乐家，他们是大地上异乡的歌者，他们是音乐之神阿波罗的使者。在开拓边疆的艰苦岁月里，《邻居罗西基》中温情的罗西基"一块钱买一张站票，站着看一场歌剧……还说一场歌剧够你一星期回味无穷"。《彼得》中的彼得几乎是《我的安东尼娅》中雪墨尔达先生的原型，"我活着就不卖，我活着就不卖"（小提琴）。《瓦格纳作品的音乐会》中，学过音乐的婶婶听了一场德国音乐家瓦格纳作品的音乐会之后，泪流满面，不愿走出音乐厅，因为她知道，音乐厅之外就是另外一个遍布牛马踪迹的世界。

在凯瑟的移民画卷中，有各色热爱音乐并对生活充满热情的音乐使者和守护精神家园的使者：《教授之屋》中的圣彼得教授，《云雀之歌》中的温施教授、阿奇医生、奥滕伯格与豪沙尼教授，《邻居罗西基》中天生具有爱的天赋的罗西基，《逝水年华》中具有骑士风度的亨利·西伯雷，《分水岭上》温情的大力士坎努特，《死神迎来大主教》中的大主教和维勇主教，还有《一个迷途的女人》中散尽家财的福斯特上尉。在凯瑟笔下，种族特征在宗教、文化和习俗上是鲜明的，但是在政治和生活上，他们又是模糊的，凯瑟不愿意将他们的形象和本土人割裂开来。这是对移民高度尊重的完美境界。

二、第二代移民形象：西部边疆的盛开之花

凯瑟对二代移民的着墨更多的是在年轻女性身上，她们在凯瑟移民画卷上是清晰又稳定的形象。她们除了作为女儿、妻子和母亲的身份，她们还有个特殊身份：移民身份。她们和当地人之间的交流有屏障，因而也显得有独立性。在《我的安东尼娅》中，为了便于叙事，作家给移民塑造一个和当地人共同相处的空间，凯瑟设置了范妮太太的帐篷。帐篷是个中立的场地。年轻人无论当地人还是移民都来跳舞，"乡里小伙从 80 英里的农场跑来"跳舞。帐篷场景让本没有多少交集的年轻人不分种族有了互动和发生故事的可能。

早期的西方文学传统中的女性形象，不是恶魔就是天使。凯瑟作品的叙事视角多数时候是男性视角，在他们的叙事视角下姑娘们都是充满活力的阳光女神，是这片土地盛开之花，是边疆不可或缺的风景，是丰富的生命矿藏。她们安于西部又向往东部。不同于父辈，灵魂在故土和美国边疆之间矛盾生存，她们的灵魂在西部和东部之间做双向运动。在《波希米亚女郎》中，枯河边的一马平川的大地上，克拉拉骑马疾驰闯进尼尔斯的眼帘。尼尔斯驻足观望，“马和马的主人那自由奔放、富有韵律的疾驰是映入眼帘的唯一活着的景物”。克拉拉有生活热情，在尼尔斯眼中是不折不扣的波希米亚女郎。她热爱自由，因为自由可以消除一切阻碍。同时，她心里也很清楚自己面临的现实，在克拉拉父亲的院子里，克拉拉的竖式钢琴、父亲的小提琴、尼尔斯的长笛和约翰娜共奏起波希米亚民歌，克拉拉唱的是《伊芙琳娜！亲爱的伊芙琳娜！》。“啊！我这样的吉卜赛穷姑娘，怎能奢望做爵的新娘。”克拉拉很清楚自己的身份。她向往东部又怕失去西部的父亲。尼尔斯说克拉拉有能力享受生活却不去享受，会失去更多，会丢掉自我，会失去自己的民族性。克拉拉的目光扫视着田野：“问题并不在这儿，尼尔斯，似乎有什么东西缠住我不放，我又怕甩开它。我想它来自这片土地。”但是最终她还是飞马奔向午夜开往芝加哥的火车，投身于自己向往的生活之中。

在《我的安东尼娅》中，吉姆眼中的安东尼娅活泼又富有生命力，敢于担当，在父亲死后，和哥哥安布罗希承担起整个家的担子。她深谙农作物之道，“那玉米穗子一旦形成，我们就不必害怕干旱天气了”。她一到菜园就将遮阳帽扔掉，“让她的头发在风中飞舞”。她就喜欢在外面像男人般的干活。安东尼娅去镇上哈林家帮工，她融入帮工姑娘们的群体。她们没有受过什么教育，却有趣、有教养，并且有敏锐的观察力。她们因为英文不够好，所以不会有教职。她们不能上体育课，因为要被看作是“文雅秀气”。她们更多的是和本族人通婚，因为当地的年轻人对自己的身份和地位极力维护。与当地人无形隔阂并没有消除她们对生活的热情。靠自己一手起家的莉娜，平静、乐观、且保养很好，她的声音“温柔”，非常迷人。在一起长大的姑娘们当中，蒂妮·索特鲍尔过得是“最冒险的生活，也是获得了最世俗的成就”。

二十年以后，吉姆和安东尼娅见面时，安东尼娅告诉吉姆，她不后悔去黑鹰镇的岁月，这样她才会做家务，才会把孩子们拾掇得很有教养的样子，“我也是因为知道外面世界的情况才安于现状的”。其实人类经验的圈子很小，正是因为有知，所以安稳。移民的女儿们在边疆的开拓史中像是“一个丰富的生命的矿藏，就如那太古民族的奠基人一般”。她们是边疆开拓不可替代，甚至亘古不变的奠基人，过去，未来，不论你用什么态度对待她们，她们就在那里，为美国的边疆历史书写下瑰丽的一笔。正是由于她们的努力，美国才有了永葆生机和世代繁衍的局面。

三、凯瑟对移民及其文化的高度尊重

在凯瑟看来，凡人的故事只有那么两三个，它们不断地重复着，“就像这里的云雀，千百年来不断地歌颂着同样的五个音符。”凯瑟的作品中的人物就是通过摘取凡人中那两三个重要的故事组成了无数她小说中的移民形象。他们乐观、坚韧，保有自己的民族特色，富有艺术细胞，坚定地守护着人类共有的精神家园。从他们身上，凯瑟汲取了写作力量，并要做缪斯的使者，将故土上的这些可贵的人记录下来，组成一幅幅移民画卷。这既是对美好的西部日子的祭奠，也是对故土未来生活的展望。

凯瑟在小说里有意显示移民的东欧性，雪墨尔达一家说话时喜欢说“我的”，“我的安东尼娅”，而且安东尼娅的名字的重音明显异于英语，它的重音在“安”字上面。从小说的名字《我的安东尼娅》就可以看出凯瑟在异族人的叙事方式上，有意在美国的边疆土地上，展示了一朵东欧特色的移民之花，在语言表述上有意显示语言的东欧性或者民族性。可怜的雪墨尔达先生“我的安——东尼娅”声调总在凯瑟的耳边回响，凯瑟希望自己能替这些有话要说，“而能够说出口的又是那么微少”的移民在美国的土地上发出自己的声音。他们是后于北欧和西欧移民来到美国的。他们被看作是目不识丁、口齿不清和消极被动的一群人。在《我的安东尼娅》中，凯瑟借助维吉尔的《农事诗》，“因为如果我活着，我要成为第一个把诗神缪斯带进我的故土的人”（Primus ego in patriam mectm...deducam Musas），凯瑟特意解释这里的 patriam 不是指国家，是指自己小小的故土。不能不说，凯瑟因为自小搬家，十岁时离开了自己的故土柳荫牧场去内布拉斯加大草原的红云镇，长大后，又离开那里去纽约。红云镇留下了凯瑟最美好的少年时期。凯瑟安于东部又向往西部大草原的矛盾情怀一直伴随她终生。西部草原上阿波罗的使者们以及安东尼娅和莉娜为代表的阳光女神们，像图画浮现在“我”的书页上。书的下面还是那句：凡人生命中，最好的日子最先消失。作家有将缪斯带到故土的志向并缅怀凡人生命中早已消失的好日子。

结　　语

凯瑟作品中不同种族的人能很好地保持一种交往克制，能展现不同种族交往时个体之间的优雅碰触。美国在 1890 年以前基本完成了西欧和北欧的移民过程，而随后的 30 年，基本上是接纳东欧移民的过程，在如何对待移民的态度上，凯瑟无疑给我们提供了很好的答案和范例，保持移民的民族语言的特色，对其异教色彩的宗教和文化保持高度的尊重。在凯瑟的作品中，东欧移民们是音乐之神阿波罗的使者，凯瑟自己俨然是诗神缪斯的使者，无论是本土的美国人，还是新近东欧移民，都对自己的故土和当下生活的土地充满了热爱，他们都将凡人最好的日子和习俗记录和传承下来，都担负起了各自的历史使命。

参考文献：

[1] Karen Simons. Re-making the Georgic Connection：Virgil and Cather's My Antonia [J]. International Journal of the Classical Tradition，2001，7 (4)：523-540.

[2] J.G. 弗雷泽. 金枝 [M]. 徐育新，汪培基，张泽石，译. 北京：新世界出版社，2006.

[3] 李莉. 威拉·凯瑟的记忆书写研究 [M]. 成都：四川大学出版社，2009.

[4] 李健吾. 福楼拜评传 [M]. 桂林：广西师范大学出版社，2007.

[5] 秦丹丹. 吉姆记忆书写的价值取向 [J]. 沈阳大学学报（社会科学版），2016 (3).

[6] 萨克文·伯科维奇. 剑桥美国文学史第六卷 [M]. 张宏杰，赵聪敏，译. 北京：中央编译出版社，2009.

[7] 孙宏. 从美国性到多重性：凯瑟研究的回顾与反思 [J]. 外国文学评论，2007 (2).

[8] 王钦峰. 福楼拜与现代思想 [M]. 银川：宁夏人民出版社，2006.

[9] 许燕. "谁"的安东尼亚？——《我的安东尼亚》与美国化运动 [J]. 外国文学评论，2011 (2).

[10] 许燕.《啊，拓荒者》："美国化"的灾难与成就 [J]. 国外文学，2011 (4).

[11] 杨金才. 新编美国文学史（第3卷）[M]. 上海：上海外语教育出版社，2004.

[12] 虞建华. 美国文学的第二次繁荣 [M]. 上海：上海外语教育出版社，2014.

西方绘画中的素描体现

黄　俊

摘　要： 改革开放三十年以来，中国的社会、经济、文化得到了长足的进步和发展，绘画领域在时代的前进中不断地得到充实、突破和创新。素描起源于西方，是一种独立的艺术形式，这种艺术形式是用来辅助水彩、油画和建筑的创作手段，具有独立的而有创造性的个性价值。西方素描的前提是文艺复兴时期的透视学和解剖学的出现，通过明暗关系来表现体块以及和周围环境的关系，其形态具有严格的透视原理和空间要求，用以表达思想、概念、态度、感情以及更多的信息，它不像绘画作品十分重视色彩，而是十分注重结构与形式，但它又与绘画艺术有着一定密切的联系，相互产生的影响增加了素描的多样性。

关键词： 素描；东西方绘画；艺术教育

一、东西方绘画比较

（一）东西方素描的概念

广义上说，素描是人类发展史上最早的绘画形式，也是最古老的艺术语言。自原始社会开始，就形成了最早的造型图案。如新石器时代的墙壁岩画，石窟壁上画有野牛、驯鹿及猛犸等动物，以精炼的技法表现动物生动的轮廓，说明远古的人类已经开始使用有颜色的矿物颜料作画。这些图案和象形文字，反映着当时的自然现象、巫术活动、人民信仰、图腾崇拜等。西班牙阿尔塔米拉洞窟（如图1所示）、阿尔及利亚东南撒哈拉沙漠中部阿杰尔高原的原始壁画中各种粗犷动感人物与动物形象，我国原始制陶人在新石器时代彩陶上的纹绘（如图2所示），都是原始造型艺术的

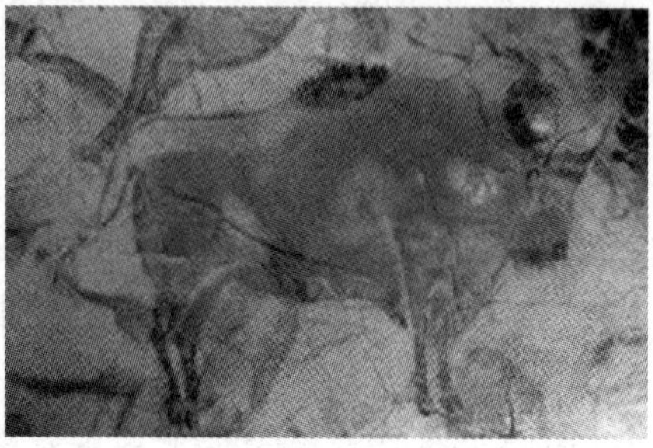

图1　西班牙阿尔塔米拉岩画图

瑰宝。

图 2　我国原始制陶人在新石器时代彩陶上的纹绘

“素描”一词是西方对单纯绘画形式的言语表述，其内容从属欧洲的绘画体系。现在通常所说的素描，是文艺复兴之前由德国早期民间宗教题材木刻版画发展而来的，其最早虽在民间广泛流传，但并非一种独立的或者是后来意义的艺术表现形式。到了 15 世纪文艺复兴时期，意大利画家马萨乔、达·芬奇、米开朗琪罗等人发明了透视、解剖和构图学原理，结合素描独特的表现魅力，使之在立体和空间上得到了充分的表现，产生了较为全面的理论与实践依据，因此素描也拥有了作为一种独立绘画的地位。

从东西方单色绘画的基本表现手法来看，它们都是点、线、面语言的运用，二者却有着本质的区别。中国的绘画基础叫白描（以线为主的黑白描绘），比如中国神话百图之梨园仙子图（如图 3 所示），它不仅讲形体，更追求线条的趣味性，侧重于线性表达基础上的意象造型，很少受光影、时间、环境等外在变化因素的影响。其语言形态不仅借鉴和吸收了书法、岩画、雕刻等艺术的笔法和技巧，艺术表现上更追求物像神韵与意趣表达。因此，具有表达意象线条造型的方式是中国绘画最基本的艺术表现手段，表意性也成为中国绘画的核心。中国素描与西方素描有本质的区别。西方绘画更侧重于表达的具象与写实，如达·芬奇、米开朗琪罗等运用素描形式勾画出大量的研究手稿（如图 4 所示）。因此，西方素描受制于客观对象，光线、时间等外部因素是基于外形在形式语言的秩序化，强调明度而不强调色彩，注重结构和明暗，并用明暗关系在二维平面上追求三维立体的艺术效果，常常需要借助于特定的对象、环境、光影进行写生或创作。

图3 中国神话百图之梨园仙子图

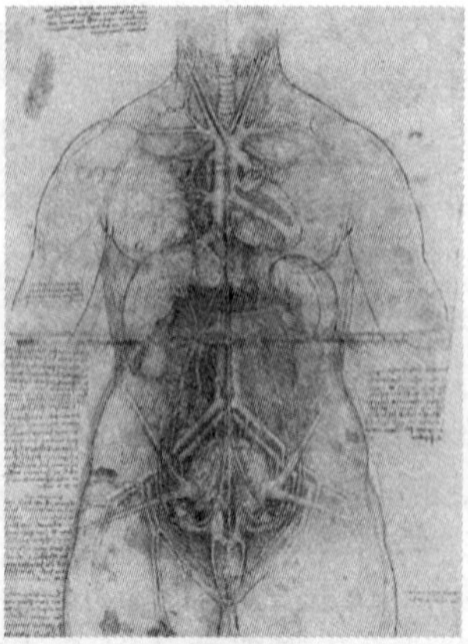

图4 人体解剖素描手稿（达·芬奇）

中西绘画二者差异很大，不可否认是西方素描与中国素（白）描都是世界绘画中最为朴素而基本的绘画样式，不管是写实或者是意象素描都包含绘画造型艺术的基本法则、规律和要素。素描绘画从艺术的功能性上来说有不同的分类：有些完成稿的素描，为绘画艺术作品；另一些素描未完成为画，也具有内在的艺术价值。这类素描包括一般的风格习作（例如静物素描、石膏写生素描、人物写生素描），还有独立的速写（例如草图稿、徒手稿、风景速写草图和场景速写草图）。

（二）东西方线的融合

绘画作品中的线作为视觉形象中的基本要素，东西方由于审美习惯、思想观念的不同，所以形成不同的风格，但在美术作品中同样具有丰富的视觉张力和多样的艺术美感。《流民图》是我国著名画家蒋兆和在1942年画的，这幅画长26米，高2米，描绘在日本统治下中国人民苦难的生活。画中塑造100多个难民的形象，他们的悲愤、疾病、贫困、绝望被画家展现在观众面前，给人强烈的视觉冲击力。

线作为造型方式，在东西方画家笔下是同样体现的，可是他们的视觉美感却有所不同。东方注重情感，富于韵律感和装饰美。特别是我国的传统绘画，画家往往是借助笔墨来抒发自己内在的思想感情。国画以线作为主要造型手段，在长期的艺术实践中，国画家通过不断的研究、实践，使线从最初仅用来描绘物体的轮廓，发展为表现物象的质感，传达人的情绪，抒发人的情感，极大地提高了线的表现能力。

二、西方素描的工具、材料与技法

一般来说，在进行绘制一张素描之前，首先我们必须要明确自己的目标和主题，再去思考用什么样的工具和材料以及什么样的表现语言和手段将我们的意图很好的展示出来。以下对素描所常用的一些工具以及相应的技法做一些简单的介绍。

（一）笔

1. 铅笔

铅笔大致的分为 H 类和 B 类：H 类前面的数值越大，铅笔的性质越硬，色素越浅，分别为 6H、5H、4H、3H、2H、H 等；B 类前面的数值越大，铅笔的性质越软，色素越重，分别为 6B、5B、4B、3B、2B、B 等，其中 HB 是中性的。画素描由于表现的意图不一样，作业的时间会不同，短期作业 2B、3B、4B 即可，长期作业要根据纸张的特性以及要求的深入程度和表现内容去决定铅笔的种类。

2. 炭笔

炭笔一般分为炭铅笔、炭精条、木炭条三个类型。

炭铅笔和炭精条一般由炭粉加工而成，其质地松脆，色泽厚重，画出的线条黑白对比强烈。在使用方法上，炭铅笔和铅笔的使用方法接近，既适合长期作业的深入细致地刻画，也适合于短期作业的概括处理的手段。特点在于大面积的颜色涂抹和物象不同质感、肌理的表现。

木炭条则是用柳树的树枝烧制而成，质地非常松软，色泽与炭铅笔和炭精条相似，它的特点在于具有铅笔不具备的优越性，既可以深入作画，亦可进行细致的刻画，既能表现出油画中那种坚实的造型效果，又可以表现出中国水墨的特点。但是木炭条的质地松软，炭粉附着力弱，不宜用相对光滑的纸张，如果要保存，必须得喷上定画液。

3. 钢笔、圆珠笔、毛笔

钢笔线条连续性强，刚劲有力，流畅自然，可以通过线条的粗细、点的疏密来组合表现画面，但是多用于短期的作业和对物象的快速表现；圆珠笔与钢笔的表现效果相近，可以画出连续不断的线条，优美流畅，用于一些小幅画的绘制，会很有趣味；毛笔，一般说来使用在中国画中，但是毛笔的干湿变化的笔触，可以更好地塑造画面虚实的变化，且富有中国水墨画的韵律。

4. 彩色铅笔、色粉笔

彩色铅笔和色粉笔，质地相近。色粉笔为粉制，附着性差，彩色铅笔在种类上，有粉性的，也有油性的，附着力比色粉笔略胜一筹。彩色铅笔具有着色粉笔和铅笔特性，但是在颜色的层次上不及色粉笔，一般可以使用在短期的绘制中。在使用两种笔时，最好选择附着力强的纸张，如带有底色，表层类似于细砂纸的特殊纸张或者附着力较强的素描纸。

当然，除了以上介绍的几种笔之外，还有蜡笔、油画棒、银针笔等，只要符合画面的需要，都可以用来尝试。

（二）纸张

可以用于素描的纸张，品种丰富，有素描纸、水彩纸、水粉纸、油画纸、宣纸、卡纸、新闻纸、拷贝纸等等纸张，可以按照作画的要求来选择纸张的种类。当然也可以按照作画的不同需要，来进行作画前的加工处理，比如做有颜色的底子、刷粉、刮胶等。

（三）材料与技法的综合运用

素描作为绘画领域的基础，在材料和技法的运用上本身没有任何的限制和要求，而是立足于表现的内容和要求去选择，是为了更多地探索新的素描样式和造型语言。事实上，材料和技法是紧密相连的，技法是离不开它所依赖的材料。一个人的创造力往往体现在他对材料特性的兴趣和发现美的能力上，可以多去使用各式各样的材料，培养作画的主观能动性，给创作素描带来更大的空间。

三、西方素描的发展史

（一）素描的发展

素描的另一种解释则是被认作为“草图”。瓦萨利说：“用笔或其他画具轻轻草拟的，略具有雏形的东西叫草图。而在这草图上，一旦用最简洁的线条将所有的东西都沿着周边描绘而成，就叫作侧面轮廓图、轮廓图或外形图了。不管我们如何称呼这些图形（无论称之为侧面轮廓图、轮廓图或外形图），它们都是为绘画、雕塑和建筑服务。”

在文艺复兴以后至19世纪中期，艺术的形式和表现方法推陈出新。当印象派出现之后，艺术流派如同洪水猛兽一般冲击着我们的视觉神经，立体主义、野兽主义、抽象主义、达达主义、表现主义、超现实主义……再到今天的后现代艺术。西方艺术的发展完全遵从当时的政治、经济、文化、科技与历史，不一样的思想观念会形成不同的艺术形式。

安格尔是法国古典画派的开创者达维尔的学生，也是该画派后期的主要代表者（如图5、图6所示）。“素描—这是高度的艺术诚实。”安格尔说过的这一句名言，是他对素描意义的透彻感悟。他把素描看作是“具有表现力的，是画的全局，是艺术的雏形。素描本身已包含了作品的四分之三。”安格尔有着极为扎实的素描基础，在他看来“除了色彩，素描是包罗万象的”，而且“素描要不断地画，当没有机会用铅笔画素描时，就用眼睛画。在你们未能把确切观察到的事物画出来之前，你们是创作不出真实美好的事物的”。

图 5　安格尔 1818 年
素描《考尼茨三姐妹》

图 6　安格尔 1816 年
素描《查尔斯·戴维南》

安格尔对素描意义的理解和在实践中的追求，使他的素描作品贯穿着强烈的创作意识，不论是他为自己创作做准备的草图和习作，还是即兴的速写和写生，都具有极高的作为独立艺术品来欣赏的价值。《瓦尔邦松的浴女》和《德沃赛夫人》这两幅油画底稿，纯粹的线条白描稿，简单而概括的表现主题和气氛，与油画完成稿相比别有一番风味。再如为《莫瓦铁雪夫人》油画所做的写生习作虽然画得极为简练，但却比完成后的油画，在人物形象上更为生动而自然。

出现在 19 世纪晚期的印象主义素描就是学习观察。从本质上说，印象主义素描和发展史上的其他流派别无二致，对印象主义画家而言，素描依然是基础。广义而言，素描是促进艺术对象的形成。一个艺术家创造的每条线和边缘都是素描过程的结果。线条以及形态的分布联系着素描的过程。就功能而言，印象主义素描可以分为两类：一类是独立完成的艺术作品，另一类是为最终的作品准备的习作。

印象主义素描经常是捕获一个瞬间或是局部，辅以色彩、形状、光线和气氛效果的描述。在 19 世纪后半期这一特殊的社会背景下，其表现形式和素描要素日趋明显地彰显着印象主义的观念特征。画家们对于轮廓的认识有了明显的变化，进行了更为深入的转化，要么走向模糊，形体的外部边缘线条的处理服务于在自然环境光影下的状态，要么走向神经质的精确与干练。在对动态物体的把握上，印象主义素描更加注重事物在观察视角中的瞬间变化，表现得更为生动，构图也更加独特和富有创造性。这一时期的素描作品，对于体积的塑造、对于质量的体现和三维空间的画面效果已经不是画家们追求的终极目标了。在当时科学的发展、光学研究有所突破以及摄影术有所诞生的影响下的年轻有抱负的一代艺术家们，他们作为现代主义艺术先河的鼻祖，把他们对自然清新生动的感官感受放到了首位。此时在印象主义素描中，如果对比传统素描，最大的变化是光色的加入，色彩气氛非常直接而细腻地体现在画面上。

素描大师德加是一位个性与才华俱佳的画家，也是印象派画家当中自始至终坚持严谨素描造型的一个艺术家。扎实的基本功和素描技巧造就了德加卓越的写实功底。他凭记忆捕捉瞬间的物象及掌握着印象派的光、色方面的技巧，准确地描绘运动中的各种复杂优美的动作。

印象主义素描以瞬间即永恒、素材即题材、偶然即必然为主要特征，强调感受即为真实。印象主义主张光为色之母，有光才有色，世界上任何具体的物象和事件只是传达光和色彩的媒介罢了，它本身的意义是次要的。对于光色的认识和研究成为画家认识世界的中心，这种艺术观念支配他们的素描创作。

（二）素描的分类

素描具体的分类有很多种，也可以因为不同的侧重点，分成很多类型。我们以最基本的、达成共识的分类方式即结构素描、明暗素描、线描这三个种类，进行具体的介绍。

1. 结构素描

结构是物象的内在本质构造，特定的物体结构决定了物体拥有的外形特征和自身的运动发展规律。我们只有将结构充分地了解，才能更好地去表现和再现物象。

结构素描常以线为主，结合块面，表现客观物象的内在关系，依靠线条的穿插、组合、衔接，通过用笔的轻重缓急、线条的粗细，来表现物体的空间和体积。结构素描是用来剖析和表现物象的本质结构，对于绘画者的形态分析能力和视觉表现能力有着推动作用。

2. 明暗素描

在传统素描的表现里，掌握物体明暗关系的规律也是非常重要的。我们通过掌握和表现明暗关系，可以更好地去表现物象的立体感、空间感和真实地再现物象。写实性作为明暗素描的基础，往往作品需要体现客观的现实性。当代国内众多美院优秀素描作品的核心在于“现实主义”。“现实主义”一词来源于“realism”一词，在中国更被广泛地用于现实，所指为客观存在的事物，被冠以主义之后，则成了某种创作方法或艺术主张，更深层次的是指立足于现实生活的真实性，力求加深作品的内涵和画作的精神特质，是以现实的精神和具象的手法，通过典型化的手段来解释生活的本质。

3. 线描

客观物象的本身并没有线条的存在，由于块面的转折形成了线条，而形是由线条来界定的。我们通常所说的外形的轮廓线，实际上对客观物象面与面之间所形成的线的概括性表现。在设计素描中，线描这种表现种类的出现，主要是由于符合了绘画的草图需求。

四、素描与艺术教育的联系

素描在艺术教育中有着重要的基础地位。它不仅要解决造型基础的问题，还要解决艺术设计创造力的培养的问题，对艺术人才专业素质培养和专业潜能的训练都具有独特的作用。目前国内众多艺术专业都开设了素描课程，比如绘画专业、美术学专业、艺术设计专业、动画专业、建筑学专业、广告新媒体专业等，普遍设为入学的第一门课程，它能使学生形成固定的学习习惯和审美倾向，影响以后的专业学习。除此之外，大学生美术社团、地方少年宫、老年大学、群艺馆等等机构团体从各个年龄层次去普及素描艺术的大众教育。

纵观近年来高校里开设的美术专业和大学生美术兴趣社团的课程，同学们最感兴趣的是素描课程，美术专业及非美术专业的学生都向往和享受素描绘画的过程。如何让素描更好地融入当代大学生（非美术专业）的文艺生活中，打造素描的专业基础将成为一个有乐趣的课题。素描以直接、干练，绘画工具简单的特点深深地吸引着大家，大学生培养素描绘画的兴趣，有助于提高个人艺术情操及审美取向，并且调节学习和工作压力。“兴趣是最好的老师”，素描初学者大胆去求知、去探索、去实践，并在求知、探索、实践中产生愉快的感觉。我们在学习素描的过程中要按照个人的兴趣特点及审美来进行，由易及难，并最终享受于素描绘画当中。

参考文献：

[1] 拉尔夫·迈耶．美术术语与技法词典［M］．广东：岭南美术出版社，1992.

[2] 邢莉．自觉与规范［M］．北京：中国人民大学出版社，2004.

[3] 艾中信．徐悲鸿研究［M］．上海：上海人民美术出版社，1981.

语言在国家安全中的地位与作用

陆 蓉

摘 要： 人类社会所独有的语言，在21世纪不仅仅是交流沟通的方法与手段，更为重要的是在国家安全领域里的重要作用。本讲座旨在向英语专业的老师和学生们介绍语言战略、语言规划与外语教育的关系。首先分析信息化时代背景下语言安全的必要性，再回顾国内外语言安全领域的研究现状，之后展示近年来我国语言安全工作的进展，并分析该视角下国内外语教育的现状。

关键词： 国家安全；语言规划；语言安全；外语教育

一、语言安全的重要性

“语言安全”这一术语有狭义与广义两种理解，狭义上指的是语言本身的安全和语言本体的安全；广义上关注的是语言与安全的关系，研究语言在国家安全中的地位与作用（陈新仁，方小兵，2015）。本文关注的是广义上的语言安全观。在中国传统文化中，中国人民自古强调“未雨绸缪”。预测未来，对将来的发展有所规划，即为“发展战略”或“发展规划”，在现代社会中已成为国家管理不可或缺的重要内容。当下的中国急需启动国家语言战略以及系统构建国家语言安全部门。

继农业时代和工业时代之后，人类历史上又涌现出信息化这一新时代。人类的信息约有80％为语言所负载，语言文字使得虚拟空间的交流得以存在，因此人类信息化的水平主要表现为语言文字的信息化水平。国家的语言规划，必须充分考虑虚拟语言生活，因其有关国家的信息安全，重要性不容忽视。

人类进入21世纪以来，一方面，随着世界多极化和经济全球化进一步深入发展，加上信息化时代对全球人民的生活产生的划时代影响，语言作为一种和国家安全紧密相关的资源越来越受到各国政府的重视；另一方面，以美国为首的西

作者简介： 陆蓉（1979—），女，汉族，安徽宣城人，铜陵学院外国语学院讲师，硕士。

方国家推行“语言问题安全化”，语言安全已经逐渐成为语言规划的重要研究领域。

综上所述，随着时代的发展，语言已经上升到国家安全的层面，因此有必要理清语言与政治的关系：政治（国际关系）属于社会科学范畴，而语言是社会性的重要组成部分。Lakoff 明确说出：“政治即是语言，同时语言也是政治。”语言是政治的重要内容，是政治家们实施统治的重要方面。不同形式的言语行为可以用来表述世界。国际关系中的一切活动必须通过语言才能完成，语言把复杂的社会世界表述出来，使之条理化、有序化。自 20 世纪 80 年代末以来，国际关系理论的语言研究开始发展，把语言提到了国际关系研究议程。Chilton 和 Schaffner 曾指出：“一方面没有语言政治就无法实施，另一方面很可能由于语言的应用才产生广义的‘政治’。”

语言不仅仅是一种沟通工具，还是一种思维方式。语言的使用者可以通过对词汇的定义和解释，影响和掌控人们对世界的认识和理解（孙吉胜，2013）。语言和意义密切相连，语言本身没有意义，意义是通过语言和人类的其他社会活动建构而来的。国际环境中，一个国家如果已建立好话语体系，使用恰当的语言，使自己的观点和行为能被其他国家欣然接受，并且对自己有良好的认知，语言就有助于实现国家利益，因此语言的地位变得举足轻重。语言是政治统治的一个方面，语言的运用会建构各种社会效果，有利于国家社会的长治久安。语言运用适当，就可以达到一定的政治目的，反之亦然。

在当前的时代背景下，信息化社会的发展要求各国在语言方面有所规划。同时，语言规划也必然会影响到社会发展的方方面面。语言与国家安全的关系逐渐成为学术界的一个热点论题。

二、研究背景与研究现状

语言政策大约始于 20 世纪 60 年代，当时二战结束，许多新独立的国家为解决本国的语言问题而涌现出语言政策问题。在社会语言学中，语言政策研究属于一门新兴学科，在学界中其学术重要性正持续上升。然而，国内曾长期存在着对语言文化关系的认识缺失、语言教育混乱、没有明确的前景计划和合理布局等众多问题。可喜的是，国内的学者们敏锐地意识到这一研究领域的重要性，开始关注语言战略、语言规划和语言安全等领域，并就这些专题开展了深刻的研究。

一些学者从研究其他国家语言政策和语言规划入手，如李洁麟（2009）研究马来西亚语言政策的变化，探讨其历史原因，指出语言政策对国家和民族的和谐发展有重要的政治意义，是一项复杂的国家工程；邹长虹（2011）因澳大利亚制定的语言政策在国际上享有盛誉，而探讨其政策发展的历史阶段，揭示其历史意义；赵守辉（2008）介绍了语言规划国际研究的新进展，综述了语言规划研究的几个代表性理论框架，介绍了最新趋势的形成与发展过程，说明了规划实践的多层面性及其复杂程度。

由于美国早在20世纪50年代即开始制定国家外语政策，国内学者对美国的语言政策发展格外关注。鲁子问（2006）阐明美国外语政策的国家安全目标，并着重分析对我国的启示，指出我国在制定外语政策时也应该从国防、外交与国际交往、对外经济贸易、对外司法和国内社会公共安全这五个层面考虑外语政策的国家安全维度；文秋芳、张天伟（2013）分析美国国家外语能力建设模式，并指出对我国政府建设国家外语能力的启示作用在于：一是国家主导，顶层设计，二为军民资源互通共享，三即高端人才储备采用精英战略；王建勤（2011）展开对语言问题安全化与国家安全对策的研究，探讨语言问题安全化的背景，分析对我国国家安全带来的潜在威胁，指出国家需采取对策，加强外语语种规划，制定应对国际事务、突发事件的关键语言政策和我国对外语言战略，提升中国的外语能力，以应对美国“关键语言”战略。

纵观国内学界对语言政策、语言规划和语言安全现有的研究，多为总结归纳他国语言政策的经验和教训，大多停留在效仿他国的阶段，缺少对我国语言政策、语言规划的具体建设性实施方案。我国已从“本土型”国家转变为“国际型”国家，政府对国家安全问题日益关切，许多安全议题得以凸显和聚焦，语言政策的完善与语言规划的实施势在必行。

三、美国外语政策的国家安全目标

美国的“国家安全语言计划”引起了世界各国的警惕，其“关键语言政策”更是将汉语列为第二关键语言，对中国的提防和敌视不言而喻。我国需对此警觉，即时规划和调整我国的语言战略计划。我们首先要厘清美国语言战略的历史发展和语言政策的实施过程与方法，分析其国家外语能力建设的模式。

美国对语言安全问题的重视由来已久，可追溯至20世纪50年代末。1957年10月4日，苏联发射人类历史上的第一颗人造地球卫星，这一划时代的事件让美国迅速做出反应，其中包括加强俄语教育、着重培养俄语方面的语言人才。在第二年，即1958年，美国即开始制定明确的国家外语政策，并通过了《国家国防教育法》（*national defense education act*），其中第六条为外语教育问题，强调外语教学和区域研究的重要性，这是后来美国外语项目实施的初步法律基础。

长期以来，美国一直将语言问题视作国家安全战略的重要组成部分。美国国家外语中心（National Foreign Language Center，NFLC）长期呼吁从国家安全高度制定美国的外语政策。特别是经历了“9·11”事件后，美国政府深刻地反思，对语言安全问题尤为重视，并且于2006年明确提出了“国家安全语言计划”。这项计划不仅仅是外语教育计划，而是具有明确的政治、经济和军事目标的语言战略计划（王建勤，2010），旨在增加美国的关键语言使用人数，提高语言水平。这是自1957年以来美国制定的最重要的外语政策。美国政府声称其指导理念为：“使用别人的语言可以增进理解、表达尊重；提高与外国政府和人民打交道的能力；让他们有机会更多地了解美国及美国人民。”从中不难看出其政治、经济和军事目标，因此美国政府的语言战略举措引起了其他各国政府的关注，我国政府也对此高度关注和警惕。

四、我国的语言规划工作

21世纪，经济全球化加速前进，国与国的交往也变得前所未有的频繁，国家安全环境也因此尤为复杂。同时，中国国力不断增强，国际地位不断上升，中国公民的国际活动空间扩大，这也许是国内语言战略问题凸显的更为深远的背景。

在此时代背景下，中国政府部门也越来越重视语言与国家安全议题。2005年7月，在首届世界汉语大会上，正式确认“汉语国际推广”，并纳入国家战略发展框架。在国家语言文字工作委员会的指导下，中国的语言战略研究近年来渐渐有组织地开展起来。2007年中国发布《国家语委语言文字应用科研工作“十一五”规划》，其中正式提出开展“国家语言战略研究”。2007年11月，教育部直属的“中国语言战略研究中心”在南京大学挂牌成立，战略研究中心申明其宗旨为：“中国语言战略研究中心从事语言政策、语言规划的理论研究和中国国家语言战略的研究。中心的工作目标有三：一、提出适应当前形势和我国国情的新的语言规划理论；二、传播语言规划研究和语言战略研究的新成果，推动有关科研成果的转化和应用；三、针对国内外重大语言问题展开研究，向国家语言文字工作委员会提出政策建议和战略预案，使语言文字工作为我国的经济社会发展提供有力的支持和保障。”同年12月，“中国外语战略研究中心”在上海外国语大学挂牌成立。两个战略中心皆致力于从宏观层面上研究我国的语言政策与语言规划，统一语言工作者与研究者的思想。

2011年4月，我国首次以“语言与国家安全”为主题的高层论坛在扬州召开，论坛由中国政策科学研究会、国家安全政策委员会和国家语言文字工作委员会主办，对制定国家安全语言战略具有重要的推动作用。在此期间，教育部原副部长、国家语委主任李卫红发表了题为“提升国家语言能力，维护国家利益与安全”的重要讲话。在该讲话中，李卫红指出我国若要成为语言大国，成为语言强国，必须迅速提升国家语言能力，以应对全球化给国家安全和国家发展带来的各种挑战，要制定科学的外语规划，增强国家外语能力；制定科学的语言传播战略，让汉语更快更好地走向世界；全面提升公民语言能力，建设人力资源强国；努力发展现代语言技术，构建安全有序的虚拟语言生活；提高国家语言生活管理水平，构建和谐语言生活。李宇明教授（2011）在国内首次使用了“国家语言能力”（national language capacity）的提法，把语言问题提升到国家战略。他指出，国家语言能力是一个国家处理国内外事物所具备的语言能力（包括国家发展所需要的语言能力），外延包括五个方面：语种能力、国家主要语言的国内外地位、公民语言能力、拥有现代语言技术的能力、国家语言生活管理水平。

中国语言战略研究中心于2018年11月召开“2008国家语言战略学术研讨会”，2009年5月召开“2009国家语言战略高峰论坛”。2013年，国家语委给中国语言战略研究中心下达委托项目“语言在国家安全中的地位与作用”。研究中心的研究员南京大学陈新仁教授，领衔担当该项目的负责人，带领一批中青年学者开展该领域的研究，从语言战略的视角重新诠释国家安全问题。“该项目主要关注语言与国家安全之间的关系问题，具体探讨当前的语言规划、语言政策、语言教育、语言运用等与国家安全的关系，并在此基础上提出符合21世纪国家安全需求的语言政策和语言规划科学预案。”（陈新仁，方小兵，2015）

由此可见，在学界开展热烈的讨论和研究的同时，国家政府部门的语言安全意识也逐渐强烈，近年来就语言安全这一议题开展了一系列相关工作。“国家语言能力”一说的提出，标志着语言问题在我国已提升至国家战略地位。

五、语言安全视角下的我国外语教育现状

语言教育是国家实现语言战略的重要途径之一，由于篇幅所限，本部分仅讨论外语教育。外语的选择即为语言的战略选择的结果，美国大力提倡的“关键语言教育”为典型例子。外语教育与母语安全的关系也引起中国和其他各国政府的重视。2013年12月“语言战略高峰论坛”在上海举行，其中“外语教育与国家语言安全”作为重要话题。

自改革开放以来，中国的外语教育事业、各类培训市场似乎一直繁荣且经久不衰，尤以英语教育为盛。如今外语教育在中国看似蓬勃发展，其实不然，语种规模和语种规划均不理想。全世界五六千种语言，较为全面地介绍到我国来的语言最多有一百来种，开设的外语课程约有五六十种，国家经常使用的只有十来种。国家发展和国家安全十分需要的许多非通用语种，人才稀缺。我国目前的语种规模与发达国家差距相当大。以美国为例，可教授的语种有153个，仅哈佛一所高校即可提供70多种外语的课程（www. harvard. edu）；美国国家安全局专门建立资料库，涵盖500多种外国语言（含方言），并能对这些语言进行基本的语

音识别和必要的培训（www.nsa.gov）。而我国，开设语种最多的是北京外国语大学，目前有43种语言的课程，其他高校均不超过30种。

外语语种规划有较多问题：外语教育集中在国际交往中使用广泛的通用语种，其中英语又占据了大部分资源。当前的中国，英语之外的语言需求大为增加，小语种人才非常稀缺。我国不同地区、不同行业对外语人才的需求都不尽相同，因此外语教育发展需要考虑语种需求的不均衡性，改善我国外语的语种结构。目前，我国应该淡化英语中心，拓展多元化的外语教育市场。

中华人民共和国成立后，外语教育的指导思想偏重于政治需要。改革开放以来的30多年间以经济发展为指针，主要关注经济市场需求，而维护国家安全的意识相当缺乏，导致外语语种规模和结构十分不均衡。如今，我国必须从维护国家安全利益出发，必要时使用一定的行政手段和政策调控来规划外语教育。外语教育规划必须紧紧围绕国家安全的主题，适应当前国家安全形势的需要，成为维护国家安全利益的重要手段。

六、结　语

语言为人类社会所独有，在21世纪，语言不仅仅是交流沟通的方法手段，更为重要的是在国家安全领域中的重要作用。美国于2006年明确提出“国家安全语言计划”，将语言问题上升至国家安全战略地位，引起了包括中国政府在内的世界各国的关注和警惕。学界对语言战略和语言安全展开研究与讨论，政府部门近年来也展开了一系列的工作构建和维护我国的语言安全。语言政策、语言规划变得越来越重要，学界的研究成果必将服务于国家安全，保卫国家的长治久安。

参考文献：

[1] Lakoff, R. Talking Power: the Politics of Language in Our Lives [M]. USA: Basic Books, 1990.

[2] O'Connell, M., J. Norwood. International Education and Foreign Languages: Keys to Securing America's Future [C]. Washington, D.C.: The National Academies Press, 2007.

[3] 蔡永良．关于我国语言战略问题的几点思考 [J]．外语界，2011（1）：8—15.

[4] 陈新仁．全球化语境下的外语教育与民族认同 [M]．北京：高等教育出版社，2008.

[5] 戴曼纯．国家语言能力、语言规划与国家安全 [J]．语言文字应用，

2011 (4): 123—131.

[6] 教育部语信司. 扬州举办“语言与国家的安全和发展”论坛 [N]. 语言文字周报, 2011—05—18.

[7] 李洁麟. 马来西亚语言政策的变化及其历史原因 [J]. 暨南大学学报, 2009 (5): 110—117.

[8] 李明富. 美国国防语言战略演进探析——兼论“制语权”战争 [J]. 国防科技, 2012 (5): 80—86.

[9] 李观乐. 语言资源和语言问题视角下的语言服务研究 [J]. 云南师范大学学报, 2010 (5): 16—21.

[10] 李宇明. 中国外语规划的若干思考 [J]. 外国语, 2010a (1): 2—8.

[11] 鲁子问. 美国外语政策的国家安全目标对我国的启示 [J]. 社会主义研究, 2006 (3): 115—118.

[12] 孙吉胜. 跨学科视域下的国际政治语言学: 方向与议程 [N]. 外交评论 (外交学院学报), 2013—01—05.

[13] 王建勤. 语言问题安全化与国家安全对策研究 [J]. 语言教学与研究, 2011 (6): 31—37.

[14] 文秋芳, 张天伟. 美国国家外语能力建设模式分析 [J]. 外语教学与研究, 2013 (6): 854—864.

[15] 徐大明. 语言资源管理规划和语言资源议题 [J]. 郑州大学学报, 2004 (1): 12—15.

[16] 袁周敏. 从国家安全看语言安全教育 [N]. 中国社会科学报, 2016—06—29.

[17] 赵蓉晖. 国家安全视域的中国外语规划 [J]. 云南师范大学学报, 2010 (2): 12—16.

[18] 赵守辉. 语言规划国际研究新进展——以非主流语言教学为例 [J]. 当代语言学, 2008 (2): 122—136.

[19] 曾宏伟. 幼儿英语教育与国家语言文化安全 [J]. 南京社会科学, 2008 (2): 59—61.

[20] 邹长虹. 澳大利亚语言政策简述 [J]. 海外英语, 2011 (13): 12—13.

政治·法律

关于理想信念引导的社会心理学分析

夏美武

摘　要： 信仰是在一定情感、认知和意志基础上形成的、对内在追求和社会生活目标坚定不移并身体力行的稳定心理状态和精神状态。要坚定理想信念，就必须让马克思主义理论教育真正内化于心、外化于行，形成稳定的心理状态，必须使人的外在逻辑与内在逻辑、价值理性与工具理性相统一，从而做到心意统一，自觉与自发的统一，如此才能实现好个体行为与主流社会形态的协调与统一。

关键词： 理想信念教育；心理逻辑；认知规律；心意统一

“社会的需要比十所大学更为重要”。习总书记在2016年5月全国哲学社会科学座谈会上的讲话中指出，“世界上伟大的哲学社会科学成果都是在回答和解决人与社会面临的重大问题中创造出来的”。为全面从严治党，优化党内政治生态，我们党强调从思想上建设党，重视加强理想信念教育。十八届六中全会把坚定理想信念作为开展党内政治生活的首要任务，作为共产党人的精神支柱、政治灵魂和团结统一的思想基础。为此，习总书记提出很多论断，比如共产党人如果没有理想信念或者理想信念不坚定，精神上就会“缺钙”，就会得“软骨病”，就必然导致政治上变质、经济上贪婪、道德上堕落、生活上腐化。一些领导干部步入歧途，最根本的是理想信念出了问题。理想信念动摇是最危险的动摇，理想信念滑坡是最危险的滑坡。一个政党的衰落，往往是从理想信念的丧失或缺失开始的。为此，中央要求把理想信念教育贯穿到全面从严治党全过程，融入加强和规

作者简介： 夏美武（1968—），铜陵学院副校长，教授，博士，硕士生导师，安徽省暨安徽大学高等教育研究所特聘研究员，中国政治学会理事，安徽省政治学会副会长，安徽省社会心理学会副会长。

基金项目： 本文为安徽省哲学社会科学规划重点项目（AHSKZ2016D20）阶段性研究成果。

范党内政治生活各方面，并提出要把马克思主义理论作为必修课。为坚定理想信念，党的十八大以来，党中央集中开展了群众路线教育实践活动、“三严三实”专题教育、“两学一做”学习教育等。

那么，如何保证理想信念教育引导取得实效？下面，笔者从社会心理学角度略做粗浅分析。美国社会学家库利曾经把人类生命的历史比喻为一条河流以及沿着这条河流的公路——其中，河流是种族和遗传，公路是社会和文化。同样，决定人行为的，也有两种像河流和公路一样的互不同，但互相影响的逻辑结构，呈现双重状态。一是认知逻辑；另一个是心理逻辑。两者共同负责调节人的情感和行为。美国心理学家佛拉维尔提出一个概念叫元认知，元认知又称反省认知、监控认知、超认知、反审认知等，是指人对自己的认知过程的认知。对元认知的研究者认为：一个人的脑子里装有某些知识是一回事，这些知识在需要的时候是否能得到利用是另一回事。这就涉及对脑科学、神经科学和人的生理基础分析。最近电视上有一个节目叫《挑战不可能》，播出了浙江大学许科迪团队脑机融合试验，就是用脑电波操控把人的意识读取出来并影响他人行为。按照主流心理学的还原论，心理逻辑对应着大脑伏隔核（Nucleus accumbens）的核团作用，冲动性对于行为的支配占主导，主要按照“我想要”的标准行动。认知逻辑依赖于大脑皮层前额叶的活动，主要体现在杏仁核的活动上，它会综合汇总来自大脑皮层边缘系统的冲动和抑制信号，通过满足“别人”的要求，进行自我抑制和调节活动。两种作用的发挥在人的不同年龄阶段及不同对象身上都不会相同，其主导行为能力的大小也会因时因人而异。若按照还原理论，那么，我们的宣传教育除了传授理论知识之外，就要考虑如何减小大脑伏隔核的核团作用，引导前额叶自我调节功能的发展，将“我想要”与满足“别人的要求”统一起来并有效转化，从而让个体产生能够适应主流社会的意识形态和行为模式。

两重逻辑状态作用还对应着人的心理活动过程的四个阶段，即认知—情感—意志—行为。认知逻辑属于理性范畴，关于认知的知识是稳定的、可意识到、可表述的，较为显性，它随着个体年龄的增长而发展。情感、心理、精神则属于非理性的、动态的，通常是无意识，较为隐性，属于“无知之幕”，但对认知具有控制和调节作用，我们把它归结于心理逻辑管辖范围。古语说：“江山易改，本性难移”“三岁看大，五岁看老”，这样的俗语暗示我们的人格和思维模式如同被模具定了型，这有点像人格、气质、个性，具有内在倾向性和行为稳定性，难以改变。这些长期以来的惯性思维方式在你的大脑中形成了一个个顽固的封闭循环。我们在开展理想信念教育时，不能不考虑到这种“惰性心理结构”。既能晓之以理，又能动之以情。不能光讲得对，还得讲到人的心坎上，否则只是正确的废话，如大雁飞过天空，了无痕迹。

在古代，《礼记·大学》就有曰："物格而后知至，知至而后意诚，意诚而后心正，心正而后身修，身修而后家齐，家齐而后国治，国治而后天下平。"日本有句教育名言，"与其给予知识，不如让其感动，与其让其感动，不如让其实践。"说的就是一个从认知到情感再到行为的层级过程。我们也提出思想政治教育要可信、可亲、可爱、可敬，这次习近平总书记在全国高校思想政治工作会议上要求"提升思想政治教育的亲和力和针对性"，强调的也是人的认知过程如何适应和遵循人的心理活动规律。

在我国传统文化中，有"言为心声，行为意动"的说法，言和行只是心理活动的外壳，根源在于心和意，而心和意是不同的。写字的时候，明明心里想的是某个字，但手写出来的却是另外一个，这就是心意不合；下棋时走神，眼睛盯着棋盘，意却到了天上的大雁，这也是心意不合。精神分裂者，主要是心和意不合的程度太严重而导致的。我们有很多成语也都是把心和意分开，相合的如一心一意、全心全意、诚心诚意、心满意足、称心如意；不合的有三心二意、心猿意马、心烦意乱、心灰意冷，等等。按传统理解，心是先天赋予的本能东西，是不以后天的意志为转移的，这叫本心。意是出生以后，被灌输培养和教育出来的东西。《太平经》有言："夫心同意合，皆为大乐也。苦心异意，皆为乖错，悉致苦气也。"心，性也；意，念也，心同意合，则念随性转，而常净安康，故曰大乐，若意念纷驰，真性被蒙，神不守舍，而病痛生，故言致苦气也。可见，心和意根本就不是一回事。现代社会有很多剩女，为什么？主要还是心意不合导致，要么是称心（有感觉）的不如意，要么是如意（符合条件）的不称心。现在我们讲意识，也分几个层次，比如潜意识、中层意识、高层意识。中国有"做贼心虚"一说，贼在主观认识上他肯定不想心虚，但他控制不了，没办法。这也是读心术的学理依据。

著名哲学家康德指出："人属于两个世界，在感觉世界受经验的决定，在理智世界遵守道德律"[3]。从认知逻辑到心理逻辑是两种不同的逻辑状态，静态的知识如何影响、调动具有稳定性、倾向性和跨情境特质的心理结构，并适时控制和调节人行为，真正实现心同意合，心意相通，达到自觉与自发的统一，绝非易事。

我们知道，信仰决定着意识形态的性质，但信仰不等于认知。信仰是在一定情感、认知和意志基础上形成的、对内在追求和社会生活目标坚定不移并身体力行的稳定心理状态和精神状态，属于心意统一。有专家分析，中国共产党的信仰体系是一个整体，它有三个思想来源，即马克思主义、生产力发展、人的自由发展与合理的分配。那么，要坚定理想信念，就必须让马克思主义理论教育真正内化于心、外化于行，形成人稳定的心理状态；就必须使人的外在逻辑与内在逻辑、价值理性与工具理性相统一；就必须实现信仰正确与人民的主体意识相统一。

反思当下的理想信念教育，人们往往习惯于搞“头脑风暴”，突出“碾压式”的说教和强势灌输，话语体系充斥高、大、上的正统气息，民众喜闻乐见的“接地气”“暖心窝”的宣传范式还不够。原因还是缺少心理学意义上的心与意的沟通，理性认知逻辑与本真的心理逻辑结构没有很好统一。“最后一公里”，即任督二脉没打通，这必然导致教育效果大打折扣，要么潜规则盛行、形式主义泛滥，要么会出现逆反心理。这就像食盐，所有的美食都离不开它，但单纯地去喂你吃，肯定不好吃，也吃不下。北京大学教授刘云杉说：“在人类骄傲的理性下，我们的欲望被过度地用在知识之树上，则单一的知识教育如同海滩上的苇草一般，是没有任何根基的。知识没有力量把光赐给原来没有光的心灵，也不能使盲人看见东西。”青年学者石勇认为：“我们成为什么人，主要是在心理上变成的、行动上做成的，不是头脑思考成的。头脑的思维，如果没有驱动行动，并产生相应的心理结果，一个人不可能有所改变。”

参考文献：

[1] 习近平．在哲学社会科学工作座谈会上的讲话［N］．人民日报，2016—05—19.

[2] 石勇．心理逻辑：深入探触人类内心世界［J］．南风窗，2016（19）.

[3] 赵祥禄．论康德与罗尔斯的两种道德建构主义［J］．现代哲学，2008（4）.

全面深化改革的政治宣示和行动纲领

——学习贯彻党的十八届三中全会专题报告

邵　军

摘　要：党的十八届三中全会是专题部署全面深化改革的重要会议。其重大意义在于：从制度性安排来看，新时期历届三中全会都具有政治航标价值和行动纲领性意义；从历史经验来看，改革开放是决定当代中国命运的关键一招；从现实需要来看，深化改革是发展和完善中国特色社会主义的必然要求。全会通过的《决定》，集中阐述了全面深化改革的指导思想、总体目标、基本原则、重大部署、创新举措和根本保证，是全面深化改革的蓝图和纲领。学习贯彻党的十八届三中全会精神，必须坚定信心、凝聚共识、落到实处。

关键词：十八届三中全会；全面；深化；改革

党的十八届三中全会是在全面建成小康社会决定性阶段召开的重要会议，是高举改革开放旗帜、动员全党全国人民奋力开拓中国特色社会主义事业广阔前景的重要会议。这次全会关于全面深化改革的重大部署，集中体现在全会通过的《中共中央关于全面深化改革若干重大问题的决定》（以下简称《决定》）和习近平总书记的重要讲话上。如果说《决定》是全面深化改革的蓝图和纲领，那么习近平总书记重要讲话就是全面深化改革的动员令和方法论。《决定》和讲话相互贯通、相辅相成，是把握和贯彻全会精神的基本遵循。深入学习和贯彻党的十八届三中全会精神，就是要进一步提高对全面深化改革重大意义的认识，高举改革的旗帜，坚定改革的信心，以强烈的责任感、使命感推进改革，深化改革。

一、深刻理解十八届三中全会的历史背景与重大意义

（1）从制度性安排来看，新时期历届三中全会都具有政治航标价值和行动纲

作者简介：邵军（1968—），男，汉族，安徽省郎溪县人，铜陵学院马克思主义学院教授，硕士生导师。

基金项目：本报告为铜陵学院学术带头人后备人选项目“高等学校推动社会主义核心价值观三进研究”（2014tlxyxs241）建设成果。

领性意义。一是从新时期以来，我们党逐渐形成了“中央委员会全体会议由中央政治局召集，每年至少举行一次”的制度性安排，而且形成了一中、二中全会主要研究人事安排，三中全会提出施政纲领的政治惯例。二是改革开放以来，历届三中全会研究什么议题、做出什么决定、采取什么举措、释放什么信号是人们判断新一届中央领导集体施政方针和工作重点的重要依据，对做好未来5年乃至10年工作意义重大。改革开放以来历次三中全会都研究讨论深化改革问题，都是在释放一个重要信号，就是我们党将坚定不移高举改革开放的旗帜，坚定不移坚持党的十一届三中全会以来的理论和路线方针政策。说到底，就是要回答在新的历史条件下举什么旗、走什么路的问题。三是从十八届三中全会与十八大的关系看，三中全会是贯彻落实十八大精神的具体举措。党的十八大统一提出了全面建成小康社会和全面深化改革开放的目标，强调必须以更大的政治勇气和智慧，不失时机深化重要领域改革，坚决破除一切妨碍科学发展的思想观念和体制机制弊端，构建系统完备、科学规范、运行有效的制度体系，使各方面制度更加成熟、更加定型。因此，要完成党的十八大提出的各项战略目标和工作部署，必须抓紧推进全面改革。

(2) 从历史经验来看，改革开放是决定当代中国命运的关键一招。一是只有社会主义才能救中国，只有改革开放才能发展中国、发展社会主义、发展马克思主义。近一个世纪以来，我国先后发生三次伟大革命。第一次革命是孙中山先生领导的辛亥革命，推翻了统治中国几千年的君主专制制度，为中国的进步打开了闸门。第二次革命是中国共产党领导的新民主主义革命和社会主义革命，推翻了帝国主义、封建主义、官僚资本主义在中国的统治，建立了新中国，确立了社会主义制度，为当代中国一切发展进步奠定了根本政治前提和制度基础。第三次革命是我们党领导的改革开放这场新的伟大革命，引领中国人民走上了中国特色社会主义广阔道路，迎来中华民族伟大复兴的光明前景。二是改革开放是决定当代中国命运的关键抉择，是党和人民事业大踏步赶上时代的重要法宝。改革开放是党在新的时代条件下带领全国各族人民进行的新的伟大革命，是当代中国最鲜明的特色。党的十一届三中全会召开三十五年以来，我们党以巨大的政治勇气，锐意推进经济体制、政治体制、文化体制、社会体制、生态文明体制和党的建设制度改革，不断扩大开放，决心之大、变革之深、影响之广前所未有，成就举世瞩目。中国人民的面貌、社会主义中国的面貌、中国共产党的面貌能发生如此深刻的变化，我国能在国际社会占据举足轻重的地位，靠的就是坚持不懈推进改革开放。

(3) 从现实需要来看，深化改革是发展和完善中国特色社会主义的必然要求。一是改革开放永无止境。面对新形势新任务，全面建成小康社会，进而建成富强民主文明和谐的社会主义现代化国家、实现中华民族伟大复兴的中国梦，必须在新的历史起点上全面深化改革，不断增强中国特色社会主义道路自信、理论自信、制度自信。党的十八大以来，中央反复强调，改革开放是决定当代中国命运的关键一招，也是决定实现“两个一百年”奋斗目标、实现中华民族伟大复兴的关键一招，实践发展永无止境，解放思想永无止境，改革开放也永无止境，停顿和倒退没有出路，改革开放只有进行时、没有完成时。二是只有通过全面深化改革，着力解决我国发展面临的一系列突出矛盾和问题，才能不断推进中国特色社会主义制度自我完善和发展。当前，国内外环境都在发生极为广泛而深刻的变化，我国发展面临一系列突出矛盾和挑战，前进道路上还有不少困难和问题。比如发展中不平衡、不协调、不可持续问题依然突出，科技创新能力不强，产业结构不合理，发展方式依然粗放，城乡区域发展差距和居民收入分配差距依然较大，社会矛盾明显增多，教育、就业、社会保障、医疗、住房、生态环境、食品药品安全、安全生产、社会治安、执法司法等关系群众切身利益的问题较多，部分群众生活困难，形式主义、官僚主义、享乐主义和奢靡之风问题突出，一些领域消极腐败现象易发多发，反腐败斗争形势依然严峻，等等。解决这些问题，关键在于深化改革。

（4）从重大意义和深远影响来看，十八届三中全会是坚持和完善中国特色社会主义的政治宣言、行动纲领、社会动员和自信自觉。首先，党的十八届三中全会以全面深化改革为主要议题，是我们党坚持以邓小平理论、“三个代表”重要思想、科学发展观为指导，在新形势下坚定不移贯彻党的基本路线、基本纲领、基本经验、基本要求，坚定不移高举改革开放大旗的重要宣示和重要体现，显示了我们党坚持和完善中国特色社会主义的鲜明政治立场。其次，全会决定深刻剖析了我国改革发展稳定面临的重大理论和实践问题，阐明了全面深化改革的重大意义和未来走向，提出了全面深化改革的指导思想、目标任务、重大原则，描绘了全面深化改革的新蓝图、新愿景、新目标，是发展和完善中国特色社会主义的行动纲领。再次，全会汇集了全面深化改革的新思想、新论断、新举措，反映了社会呼声、社会诉求、社会期盼，凝聚了全党全社会关于全面深化改革的思想共识和行动智慧，合理布局了全面深化改革的战略重点、优先顺序、主攻方向、工作机制、推进方式和时间表、路线图，形成了改革理论和政策的一系列新的重大突破，是全面深化改革的又一次总部署、总动员，必将对推动中国特色社会主义事业发展产生重大而深远的影响。最后，全会以完善和发展中国特色社会主义制度，推进国家治理体系和治理能力现代化为深化改革的总目标，更加注重深化改革的系统性、整体性、协同性，反映了我们党对改革规律、对共产党执政规律、对中国特色社会主义建设规律认识的深化与发展，反映了我们党对中国特色社会主义道路、理论、制度的更加自信，反映了当代中国共产党人坚定不移推进改革开放的高度自觉和以习近平同志为核心的党中央高举改革开放旗帜的高度自觉。

二、准确把握十八届三中全会《决定》的基本精神

从《决定》的框架结构来看，《决定》共有16个部分，分成60个条目，由三大板块组成。第一板块就是第一个部分，可以叫总论，主要阐述全面深化改革的重大意义、指导思想、总体思路；第二板块是主干部分，由第2—15部分组成，分别阐述如何从经济、政治、文化、社会、生态、国防和军队六个方面进行改革，具体部署全面深化改革的主要任务和重大举措；第三板块是最后一个部分，第16部分，这是压轴的部分，讲如何加强和改善党对全面深化改革的领导问题。《决定》集中阐述了全面深化改革的蓝图和纲领，深刻领会十八届三中全会精神，必须全面准确把握《决定》的精神实质。

(1) 深刻领会全面深化改革的指导思想、总体目标和基本原则。全面深化改革的指导思想、总体目标和基本原则，是改革开放和社会主义现代化建设实践探索的基本结论，是对中国特色社会主义的丰富和发展。全面深化改革，以完善和发展中国特色社会主义制度，推进国家治理体系和治理能力现代化为总目标，就是要实现党、国家、社会各方面事务治理的制度化、规范化、程序化；全面深化改革的总开关和目的，在于如何引导和推动进一步解放思想、进一步解放和发展社会生产力、进一步解放和增强社会活力；全面深化改革的主要任务，在于坚持以经济体制改革为重点、牵引和带动其他各领域的改革，使各方面改革协同推进、形成合力；坚持社会主义市场经济改革方向，在于处理好政府和市场的关系，使市场在资源配置中起决定性作用和更好发挥政府作用；牢牢把握全面深化改革的出发点和落脚点，在于促进公平正义、增进人民福祉，更好地通过创新制度安排保障人民平等参与、平等发展权利；全面深化改革的依靠力量，在于坚持以人为本、以民为本，同人民一道把改革推向前进。只有深刻理解全面深化改革的总体要求，扭住目标任务，才能坚定不移地把改革开放引向深入。

(2) 深刻领会全面深化改革的重大部署和创新举措。全面深化改革的重大部署和创新举措，体现实践发展的新要求，符合人民群众的新期待。《决定》立足党和国家全局，对全面深化改革做出一系列新的重大部署。可以说，这些重大部署既抓住了当前我国发展面临的突出问题，又是着眼长远的总体设计和制度安排。领会《决定》的基本精神，一要紧紧围绕深化经济体制改革，领会坚持和完善基本经济制度、加快完善现代市场体系、加快转变政府职能、深化财税体制改革、健全城乡发展一体化体制机制、构建开放型经济新体制的新举措新要求；二要围绕深化政治体制改革，领会加强社会主义民主政治制度建设、推进法治中国

建设、强化权力运行制约和监督体系的新举措新要求；三要围绕文化体制改革，领会完善文化管理体制、建立健全现代文化市场体系、构建现代公共文化服务体系、提高文化开放水平的新举措新要求；四要围绕深化社会体制改革，特别是教育、就业、收入分配、社会保障、医药卫生等人民群众关注的热点问题，领会推进社会事业改革创新、创新社会治理体制的新举措新要求；五要围绕深化生态文明体制改革，领会健全自然资源资产产权制度和用途管制制度、划定生态保护红线、实行资源有偿使用制度和生态补偿制度、改革生态环境保护管理体制的新举措新要求。只有深刻认识和认真落实这些重大部署，才能全面深化各领域的体制改革，确保在重要领域和关键环节改革上取得决定性成果，实现全会提出的全面深化改革的目标任务。

（3）深刻领会全面深化改革的根本保证。我们党是改革的倡导者、推动者、领导者，改革能否顺利推进，关键取决于我们党，取决于党的领导水平。《决定》强调，必须加强和改善党对全面深化改革的领导，完善党的领导体制和执政方式，充分发挥党总揽全局、协调各方的领导核心作用，建设学习型、服务型、创新型的马克思主义执政党，提高党的领导水平和执政能力，确保改革取得成功。领会《决定》的基本精神，就要深入思考如何完善党的领导体制和执政方式，不断提高把握和运用市场经济规律能力，不断提高科学执政、民主执政、依法执政水平；深入思考如何创新基层党建工作方式，健全党的基层组织体系，在全面深化改革中更好发挥基层党组织的战斗堡垒作用和共产党员的先锋模范作用；深入思考如何坚持党管干部原则，深化干部人事制度改革，构建有效管用、简便易行的选人用人机制，培养造就更多党和人民需要的好干部，建立健全集聚人才的体制机制，让各类人才都有施展才华的广阔天地；深入思考如何坚持用制度管权管事管人，建立科学有效的权力制约和协调机制，加强反腐败体制机制创新，健全反腐倡廉法规制度体系，更好地把权力关进制度的笼子。总之，要通过深入宣讲，引导各级党组织和广大党员干部深刻认识改革进程中加强党的领导、推进自身建设的重要性和紧迫性，以党的制度建设改革为动力，不断提高党的建设科学化水平，确保党始终成为全面深化改革的坚强领导核心。只有深刻认识改革进程中加强党的领导、推进自身建设的重要性紧迫性，以党的制度建设改革为动力，不断提高党的建设科学化水平，才能确保党始终成为全面深化改革的坚强领导核心。

三、积极投身全面深化改革的伟大实践

全面深化改革，对全面建成小康社会、实现中华民族伟大复兴意义重大而深远。学习贯彻党的十八届三中全会精神，是当前和今后一个时期全党全国的重大

政治任务，只有把思想和行动统一到中央决策部署上来，才能汇聚起全面推进改革开放的强大正能量。

学习贯彻党的十八届三中全会精神，必须坚定信心。党的十一届三中全会以来，改革开放使得我国实现了从计划经济体制向社会主义市场经济体制的历史性突破，实现了从封闭半封闭向全方位开放的历史性转变，实现了人民生活从温饱到小康的历史性跨越，实现了经济总量跃居世界第二的历史性飞跃。没有改革开放，就不可能有今天中国的大好局面，就不可能有我国在国际上这样举足轻重的地位，就不可能有今天整个民族的自信心、自豪感。改革开放只有进行时、没有完成时。面对未来，要破解发展面临的各种难题，化解来自各方面的风险和挑战，更好发挥中国特色社会主义制度优势，推动经济社会持续健康发展，除了深化改革开放，别无他途。因此，我们在改革开放上决不能有丝毫动摇，改革开放的旗帜必须继续高高举起，中国特色社会主义道路的正确方向必须牢牢坚持，全党要坚定改革信心，以更大的政治勇气和智慧、更有力的措施和办法推进改革。

学习贯彻党的十八届三中全会精神，必须凝聚共识。当前，我国发展进入新阶段，改革进入攻坚期和深水区。面对社会结构深刻变动、利益格局深刻调整、思想观念深刻变化，统筹兼顾各方面利益任务繁重，加大了凝聚改革共识的难度。然而，越是利益多元、观念多样、思想多变，越要敢于求同存异、解疑释惑，越要善于寻求最大公约数。因此，必须以强烈的历史使命感，最大限度集中全党全社会智慧，最大限度调动一切积极因素，敢于啃硬骨头，敢于涉险滩，以更大决心冲破思想观念的束缚、突破利益固化的藩篱，推动中国特色社会主义制度自我完善和发展。

学习贯彻党的十八届三中全会精神，必须落到实处。高举改革开放的旗帜，是立场、是态度，更是行动、是实践。学习贯彻全会精神，归根到底要体现在实际工作上。学习贯彻党的十八届三中全会精神重在结合实际，抓好中央重大改革措施的细化和落实。坚持改革是社会主义制度自我完善和发展，正确推进改革，准确推进改革，有序推进改革，协调推进改革，把自觉维护中央大政方针的统一性严肃性和因地制宜、充分发挥主观能动性结合起来，把中央确定的全面深化改革的任务不折不扣地落到实处。

十八大后中央反腐形势解读

丁 辰

摘 要：十八大后党中央打击腐败力度之大，表明了新一届党中央领导反腐的决心。反腐是一项复杂而系统的工程，要标本兼治，根除腐败毒瘤，必须与依法治国目标相适应，开拓反腐模式的新思路。

关键词：十八大；反腐败；中纪委；检察院

一、十八大后中纪委将重点查办的案件

2013年1月9日，中央纪委监察部召开新闻发布会通报了纪检监察机关近年来和今后几年将重点查办的五个方面的案件。

一是严肃查办违反政治纪律和组织人事纪律案件。坚持把严格执行和维护党的纪律特别是政治纪律放在首位，严肃查处违反政治纪律的行为，坚决维护党的集中统一。严肃组织人事工作纪律特别是换届纪律。近年来反腐案例回顾：

2002年1月29日，时任湖北省委书记的俞正声在省委召开的典型案例通报电视电话会议上痛斥原天门市委书记张二江为吹、卖（官）、嫖、赌、贪五毒俱全的“五毒书记”。张二江出生在山东寿光一个并不富裕的乡村，幼小时常常缺衣少食，长大后他当过兵、做过邮递员。张二江被捕后，汉江中级人民法院认定其在丹江口市和天门市任职期间，利用职务便利，为他人谋取利益，收受贿赂人民币82万余元、美金4300元；非法占有公款22万余元、便携式电脑1台（价值2万余元）；违反规定收受红包、礼金人民币10万余元、日元1万元。张二江最终被判处有期徒刑18年。

据港媒报道，受其情妇丈夫的举报，官至湖北省人大常委会副主任的吴永文成为2013年第一位落马的“副部级高官”。中共十八大闭幕之后，同属副部级高官的四川省委原副书记李春城涉嫌违纪被中纪委立案调查。

二是严肃查办发生在领导机关和领导干部中的违纪违法案件。把领导机关和领导干部作为查办案件重点，加大查处力度。仅2012年就处分县处级以上干部4698人，移送司法机关的县处级以上干部961人。近年来反腐案例回顾：

2008 年 1 月 15 日，北京市第一中级人民法院对北京市房山区政协原副主席许志远雇凶杀情妇案做出一审判决：许志远因犯故意杀人罪被判处死刑，因犯受贿罪被判处有期徒刑 13 年，决定执行死刑，剥夺政治权利终身。许志远成为继李长河、周其东、吕德彬和段义和之后，第五个因暴力犯罪而被判处死刑的厅局级以上高官。

三是严肃查办重点领域和部门的违纪违法案件。加大对工程建设领域、政法机关、国土资源部门、交通部门、国有企业和金融单位发生的违纪案件查处力度，严肃查办了教育、环保、卫生、农业等部门发生的违纪案件。近年来反腐案例回顾：

2010 年 4 月 14 日下午，重庆前司法局局长、党委书记文强被重庆市第五中级人民法院判处死刑，剥夺政治权利终身，并处没收个人全部财产。文强因犯受贿罪、包庇、纵容黑社会性质组织罪、巨额财产来源不明罪、强奸罪，数罪并罚。他的妻子周晓亚犯有受贿罪同案受审，因具有自首情节，被减轻判处有期徒刑 8 年，并处没收个人财产人民币 50 万元。

2010 年 12 月 20 日，辽宁省抚顺市原国土资源局顺城分局局长罗亚平被沈阳中级人民法院以受贿贪污等罪判处死刑。他受贿数千万元，另外还有超过 3000 万元财产不能说明来源。

2011 年引发轰动的是一起“自首式”举报事件。2011 年 4 月，安徽省亳州市利辛县国土局工作人员周文彬，就自己向单位领导行贿的行为，在微博上直播去纪委自首，吸引众多眼球。最终，纪委部门对收礼的官员做出处理。

最荒唐的一起案例是“微博开房”事件。2011 年 6 月，江苏溧阳市卫生局原局长谢志强发微博和情妇相约酒店开房，聊天记录在网上直播。次日，谢志强即被免职，接受调查。

四是严肃查办贪污贿赂和失职渎职案件。2012 年因贪污贿赂行为处分 30315 人，占同期处分人数的 18.9%；因失职渎职行为处分 42606 人，占同期处分人数的 26.5%。近年来反腐案例回顾：

2000 年 8 月 21 日，厦门市悦华酒店前董事长兼总经理张洪枢被厦门市中级人民法院以贪污、挪用公款、行贿罪判处无期徒刑、没收财产人民币 15 万元。张洪枢贪污案东窗事发，缘于 1998 年国务院总理朱镕基到厦门视察，下榻悦华酒店。张洪枢认为这是巴结高层领导人的大好机会，于是送给朱镕基一只价值不菲的水晶球。朱镕基收下礼物后，立即转交厦门市的领导并吩咐说：“我看这个人有问题，要查一查。”

五是严肃查办发生在群众身边的违纪违法案件。重点查办了一批涉案人员职级不高但数额巨大、影响恶劣的案件。近年来反腐案例回顾：

2010年1月15日，重庆市涉案金额最大的处级官员、受贿2226万元的前巫山县交通局局长晏大彬被执行死刑。其妻付尚芳犯洗钱罪被判处有期徒刑3年、缓刑5年，成为中国因替贪腐官员洗钱而被判刑的第一宗案例。

公车私用旅游，手摸千年壁画，只因19岁讲解员出言制止，她便连扇讲解员两个耳光。2009年10月，网络曝光新疆生产建设兵团“最牛团长夫人”于富琴掌掴讲解员，新疆生产建设兵团农十二师221团党委常委、副团长陈伟及其妻子——221团医院党支部书记于富琴均被免职。

陕西省安监局原局长杨达才的落马就具有典型性。杨达才命运的戏剧性源于一个微笑。2012年8月26日，陕西省延安市境内包茂高速公路安塞段发生特大交通事故，事故造成36人死亡，3人受伤。杨达才在事故现场露出微笑而被关注，网民进而通过网络图片发现其在不同场合佩戴多款名表。随后，陕西省纪委介入调查，杨达才因“存在严重违纪问题”被撤职，查出其存款超1600万元。

二、中纪委关于2013年全国查办案件情况的通报

2014年1月10日，中纪委监察部通报2013年全国查办案件情况，主要包括三方面内容。

1. 加大城市腐败工作力度，坚决老虎苍蝇一起打

2013年全国各级纪检检察共接受信访举报1950374件次，立案172532件，结案173186件，处分182038人。中央纪委监察部对涉嫌违纪违法的中管干部已结案处理和正在立案检查的31人，其中包括周镇宏、刘铁男、倪发科、王素毅、李达球、童名谦、杨琨、齐平景等8人涉嫌犯罪已被移送司法机关依法处理；目前正在立案调查的还有包括蒋洁敏、李东生、李春城等14人的案件。2013年全国纪检监察机关立案件数、结案件数和给予党纪政纪处分的人数，分别比2012年同期增长了11.2%、12.7%和13.3%。另外，2013年各地纪检检察机关函询1805人，谈话42739人，其中做了解处理43871人。

2. 狠抓八项规定精神落实，坚决纠正“四风”

中央八项规定：一、要改进调查研究，到基层调研要深入了解真实情况，总结经验、研究问题、解决困难、指导工作，向群众学习、向实践学习，多同群众座谈，多同干部谈心，多商量讨论，多解剖典型，多到困难和矛盾集中、群众意见多的地方去，切忌走过场、搞形式主义；要轻车简从、减少陪同、简化接待，不张贴悬挂标语横幅，不安排群众迎送，不铺设迎宾地毯，不摆放花草，不安排宴请。二、要精简会议活动，切实改进会风，严格控制以中央名义召开的各类全国性会议和举行的重大活动，不开泛泛部署工作和提要求的会，未经中央批准一律不出席各类剪彩、奠基活动和庆祝会、纪念会、表彰会、博览会、研讨会及各

类论坛；提高会议实效，开短会、讲短话，力戒空话、套话。三、要精简文件简报，切实改进文风，没有实质内容、可发可不发的文件、简报一律不发。四、要规范出访活动，从外交工作大局需要出发合理安排出访活动，严格控制出访随行人员，严格按照规定乘坐交通工具，一般不安排中资机构、华侨华人、留学生代表等到机场迎送。五、要改进警卫工作，坚持有利于联系群众的原则，减少交通管制，一般情况下不得封路、不清场闭馆。六、要改进新闻报道，中央政治局同志出席会议和活动应根据工作需要、新闻价值、社会效果决定是否报道，进一步压缩报道的数量、字数、时长。七、要严格文稿发表，除中央统一安排外，个人不公开出版著作、讲话单行本，不发贺信、贺电，不题词、题字。八、要厉行勤俭节约，严格遵守廉洁从政有关规定，严格执行住房、车辆配备等有关工作和生活待遇的规定。

习近平强调，党的群众路线教育实践活动的主要任务聚焦到作风建设上，集中解决形式主义、官僚主义、享乐主义和奢靡之风这“四风”问题。

贯彻落实八项规定精神和纠正四风是各级纪检监察机关在2013年的工作重点，2013年每到重要的节日，中央纪委都会发出通知出台禁令。通报数据显示，截至2013年12月31日，全国纪检监察机关共查处违反中央八项规定精神问题24521起，处理30420人，其中给予党纪政绩处分7692人，中央计委直接查办督办转办违反八项规定的精神问题共252件，其中包括直接查办的黑龙江省副省级干部付晓光因私公款消费，造成陪酒人员一死一伤严重后果等五起案件。直接督办了交通运输部综合规划司司长孙国庆公款旅游等140起案件，转办107起案件。中央纪委先后4次对32起违反中央八项规定精神典型问题进行通报，在官网上也设置了曝光台，专门曝光查出的典型案件，向全社会释放了执纪必严的强烈信号。

3. 加强和改进巡视工作，发现问题、形成震慑

六项禁令：一、严禁用公款搞相互走访、送礼、宴请等拜年活动。各地各部门要大力精简各种茶话会、联欢会，严格控制年终评比达标表彰活动，单位之间不搞节日慰问活动，未经批准不得举办各类节日庆典活动。上下级之间、部门之间、单位之间、单位内部一律不准用公款送礼、宴请。各地都不准到省、市机关所在地举办乡情恳谈会、茶话会、团拜会等活动，已有安排的，必须取消。各级党政干部一律不准接受下属单位安排的宴请，未经批准不准参与下属单位的节日庆典活动。二、严禁向上级部门赠送土特产。各地各部门各单位一律不准以任何理由和形式向上级部门赠送土特产，包括各种提货券。各级党政干部不得以任何理由，包括下基层调研等收受下属单位赠送的土特产和提货券。各级党政机关要严格纪律要求，加强管理，杜绝在机关收受和分发土特产的情况发生。三、严禁

违反规定收送礼品、礼金、有价证券、支付凭证和商业预付卡。各级领导干部一定要严格把关，严于律己，要坚决拒收可能影响公正执行公务的礼品、礼金、有价证券、支付凭证和商业预付卡，严禁利用婚丧嫁娶等事宜借机敛财。四、严禁滥发钱物，讲排场、比阔气，搞铺张浪费。各地各部门不准以各种名义年终突击花钱和滥发津贴、补贴、奖金和实物；不准违反规定印制、发售、购买和使用各种代币购物券（卡）；不准借用各种名义组织和参与用公款支付的高消费娱乐、健身活动；不准用公款组织游山玩水、安排私人度假旅游、出国（境）旅游等活动；不准违反规定使用公车、在节日期间公车私用。五、严禁超标准接待。领导干部下基层调研、参加会议、检查工作等，要严格按照中央和省委的有关要求执行。六、严禁组织和参与赌博活动。各级党员干部一定要充分认识赌博的严重危害性，决不组织和参与任何形式的赌博活动。

2013 年，10 个中央巡视组是分两轮对 20 个地方部门和单位开展了巡视，其中第一轮巡视发现有价值的问题线索就比过去增加了 5 倍。中央纪委已对贵州省委原常委、遵义市委原书记廖少华，湖北省原副省长郭有明、政协原副主席陈柏槐，江西省人大原副主任陈安众，湖南省政协原副主席童名谦，中国出口信用保险公司原副总经理戴春宁涉嫌严重违纪违法问题已被立案调查。中央组织部根据巡视建议对有的被巡视党组织领导班子成员做出调整。

2013 年的巡视工作方式方法有所创新，实行巡视组的组长一次一授权。巡视对象不固定，巡视组与巡视对象的关系不固定，同时还可以到领导干部担任过一把手的地方，下沉一级来了解情况。

三、最高检关于 2014 年前三季度职务犯罪查办情况的通报

1. 职务犯罪简介

目前司法界和法学界对职务犯罪的概念尚无统一认识。一般认为，职务犯罪有广义和狭义之分，广义上的职务犯罪是指国家工作人员利用职务实施的犯罪；狭义上的职务犯罪是指由检察机关立案管辖的，国家工作人员利用职务便利实施的犯罪。

我们这里所讲的职务犯罪是指狭义的职务犯罪，即由检察机关管辖的，国家工作人员利用职务便利实施的犯罪。它包含着两层意思：

（1）犯罪主体是国家工作人员。根据刑法第 93 条规定，所谓国家工作人员具体包括：①国家机关从事公务的人员。②国有公司、企业、事业单位、人民团体中从事公务的人员。③国家机关、国有公司、企业、事业单位委派到非国有公司、企业、事业单位、社会团体从事公务的人员。④其他依照法律从事公务的人员。

此外，受国家机关、国有公司、企业、事业单位、人民团体委托管理、经营国有财产的人员视为国家工作人员。

（2）该犯罪由检察机关立案管辖。我国刑事案件的立案机关主要有三类：一是由人民法院直接受理的刑事案件（即刑诉法第18条第3款规定的自诉案件），包括：①告诉才处理的案件：公然侮辱、诽谤罪，暴力干涉婚姻自由罪，侵占他人财产罪，虐待罪；②被害人有证据证明的轻微刑事案件：故意伤害罪（轻伤），非法侵入他人住宅罪，侵犯通信自由罪，重婚罪，遗弃罪，生产伪劣商品罪和侵犯知识产权罪（严重危害社会秩序和国家利益的除外），刑法第4、5章规定的，对被告人可判处3年以下有期徒刑的犯罪；被害人有证据证明对被告人侵犯人身、财产权利的行为应当依法追究刑事责任，而公安机关或检察机关不予追究被告人刑事责任的案件。二是由检察机关直接受理的刑事案件。三是由公安机关直接受理的刑事案件。

2. 类型

刑事诉讼法第18条第2款规定的由检察机关立案侦查的犯罪，一共54个罪名。但由检察机关立案管辖的犯罪并不都是职务犯罪，因为由检察机关立案管辖的犯罪中也有少数不是由国家工作人员利用职务便利实施的犯罪。由检察机关直接受理的刑事案件具体分为如下几种类型：

（1）贪污贿赂罪：是指国家工作人员或国有单位实施的贪污、受贿等侵犯国家廉政建设制度，以及其他人员或单位实施的与受贿具有对向性或撮合性的情节严重的行为。（12种）

（2）渎职罪：是指国家机关工作人员在公务活动中滥用职权、玩忽职守、徇私舞弊，妨害国家管理活动，致使公共财产或国家与人民的利益遭受重大损失的行为。（35种）

（3）国家机关工作人员利用职权侵犯公民人身权利、民主权利罪。（7种）

（4）国家机关工作人员利用职权实施的其他重大犯罪。

3. 最高检关于2014年前三季度职务犯罪查办情况的通报

最高人民检察院于2014年10月31日召开新闻发布会，通报2014年前三季度查办和预防职务犯罪工作的有关情况。

（1）关于贪污贿赂犯罪查办情况的通报。1～9月，全国检察机关共立案查处发生在社会保障、医疗卫生、教育科研、农机购置补贴等民生领域贪污贿赂犯罪案件15830件，计21206人，涉案总金额达42.7亿元；共立案侦查行贿犯罪5684件、6500人，同比分别上升38.7%和35.1%。据介绍，国家发改委工作人员利用职权受贿犯罪案件截至目前共立案查办11案11人，其中涉案金额超过千万元的就有6人。

（2）关于渎职犯罪查办情况的通报。对渎职侵权犯罪的打击力度在不断加大。前三季度全国检察机关共立案侦查渎职侵权犯罪重特大案件4898件，立案查处县处级以上干部要案496人，同比上升28.8%，其中立案查处了47名地厅级干部，同比上升213.3%。

参考文献：

［1］包晓．反腐倡廉形势和发展趋势分析［J］．魅力中国，2013.

［2］中国社会科学院廉政研究中心．中国反腐倡廉发展报告［M］．北京：社会科学文献出版社，2012.

［3］唐安杰．试析中国特色反腐倡廉建设的实践和发展［J］．丽江：丽江师范高等专科学校学报，2014.

全球化中和平共处五项原则的挑战和发展

胡凤英

摘 要：本文站在历史的高度，回顾了和平共处五项原则产生的历史背景，并从当代的视角，分析了其在地区与国际合作加强、国际社会主权和内政问题认识发生变化的时代面临的种种挑战。同时，通过对全球化框架下多边主义的安全观、文化观的分析和对经济合作、发展的讨论，将和平共处五项原则置于新时代背景下，对其未来发展做出了展望并提出了富有建设性的意见。

关键词：和平共处五项原则；全球化；发展

1953 年 12 月 31 日，周恩来总理在同印度政府代表团就关于两国在中国西藏地区的关系问题举行谈判时，首次完整地提出了和平共处五项原则，并得到印方的赞同。1954 年 4 月 29 日，中印两国政府把和平共处五项原则正式写入了双方签订的《关于中国西藏地方和印度之间的通商和交通协定》的序言中，从而使五项原则首次作为一个整体在国际条约上成为发展国际关系的指导原则。六十多年后的今天，不仅国内经历着剧烈的社会转型，国际格局也正发生着根本性的转变，全球化步伐加快。因而，在特殊历史时期产生的五项原则必然面临挑战。

一、和平共处五项原则提出的背景及历史意义

（一）思想渊源

1. 中国的传统文化思想

五项原则深深植根于中国优秀传统文化遗产的沃土中。中国传统价值观的特点：一是重视伦理道德，倡导“仁”“义”，主张“王道”，反对“霸道”，把政治伦理化、伦理政治化。二是从仁义出发，强调集体利益，促进人与人、阶级与阶级、国与国之间平等和谐相处。三是主张“和为贵”，提倡“和而不同”“有容乃大”，显示了创造和谐社会的博大胸怀和包容品格。这些思想深深影响着中国领

作者简介：胡凤英（1963—），女，汉，安徽池州人，铜陵学院马克思主义学院教师，副教授，法学硕士，主要从事思想政治教育研究。

导人的外交伦理观。五项原则继承发扬了中国文化传统中“平等”“和谐”“和而不同”核心理念，是传统文化底蕴在中国外交实践中的外化与彰显。

2. 西方政治学说

在五项原则中，很多基本概念来源于西方古典政治学说。比如1579年让·布丹提出国家主权学说，经过了格劳秀斯、霍布斯、卢梭等人的丰富和发展，被世界各国所接受。现在，主权被公认为是一个国家的灵魂和存在的最重要标志。不干涉原则来源于1789年法国资产阶级大革命时期卢梭的思想。

3. 列宁的和平共处思想

十月革命胜利后，苏维埃面临险恶的国际环境，列宁根据帝国主义发展不平衡的规律，认为社会主义革命不可能在所有国家同时取得胜利，世界历史上必然有一个社会主义国家和资本主义国家“共存”阶段，“今后我们将用一切力量来维护和平，我们将不惜做出巨大的让步和牺牲来保住和平”。因此他提出两种不同社会制度国家应和平共处的思想，“争取、巩同和平与和平共处应是苏俄政府全部外交活动的主要目的和内容”。社会主义国家和资本主义国家之间在政治上必须互不侵犯、互不干涉内政；在经济上以互利互惠为基础进行贸易往来，以促进各国生产力和科学文化的发展，不断提高世界人民的生活水平。

和平共处政策有三个局限性：一是只适用于当时处理社会主义国家和资本主义国家之间的关系；二是始终警惕来自资本主义世界的干涉；三是主张通过斗争形式来维持和平共处。它实质上是一项产生于社会主义经济基础之上、由社会制度决定的、带有浓厚社会制度与意识形态色彩的策略思想，在主张和平共处的同时更强调对立。之后的苏联领导人虽然也实行和平共处外交政策，但也只当作一种策略而非长远战略原则。这种和平共处只是以社会主义代替资本主义的世界革命过程中的一个过程阶段。五项原则与冷战时苏联实行的和平共处政策有着根本区别。毛泽东曾指出：“五项原则是一个长期的方针”。五项原则在和平共处的基础上进行了丰富和发展，调整了适用范围和实现形式，使普适性大大提高。

（二）历史背景

一是鸦片战争以来，中国成为西方资本主义列强瓜分和压迫的对象，半殖民地半封建的社会性质使得独立自主的国家主权受到空前挑战。新民主主义革命的胜利实现了百年来中国人民渴望国家独立统一的愿望，而孕育于这场革命中强烈的国家独立意识影响着新中国外交政策的制定。二是美国在亚太地区实行全面军事部署；周边国家认为，中国共产主义革命的输出会威胁自身利益，纷纷采取敌对政策，使中国周边环境严重恶化。中国迫切需要建立稳定、和平的国际环境以巩固政治、经济的发展。这也是五项原则最早出现在处理中印、中缅边界问题过程中的原因。针对形势，中国政府对外交理念做出重新认识。1952年周恩来在对外交部的讲话中指出，外交是以国家与国家的关系为对象的；毛泽东也反复向邻国领导人承诺“革命不能输出”。新中国领导人的这一思想立场，为五项原则出现做了铺垫。

（三）历史契机

1. 日内瓦会议

中国在日内瓦会议上促成了朝鲜问题的暂时缓解、印度支那停战等；以一个新崛起的大国姿态积极干预国际事务。这为中国之后处理国际地缘问题打下信心和基础，也疏通了谈判协商的道路。

2. 中印、中缅关系正常化

在日内瓦休会期间，周恩来总理在应印度和缅甸总理的邀请对两国进行访问期间，多次阐述了五项原则思想。1953 年 12 月 31 日中印谈判第一天，周恩来提出：“两国应该在互相尊重主权与领土完整、互不侵犯、互不干涉内政、平等互惠、和平共处原则的基础上发展两国的友好关系。此次两国代表团商谈印度和中国西藏地方关系问题，谋求解决那些业已陈述而悬而未决的问题，也应该按照这些原则进行。”这是五项原则的第一次完整提出。

1954 年 6 月 28 日，在中印联合声明序言中，把五项原则作为指导两国关系的准则，这是五项原则首次在国际文件中出现，这一天也被定为五项原则的正式纪念日。声明还强调这个原则也适用于中印与亚洲和世界其他国家的关系，这对五项原则的认识进了一步，中印缅三国领导人共同向全世界倡议将五项原则作为处理国际关系的普遍原则。

3. 亚非会议——求同存异

二战后，迎来了第二次民族解放浪潮。曾在西方资本主义国家扩张时遭受殖民主义的掠夺和压迫、被迫处于贫困和落后的发展停滞状态的亚非拉新兴国家为了争取和维护独立主权而不断地进行斗争。这些国家虽然实行不同的社会制度和意识形态，但有着相似的历史和共同愿望，即拥有一个和平的国际环境以维护民族独立、发展民族经济。在这次会议上，周总理补充发言中提出了“求同存异”方针。“求同存异”方针是五项原则的实质所在、精髓之处，它指明了运用五项原则处理实践问题的总方向。按照这个实践性纲领，世界各国之间都可找到合作焦点，减少冲突产生。在之后的实践中，它成为中国与世界各国建交的指导方针，并且被世界各国称赞及借用。至此，五项原则从准则到实践的方针都已完整了。

五项原则的提出起初是作为解决国际争端的指导原则。在五项原则的基础上，新中国与大部分邻国解决了边界问题，避免了争端和冲突的扩大，为和平解决国际争端提供了较为成功的范例。邓小平曾说：“运用和平共处五项原则，甚至可以消除国际争端中的一些热点、爆发点。”因此，五项原则化解了当时中国的地缘外交僵局，缓解了中国与周边国家地区间的紧张局面，巩固和提升了中国的国际地位。

五项原则同时也是中国对国际关系的开拓性贡献。和平共处五项原则以主权国家一律平等为根本出发点，高度概括了国际关系首先是双边关系中必须遵守的基本原则。它超越了意识形态和社会制度的差异，以其包容性和开放性逐渐得到了包括其他发展中国家的多边国际会议以及不结盟运动等国际社会的广泛认同，它的基本内容现已涵盖于联合国通过的一些宣言之中，成为指导国与国之间建立和发展友好合作关系，解决国与国之间问题的公认的基本准则。六十多年来，和平共处五项原则历经考验，为维护亚洲和世界的和平与稳定，促进国际关系的健康发展，做出了不可磨灭的贡献。同时它也是妥善处理国与国之间的关系，应对国际社会面临的各种问题和挑战，实现世界和平发展的最好方式。

当今时代已和六十多年前有所不同。1991 年 12 月 25 日，苏联解体，两极格局终结。两极格局结束后，世界形势的总趋势是走向缓和，但并不太平，明显呈现出缓和与紧张、和平与动荡并存的局面。一些地区和国家内部长期以来抑而不发的深层矛盾，如民族、种族、宗教、领土等矛盾爆发，使世界动荡不安。世界上各种力量出现新的分化和组合，使世界格局多极化趋势进一步加强，人类已经进入了全球化时代。随着全球化步伐的加快和现代科技的发展，世界经济的联系更加紧密、广泛；国家间联系日益加强，国家间关系更加错综复杂；世界各国面临的共同问题也日益尖锐。经济全球化不仅深刻地改变着世界经济的面貌，而且同样深刻地改变着国际政治的进程。和平共处五项原则面临历史变化的种种挑战。

二、五项原则面临的挑战

（一）主权概念逐渐弱化

冷战之前，主权的最高权力属性一直居于主导地位，和平共处五项原则以传统的主权理论为基础，其定义的主权是绝对主权。即主权指的是一个国家独立自主处理自己内外事务，管理自己国家的最高权力。但随着全球化的推进，这一传统观念开始受到挑战，相对主权理论开始显现。随着各国交往的频繁和深入，主权的概念较之以往有了很大的变化：一些学者认为，国家在行使主权的时候并非完全按照自己的意愿来做决定，必须受到国际社会的限制和束缚，国家的主权不是绝对的，而是相对的。各国纷纷让渡部分主权给国际组织或者相关机构，建立有效的国际合作机制，以更好地促进本国的发展。国际社会正在形成一种超越国界的共识，人权的概念受到了广泛关注。绝对主权的概念逐渐弱化，国家主权原则面临挑战。如欧盟成员国通过让渡国家部分主权，建立经济和政治的联合体，开辟了主权让渡的先河。在众多全球性问题上，“国际社会正在产生和形成一些基本的共识，出现一些超越国界的共同问题。”应对全球化的挑战，“既然承认全球化条件下有些问题超越国界，就应当从一个新的角度来理解和平共处五项原则。”

（二）内政范围向外延伸

在主权概念弱化的同时，内政的范围必然会随之改变。传统观念认为一国内部的事务他国无权干涉，但在全球化时代，随着国家间交往的频繁，国家相互利益的渗透，属于一国内政的事务会更多地牵涉到其他国家的利益，因而会受到国际社会的广泛关注（甚至介入），而国际舞台上发生的政治事件又会引起连锁般的国内反应。“任何一个国家都拥有处理属于主权范畴之内的一国内部事务的权力。但是在一个国家发生违反国际关系准则，损害大多数国家的共同利益时，往往不再视之为属于一国主权范畴之内的事情。”如1994年发生在卢旺达的种族屠杀惨案，国际社会的不作为最终导致了至今依然令人唏嘘不已的悲剧。当一国已经无法保护国民最基本的生存权时，国际组织等非国家行为体正运用各种国际机制介入各国政治，协调错综复杂的国际关系，以维护国际社会的整体利益。如联合国等国际组织有权对违反国际法原则的一国内政予以干涉，以将其危害降到最小限度。同时，“有关国家也可以在获得联合国的授权和当事国的同意下进行人道主义干预”，以维护其自身和全人类的利益。2014年1月，中国首次派军舰为叙利亚销毁化学武器护航就是一次极好的尝试。因此，在各国利益相互渗透的全球化时代，内政的范围必然也要向外延伸。

（三）适用效力要求提高

和平共处五项原则问世至今，虽然世界总体没有爆发新的大战，但是局部战争依旧频繁。尽管当今世界正呈现多极化的发展趋势，但是短期内一超多强的格局还不会改变，某些超级大国还是会利用自身的优势对其他国家的事务横加干涉，甚至动用武力来维护自己的利益。因此，就和平共处五项原则的约束力而言，尽管其反映了国际社会对和平与平等的美好愿望，但是缺乏有效的约束能力，致使至今仍然有很多不和与不平等的现象存在，使得弱小国家的人民在霸权主义、单边主义的行径下遭受灾难。

和平共处五项原则侧重于传统安全的角度，但随着全球化脚步的加快，非传统安全的影响力已经大大增强。当今除了传统的安全议题以外，各种非传统安全威胁如恐怖主义、核扩散、环境问题、控制传染性疾病、走私贩毒非法移民、海盗、洗钱防范金融风险等正在成为影响全球发展的重大问题。它们的解决已经不能单靠一国或几国的能力，需要世界各国的共同努力、通力合作才能解决。因此，和平共处五项原则应适应新的安全形势的需求，扩大自己的适用领域。

三、全球化框架下和平共处五项原则的发展

（一）维护主权平等，建立多边主义

和平共处五项原则是针对政治领域提出来的，它所面临的挑战也主要来自这个领域，因此政治领域的调整是全球化时代和平共处五项原则必须解决的首要问题。

经济全球化条件下虽然传统主权理论受到种种冲击和限制，但其本质没有改变。“国家主权依然是国家独立的根本标志，是国家利益的集中体现和可靠保障”，作为国际法的基本原则和民族国家基石的主权原则仍然且应该是国际关系的核心和根基。主权平等的准则依然要坚持，但是随着主权概念和内政范围发生的变化，主权不再是绝对的概念。在和平共处五项原则的基础上建立多边主义，通过多边协调机制维护国家主权和世界安全成为历史的必需。

（二）发挥多边机制，应对威胁挑战

和平共处五项原则从最初起就“既是指导双边谈判，也是指导两国国家关系的原则”，其中包含的是以国家为基础的双边安全观。二战结束后，随着国际社会联系的日益紧密，各种国际组织、国际谈判机制纷纷建立，成为采用多边谈判与合作的形式解决国际问题、遏制单边行动和霸权行为的有效场所。因此在全球化的背景下，通过多边对话与合作维护世界的和平与安全，建立以平等、互利、互信、协作为核心的新安全观成为必然趋势。虽然当今世界单边主义和霸权主义仍然存在，但是“21世纪的世界应当是一个和平的、发展的世界，建设这样的世界需要全世界的国家”共同努力，多边主义符合世界各国的总体利益。要充分发挥多边协调机制的作用，通过国际合作，使其成为人类共同处理各种威胁的一条有效途径。

（三）尊重经济主权，实现“互利”双赢

当今世界的联系更多地体现为经济领域的交流合作，因此和平共处五项原则在经济领域的作用也不可忽视。和平共处五项原则建立之初，世界各国的经济联系还不是很紧密，但是发展到今天，全球化使整个世界因经济的往来联系成了一个整体。经济交往中，和平共处五项原则应当更多地体现“互利”的概念，即通过经济往来，通过建立经济合作机制，给予经济合作以规范和标准，有效解决经济纠纷，实现“互利”双赢。

经济全球化条件下虽然国家在一定程度上让渡了经济主权，但是经济主权依然神圣不可侵犯。经济全球化不等于资本的渗透和经济的垄断，而是全球化条件下资源配置的合理优化。经济领域的和平共处要求尊重各国的经济主权，平等参

与，公平竞争，互利共赢。对于现实中存在经济霸权的行为，国际社会应当联合起来予以抵制，建立相关法律规章加以限制；对于弱小的国家，国际社会可以给予适当的援助，以维护其经济主权，以推动世界经济的平稳发展。

（四）尊重多样文明，提升“共处”内涵

随着政治经济领域的合作机制逐渐步入正轨，文化的作用也得到当今各国的广泛关注，发达国家文化的侵入和渗透成为弱小国家的广泛关切点。在这种情况下，尊重多样文明成为和平共处五项原则所强调的内容，“共处”的概念应当得到提升。不同国家拥有不同的文化，这些文化都是人类文明的宝贵财富，任何国家都没有理由否定其他的文明。因此国家间要加强文化的交流，让世界了解各种文化，使其和而不同。就这一点来说，世界各国应当在五项原则的基础上，鼓励各种文明在对话交流中相互借鉴、取长补短，倡导各种文明在相互包容、求同存异中共同发展，而不应强求一律，强加于人。

四、小结

全球化时代中和平共处五项原则不可避免地遇到各种挑战，并随着时代的变化而调整着自己的定义和范围。主权概念得到新的书写，国家间联系的紧密、关系的复杂对五项原则的能力提出了更高的要求。但是可以看出，和平共处五项原则之所以能够在今天依旧发挥着重要的作用，指导着国际关系的实践，其原因在于它本身具有的包容性和开放性的品质。我们有理由相信，反映世界大多数国家和人民利益的和平共处五项原则，随着它自身的不断调整和发展，必将会更加适应当今时代的要求，发挥更加强大的生命力。正如习近平主席所言：“新形势下，和平共处五项原则的精神不是过时了，而是历久弥新；和平共处五项原则的意义不是淡化了，而是历久弥深；和平共处五项原则的作用不是削弱了，而是历久弥坚。”

参考文献：

[1] 列宁选集（第42卷）[M]．北京：人民出版社，1987.

[2] 曹希岭．从列宁的和平共处策略到当代中国的和平共处五项原则[J]．济南：山东师大学报，1999（1）．

[3] 宫力．和平为上——中国对外战略的历史与现实[M]．北京：九州出版社，2007.

[4] 谢益显．中国当代外交史[M]．北京：中国青年出版社，2006.

[5] 杨公素．中国反对外国侵略干涉西藏地方斗争史[M]．北京：中国藏学出版社，1992.

[6] 刘金田．邓小平文选词语汇释［M］．北京：解放军出版社，1994.

[7] 叶自成，蒋立群．新中国国际秩序观的变迁［J］．党的文献，2011（6）．

[8] 何志鹏．保护的责任：法治的黎明还是暴政的重现？［J］．当代法学，2013（1）．

[9] 杨恕，张新平．21 世纪国际环境与中国外交［M］．兰州：兰州大学出版社，2005.

[10] 温家宝．弘扬五项原则　促进和平发展［N］．人民日报海外版，2004—06—29.

[11] 吴建民．外交与国际关系——吴建民的看法与思考［M］．北京：中国人民大学出版社，2006.

[12] 习近平．弘扬和平共处五项原则，建设合作共赢美好世界［EB/OL］. http：//new&xinhuanet. cor//201} 06/28/c—1111364206.

物权变动中不动产登记的法律属性探讨

曹昌伟

摘　要：关于物权变动中不动产登记的法律属性，在学界存有争议，有的认为不动产登记是登记机构的行政行为，有的认为不动产登记是能产生民法上效果的民事行为。《物权法》改变了过去那种认为不动产登记是不动产登记机构行使行政职权的传统看法，明确要从服务于民事主体之间不动产物权变动的角度，重新认识不动产登记的性质。不动产登记行为应是当事人之间不动产物权变动的效力要件，是旨在发生民法效果的民事行为，在我国不动产物权变动模式下，不动产登记行为应为民事行为中的事实行为。

关键词：不动产登记；物权变动；法律行为；事实行为

引　言

根据我国《物权法》第 9 条的规定，因法律行为引起的不动产物权变动，要以登记作为必备要件。也就是说，因法律行为所引起的不动产物权的设立、变更、消灭、设立负担，除了作为不动产物权变动的基础行为——债权行为成立且有效，尚须到不动产登记机关践行登记程序，不动产物权变动的法律效果方才发生。由此可见，不动产物权变动的登记在不动产物权变动中扮演着不可或缺的角色。鉴于我国不动产登记的传统和现状，人们对不动产登记的性质和功用在认识上发生了一定的偏差，在登记的理论和实践层面存在着一些分歧。辨清不动产登记的法律性质，正确认识不动产登记的功用，对我国不动产登记制度的完善，对不动产登记的统一立法，尤其对广泛存在着的不动产登记的实践，都具有十分重要的指导作用。

作者简介：曹昌伟（1980—），男，安徽岳西人，铜陵学院法学院副教授，法学博士，主要研究方向为民商法、环境法。

一、不动产登记的民事行为与行政行为之争

鉴于我国不动产登记的现状，不动产登记由各类不动产的专门行政管理机关进行，比如土地物权变动由土地行政主管部门登记，房产物权变动由房产行政主管部门登记，林木物权变动由林业行政主管部门登记等。由各类不动产的行政主管机关对所管理的不动产进行登记，如若不申请登记，这些不动产或不动产权利不能发生变动。这种登记的现状往往给人造成错觉，主体之间就不动产或不动产权利发生变动，尚须相应行政主管机关的登记认可，行政机关的登记行为被看作是一种行政管理行为，这种观点成为目前学界和实务界的通说。某些行政法学者甚至认为，主管机关的审查登记行为是一种带有行政职权性质的许可行为。在学界与实务界之所以会出现这种认识，是由我国目前有关不动产登记立法的现状所决定的。土地管理法、城市房地产管理法都是从对不动产进行行政管理的角度进行立法，不动产登记自然被纳入行政管理的范畴。

主体之间就不动产权利变动达成协议，以使不动产权利发生变动，实现财货流转和交易目的。不动产权利具体包括建设用地使用权、房屋所有权等物权，物权具有支配性和排他性，让任何第三人知晓该不动产上的权利状况，有利于该不动产权利的行使和不动产效用的发挥，有利于该不动产的顺畅流转，以建立稳定有序的财产流转秩序，这种主体之间就不动产或不动产权利发生变动的情况就必须借助一定的可足够为众人所知的公示手段彰显出来。在诸如法国、德国、日本及我国台湾地区被实践证明了的最有效的公示手段即为不动产登记，即由一个有足够公信权威的机构将不动产权利变动情况通过设置专门的簿册的方式公之示众，人人皆可以查询，以知悉不动产上的权属状况。我国不动产权利变动情况与这些国家和地区的不动产权利变动情况相通，运作原理相同，所以将不动产权利变动登记看作是主体之间不动产物权变动情况的公示，是促进不动产的利用和实现财产稳定有序流转的必备手段。登记最主要的功能就是不动产物权权利状况的公示，登记所产生的法律效果只关乎不动产权利归属和变动状况，登记服务于不动产的高效利用和有序流转，不动产登记行为应是民法上发生民法效果的行为，所以应属民事行为。

二、物权变动模式下事实行为与法律行为定性

不动产登记是法律行为，抑或是事实行为，必须在物权变动的不同立法模式下考虑。综观他国民法理论和实践，因法律行为引起物权变动，主要有两种立法模式，一是形式主义，二是意思主义。所谓形式主义，是指物权变动的完成除当事人的意思合致外，尚须登记、交付形式的做成为必要的立法主义。在形式主义

立法模式下，就不动产物权变动而言，不动产登记是必备要件。意思主义，是指物权变动仅以当事人的意思合致为已足，不以任何形式的作成为必要的立法主义。意思主义中的意思仅指债权意思，也就是说，物权变动效果的发生，仅以当事人债权意思合致为已足，登记、交付的形式要件不是物权变动的必备要件，但为了保护物权变动中的第三人，让第三人知悉该物权变动的具体情况，意思主义规定登记、交付具有对抗第三人的效力，如法国和日本。不动产登记在不同的物权变动立法模式下显现出不同的功用，是源于不同立法模式不动产登记性质的不同。

（一）物权形式主义立法模式下不动产登记的法律行为属性

物权形式主义立法模式下，物权变动取决于物权行为，债权行为只是物权变动的原因，不决定物权变动效果的发生。物权行为究为何物，登记是否就是一种物权行为，众说纷纭。“传统见解认为，物权的意思表示（包括物权的合意）本身即为物权行为（单独行为及物权契约），登记或交付则为其生效要件。”按照法律行为的一般理论，法律行为的核心要素是意思表示，法律行为包括效果意思和意思的表达方式，如口头形式、书面形式、行为等。如若将物权意思本身等同为物权行为，单纯的物权意思表示（物权行为）则不能引起物权变动实际效果的发生。某种物权的实际取得或丧失，端赖于另外的实际履行行为，即动产的交付和不动产的登记。如此一来，单有物权行为不能发生实际的物权变动，而这又与物权行为概念本身相矛盾。为了克服这种矛盾，有关物权行为的传统见解在维持物权意思即为物权行为的基础之上，把实际的履行行为——交付和登记看作是物权行为的生效要件，但此种嫁接让人不免产生牵强附会之感。

因此，要探究物权行为的本质，弄清楚物权行为和物权意思之间的关系以及交付、登记的法律属性，必须从物权行为产生的源头上分析。物权行为理论的创造者德国法儒萨维尼在《当代罗马法制度》一文中写道：“私法契约是最复杂最常见的……在所有的法律制度中都可以产生契约，而且它们是最重要的法的形式，首先是在债法中，它们是债产生的最基本的源泉。这些契约人们称之为债务契约。此外在物权法中它们也同样广泛地存在着。交付是一种真正的契约，因为它具备契约概念的全部特征：它包括双方当事人对占有物和所有权转移的意思表示……仅将意思表示本身作为一个完整的交付是不足够的，因此还必须加上物的实际占有取得作为它的外在行为，但这些都不能否认它的本质是契约……”法儒萨维尼这段精辟的论述清晰地告诉我们：交付本身即为一法律行为，买卖中的交付，核心要素是当事人转移动产所有权的意思，但该意思不是法律行为，其必须依附在交付这一有形的外观之上，物权行为即为交付。

随着交易规模的扩大和交易种类的多样化，不动产交易在法理上和交易实践上逐渐呈现出与动产交付不同的交易状态，即被后来各国所广泛确立的不动产交易要以登记作为表标方式。以萨维尼抽象出“交付也是一种真正的契约”同样的论证出发，由于不动产登记成为不动产交易的常态表征，如理相同，不动产登记也是一种真正的契约，是一种能独立发生物权变动的法律行为。以萨维尼物权行为理论为立法基础所采取的物权形式主义立法模式下，就不动产物权变动而言，不动产登记即为一种能独立发生物权变动的法律行为的观点明晰可见。

（二）债权形式主义和意思主义立法模式下不动产登记的事实行为属性

债权形式主义、意思主义立法模式中，虽然都有债权行为的存在，但债权行为在实际的物权变动中所起的功用不同。意思主义立法模式下，单有债权行为即可引起物权变动，连债权行为的实际履行——交付、登记等都没有必要。债权形式主义立法模式下，债权行为是引起物权变动的决定因素，但只有当债权行为的实际履行——交付、登记完成后，方才发生物权变动。在这两种模式下，债权行为对物权变动起着决定作用，债权行为无效、被撤销，物权变动就无法发生。

债权形式主义立法模式下，依债权行为达到物权变动的最终目的，端赖于当事人债的实际履行。债的履行完成，即动产完成交付和不动产完成登记可发生多重法律效果：一是当事人之间的债因当事人的实际履行而消失；二是当事人之间所欲达到的目的，就物权变动而言，物权变动的发生即可确定地实现；三是动产交付、不动产登记作为当事人之间物权变动的外观，对不知交易实情的第三人来说，具有公示权利变动的效果。因此，债权形式主义立法模式下，交付、登记是债的履行行为，该履行行为产生既定的法律效果，是物权变动的必备要件，因而应属于事实行为。

意思主义立法模式下，就物权变动的法律要件来说，交付、登记并非必需。但从交易习惯和日常生活经验来看，不完成交付和登记，买方不取得对物的实际占有，物的使用价值无法实现。从另一个角度看，物权是支配权，具有排他性，物权的行使和变动不仅关涉物权人本人的利益，还关涉到该物之上其他权利人、欲取得该物之交易相对人等的利益，关涉交易安全和交易秩序，交付和登记扮演着十分重要的公示功能，并且此种公示功能在复杂的物权变动中尤为重要。基于此，意思主义立法模式虽不强求不动产物权变动必须办理不动产登记，但规定未经登记的不动产物权变动不能对抗第三人，这就使得取得不动产物权之当事人如若未办理登记，其所取得的不动产物权随时有被他人取得的风险，正是此种风险的反激励作用，当事人因顾及风险，在绝大多数情况下也不得不办理登记，这一点从王茵博士的论文中可以清晰地得到印证。意思主义立法模式的典型——法国，于“1855 年法就大多数所有权及其他不动产物权的设定、移转，规定以誊记为第三人对抗要件，显著地扩大了誊记范围，几乎所有的物权变动都要公示。”

由此可见，意思主义立法模式下，交付、登记作为物权变动对抗第三人的公示要件，法律效果确定，因而也属于事实行为。

结　论

就已实施的《物权法》相关条文内容来看，“不动产物权变动非经登记不发生效力”是一般规定，土地承包经营权自土地承包经营权合同生效时设立，土地承包经营权互换、转让的，非经登记不得对抗善意第三人，地役权的设立非经登记不得对抗善意第三人，并且立法上未采用“物权行为”概念。由此可见，我国就不动产物权变动，立法上采取了以债权形式主义为主，兼采意思主义的立法模式。基于此，就我国不动产登记而言，一般情况下，不动产登记是不动产物权变动的生效要件，不动产登记的法律效力，法有明确规定，与当事人的意志无关。特定情况下，不动产登记起着“对抗善意第三人”的公示作用，其法律效力也为法所明文规定。由此可见，在我国物权法确定的物权变动模式下，不动产登记的行为属性应为事实行为。

参考文献：

[1] 田士永．物权行为理论研究［M］．北京：中国政法大学出版社，2002.

[2] 王利明．物权法论［M］．北京：中国政法大学出版社，1998.

[3] 应松年．行政法学新论［M］．北京：中国方正出版社，1998.

[4] 肖厚国．物权变动研究［M］．北京：法律出版社，2002.

[5] 王泽鉴．民法学说与判例研究［C］．北京：中国政法大学出版社，1998.

[6] 孙宪忠．德国当代物权法［M］．北京：法律出版社，1997.

[7] 王茵．不动产物权变动和交易安全——日德法三国物权变动模式的比较研究［M］．北京：商务印书馆，2004.

我国资本市场当下法治问题思考

陈达标

摘　要： 资本市场诞生于人类对公司法律制度的创立，国王通过特许授予公司的股东承担有限责任的权利。资本化的公司给人类带来了史无前例的成功，法治一直是支撑该成就的磐石。今天我国资本市场在不断地推进法治建设，改革与法治目标不相符合的法律制度。推进注册制改革，加强金融监管法律完善，及时修改证券法确认改革成果都应提上日程。

关键词： 资本市场；证券法修订；IPO；注册制；法治

一、资本市场与法律概述

资本，在经济学意义上，指的是用于生产的基本生产要素，即资金、厂房、设备、材料等物质资源。资本市场（英文：capital market，又称为“长期金融市场”），亦称“长期资金市场”，指期限在一年以上各种资金借贷和证券化资产（标准化）交易的场所。资本市场是建立在法律制度基础之上，我国自改革开放以来制定了公司法、证券法等系列法律服务于资本市场法治建设。资本市场法治即依法治理资本市场，通过法律途径解决资本市场不规范问题。结合当下我国资本市场相关问题，笔者跟大家探讨 IPO 改革和证券法修订两个问题。

二、IPO 改革法治思考

(一) 老股转让问题

老股转让在境外成熟市场是通行做法，在国内也有制度背景，符合《公司法》第 142 条的规定，老股转让推出的背景在于解决超募、三高问题。操作方式上：第一，明确要求老股转让与发行新股同时进行，不允许只转让老股。第二，明确老股转让的性质，属于公开发行股票的一部分，需遵守《证券发行与承销管

作者简介： 陈达标（1986—），男，安徽铜陵人，铜陵学院法学院讲师，主要研究方向为商法、经济法。

理办法》的规定，发行价格应当与新发行股票的价格相同。第三，公司股东应当遵循平等自愿的原则协商确定首次公开发行时各自公开发售股份的数量。第四，老股转让条件：公司股东公开发售的股份，其已持有时间应当在36个月以上；权属应当清晰，不存在法律纠纷或质押、冻结等依法不得转让的情况。36个月为自股东取得该等股权之日起至发行人股东大会审议通过老股转让方案的表决之日止。第五，公司股东公开发售股份后，公司的股权结构不得发生重大变化，实际控制人不得发生变更，董监高转让需满足每年25%的限定。第六，老股转让数量、发行新股数量与募集资金项目挂钩。前期存在特殊情况：较多项目在审时间太长，对于业绩增长较快的企业，募投项目金额偏小，挂钩，老股转让数量自然就多，不尽合理，目前已做出调整。①适当放宽募集资金的使用限制，强化募集资金合理性的信息披露。新股发行募资数量不再与募投项目资金需求量强制挂钩，但要根据企业所在行业特点、经营规模、财务状况等因素从严审核募集资金的合理性和必要性。②确定首发以公司融资为主的原则，原则上新股发行数量要大于老股转让数量。③以市场化方式约束老股转让数量，老股转让数量不得超过自愿设定12个月及以上限售期的投资者获得配售股份的数量。发行人、转让老股的股东和相关网下投资者之间不得存在财务资助等不当利益安排。④充分提示风险：股东转让老股的资金不归公司所有；对发行人重大影响的股东（包括董事、监事、高级管理人员、核心技术人员、重要客户等）及关联方（一致行动人）的老股转让。发行人和保荐机构需对该等股份转让对公司治理结构、经营影响做充分分析。⑤承销费用的分摊：国外市场基本由发行人承担。老股转让价格有折扣，承担了公司股份流通公众化的一部分成本，因此是可以不承担承销费用的。目前证监会没有做强制性的规定，仅要求发行人与拟公开发售股份的公司股东应当就本次发行承销费用的分摊原则进行约定。⑥公司股东转让老股所得资金无锁定期要求。

（二）诚信义务

1. 关于减持价格和股票锁定期延长承诺

《意见》规定了解禁后两年内减持价不低于发行价和特定情形下锁定期限自动延长6个月的最低承诺要求，发行人控股股东、持有股份的董事、高级管理人员也可根据具体情形提出更高、更细的锁定要求。对于已做出承诺的董事、高级管理人员，应明确不因其职务变更、离职等原因，而放弃履行承诺。

2. 股价稳定预案预案

应明确发行人回购公司股票、控股股东增持、董事及高级管理人员增持的具体情形和具体措施，确定出现相关情形时股价稳定措施何时启动，将履行的法律程序等，以明确市场预期。稳定股价措施可根据公司的具体情况自主决定。对于未来新聘的董事、高级管理人员，也应要求其履行公司发行上市时董事、高级管理人员已做出的相应承诺要求。

3. 股份回购承诺

需要明确发行人、控股股东将如何启动股份回购措施、以什么价格回购等；公司及控股股东、实际控制人、董事、监事、高级管理人员及相关中介机构做出的关于赔偿投资者损失的承诺应当具体、明确，确保投资者合法权益得到有效保护。注意限定条款的使用，建议去除。

4. 关于持股5%以上股东持股意向

需要明确在满足何种条件时，以何种方式、价格在什么期限内进行减持；并承诺在减持前3个交易日予以公告。必须至少披露限售期结束后两年内的减持意向，减持意向应说明减持的价格预期、减持股数，不可以“根据市场情况减持”等语句敷衍。

5. 关于承诺事项的约束措施

保荐机构应对相关承诺的内容合法、合理，失信补救措施的及时有效等发表核查意见。发行人律师应对相关承诺及约束措施的合法性发表意见。

(三) 中止审核监管问答

根据新股改革，发行人申请文件中记载的信息存在自相矛盾、或就同一事实前后存在不同表述且有实质性差异，证监会将中止审查。综合梳理后，主要有如下因素：

1. 申请文件不齐备

(1) 对有关法律、行政法规、规章的规定，需要请求有关机关做出解释，进一步明确具体含义。

(2) 发行人申请文件中记载的财务资料已过有效期。

(3) 发行人及其中介机构未在规定的期限内提交反馈意见回复。

(4) 发行人发行其他证券品种需要履行信息披露义务，导致审核程序冲突。

(5) 负责本次发行的保荐代表人发生变更，会计师事务所、律师事务所或者签字会计师、律师发生变更，需要履行相关程序。

2. 发行人主体资格存疑或中介机构执业行为受限导致审核程序无法继续的情形

(1) 发行人、发行人的控股股东、实际控制人及发行人的保荐机构或律师因涉嫌违法违规被行政机关调查，或者被司法机关侦查，尚未结案。

(2) 保荐机构或其他中介机构被中国证监会依法采取限制业务活动、责令停业整顿、指定其他机构托管、接管等监管措施，尚未解除。

3. 对发行人披露的信息存在重大质疑需要进一步核查的情形

（1）发行人申请文件中记载的信息存在自相矛盾，或就同一事实前后存在不同表述且有实质性差异。

（2）根据发行申请文件披露的信息，对发行人是否符合发行条件明显存疑，需要进一步核实。

（3）媒体报道、信访举报反映或者通过其他途径发现发行人申请文件涉嫌违法违规，或者存在其他影响首次公开发行的重大事项，经初步核查无法澄清。

4. 发行人主动要求中止审查或者其他导致审核工作无法正常开展的情形具体见相关监管问答的内容

（四）更换中介机构问答

（1）在审首发企业，包括已过发审会的企业，更换保荐机构的，一律需要重新履行申报程序。

（2）更换保荐代表人、律师事务所、会计师事务所或签字律师、会计师的，更换后的机构或个人需要重新进行尽职调查并出具专业意见，保荐机构应进行复核。如保荐机构认为新出具的文件与原机构或个人出具的文件内容无重大差异的，则继续安排后续审核工作。如保荐机构认为有重大差异的，则依据相关规定进行相应处理；已通过发审会的，需重新上发审会。

（3）审核过程中，保荐机构、律师事务所、会计师事务所或相关保荐代表人、签字律师、签字会计师被行政处罚、采取监管措施的，保荐机构及所涉中介机构均应就其出具的专业意见进行复核并出具复核意见。如复核后不存在影响发行人本次发行上市的重大事项的，则继续安排后续审核工作；已通过发审会的，可不重新上发审会。

相关行政处罚或监管措施导致保荐机构、会计师事务所、律师事务所或签字保荐代表人、会计师、律师执业受限制的，在相关行政处罚或监管措施实施完毕之前，不安排后续审核工作。

（4）在审首发企业更换保荐代表人、律师、律师事务所、会计师、会计师事务所的，原签字机构和个人需出具承诺，对其原签署的相关文件的真实、准确、完整承担相应的法律责任。如发现其出具的文件存在问题的，中国证监会将依法从严追责。

（五）本次改革的重要变化

改革的定位：厘清政府和市场的关系，发挥市场在资源配置中的决定性作用。监管理念的转变：

（1）以信息披露为核心，不判断企业的投资价值。

（2）提前预披露信息，要充分重视信息披露质量。由于审核时间较长，企业的披露质量不乐观，例如数据未更新，包括业务与技术章节、募投项目效益测算章节等。

（3）加强事中事后监管、归为尽责。

（4）不对企业持续盈利能力做判断，但要求充分披露投资者决策相关的信息。

（5）工作底稿做扎实、依法合规做好内控，充分披露风险，不应仅流于形式。

三、2015年证券法修订草案解读

2015年4月20日上午，第十二届全国人大代表大会常务委员会第十四会议审议了《证券法》的修订草案，该修订草案共16章338条，其中新增122条、修改185条、删除22条，主要有五方面内容，其中明确实行股票发行注册制。具体制度创新如下：

1. 明确注册制程序取消股票发行审核制

《证券法》（修订草案）指出，推进股票发行注册制改革，其本质是以信息披露为中心，由市场参与各方对发行人的资产质量、投资价值做出判断，明确注册程序，取消股票发行审核委员会制度，规定公开发行股票并拟在证券交易所上市交易的，由证券交易所负责对注册文件的齐备性、一致性、可理解性进行审核，交易所出具同意意见的，应当向证券监督机构报送注册文件和审核意见，证券监督机构十日内没有提出异议的，注册生效。值得注意的是，为确保注册制改革的顺利推出，现阶段注册制改革的范围限定于股票，为此，修订草案规定股票发行实行注册制，维持债券及其他证券发行实行核准制。

2. 欺诈发行处罚标准大幅提高

注册制意味着“宽进”，必须加大处罚力度，严防欺诈发行。根据《证券法》（修订草案），如果发行人在招股说明书中“隐瞒重要事实或者编造重大虚假内容”，尚未发行证券的，处以100万元以上1000万元以下的罚款，而现行处罚最高标准只有60万；已经发行证券的，处以非法所募资金金额2%以上10%以下的罚款，现行最高标准为5%。

3. 增设现金分红制度

现金分红不足一直是中国股市的一大难题。为解决这一问题，《证券法》（修订草案）要求，上市公司在章程中需明确现金分红的具体安排和决策程序。对于当年税后利润，在弥补亏损及提取法定公积金后有盈余的，上市公司应当按照公司章程规定，分配现金股利。

4. 为境外企业境内上市预留法律空间

此次公布的《证券法》(修订草案) 中有 4 个条款专门对境外企业在境内上市做出了相关规定。这些条款内容涉及境外发行人所在国家或地区的证券法律和监管制度，在境内上市的信息披露要求、财务会计报告要求以及证券登记结算方面的要求等。

5. 取消七类行政许可

按照放松管制、加强监管的改革思路，《证券法》(修订草案) 取消了七类行政许可：要约收购义务豁免，境内企业境外发行上市，证券公司设立、收购或撤销分支机构，变更注册资本，变更章程重要条款，在境外设立、收购或参股证券经营机构，董事、监事任职资格。

6. 允许证券从业人员买卖股票

《证券法》(修订草案) 提出，证券经营机构、证券交易场所和证券登记结算机构的从业人员、国务院证券监督管理机构的工作人员以及其他证券从业人员，应事先申报本人及配偶证券账户，并在买卖证券完成后三日内申报买卖情况。

此前《证券法》第四十三条规定："证券交易所、证券公司和证券登记结算机构的从业人员、证券监督管理机构的工作人员以及法律、行政法规禁止参与股票交易的其他人员，在任期或者法定限期内，不得直接或者以化名、借他人名义持有、买卖股票，也不得收受他人赠送的股票。"

7. 允许设立证券合伙企业

此次《证券法》(修订草案) 提出，设立证券公司、证券合伙企业，应当经国务院证券监督管理机构批准，并明确了设立证券公司、证券合伙企业应当具备的条件。

8. 新增条款禁止跨市场操纵

《证券法》(修订草案) 新增条款禁止跨市场操纵行为，防止在衍生品市场和现货市场之间进行价格操纵。禁止的行为主要包括为了在衍生品交易中获得不正当利益，通过拉抬、打压或者锁定等手段，影响衍生品基础资产市场价格的行为；为了在衍生品基础资产交易中获得不正当利益，通过拉抬、打压或者锁定手段，影响衍生品市场价格的行为。

9. 利用"未公开信息"交易责同内幕交易

《证券法》(修订草案) 规定，禁止证券交易场所、证券登记结算机构、证券经营机构、证券服务机构和其他金融机构的从业人员、有关监管部门或者行业协会的工作人员以及其他因工作、职责获取未公开信息的人员，买卖或者建议他人买卖与该信息相关的证券，或者泄露该未公开信息。

这里的"未公开信息"，是指除内幕信息以外对证券的市场价格有重大影响且尚未公开的信息。利用未公开信息进行交易给投资者造成损失的，应与内幕交易一样承担赔偿责任。

10. 民事赔偿可推代表诉讼

由于缺乏集体诉讼制度，股民索赔一直是一大难题。草案规定，投资者提起虚假陈述、内幕交易、操纵市场等证券民事赔偿诉讼时，当事人一方人数众多的，可以依法推选代表人进行诉讼。国务院证券监督管理机构认可的投资者保护机构可以作为代表人参加诉讼或者清算程序。

四、结　　语

综上所述，证券法的修订和 IPO 改革，事关市场在资源配置中的决定地位的法治目标的实现。合理配置发审机构和交易所的核准权，发挥市场作为发现企业真实价值核心手段，同时加强事前事中事后全面监管作用，防止证券市场欺诈、不诚信行为的负效果。

参考文献：

[1] 张文艳．近期 IPO 新政策解读（一）参见张文艳律师文集［EB/OL］. http：//www. lawtime. cn/article/lll104654119104659213oo319768

[2] 一文读懂《证券法》修订草案 10 大看点 _ 证券时报网［EB/OL］. http：//kuaixun. stcn. com/2015/0420/12185347. shtml

依法治国中的价值理念之解析

吴 峻

摘 要：法的价值建设是依法治国的核心内容，没有法治文化的培养，一切都是无源之水。人类历史就是不断呼唤自由和实现自由的过程。维护公平正义是司法和法治的核心价值。秩序、人权等也是人类普遍共识的价值，价值的共识是各种价值观和价值标准的最大公约数，是不同价值观趋同的部分。

关键词：依法治国；价值；自由；公平；正义

前段时间有部电影叫作《我不是潘金莲》，数据化的分析，精细化的治理，在现代法治社会中却被一个农妇弄得令人如临大敌，寝食不安。是人民贫穷，仓廪不足而不知礼仪吗？是制度上没有法律诉讼途径吗？好像都不是。是文化，是法治文化出了问题，是农妇对公平的不信任，对法律制度的不信任。

一、文明的层次

社会要达到法治，不仅仅需要经济的发展，法律制度的合理设计，还需要社会成员具有法的价值观。社会文明由三个层面的“同心圆”构成：最外层是器物文明层，中间是制度文明层，内核是理念文明层，即公平、正义、自由、人权的法的价值是内核，是社会个性赖以生存发展的依据。一个文明的理念崩溃，则制度与器物文明亦将随之崩溃；如果一个文明理念能高度发展，则制度与器物文明亦将随之兴盛。所以，法的价值建设是依法治国的核心内容，没有法治文化的培养，一切都是无源之水。

二、依法治国中的价值理念

（一）自由

宪法是自由和人权的“圣经”，人类历史就是不断呼唤自由和实现自由的过

作者简介：吴峻（1974—），男，汉族，安徽合肥市人，安徽铜陵学院法政系讲师，铜陵市检察院公诉处副处长，法学硕士。研究方向：法制现代化。

程。一说到自由，很多人就联想到资本主义价值观，其实马克思也是讲自由的。前段时间有句流行的话，“世界很大我想去看看”，反映的其实就是价值中的自由。作为法律概念和法律精神的自由，首先是自由与行动的统一。无论我们现在制定什么政策，都必须以当下的客观状况为依据，过快则脱离实际，过慢则踯躅不前。其次，自由并不意味着个人与社会的完全对立。马克思说过，只有在集体中，个人才能获得发展其才能的手段。也就是说，只有在集体中才可能有个人的自由。再者，法治社会只有人民享有广泛自由，才能使社会充满活力。李总理的简政放权恰恰是用法律对自由进行保护。自由对于国家机关和公权力来说，“法无授权不可为”；而对于公民、法人等私权来说，“法无禁止即可为”。自由就是让人们能够人身自由、思想自由，理论创新、技术创新、制度创新，人与人摆脱依赖关系，正如十八届六中全会所说，“绝不准许把党的干部当作自己的私人财产”。

（二）公平正义

公平正义是法治的生命线。现在社会上的各种仇富仇官心理，归根到底是人们对公平正义的呼唤。习近平总书记说，“全面深化改革必须着眼创造更加公平正义的社会环境，不断克服各种有违公平正义的现象。”公平正义是中国社会主义文化底蕴，包含权利公平、机会公平、规则公平、司法公平等理念。机会公平并不能确保结果公平，机会公平为每一个公民提供了平等参与和实现梦想的可能性，即使由于个体差异而失败，机会公平心态也就平和了。司法是社会公正的最后一道保障，如果这也被虚化，人民对法律的信任就会一落千丈，就会出现更多的上访，而不是走司法途径。培根在《论司法》中表述“一次不公正的司法判决结果甚于十次犯罪。”一旦破坏了司法的公正，就是摧毁了其公信力，这种打击是毁灭性的。习近平总书记也明确提出，维护公平正义是司法和法治的核心价值。

（三）人权与民主

在法治价值文明的建设中，我们要依靠人民群众，坚持人民主体地位。世界上“没有无民主的法治，也没有无法治的民主”。法治的主体是人民，法治的客体是国家机器和国家权力。对于法治来说，最大的威胁不是来自公民，而是公权力和国家官员，有多少罪恶都是“假以人民之名义”。要坚持人民代表大会制，要尊重和保障人民群众的知情权、参与权和监督权，要把法治与群众路线结合，实现人民的自我管理、自治自律。法治意味着法的统治而不是人的统治。法治精神必须抑制“以恩为德”“法外用情”的伦理化缺陷。社会的和谐是至美至善的，和谐就是要让“对立的东西产生和谐”，不同的价值有机地统一起来，树立以人为本和尊重人权的立法思想。

法的价值还有很多，例如说秩序、人权等。价值的共识是各种价值观和价值标准的最大公约数，是不同价值观趋同的部分。我们谈价值观不是搞什么“全盘西化”，真如温家宝同志所指出：“科学、民主、法制、自由、人权，并非资本主义所独有，而是人类在漫长的历史进程中共同追求的价值观和共同创造的文明成果。”要实现依法治国这一宏伟目标，迫切需要统一思想，凝聚共识，从法治文化层面形成对中国法治建设的社会价值认同。

三、价值治国之路径

法治理念的形成与法治文化的培养，是一项系统长期的工程，不是一蹴而就的。

首先，领导的垂范作用是必不可少的，政府办事一定要法治，而不能人治。虽然铜陵政府各部门都有法律顾问，但是法的价值理念却是依法治市的灵魂。即便政府精细化治理，也是多部门协调，在各个部门精细化过程中，管理职能不断增量，流程不可避免地逐渐僵化，政府改革会陷入自我调整的恶性循环。如果外部缺少协调力量，组织的灵活性和主动性下降，无法快速、及时反应，必将造成社会治理的碎片化。到时候，简政放权又会成为必要，这是一个不断循环上升的过程。作为关键少数的领导，其自由、平等、公平、正义、秩序等价值理念会在决策中起到极其关键的作用。

其次，各个部门多元配合，改变政府本位，以服务群众为出发点，加强居民自治，在解决社会矛盾中塑造法治文化。法治文化建设中，各部门的法制宣传虽然不少，但有多少是深入人心的？笔者曾有一次为解决群体性事件而被派往一县里小学讲法治，发现小学生对法律知识的渴求是成人所无法比拟的。在对成人讲座中，成人目的性更强，他们不是不听，而是对自己关注的拆迁、继承等法律知识也是渴求的。又如现在模拟法庭进入小学就很好，他们是未来，对他们的法治思想培养是潜移默化的，而且在父母辅导过程中，也是对大人的一次法治再教育。

最后，我们在法治价值培养上一定要放弃急功近利的思想。法治文化的孕育是一种价值理念和思想方式的转变，弘扬法治精神，形成全市良好的法治氛围，让公民在权利义务的分配中感到公平、正义，从而达到人的自由自在状态。

工程 · 科技

新能源发电与微电网技术

周松林

摘　要：资源与环境的压力给电力系统带来了新的挑战，利用新能源逐步取代传统能源进行发电将是今后电力工业发展的趋势。本文分析了新能源发电系统的基本单元、关键技术及发展现状，分析了微电网的组成和控制功能，并对其关键技术进行了论述。

关键词：新能源发电；风力发电；光伏发电；微电网

1. 新能源发电的类型及其特点

1.1　太阳能光伏发电

太阳能光伏发电利用光电效应把太阳能直接转化为电能，太阳能电池由单晶硅或非晶硅薄膜制成。其本身重量轻，无活动部件，使用安全，也可大型化，但光电转换效率尚不够高，大型设备价格昂贵。

未与公共电网相联接独立供电的太阳能光伏电站称为离网光伏电站，主要应用于远离公共电网的无电地区和一些特殊场所，如为边远偏僻农村、牧区、海岛、高原、沙漠的农牧渔民提供照明、看电视、听广播等基本的生活用电，为通信中继站、沿海与内河航标、输油输气管道阴极保护、气象电站、公路道班以及边防哨所等特殊处提供电源。

与公共电网相联接且共同承担供电任务的太阳能光伏电站称为并网光伏电

作者简介：周松林（1975—），男，安徽东至人，汉族，博士，教授，研究方向为分布式发电及微电网。

基金项目：安徽省高校自然科学基金重点项目（KJ2014A258）；铜陵学院人才基金项目（2014tlxyrc01）。

站。它是太阳能光伏发电进入大规模商业化发电阶段、成为电力工业组成部分的重要发展方向，是当今世界太阳能光伏发电技术发展的主流趋势。

太阳能发电对电力系统来说，还有一些技术问题需要考虑。一是连续供电问题；二是电压波动问题；三是谐波的影响。电网关注的还有经济问题，比如说长距离输送，大型光伏电站的生产地到消费地一般都距离很远，大型光伏电站还没有大到常规电厂的规模，从输送的角度看不合理、不经济。

1.2　风力发电

风力发电是将风能转换成机械能，再转换为电能，其基本原理是利用风吹动风轮，通过风轮的机械转动驱动发电机转子旋转，进而产生电能。风能是清洁的可再生能源，风力发电与常规发电相比，具有能源充足、不消耗燃料、无环境污染、占地面积小、工程建设周期短、发电技术成熟等优点。在当今世界的新能源开发技术中，风力发电是最成熟、最有商业利用价值的发电方式，其装机容量正在不断扩大，全球风电发电量占总发电量的比例也在逐步增加。图1至图3是几种风电控制系统结构。

我国可开发和利用的陆地上风能储量有2.53亿kW，近海可开发和利用的

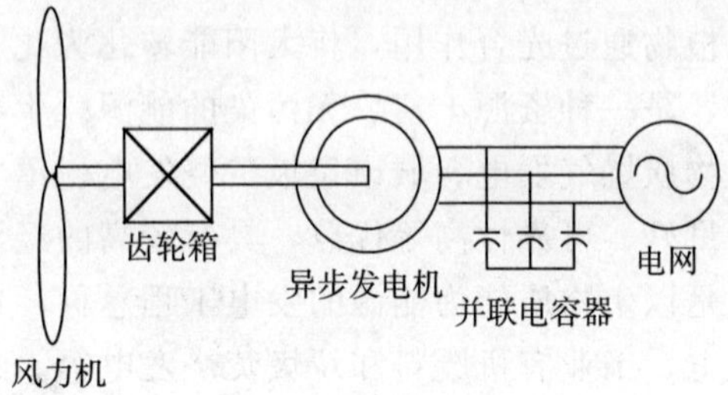

图1　恒速恒频风力发电机系统（小容量）

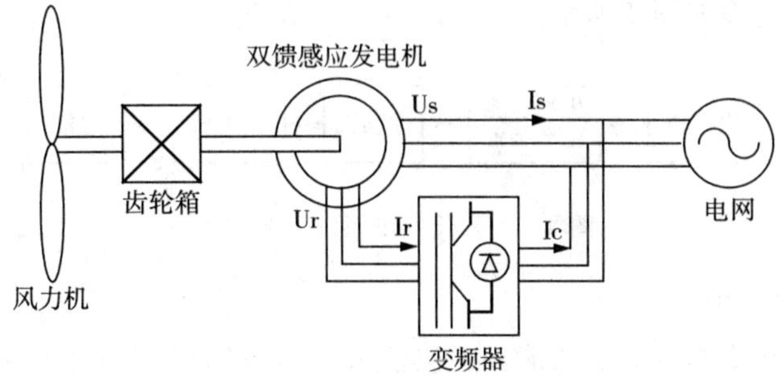

图2　变速恒频双馈感应发电机系统（大容量）

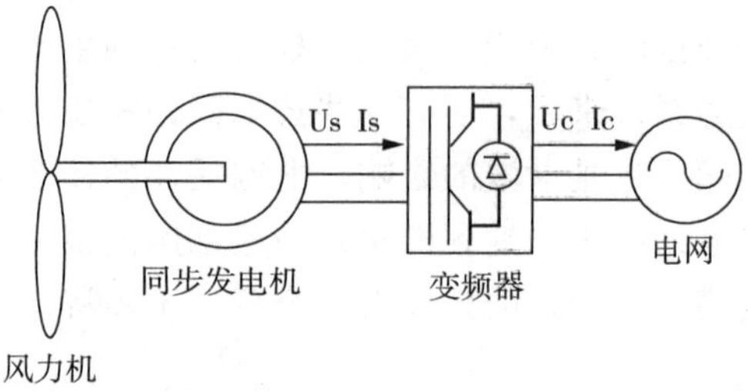

图 3　永磁直驱的同步发电机系统（大容量）

风能储量有 7.5 亿 kW，共计约 10 亿 kW。风能最佳区：①东南沿海、山东半岛、辽东半岛以及海上岛屿。②内蒙古、甘肃北部。③黑龙江南部、吉林东部。风能较佳区：①西藏高原中北部。②三北北部。③东南沿海（离海岸线 20～50kM)。风能可利用区：①两广沿海。②大小兴安岭山区。③东从辽河平原向西，过华北平原经西北到最西端，左侧绕西藏高原边缘部分，右侧从华北向南面淮河、长江到南岭。

1.3　生物质能发电

生物质能是绿色植物通过光合作用，将太阳能转化为化学能而储存在生物质内部的一种能量形式，是一种资源丰富、无污染的能源。生物质能发电包括农林废弃物燃烧发电、生物质燃气发电、城市垃圾焚烧发电、沼气发电等方面。生物质能发电具有电能质量好、可靠性高等优点，具有较高的经济价值。

生物质发电系统是以生物质能为能源的发电工程总称，包括沼气发电、薪柴发电、农作物秸秆发电、工业有机废料和垃圾焚烧发电等。这类发电的规模和特点受生物质能资源的制约，可用于转化为能源的主要生物质能资源包括薪柴、农作物秸秆、人畜粪便、酿造废料、生活和工业的有机废水及有机垃圾等。生物质发电系统工艺流程如图 4 所示。

图 4　生物质发电系统工艺流程

1.4　地热发电

地球内部蕴藏着巨大的热能，地热能就是地球内部的热释放到地表的能量，地热发电就是将地热能转变为机械能，再将机械能转变为电能，它是利用地下热水和蒸汽为动力源的一种新型发电技术，其原理与火力发电基本一样，即将蒸汽的热能通过汽轮机转变为机械能，然后带动发电机发电。

1.5 海洋能发电

海洋能是海流动能、海洋热能、潮汐能和波浪能等的总称。海洋能用于发电有海流发电、海洋温差发电、波浪发电和潮汐发电等几种方式。目前成熟的有潮汐发电。我国海岸线全长 18400 多千米，拥有 6500 多个大小岛屿，岛屿海岸线长达 14000 多千米。据初步估算，我国海洋能的蕴藏量约为 6.3 亿 kW。

2. 微电网技术

2.1 微电网技术现状及研究背景

微电网技术能有效运用分布式发电技术的特点，协调大电网与分布式电源之间的矛盾。微电网将包括风力发电、光伏发电等可再生能源以及其他微型电源连接在一起，向各个用户提供电能。微电网既可以与大电网并联运行，也可以独立运行。微电网技术的应用能够充分利用分布式电源缓解供电压力，可以提高电力系统的供电可靠性。开展微电网相关技术的研究对微电网本身的应用乃至整个电力系统的运行都极具理论价值和现实意义。

近年来，国内外学者和研究机构高度重视微电网技术的研究与应用。微电网的概念最早是由美国的电气可靠性技术解决方案联合会提出。之后，通用电气与美国能源部合作开发了微电网能量管理系统，为微电网提供优化管理、器件保护、电力电子设备控制等技术。欧洲智能电网技术论坛强调欧洲电网在今后的发展中，应该追求经济性、灵活性、节能性，以及运行的可靠性。目前，欧洲对微电网的研究已初现成效，其研究涉及微电网的运行控制、保护措施、能量优化、通信技术等领域，并通过微电网实验平台对这些理论进行了验证。欧盟 7 个国家、14 个组织合作开展了 Micro Grid 计划，相继在希腊、德国、西班牙建立了不同规模的微电网实验室。日本专门成立了新能源与工业技术发展组织，统一协调国内高校、企业与国家重点实验室开展新能源技术及其应用的研究。

近年来，国内的高校和相关研究机构也已经从理论和应用方面对微电网展开了研究。其中包括天津大学等单位承担的“973 计划”、中国科学院电工所承担的“863 计划”以及合肥工业大学和杭州电子科技大学等单位建立的小型微电网实验平台，这些研究计划的开展及取得的成果都进一步为微电网的理论研究和工程应用打下了良好的基础。

国内外学者对微电网的研究涉及微电网在并网和孤岛运行下的稳定性分析、潮流分析、储能技术、微电源之间的协调控制、微电网中电力电子设备的智能控制和最优控制、微电网中电力电子设备带来的谐波污染、微电网的经济运行与能量管理等问题。其中，微电网的经济运行与能量管理是微电网技术的一项重要研究内容，研究人员从不同的方面对这一课题进行了研究。

2.2 微电网结构

微电网是规模较小的分散的独立系统，它将燃料电池、燃气轮机、风力发电、光伏发电、储能等装置按照一定的拓扑结构连接在一起，向不同的用户供电。微电网和大电网通过公共连接点（PCC）进行能量交换，既可与大电网联网运行，又可在电网故障或需要时与主网断开单独运行。图5是微电网结构示意图。

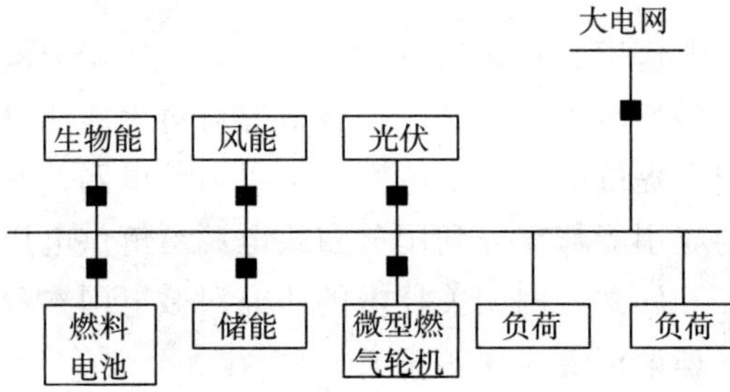

图5 微电网结构示意图

2.3 微电网的控制功能

微电网具有控制、协调、管理等功能，并由以下系统来实现：①微电源控制器；②保护协调器；③能量管理器。

微电网的控制功能主要有以下几种：①基本的有功和无功功率控制（P－Q控制）；②基于调差的电压调节；③快速负荷跟踪和储能；④频率调差控制。

2.4 微电网的保护

微电网结构对继电保护提出了一些特殊的要求，必须考虑的因素主要有以下几点：

（1）配电网一般是放射形的，由于有了微电源，保护装置上流经的电流就可能由单向变为双向。

（2）一旦微电网孤岛运行，短路容量会有大的变化，影响了原有的某些继电保护装置的正常运行。

（3）改变了原有的单个分布式发电接入电网的方式，构成微电网的初衷之一是尽可能地维持一些重要负荷在电网故障时能正常运行而不使其供电中断。

这些均可能使原有的保护装置和策略发生变化。

2.5 微电网并网运行

相对于电力系统而言，微电网类似于一个独立的控制单元，其中每一个微电源都具有简单的即拔即插功能。对每一个微电源，最关键的是它本身的接口、控制、保护以及对微电网的电压控制、潮流控制和维持其运行稳定性。另一个重要的功能是微电网的联网运行和孤岛运行方式间的平稳转移。

2.6 微电网孤岛运行

当微电网孤岛运行时，为了使所隔离的故障区尽可能小，微电网中保护装置的协调尤为重要。特别需要指出的是，由于微电网的电源大多为电力电子型设备，所发出的电力通过逆变器与网络连接，故障时仅提供很小的短路电流，难以启动常规的过电流保护装置。因此，保护装置和策略就应作相应地修改，如采用阻抗型、零序电流型、差分型或电压型继电保护装置。

2.7 微电网的能量管理系统

微电网被定义为发电和负荷的集合，而通常负荷不仅包括了电负荷，还包括热和冷负荷，即热电联供或热电冷三联供。由此，微电网不仅要发电，而且要利用发电的余热以提高总体效率。能量管理系统（Energy Management System，EMS）的目的即为做出决策以最优地利用发电产生的电和热（冷）。该决策的依据为当地设备对热量的需求、气候的情况、电价、燃料成本等。

除了上述基本功能外，EMS 还具有其他功能，如当微电网与配电网解列后微电网应配备快速切负荷的功能，以使微电网内的发电与负荷平衡；由于微电源同时供给电、热等负荷，调度时应同时兼顾，一般情况下往往采取“以热定电”的原则，即在满足用户对热负荷需求的条件下再进行电量的调度；微电网中应配给一些储能设备，如蓄电池、超级电容器、飞轮等。

2.8 国内外微电网技术的发展

2.8.1 美国微电网的研究

美国电气可靠性技术措施解决方案联合会（Consortium for Electric Reliability Technology Solutions，CERTS）最早提出微网的概念，其也是所有微网概念中最具代表性的一个。CERTS 微电网的可行性研究已经在威斯康星大学麦迪逊分校的实验室得到了初步检验。近期，美国俄亥俄州哥伦布杜兰技术中心已经开始了对微电网的全面测试。

继 CERTS 之后，美国能源部与通用电气共同资助了第二个“通用电气（General Electric Company，GE）全球研究（Global Research）”计划，该计划的目标是开发出一套能够向微电网中各元件提供统一保护、控制和能量管理平台的微电网能量管理系统（Micro Grid Energy Management，MEM）。

2.8.2 欧洲微电网的研究

欧盟于 2005 年成立了欧洲智能电网技术论坛（Smart Grids European Technology Platform）。该论坛为 2020 年的欧洲电力工业发展做出远景规划，并指出未来的欧洲电网应满足如下要求：①灵活性：在适应未来电网变化与挑战的同时，满足用户多样化的电力需求。②可接入性：使所有用户都可接入电网，尤其是推广用户对可再生、高效、清洁能源的利用。③可靠性：提高电力供应的可靠性与安全性以满足数字化时代的电力需求。④经济性：通过技术创新、能源有效管理、有序市场竞争及相关政策等提高电网的经济效益。

2.8.3 日本微电网的研究

由于日本国内资源匮乏，日本政府对可再生能源的发展制定了很高的目标。日本还专门成立了新能源与工业技术发展组织（New Energy and Industrial Technology Development Organization，NEDO）统一协调国内高校、企业与国家重点实验室对新能源及其应用的研究。NEDO 在 2003 年的“Regional Power Grid with Renewable Energy Resources Project”项目中，开始了 3 个微电网的试点项目。这 3 个测试平台的研究都着重于可再生能源和本地配电网之间的互联，分别在青森县、爱知和京都，可再生能源在 3 个地区微电网中都占有相当大的比重。中部机场的爱知微电网是 NEDO 建立的第一个微电网示范工程，2005 年日本爱知世博会时投入使用。2006 年，该系统迁到名古屋市附近的中部机场，并于 2007 年初开始运行。青森县的微电网于 2005 年 10 月投入运行，计划作为示范工程一直运行到 2008 年 3 月，这期间进行电能质量和供电可靠性、运行成本等方面的评估。京都微电网 2005 年 12 月投入运行，系统的控制中心能够在 5 分钟之内实现系统能量的平衡，也可以根据需要设置更短的时限。

2.8.4 中国微电网的研究

目前，中国尚未提出明确的微电网概念，但微电网的特点适应中国电力发展需求与方向，在中国有着广阔的发展前景，具体体现在：

（1）微电网是中国发展可再生能源的有效形式。

（2）微电网在提高中国电网的供电可靠性、改善电能质量方面具有重要作用。

（3）微电网对于在中国发展热电联产有极大地指导意义。

（4）微电网与大电网间灵活的并列运行方式可使微电网起到削峰填谷的作用，从而使整个电网的发电设备得以充分利用，实现经济运行。

● 微电网研也得到了国家的重视，中国科学院电工所承担的“863 计划”和天津大学等单位担的“973 计划”，都针对微电网技术展开了从理论到应用的研究。

● 北京交通大学电气工程楼的光伏发电系统于 2005 年正式投入并网运行。

● 杭州电子科技大学和合肥工业大学等单位建立的小型微电网实验研究系统等都为微电网技术的发展提供了系统的理论研究和工程实践验证。

2.9 微电网研究的关键问题

2.9.1 微电网运行控制

微电网要有灵活的运行方式与较高的电能质量输出，离不开完善的稳定控制系统，这也是微电网研究中的一个难点问题。其中一个基本的技术难点在于微电网中的分布式电源数目较多，很难实现一个中心控制点对整个系统做出快速反应并进行控制，往往是系统中某控制单元故障，就可能导致整个系统停止运行。因此，微电网控制应能够实现基于本地信息事件做出自主快速响应。

2.9.2 微电网安全保护

与传统的配电网不同，微电网的结构不再是单电源、放射状，微电网中潮流分布和短路电流分布有了很大变化，因此微电网的保护问题与传统保护有着极大不同。典型表现有潮流的双向流通；微电网在并网运行与独立运行两种工况下，短路电流大小不同且差异很大。因此，在独立和并网两种运行工况下均能对微电网内部故障做出响应以及在并网情况下快速响应大电网故障，同时保证保护的选择性、快速性、灵敏性与可靠性，是微电网安全保护的关键。

2.9.3 微电网经济分析

微电网的经济性是微电网吸引用户并在电力系统中得以推广的关键。在经济运行方面，微电网虽然可以从大电网的调度原则、电能交易、资源配置原则等方面借鉴众多经验，但微电网本身的许多独特之处也使得其经济运行问题带有自身特点。从目前研究来看，微电网的经济性研究主要体现在两方面：微电网系统设计的经济性以及经济效益的评估和量化分析。

2.9.4 电力市场与管理

微电网并网运行，将引起电力市场交易模式、竞价机制发生变化：一方面，分布式电源作为微电网的重要组成部分，将使电力公司与用户之间形成一种新型关系，用户可以从电力公司买电，也可以在自发自用的基础上，将自己的分布式发电设备发出的剩余电能卖给电力公司或者为电力公司有偿提供削峰、紧急功率支持；另一方面，微电网并网运行时参与大电网竞价，必将对原有的电力市场竞价模式产生较大影响。

3. 结　语

目前，我国的新能源发电和微电网示范工程已经取得了一定的进展，但同时还存在着一些亟待解决的问题，主要表现在技术基础薄弱、相关体制尚不规范等方面。因此需要制定发展目标，科学规划布局。新能源发电是智能电网的一个重要组成部分，必须构建全国统一的新能源电网，以促进我国智能电网的建设。

参考文献：

[1] Marnay C，Rubio F J，Siddiqui A S. Shape of the microg rid [C]. 2001 IEEE Power Engineering Society Winter Meeting，2001.

[2] Hatziargyriou N，Asano H，Iranvani R，et al. Microgrids [J]. IEEE Power and Energy Magazine，2007，5 (4)：78—94.

[3] 丁明，张颖媛，茆美琴. 微网研究中的关键技术 [J]. 电网技术，2009，33 (11)：6—11.

[4] 茆美琴，丁明，张榴晨，等. 多能源发电微网实验平台及其能量管理信息集成 [J]. 电力系统自动化，2010，34 (1)：106—110.

[5] Sanchez M. Overview of microgrid research and development activities in the EU [C]. Montreal 2006—Symposium on Microgrids，2006.

[6] 周青，谢小林. 基于可再生能源的分布式微电网技术发展现状与趋势浅析 [J]. 绿色建筑，2011，6：59—61.

双馈电机风力发电技术

朱云国

摘　要：世界经济的飞速发展使能源安全问题与环境危机问题更加凸出，对新型可再生能源的探索成为人类的研究热点。风力资源是一种源源不断地产生的清洁能源，近年来，双馈电机的风力发电技术引起众多学者的兴趣。

本报告首先详细论述了风资源丰富和几种风电技术的构型，进而引出双馈电机的技术优势。根据双馈电机在旋转坐标系 $d-q$ 的数学模型，以定子磁链为模型的模型参考自适应方法，具体描述了控制算法实现的基本过程，并在此基础上对该控制方法进行了仿真验证。

关键词：双馈电机；风力发电；模型参考自适应；无速度传感器

1. 风力资源

据推测世界将在2040年进入“石油枯竭时代”。伊拉克战争、美俄中东博弈都反映了世界的能源危机。中国原油的进口量在2015年达3.34亿吨，增长8.8%，原油进口对外依存度突破60%。中国石油的总需求量到2020年将达到7亿吨，大约2/3都需要依靠进口。在全球经济基本只依赖石油一种燃料的情况下，能源安全得不到保障则意味着工业化和现代化失去动力，被迫屈服。工业化给世界带来了进步，但化石燃料的使用是温室气体增加的主要来源。科学观测表明，全球气温在近百年内升高了0.74℃。哥本哈根全球气候变化大会于2009年12月7日—18日在丹麦首都哥本哈根召开。192个国家的环境部长和其他官员们在哥本哈根召开联合国气候会议，商讨未来应对气候变化的全球行动，对地球今后的气候变化走向产生决定性的影响。中国二氧化碳的排放量约在2008年底就已经超过原世界排放最大国美国，成为世界第一。2015和2016年春季全国的雾霾天气，PM2.5的超标让全国人民对于环境保护的认识提到了新的高度。可选择的绿色能源：太阳能、风能、核能、氢能、可燃冰、潮汐、水能等。中国的水电只够满足百分之十几的电量，指望水电能够满足全中国需求并不现实。2011年日本“3·11”地震引起福岛核电站泄露打乱了世界的核能发展步伐。中国当时暂停审批核电项目，一年后恢复了审批但很谨慎。氢能、可燃冰、潮汐发电还处在实验阶段，离大规模应用有一段距离。太阳能已被用于大规模发电，但对环境的影响日益显露出来。风能是一种清洁的永续能源，与传统能源相比，风力发电不依赖外部能源，没有燃料价格风险，发电成本稳定，也没有碳排放等环境成本。

2. 风力发电技术

风力发电要把风能转化为电能为用户使用，就要将电能并联于电网，只有确保电机发电的幅值、频率和相位与电网一致才能并网。目前，实现两者同步的技术一般为恒速恒频 CSCF（Constant Speed Constant Frequency）和变速恒频 VSCF（Variable Speed Constant Frequency）发电技术。对恒速恒频的技术要求转速不发生变化、频率不发生变化，具体指的是在发电期间使得电机转速不变而保证最后获得的电能的频率也不发生变化。VSCF 就是实现风机转速随风速同步变化但产生的电能达成恒频的最终结果。该技术在众多的发电行业中表明了自己独特的性能，如水力、飞机、风力、舰船等，成了一种新型实用的发电方式。

在普通的异步电机风力发电的系统中，使用变频器来改变电能的频率等有关的参数，使之使用于电网。在这个系统中，变频器采用全额的变换器，是控制核心，它的作用是整流与逆变，最后频率一定的交流电再通过变压器进行升压降压送入电网中供用户使用。

在双馈风力发电系统中，运作机理同绕线型式转子的异步电机。当空气的流动速度变化带动电机的转动速度 n 而产生相应的变化时，因为定子电流是通过定子传送到电网，所以定子频率需要保证工频 50Hz 固定不变，要求电机转子的频率 f_2 大小跟随调节即可，即应满足：

$$f_1 = pf_m \pm f_2 \tag{1}$$

上式定子电流频率是 f_1，即是供给用户电力电网的频率 f 工频 50Hz；

$$f_m = n/60$$

p—— 电机的极对数

f_2—— 转子的电流频率

观察(1)式，分析得到，电机的这种状态是当 $f_2 > 0$ 时，$n < n_1$ 为亚同步状态；当 $f_2 < 0$ 时，$n > n_1$，这时通过分析电路中能量的流动，得出此时的超同步状态；不仅定子在发电，转子电路中的能量也向电网反馈；当 $n = n_1$ 即 $f_2 = 0$，即同步状态，电机这个时候可视为同步机。当双馈发电机输出的有功功率和转速保持恒定时，调节转子励磁电流可以调节无功功率，控制功率因数。

当处于“欠励状态”时，定子电流 Is 超前于电网电压 Us，定子电流中有超前的无功分量，发电机的输出中，有超前的无功功率；当从某一欠励磁状态开始增加转子励磁电流时，发电机输出的超前无功功率开始减少，从而定子电流中超前的无功分量也开始减少；达到正常励磁时，无功功率变为零，定子侧电流中的无功分量也变为零，此时 $\cos\varphi = 1$；如果此后继续增加转子励磁电流，将进入“过励状态”，定子电流 Is 滞后于电网电压 Us，定子电流中有滞后的无功分量，发电机将输出滞后性的无功功率，随着转子励磁电流的增加，定子电流中滞后的无功分量也增加。因此，欠励磁时功率因数超前(容性)，过励磁时功率因数滞后(感性)。双馈发电机具有与同步发电机相似的无功功率调节特性曲线(即“V”形曲线)。

3. 建立双馈电机的数学模型

对坐标系的空间位置的相对关系，采用三角函数的变换，应用完全等效原则可获得三相静止坐标系到两相旋转坐标系的转换关系为：

转换矩阵形式是：

$$M_{3s/2r} = M_{3s/2s} * M_{2s/2r} = \frac{2}{3}\begin{bmatrix} \cos\theta & \cos\left(\theta - \frac{2}{3}\pi\right) & \cos\left(\theta + \frac{2}{3}\pi\right) \\ \sin\theta & \sin\left(\theta - \frac{2}{3}\pi\right) & \sin\left(\theta + \frac{2}{3}\pi\right) \end{bmatrix} \tag{2}$$

依据等效的变换矩阵，将电机的数学关系式从三相静止坐标系变换到两相旋转坐标系，获取两相同步旋转坐标的电机物理量之间的算术关系。

基于定子旋转 $d-q$ 坐标的数学模型为[8]：

电压方程为：

$$\begin{bmatrix} u_{sq} \\ u_{sd} \\ u_{rq} \\ u_{rd} \end{bmatrix} = \begin{bmatrix} R_s & 0 & 0 & 0 \\ 0 & R_s & 0 & 0 \\ 0 & 0 & R_r & 0 \\ 0 & 0 & 0 & R_r \end{bmatrix} \begin{bmatrix} i_{sq} \\ i_{sd} \\ i_{rq} \\ i_{rd} \end{bmatrix} + \begin{bmatrix} p & \omega_s & 0 & 0 \\ -\omega_s & p & 0 & 0 \\ 0 & 0 & p & \omega_{sl} \\ 0 & 0 & -\omega_{sl} & p \end{bmatrix} \begin{bmatrix} \Psi_{sq} \\ \Psi_{sd} \\ \Psi_{rq} \\ \Psi_{rd} \end{bmatrix} \tag{3}$$

式中，ω_s 为同步角频率；ω_{sl} 为转差角频率($\omega_{sl} = s\omega_s$，s 为转差率)；下标 s、r、d、q 的含义是定子、转子和 d、q 两轴。

磁链方程为：

$$\begin{bmatrix}\psi_{sq}\\\psi_{sd}\\\psi_{s0}\\\psi_{rq}\\\psi_{rd}\\\psi_{r0}\end{bmatrix}=\begin{bmatrix}L_s&0&0&L_m&0&0\\0&L_s&0&0&L_m&0\\0&0&L_{ls}&0&0&0\\L_m&0&0&L_r&0&0\\0&L_m&0&0&L_r&0\\0&0&0&0&0&L_{lr}\end{bmatrix}\begin{bmatrix}i_{sq}\\i_{sd}\\i_{s0}\\i_{rq}\\i_{rd}\\i_{r0}\end{bmatrix}\tag{4}$$

经化简得最终的电压关系式为：

$$\begin{bmatrix}u_{sd}\\u_{sq}\\u_{rd}\\u_{rq}\end{bmatrix}=\begin{bmatrix}R_s+pL_s&-\omega_sL_s&pL_m&-\omega_sL_m\\\omega_sL_s&R_s+pL_s&\omega_sL_m&pL_m\\pL_m&-\omega_{sl}L_m&R_r+pL_r&-\omega_{sl}L_r\\\omega_{sl}L_m&pL_m&\omega_{sl}L_r&R_r+pL_r\end{bmatrix}\begin{bmatrix}i_{sd}\\i_{sq}\\i_{rd}\\i_{rq}\end{bmatrix}\tag{5}$$

电磁转矩为：

$$T_e=\frac{3}{2}n_p[\Psi_{sd}i_{sq}-\Psi_{sq}i_{sd}]\tag{6}$$

电机机械运动方程：

$$T_e-T_L-K_d\omega_r=J\frac{\mathrm{d}\omega_r}{\mathrm{d}t}\tag{7}$$

上式中：T_L 是负载转矩，J 是转子旋转的惯量，K_d 是转子旋转的阻尼系数。由此得出了双馈电机在两相旋转坐标系中的数学模型。

4. 双馈风力发电的无速度传感器技术

4.1　使用无速度传感器技术的原因

矢量控制在双馈电机控制中得到广泛的研究，但控制过程中必须获得转子的速度和位置信息。鉴于安装速度传感器具有较多不足，主要表现为：

(1) 码盘的工作精度易受环境条件的影响，风力发电系统的工作环境通常较为恶劣，同时，对放在塔架底部的控制系统，需要较长的传输距离（如 1.5MW 风机通常需要 100m 的传输距离），因而容易引入干扰，从而降低了系统工作的可靠性。

（2）码盘在电机轴上的安装存在同心度的问题，安装不当将影响转子位置的检测精度，从而给控制系统带来不利的影响。

（3）增加了风力发电装置变流控制部件的成本（包括一次安装成本和运行维护成本）；基于闭环控制作用构造转速信号（闭环构造转速）是常用的速度估计方法之一。

4.2　模型参考自适应系统

模型参考自适应，简写为 MRAS（Model Reference Adaptive System），如图 1 所示。参考模型，顾名思义，就是作为参照物，用这个参照物的特性来代替系统的一些性能的理想状况。在模型参考系统中，前提是需要在 MRAS 中，其动态运行的结果与参考模型在同等状况下得到的结果一致，用参考模型的这个特征来表示系统的最优状态性能，然后通过创建可以起到改变参数作用的闭环环节即可调模型，系统输出是以这个参数的改变而产生变动的，最终将两个模型的输出的预测值进行比对得到两者的误差，根据得到的结果改变可变量的数值，直到两个模型的输出相同为止，实现控制结果最大限度地接近精准。

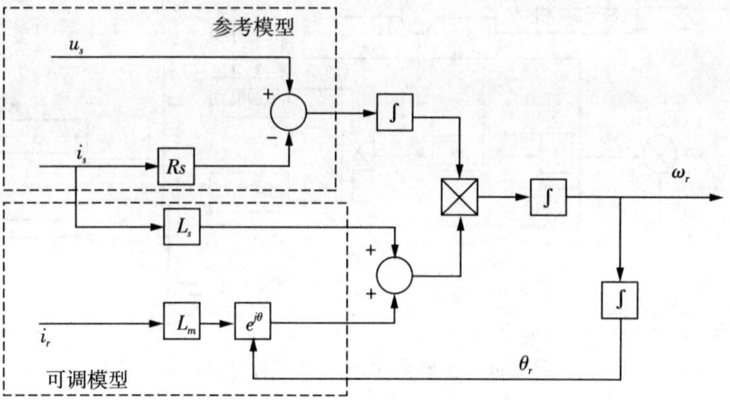

图 1　MRAS 速度观测的定子磁链自适应系统

其中基于定子磁链观测的模型参考自适应速度控制方案是：

（1）参考模型设计：

$$\begin{cases} \psi_{\alpha s} = \int e_{\alpha s}\, \mathrm{d}t = \int (u_{\alpha s} - R_s i_{\alpha s})\, \mathrm{d}t \\ \psi_{\beta s} = \int e_{\beta s}\, \mathrm{d}t = \int (u_{\beta s} - R_s i_{\beta s})\, \mathrm{d}t \end{cases} \tag{8}$$

（2）设计可调模型：

$$\begin{cases}\hat{\psi}_{\alpha s}=L_s i_{\alpha s}+\hat{M} i_{\alpha r}\\ \hat{\psi}_{\beta s}=L_s i_{\beta s}+\hat{M} i_{\beta r}\end{cases}\tag{9}$$

（3）定义广义误差：

$$e_{\psi}=\hat{\psi}_{\alpha s}\psi_{\beta s}-\hat{\psi}_{\beta s}\psi_{\alpha s}\tag{10}$$

（4）转速估计：

$$\hat{\omega}_r=(K_p+K_i/s)(\psi_{\beta s}\hat{\psi}_{\alpha s}-\hat{\psi}_{\varphi s}\psi_{\alpha s})\tag{11}$$

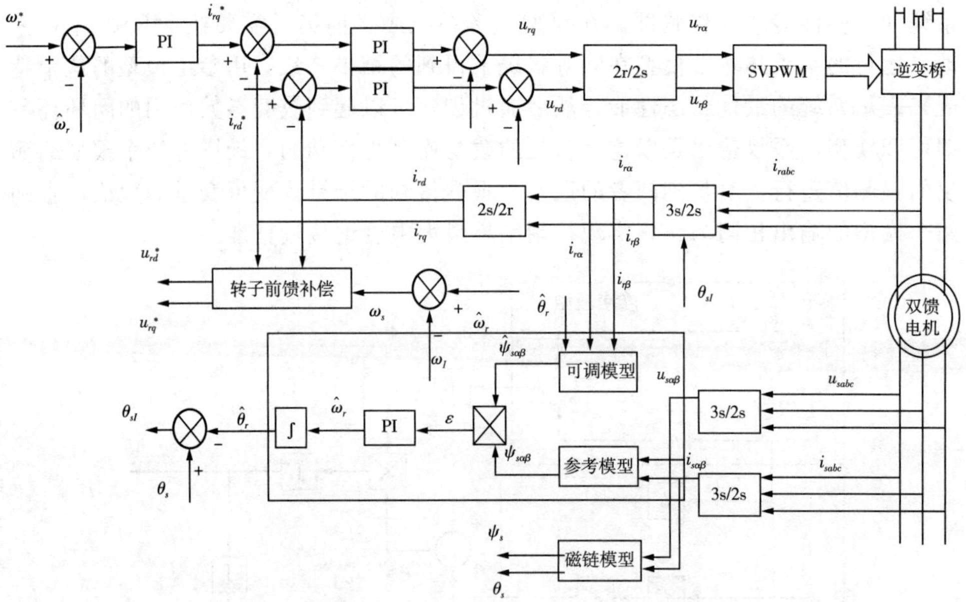

图 2　双馈电机定子磁链定向矢量控制及速度估计框图

在 Matlab/Simulink 环境下，建立双馈电机在两相旋转坐标系下的仿真模型。仿真基于定子磁链对转速进行估计。此次仿真中，将风电系统能够使用到双馈电机物理量为：110kW 的额定功率；380V 和 600V 的额定电压分别是电网和 DC—AC 线路上的，定、转子漏感与电阻分别为 0.0349H、0.0297H、0.0024Ω、0.0033Ω，两者的互感 1.005H，系统运转的最高转速为 1500r/min，变换器使用的采样频率为 2kHz。

控制转速以次同步速 1300r/min 启动并慢慢地提高，直到增长到超同步速 1600r/min，中间经过同步速 1500r/min，仿真得到如下结果：

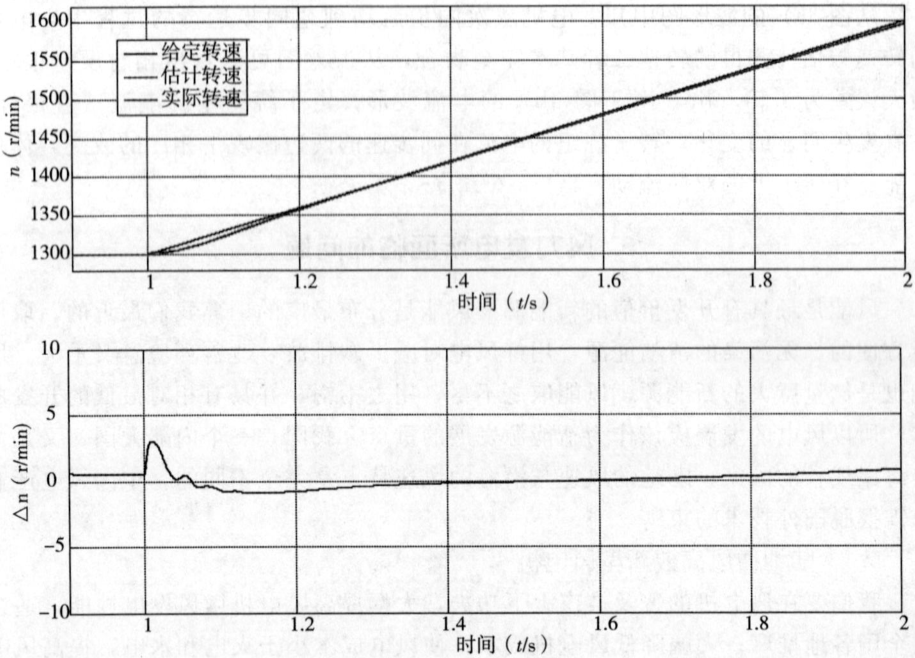

（a）转速与其误差波形

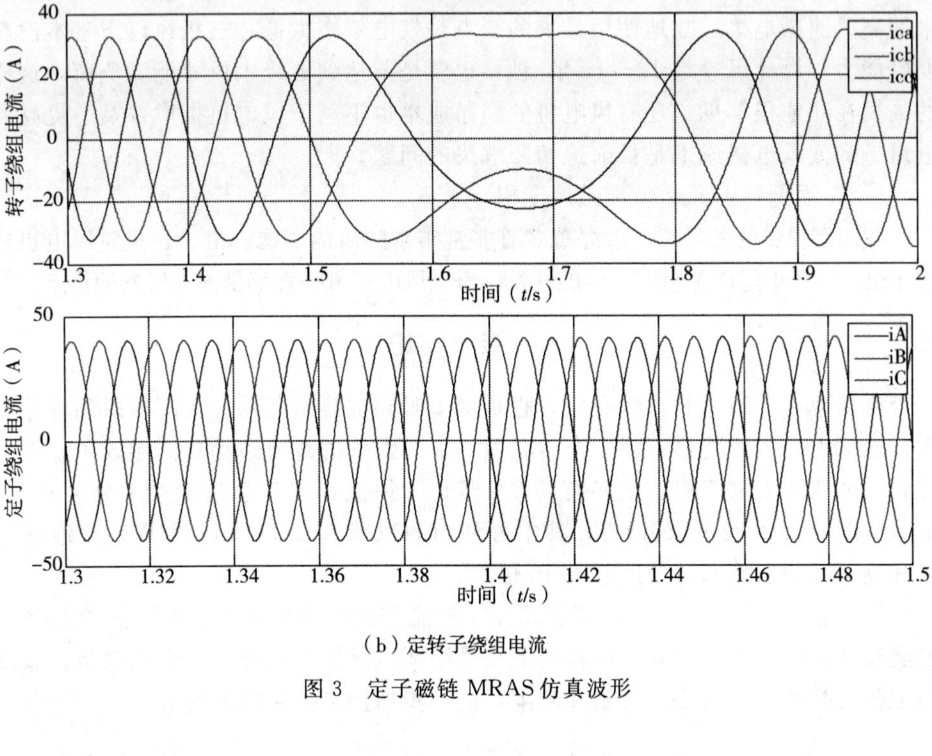

（b）定转子绕组电流

图 3　定子磁链 MRAS 仿真波形

从图3a）的波形图中知，电机从次同步启动到超同步运行的过程中，电机的转速与估计测得的转速二者基本完全吻合，从误差图可以看出相对误差很小，最大误差为3.5r/min。对于图3b）的电流波形，定子绕组中的电流一直很好，没有发生明显的变化；转子绕组的电流在同步速的两边出现了相序的改变，体现了能量在转子上的双向流动。

5. 风力发电所面临的问题

风能是最具有开发价值的新能源。风能是分布最广的、离我们最近的、取用最方便的、无污染的清洁能源，用好风电对减少碳排放，改善环境意义重大。风能也是储量巨大的新能源，风能取之不尽，用之不竭，并具有相对最低的开发成本，所以风电的发展应该作为新能源发展的重点。我国是一个内陆大国，又是一个海岸线长的国家，陆地的风速与沿海的风速特点是完全不同的。中国风电产业急需摆脱国外技术的束缚。

5.1 陆地微风高效新型风电机

我们要在风电机的普及推广上下功夫，大幅提高风电机微风发电性能，适合在全国各地推广；大幅降低风电机成本，使风电成本小于火电和水电，提高风电的竞争能力。我国陆地风速较低。目前欧美的风电技术都是以海洋性气候发展起来的高风速风电机，陆地使用最大的缺点是发电效率太低，三级风以下基本没有发电能力，设计风速是13～15米/秒，也就是要达到七级大风才能满负荷，这样的大风在陆地很罕见。还有风电机的高昂成本也不利于风电机推广普及。提高发电量、降低风电机成本是目前迫切要解决的问题。

5.2 沿海抗台风新型高效风电机

我国有很长的海岸线，沿海蕴藏着非常丰富的风能资源。由于台风对风电机的破坏很大，严重阻碍了沿海风能的开发。海上风电技术一直都是国外研发的重点。

6. 结　　论

风是地球上的一种自然现象，它是由太阳辐射热引起的。太阳辐射到地球表面，地球表面各处受热不同，产生温差，引起大气的对流运动从而形成风。据估计到达地球的太阳能中，虽只有约2%转化为风能，但其总量仍是十分可观的。全球风能约为2.74×109MW，其中可利用的风能为2.74×107MW，比地球上可开发利用的水能的总量还要大10倍。

只要能够将地球1%的风能利用好，就能满足全球的能源需要。随着经济的发展和社会的进步，世界各国将会更加重视环境保护和全球气候变化问题，通过制定新的能源发展战略、法规和政策，进一步加快可再生能源的发展。

参考文献：

[1] 皱才能，赵群，张国生，等．能源革命：从化石能源到新能源［J］．天然气工业，2016，36（1）：1—10.

[2] LeiYa zhou，Mullane A，Lightbody G，et al. Modeling of the wind turbine with a doubly fed induction generator for grid integration studies［J］. IEEE Transactions on Energy Conversion，2006，21（1）：257—264.

[3] 李大冰，吉荣廷．变速恒频风力发电系统最大风能追踪优化控制［J］. 计算机仿真，2014，31（7）：117—119.

[4] 魏宪华．风力发电机组的控制技术［J］．机械与自动化，2013（10）：122—123.

[5] 庄尚．基于矩阵变换器的双馈风力发电控制系统的研究［D］．淮南：安徽理工大学，2014.

[6] 郝欣．双馈式风力发电系统无速度传感器控制策略研究［D］．合肥：合肥工业大学，2013.

[7] 杨俊华，吕惠子，吴捷，等．基于波波夫超稳定性的无刷双馈电机直接转矩控制［J］．中国电机工程学报，2009，29（15）：107—113.

[8] 史敬灼，沈晓茜，司彦娜．基于 Lyapunov 稳定性的超声波电机模型参考自适应转速控制［J］．微电机，2014，47（2）：37—39.

[9] 赵明洁，杨荣春，诸静．基于 Popov 超稳定性理论的模糊自适应控制器设计方法［J］．自动化学报，2001，27（3）：406—410.

[10] 张学广．变速恒频双馈风电机组并网控制策略研究［D］．哈尔滨：哈尔滨工业大学，2009.

[11] 王高林．感应电机无速度传感器转子磁场定向控制策略研究［D］．哈尔滨：哈尔滨工业大学，2008.

[12] 杨淑英．双馈型风力发电变流器及其控制［D］．合肥：合肥工业大学，2007.

[13] 张崇巍，张兴．PWM 整流器及其控制［M］．北京：机械工业出版社，2003.

含齿隙非线性的双电机驱动伺服系统控制技术

赵海波

摘　要：针对存在齿隙非线性的双电机驱动伺服系统的控制问题，给出了双电机驱动伺服系统的模型，应用反推积分自适应控制方法，引入虚拟控制量和位置跟踪误差的积分，确保系统跟踪误差能够渐近稳定地趋于零。通过逐步递推选择 Lyapunov 函数，设计了基于状态反馈的自适应控制器，并进行了稳定性分析。通过与常规 PID 控制的仿真和实验结果相比较，表明所提出的控制策略能较好地补偿齿隙非线性的影响，提高了系统的位置跟踪性能和鲁棒性。

关键词：齿隙非线性；反推控制；自适应控制；双电机驱动；状态反馈

1. 引　言

随着现代科技的发展，在许多军事、民用等场合都提出了对大功率、大惯量、高精度数字伺服系统的需求。例如，近程反导小高炮、大型雷达天线伺服系统等。在数字伺服系统中由于机械传动装置中的摩擦死区、齿隙等非线性环节的存在，降低了系统的动态性能和跟踪精度，因此，有必要研究克服这些非线性因素影响的方法。伺服系统的根本任务就是实现执行机构对位置指令的跟踪，具有较高的角速度、角加速度和跟踪精度，当给定信号随机变化时，系统也能够快速、准确地跟踪并复现给定量。然而，伺服系统不仅有跟踪速度、精度方面的要求，还有功率方面的要求。由于单电机功率难以做大，有时必须采取双电机驱动。双电机驱动的优点不仅满足了系统的功率要求，还可以通过采取适当的措施有效地消除传动链齿隙，从而提高控制精度。双电机驱动必须保证双电机速度同步，因此必须通过一定的控制手段解决双电机同步联动的问题，否则就会出现所谓的“伺服打架”现象。

作者简介：赵海波（1979－），男，安徽桐城人，铜陵学院电气工程学院副教授，研究方向：智能控制。

基金项目：国家自然科学基金面上项目（61074023），安徽省高校自然科学研究项目（KJ2011B186，KJ2013B300）。

2. 研究现状

影响机械传动系统的动态性能和稳态精度的非线性环节有很多，如齿隙非线性、摩擦非线性、死区非线性、饱和非线性等，其中以齿隙非线性和摩擦非线性对系统的性能影响最为明显。因此，齿隙和摩擦非线性一直引起国内外学术和工程界的广泛关注。

在双电机联动伺服系统的建模方面，国内外很多学者都进行研究过。文献[1]建立了含齿隙非线性的双电机驱动系统的动力学模型，给出了双电机驱动系统的动态结构框图，仿真结果表明所建模型是合理的，但该文没有考虑摩擦非线性对系统的影响。文献[2]建立了双电机互馈型交流传动系统的仿真模型，该模型基于自适应全阶磁链观测器和转矩传感器，仿真结果验证了模型的正确性，但该文没有考虑齿隙和摩擦非线性对系统的影响。文献[3]基于自适应状态观测器方法建立了双电机驱动系统的仿真模型，自适应的双状态观测器能较好地消除摩擦模型的不确定状态，仿真结果表明所使用的控制策略能获得较好的控制效果，所设计的观测器是有效的，但该文没有考虑齿隙非线性对系统的影响。文献[4]建立了含齿隙非线性的机床进给系统的双电机驱动系统控制模型，文中采用速度偏差反馈控制来消除双电机的同步误差，仿真和实验结果表明了所提控制策略的有效性，但该文没有考虑摩擦非线性对系统的影响。文献[5][6]给出了水泥窖驱动系统的机械模型和实验仿真框图，仿真结果表明所提出的控制策略可以有效消除齿隙非线性对系统的影响，但文章没有考虑摩擦非线性的影响。文献[7]建立了含摩擦非线性的双电机驱动系统的快速终端滑模控制模型，仿真结果表明所提控制策略能够获得快速收敛速度和高的跟踪精度，但该文没有考虑齿隙非线性对系统的影响。文献[8]介绍了由双电机驱动的电子液压制动系统，主要目的是控制制动踏板感觉和系统的液压，给出了含摩擦非线性的系统结构模型，仿真结果验证了算法的可行性，但该文没有考虑齿隙非线性对系统的影响。

在齿隙和摩擦非线性的补偿控制方法方面，国内外很多学者也都进行过研究。文献[9]采用三组级联模型对输入端含饱和非线性、输出端含齿隙非线性的非线性动态系统进行参数辨识，通过实例验证说明了所提控制策略的可行性，但该文没有考虑反推自适应控制方法的应用。文献[10]针对机电伺服系统设计了一种基于动态面滤波法的自适应鲁棒控制器，仿真和实验结果表明该算法能有效控制 LuGre 摩擦模型对系统的影响，该文同样没有考虑反推自适应控制法的应用。文献[11]针对输入具有齿隙非线性特性的周期系统设计控制器，采用双曲函数保证控制器光滑可导的同时有效抑制颤振，仿真结果验证算法的有效性，但该文没有考虑反推自适应控制法的应用。文献[12]针对一类输入具有齿隙非线性的系统，提出一种新的迭代学习控制方法，仿真表明系统能够渐近跟踪期望轨迹，但该文没有考虑反推自适应控制的应用。文献［13］针对考虑 LuGre 摩擦的伺服系统，在系统参数和负载转矩未知的情况下设计了自适应模糊控制器，实现了对 LuGre 摩擦的补偿控制，但该文没有考虑反推自适应控制的应用。文献［14］基于力矩传动模型设计一种无末端反馈的摩擦补偿控制器，使系统的输出能跟随期望的力矩轨迹，并通过试验验证该方案的有效性，但该文没有考虑反推自适应控制的应用。文献［15］介绍了一种含齿隙非线性的系统模型，设计了鲁棒非线性控制策略，通过仿真验证了所提控制策略的有效性，但该文没有考虑反推自适应控制的应用。文献［16］针对一种含摩擦非线性的精密运动平台，设计了基于摩擦补偿脉冲特征参数的自适应配置方法，实验结果表明所提出的控制方法有较好的摩擦补偿效果，但该文没有考虑反推自适应控制的应用。文献［17］针对一种含齿隙非线性的航空遥感惯性稳定平台，给出了系统模型，设计了反步积分自适应控制器，仿真结果验证了所提控制策略的有效性，但该文没有考虑摩擦和齿隙并存时对系统产生的影响。文献［18］针对含摩擦非线性的机械执行机构，采用前馈摩擦观测器的补偿方法，并将 PI 控制和前馈摩擦观测器相结合，获得了比单独采用 PI 控制更好的补偿效果，但该文没有考虑反推自适应控制方法的应用。文献［19］针对存在未知齿隙非线性的双电机驱动系统，设计了反推自适应控制器，仿真结果说明系统的位置跟踪性能和鲁棒性得到提高，并在实际系统中验证了所提控制策略的有效性，但该文只是针对齿隙非线性单独存在时的控制，没有考虑齿隙和摩擦并存时的控制。文献［20］提出了一种新的摩擦补偿方法，该方法能用在高的微滑移刚度的齿轮传动系统中，实验验证了该方法的有效性，但该文没有考虑反推自适应控制的应用。文献［21］针对具有输入齿隙的一类非线性不确定系统，设计了自适应鲁棒控制器，给出了系统动态和稳态跟踪误差性能，仿真结果验证了所提控制策略的有效性。纵观近年来齿隙和摩擦非线性补偿控制的发展，其主要控制算法有鲁棒自适应控制、重复控制、模糊控制、滑模控制、神经网络控制等。上述所提的控制方法在一定程度上都取得了较好的控制效果，但是仍然无法满足实际应用中出现的诸多问题，如动态跟踪性能不足、控制精度不高、系统参数变化等。反推自适应控制具有算法简单、鲁棒性强等特点，在部分实际工业和航天控制系统中已经得到成功应用，算法本身具有较高的成熟性，但很少有学者将其用来控制齿隙和摩擦并存的多电机驱动系统，因此有必要对其进行研究。

齿隙非线性环节控制补偿方法的应用，按照时间先后依次为逆模型补偿法、可微齿隙逆模型法、自适应控制策略、描述函数法、基于非线性补偿的线性反馈控制策略、模糊控制补偿法、神经网络控制补偿法、碰撞控制策略、滑模控制、驱动冗余策略、自适应鲁棒控制补偿法，可以看出它是沿着智能控制的补偿方法方向不断向前发展的。摩擦非线性环节控制补偿方法的应用，按照时间先后依次为基于非线性观测器的自适应补偿法、信号抖动法、脉冲控制法、自适应摩擦补偿法、基于指数摩擦模型的补偿法、力矩反馈法、PID/PD 控制法、变结构摩擦补偿、基于 Karnopp 摩擦模型的补偿法、基于模糊控制的摩擦补偿法、神经网络摩擦补偿法，可以看出它也是沿着智能控制的补偿方法方向不断向前发展的。

本文以双电机驱动伺服系统为研究对象，应用反推积分自适应控制方法，设计了基于状态反馈的自适应控制器，进行了系统响应分析和自适应分析，并在实际系统中进行实验验证，结果表明系统具有较好的稳定性和自适应能力。

3. 系统建模

图 1 为双电机驱动伺服系统示意图。O_0 为从动子系统，O_1 和 O_2 为驱动子系统。

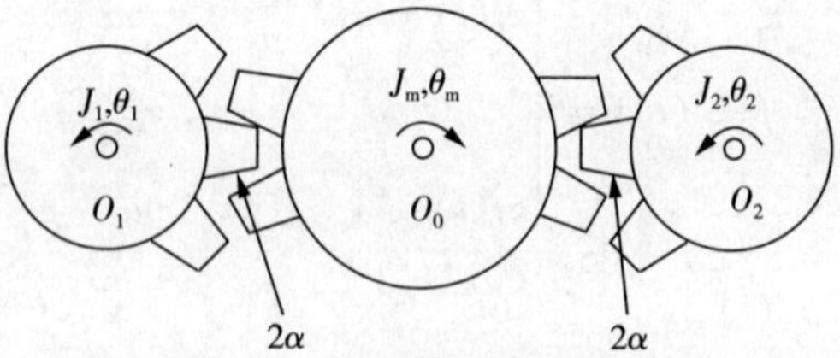

图 1　双电机驱动伺服系统

假设 1　通过施加一定的偏置力矩确保在整个控制过程中，从动子系统 O_0 与 O_1、O_2，或者 O_1 和 O_2 处于交替接触状态。

根据参考文献[26]可得双电机驱动伺服系统框图，如图 2 所示。

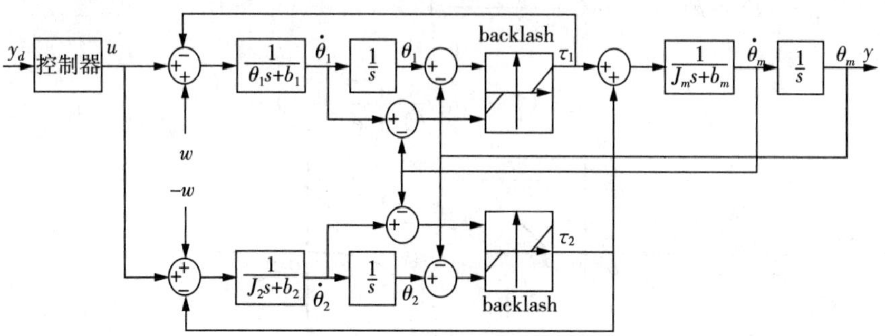

图 2　系统结构框图

为了方便研究，假设传动比为 1，齿隙为 2α。据图 2 可得双电机驱动伺服系统动力学方程为：

$$\begin{cases} J_i \ddot{\theta}_i(t) + b_i \dot{\theta}_i(t) = u(t) - \tau_i(t) - (-1)^i w \\ J_m \ddot{\theta}_m(t) + b_m \dot{\theta}_m(t) = \sum_{i=1}^{2} \tau_i(t) \end{cases} \tag{1}$$

其中：J_i，J_m 分别为主、从动轮的转动惯量；b_i，b_m 分别为主、从动轮的粘性摩擦系数；$\dot{\theta}_i$，$\dot{\theta}_m$ 分别为主、从动轮轴的转速；u 为系统控制输入；w 为偏置力矩；τ_i 为主、从动轮接触时的传递力矩。受齿隙非线性的影响，$\tau_i(t)$ 可表示为：

$$\tau_i(t) = kf(z_i(t)) + cf(\dot{z}_i(t)) \tag{2}$$

其中：k 和 c 分别为主、从动轮结合处的刚度系数和阻尼系数，$f(z_i(t))$ 为死区函数(图 3(a))，可表示为：

$$f(z_i(t)) = \begin{cases} z_i(t) + \alpha & z < -\alpha \\ 0 & -\alpha \leqslant z \leqslant \alpha \\ z_i(t) - \alpha & z > \alpha \end{cases} \tag{3}$$

其中 $z_i(t) = \theta_i(t) - \theta_m(t)$。

由于死区的不可微性，为了便于控制器的设计，使用一个平滑、连续、可微函数(图 3(b))来替代死区函数：

$$f(z_i(t)) = z_i - 4\alpha\left(\frac{2}{1 + e^{-rz_i}} - 1\right) \tag{4}$$

因此：
$$\tau_i(t) = k\left(z_i - 4\alpha\left(\frac{2}{1 + e^{-rz_i}} - 1\right)\right) + c\dot{z}_i\left(1 - 8r\alpha\frac{e^{-rz_i}}{(1 + e^{-rz_i})^2}\right) \tag{5}$$

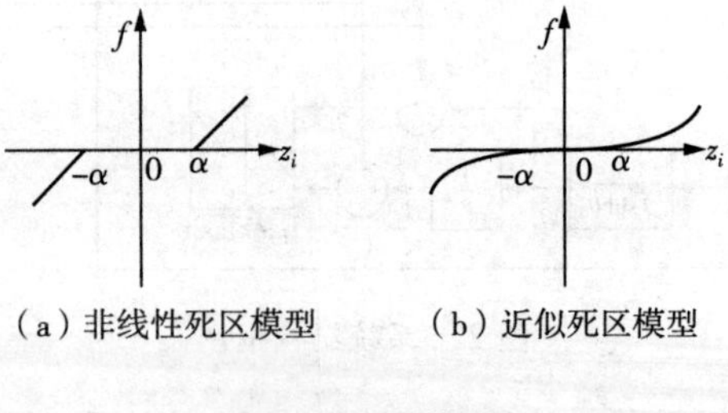

(a) 非线性死区模型　　(b) 近似死区模型

图 3　死区模型

令
$$x_1 = \theta_m$$
$$x_2 = \dot{\theta}_m$$
$$x_{3i} = z_i - 4\alpha(\frac{2}{1+e^{-rz_i}} - 1) \quad x_{4i} = \dot{z}_i(1 - 8r\alpha \frac{e^{-rz_i}}{(1+e^{-rz_i})^2})$$

则 $\tau_i(t) = kx_{3i} + cx_{4i}$，选取 x_1，x_2，x_{3i}，x_{4i} 作为状态变量，则系统的状态方程可表示为：

$$\begin{cases} \dot{x}_1 = x_2 \\ \dot{x}_2 = -a_1 x_2 + a_3 \sum_{i=1}^{2} \tau_i \\ \dot{x}_{3i} = x_{4i} \\ \dot{x}_{4i} = -a_0 x_{3i} - (a_0 - a_1) x_2 \rho + a_2(u(t) - (^{-}1) iw)\rho \\ -(a_2 + a_3)\tau_i \rho + 8r^2 \alpha \dot{z}_i \bar{\omega} \\ y = x_1 \end{cases} \tag{6}$$

式中：

$$a_0 = \frac{b_i}{J_i},\ a_1 = \frac{b_m}{J_m},\ a_2 = \frac{1}{J_i},\ a_3 = \frac{1}{J_m},$$
$$\rho = 1 - 8r\alpha \frac{e^{-r\alpha}}{(1+e^{-rz_i})^2},\ \bar{\omega} = \frac{e^{-rz_i}(1-e^{-rz_i})}{(1+e^{-rz_i})^3}$$

由于实际系统中的参数 k，c 具有不确定性，从而引起轮齿传递力矩变化。本文的设计目的就是通过设计自适应控制器，使得整个控制系统的输出 y 能够渐近稳定地跟踪期望输出，即 $\lim_{t\to\infty}|y_d - y| = 0$，其中 y_d 为系统的期望输出，假设它的 1，2，3 阶导数存在且有界。

4. 控制器设计

由式(6) 可以得出两个驱动子系统 O_1 和 O_2 是并联关系，而它们一起与从动子系统 O_0 则是串联关系；且式(1) 是关于 θ_i 和 θ_m 的二阶非线性非耦合微分方程。

假设 2 系统状态 $\theta_i(t)$、$\dot{\theta}_i(t)$、$\theta_m(t)$、$\dot{\theta}_m(t)$ 均可测。

Step 1 定义系统的输出误差 ε_1 为：

$$\varepsilon_1 = y_d - y = y_d - x_1$$

则 ε_1 的微分为：

$$\dot{\varepsilon}_1=\dot{y}_d-\dot{x}_1=\dot{y}_d-x_2$$

选择控制 Lyapunov 函数(CLF 函数)V_1 为：

$$V_1=\frac{1}{2}\varepsilon_1^2$$

对 V_1 微分得：

$$\begin{aligned}\dot{V}_1&=\varepsilon_1\dot{\varepsilon}_1\\&=\varepsilon_1(\dot{y}_d-x_2)\\&=-k_1\varepsilon_1^2+\varepsilon_1(k_1\varepsilon_1+\dot{y}_d-x_2)\end{aligned}$$

令 x_2 为虚拟控制量，设 x_2 的期望值为 η_2，令：

$$\eta_2=k_1\varepsilon_1+k_0A+\dot{y}_d$$

其中 $k_0>0$，$k_1>0$ 为设计参数，A 为位置跟踪误差的积分，即：

$$A=\int_0^t\varepsilon_1(\tau)\mathrm{d}\tau$$

引入 A 的目的在于可以在系统模型不确定的情况下，系统跟踪误差能够渐近稳定地趋于零。

Step 2 设 x_2 与其期望值 η_2 的误差为 ε_2，即：

$$\varepsilon_2=\eta_2-x_2=k_1\varepsilon_1+k_0A+\dot{y}_d-x_2 \tag{7}$$

由式(7) 得 ε_1 的微分可重新表示为：

$$\dot{\varepsilon}_1=\varepsilon_2-k_1\varepsilon_1-k_0A \tag{8}$$

由式(6)，(7)，(8) 得：

$$\begin{aligned}\dot{\varepsilon}_2&=k_1\dot{\varepsilon}_1+k_0\varepsilon_1+\ddot{y}_d-\dot{x}_2\\&=k_1(\varepsilon_2-k_1\varepsilon_1-k_0A)+k_0\varepsilon_1+\ddot{y}_d+a_1x_2\\&\quad-a_3\sum_{i=1}^{2}(kx_{3i}+cx_{4i})\end{aligned}$$

分别定义变量 β 及其估计值 $\hat{\beta}$ 为：

$$\beta=-a_1x_2+a_3\sum_{i=1}^{2}[(k-1)x_{3i}+cx_{4i}]$$

$$\hat{\beta}=-a_1x_2+a_3\sum_{i=1}^{2}[(\hat{k}-1)x_{3i}+\hat{c}x_{4i}] \tag{9}$$

其中，$\hat{k}$，$\hat{c}$ 分别为 k，c 的估计值，定义：$\tilde{k}=\hat{k}-k$，$\tilde{c}=\hat{c}-c$

由式(9) 得 ε_2 的微分可重新表示为：

$$\dot{\varepsilon}_2=k_1(\varepsilon_2-k_1\varepsilon_1-k_0A)+k_0\varepsilon_1+\ddot{y}_d-\beta-a_3\sum_{i=1}^{2}x_{3i} \tag{10}$$

在 CLF 函数 V_1 的基础上，选择增广 CLF 函数 V_2 为：

$$V_2=V_1+\frac{1}{2}\varepsilon_2^2+\frac{1}{2}k_0A^2$$

则 V_2 的微分为：

$$\begin{aligned}\dot{V}_2&=\varepsilon_1\dot{\varepsilon}_1+\varepsilon_2\dot{\varepsilon}_2+k_0A\varepsilon_1\\&=\varepsilon_1(\varepsilon_2-k_1\varepsilon_1-k_0A)+\varepsilon_2[k_1(\varepsilon_2-k_1\varepsilon-k_0A)\\&\quad+k_0\varepsilon_1+\ddot{y}_d-\beta-a_3\sum_{i=1}^{2}x_{3i}]+k_0A\varepsilon_1\\&=-k_1\varepsilon_1^2-k_2\varepsilon_2^2+\varepsilon_2[(1-k_1^2+k_0)\varepsilon_1+(k_1+k_2)\varepsilon_2\\&\quad+\ddot{y}_d-k_0k_1A-\beta-a_3\sum_{i=1}^{2}x_{3i}]\end{aligned} \tag{11}$$

其中 $k_2>0$ 为设计参数。

令 $\sum_{i=1}^{2}x_{3i}$ 为虚拟控制量，设 $\sum_{i=1}^{2}x_{3i}$ 的期望值为 η_3，由式(11) 选择：

$$\begin{aligned}\eta_3=&\frac{1}{a_3}[(1-k_1^2+k_0)\varepsilon_1+(k_1+k_2)\varepsilon_2+\ddot{y}_d\\&-k_0k_1A-\beta]\end{aligned} \tag{12}$$

使用 β 的估计值 $\hat{\beta}$ 代入式(12) 中，得：

$$\begin{aligned}\eta_3=&\frac{1}{a_3}[(1-k_1^2+k_0)\varepsilon_1+(k_1+k_2)\varepsilon_2+\ddot{y}_d\\&-k_0k_1A-\hat{\beta}]\end{aligned} \tag{13}$$

将式(13) 代入到式(10) 中，得：

$$\begin{aligned}\dot{\varepsilon}_2 &= k_1(\varepsilon_2 - k_1\varepsilon_1 - k_0 A) + k_0\varepsilon_1 + \ddot{y}_d - \beta \\ &= a_3\sum_{i=1}^{2}(\tilde{k}x_{3i} + \tilde{c}x_{4i}) - \varepsilon_1 - k_2\varepsilon_2 \\ &= \tilde{\beta} - \varepsilon_1 - k_2\varepsilon_2 \\ &= a_3\sum_{i=1}^{2}(\tilde{k}x_{3i} + \tilde{c}x_{4i}) - \varepsilon_1 - k_2\varepsilon_2 \end{aligned} \tag{14}$$

其中：$\tilde{\beta} = \hat{\beta} - \beta = a_3\sum_{i=1}^{2}(\tilde{k}x_{3i} + \tilde{c}x_{4i})$

在 CLF 函数 V_2 的基础上，选择增广 *CLF* 函数 V_3 为：

$$V_3 = V_2 + \frac{\tilde{k}^2}{2r_1} + \frac{\tilde{c}^2}{2r_2}$$

其中 $r_i > 0$，$i = 1$，2

由式(8) 和式(14) 可得 V_3 的微分为：

$$\begin{aligned}\dot{V}_3 = &-k_1\varepsilon_1^2 - k_2\varepsilon_2^2 + \frac{1}{r_1}\tilde{k}(\dot{\hat{k}} + r_1\varepsilon_2 a_3\sum_{i=1}^{2}x_{3i}) \\ &+ \frac{1}{r_2}\tilde{c}(\dot{\hat{c}} + r_2\varepsilon_2 a_3\sum_{i=1}^{2}x_{4i})\end{aligned}$$

若 $\hat{k}$，$\hat{c}$ 分别收敛于 k，c，则有 $\tilde{k}=0$，$\tilde{c}=0$，可保证 $\dot{V}_3 = -k_1\varepsilon_1^2 - k_2\varepsilon_2^2$ 负定，使 ε_1 和 ε_2 能够渐近稳定地趋于零。

Step 3　定义跟踪误差 ε_3 为：

$$\varepsilon_3 = \eta_3 - x_3$$

ε_3 的微分为：

$$\begin{aligned}\dot{\varepsilon}_3 &= \dot{\eta}_3 - \dot{x}_3 \\ &= \frac{1}{a_3}[(1 - k_1^2 + k_0)\dot{\varepsilon}_1 + (k_1 + k_2)\dot{\varepsilon}_2 + \ddot{y}_d - k_0 k_1\varepsilon_1 - \dot{\hat{\beta}}] - x_4 \\ &= \frac{1}{a_3}\{(1 - k_1^2 + k_0)(\varepsilon_2 - k_1\varepsilon_1 - k_0 A) + (k_1 + k_2)\end{aligned}$$

$$\times[a_3\sum_{i=1}^{2}(\tilde{k}x_{3i}+\tilde{c}x_{4i})-\varepsilon_1-k_2\varepsilon_2]+\dddot{y}_d-k_0k_1\varepsilon_1$$

$$+a_1\dot{x}_2-a_3\sum_{i=1}^{2}[\dot{\hat{k}}x_{3i}+(\hat{k}-1)x_{4i}+\dot{\hat{c}}x_{4i}+\hat{c}\dot{x}_{4i}]\}-x_4$$

$$=\frac{1}{a_3}[(k_1^3-2k_1-2k_0k_1-k_2)\varepsilon_1+(1-k_1^2+k_0-k_1k_2-k_2^2)\varepsilon_2$$

$$-(k_0-k_0k_1^2+k_0^2)A+\dddot{y}_d+a_1\hat{\beta}]+(a_0-a_1)\hat{c}x_2\rho$$

$$+[a_1+(a_2+a_3)\hat{c}\hat{k}\rho]\sum_{i=1}^{2}x_{3i}+[(a_2+a_3)\hat{c}^2\rho+(a_0\hat{c}-\hat{k})]\sum_{i=1}^{2}x_{4i}$$

$$-8r^2\alpha\dot{z}_i\bar{\omega}\hat{c}+[(k_1+k_2-a_1)-(a_2+a_3)\hat{c}\rho]\sum_{i=1}^{2}(\tilde{k}x_{3i}+\tilde{c}x_{4i})$$

$$-\sum_{i=1}^{2}(\dot{\hat{k}}x_{3i}+\dot{\hat{c}}x_{4i})-a_2[u(t)-(-1)^iw]\hat{c}\rho$$

在增广 CLF 函数 V_3 的基础上，选择增广 CLF 函数 V_4 为：

$$V_4=V_3+\frac{1}{2}\varepsilon_3^2$$

对 V_4 微分得：

$$\dot{V}_4=\dot{V}_3+\varepsilon_3\dot{\varepsilon}_3$$

$$=-k_1\varepsilon_1^2-k_2\varepsilon_2^2+\frac{r_1}{}(\dot{\hat{k}}+r_1\varepsilon_2a_3\sum_{i=1}^{2}x_{3i})+\frac{r_2}{}(\dot{\hat{c}}+r_2\varepsilon_2a_3\sum_{i=1}^{2}x_{4i})$$

$$+\varepsilon_3\{\frac{1}{a_3}[(k_1^3-2k_1-2k_0k_1-k_2)\varepsilon_1+(1-k_1^2+k_0-k_1k_2-k_2^2)\varepsilon_2$$

$$-(k_0-k_0k_1^2+k_0^2)A+\dddot{y}_d+a_1\hat{\beta}]+(a_0-a_1)\hat{c}x_2\rho+[a_1+(a_2$$

$$+a_3)\hat{c}\hat{k}\rho]\times\sum_{i=1}^{2}x_{3i}+[(a_2+a_3)\hat{c}^2\rho+(a_0\hat{c}-\hat{k})]\sum_{i=1}^{2}x_{4i}-8r^2\alpha$$

$$\times\dot{z}_i\bar{\omega}\hat{c}+[(k_1+k_2-a_1)-(a_2+a_3)\hat{c}\rho]\sum_{i=1}^{2}(\tilde{k}x_{3i}+\tilde{c}x_{4i})$$

$$-\sum_{i=1}^{2}(\dot{\hat{k}}x_{3i}+\dot{\hat{c}}x_{4i})-a_2[u(t)-(-1)^iw]\times\hat{c}\rho\}$$

$$
\begin{aligned}
&= -k_1\varepsilon_1^2 - k_2\varepsilon_2^2 - k_3\varepsilon_3^2 + \varepsilon_3\{\frac{1}{a_3}[(k_1^3 - 2k_1 - 2k_0k_1 - k_2)\varepsilon_1 + (1 - k_1^2 \\
&+ k_0 - k_1k_2 - k_2^2)\varepsilon_2 + a_3k_3\varepsilon_3 - (k_0 - k_0k_1^2 + k_0^2)A + \ddot{y}_d + a_1\hat{\beta}] \\
&+ (a_0 - a_1)\hat{c}x_2\rho + [a_1 + (a_2 + a_3)\hat{c}\hat{k}\rho]\sum_{i=1}^{2}x_{3i} + [(a_2 + a_3)\hat{c}^2\rho \\
&+ (a_0\hat{c} - \hat{k})]\sum_{i=1}^{2}x_{4i} - 8r^2\alpha\dot{z}_i\bar{\omega}\hat{c} - \sum_{i=1}^{2}(\dot{\hat{k}}x_{3i} + \dot{\hat{c}}x_{4i}) - a_2\times[u(t) \\
&- (-1)^iw]\hat{c}\rho\} + \tilde{k}[\frac{r_1}{} + a_3\varepsilon_2\sum_{i=1}^{2}x_{3i} + (k_1 + k_2 - a_1)\varepsilon_3\sum_{i=1}^{2}x_{3i} \\
&- (a_2 + a_3)\hat{c}\rho\varepsilon_3\sum_{i=1}^{2}x_{3i}] + \tilde{c}[\frac{r_2}{} + a_3\varepsilon_2\sum_{i=1}^{2}x_{4i} + (k_1 + k_2 - a_1)\varepsilon_3\sum_{i=1}^{2}x_{4i} \\
&- (a_2 + a_3)\times\hat{c}\rho\varepsilon_3\sum_{i=1}^{2}x_{4i}]
\end{aligned} \tag{15}
$$

其中 $k_3 > 0$ 为设计参数，选择控制输入 $u(t)$ 以及不确定参数的自适应律分别为：

$$
\begin{aligned}
u(t) = &\frac{1}{a_2\hat{c}\rho}\{\frac{1}{a_3}[(k_1^3 - 2k_1 - 2k_0k_1 - k_2)\varepsilon_1 + (1 - k_1^2 + k_0 - k_1k_2 - k_2^2)\varepsilon_2 \\
&+ a_3k_3\varepsilon_3 - (k_0 - k_0k_1^2 + k_0^2)A + \ddot{y}_d + a_1\hat{\beta}] + (a_0 - a_1)\hat{c}x_2\rho + [a_1 \\
&+ (a_2 + a_3)\hat{c}\hat{k}\rho]\sum_{i=1}^{2}x_{3i} + [(a_2 + a_3)\hat{c}^2\rho + (a_0\hat{c} - \hat{k})]\sum_{i=1}^{2}x_{4i}
\end{aligned} \tag{16}
$$

$$
\dot{\hat{k}} = r_1[(a_2\hat{c}\rho + a_3\hat{c}\rho - k_1 - k_2 + a_1)\varepsilon_3 - a_3\varepsilon_2]\sum_{i=1}^{2}x_{3i} \tag{17}
$$

$$
\dot{\hat{c}} = r_2[(a_2\hat{c}\rho + a_3\hat{c}\rho - k_1 - k_2 + a_1)\varepsilon_3 - a_3\varepsilon_2]\sum_{i=1}^{2}x_{4i} \tag{18}
$$

考虑到 $\dot{\hat{k}}$，$\dot{\hat{c}}$ 不能小于零，需要对自适应律 $\dot{\hat{k}}$，$\dot{\hat{c}}$ 进行调整，令：

$$
\dot{\hat{k}} = r_1\psi_1 + \chi_1,\quad \dot{\hat{c}} = r_2\psi_2 + \chi_2
$$

其中：

$$\psi_1=[(a_2\hat{c}\rho+a_3\hat{c}\rho-k_1-k_2+a_1)\varepsilon_3-a_3\varepsilon_2]\sum_{i=1}^{2}x_{3i}$$

$$\psi_2=[(a_2\hat{c}\rho+a_3\hat{c}\rho-k_1-k_2+a_1)\varepsilon_3-a_3\varepsilon_2]\sum_{i=1}^{2}x_{4i}$$

$$\chi_1=\begin{cases}-r_1\psi_1，\hat{k}=k_{\min}>0，r_1\psi_1<0\\0，otherwise\end{cases}$$

$$\chi_2=\begin{cases}-r_2\psi_2，\hat{c}=c_{\min}>0，r_2\psi_2<0\\0，otherwise\end{cases}$$

其中：$k_{\min}$ 为 $\hat{k}$ 的下限，$c_{\min}$ 为 $\hat{c}$ 的下限，由式(15)～(18)可得：

$$\dot{V}_4=-k_1\varepsilon_1^2-k_2\varepsilon_2^2-k_3\varepsilon_3^2\leqslant 0$$

5. 系统稳定性分析

引理 1(Barbalat 引理) 如果函数 $f(t)$ 是一致连续的，并且 $\lim\limits_{t\to\infty}\int_0^t f(\tau)d\tau$ 存在且有限，则 $\lim\limits_{t\to\infty}f(t)=0$。

定理 1 当系统状态方程(6)满足控制输入(16)和不确定参数的自适应律(17)(18)时，当 $t\to\infty$ 时，ε_1，ε_2，ε_3 渐近收敛到零。

证明： 由式(13)可知：$\dot{V}_4\leqslant -k_1\varepsilon_1^2$，因此可得：$V_4(0)-V_4(\infty)\geqslant\int_0^\infty k_1\varepsilon_1^2\mathrm{d}t$，由于 $k_1\varepsilon_1^2$ 是一致连续函数，根据 Barbalat 引理得：$\lim\limits_{t\to\infty}k_1\varepsilon_1^2=0$，于是有 $\lim\limits_{t\to\infty}\varepsilon_1=0$。

同理可得：$\lim\limits_{t\to\infty}\varepsilon_2=0$，$\lim\limits_{t\to\infty}\varepsilon_3=0$。

因此，在假设 1 和假设 2 下，控制输入式(16)和不确定参数的自适应律式(17)，(18)能够保证系统式(6)渐近稳定地跟踪期望轨迹，且系统的输出误差：$\lim\limits_{t\to\infty}|y_d-y|=\lim\limits_{t\to\infty}|\varepsilon_1|=0$。

6. 仿真分析

系统物理参数如表 1 所示。其中：J_1，J_2 为主动轮转动惯量；J_m 为从动轮转动惯量；b_1，b_2 为主动轮粘性摩擦系数；b_m 为从动轮粘性摩擦系数；k 为主、从动轮结合处刚性系数；c 为主、从动轮结合处阻尼系数；α 表示齿隙；w 表示偏置力矩。设计常数分别取值如下：$k_1=2.4$，$k_2=0.47$，$k_3=12$，$r_1=26$，$r_2=0.8$；常规 PID 控制参数如下：$k_p=0.2$，$k_i=0.35$，$k_d=0.07$。

表 1　系统物理参数

J_1，J_2	0.185kgm^2
J_m	0.028kgm^2
b_1，b_2	1.2Nms/rad
b_m	1.3Nms/rad
k	$[560+2\sin(\pi t)]$Nm/rad
c	$[0.15+0.01\times\sin(\pi t)]$Nm/rad
α	0.5rad
w	50Nm

6.1　系统响应分析

图 4 是系统对于单位阶跃信号输入的响应，从图 4(a) 可以看出常规 *PID* 控制系统响应有超调，超调量大约为$\sigma\%\approx55\%$，上升时间大约为 $t_r\approx0.9$s，调节时间大约为 $t_s\approx3$s；从图 4(b) 可以看出反推积分自适应控制系统响应无超调，上升速度较快，上升时间大约为 $t_r'\approx0.2$s，调节时间大约为 $t_s'\approx1$s。在 $t=6$s 时刻给系统施加 10Nm 的干扰信号，从图 4(a) 可以看出，系统波动幅度较大，有多次振荡过程，约经过 3s 才重新进入渐近稳定的跟踪过程；从图(b) 可以看出，系统波动幅度较小，无振荡，只需经过约 1.5s 即可重新进入渐近稳定的跟踪

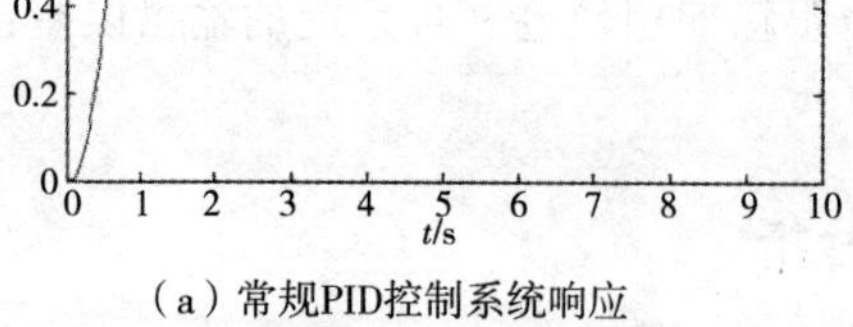

(a) 常规PID控制系统响应

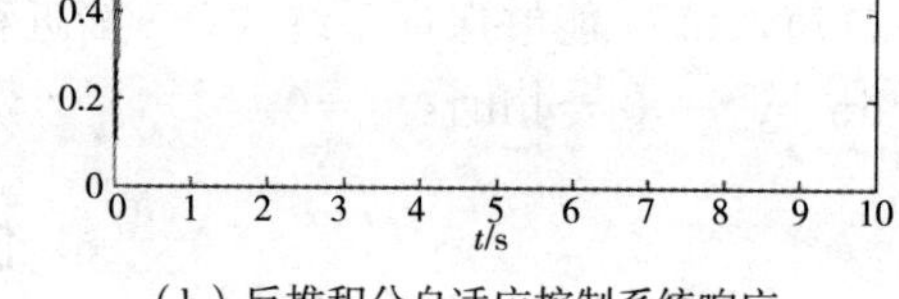

(b) 反推积分自适应控制系统响应

图 4　阶跃信号下系统响应

过程。

图 5 是系统对于正弦输入 $y_d = sin(2\pi t)$ 的响应，从图 5(b) 可以看出常规 PID 控制系统跟踪误差较大，系统不能进入渐近稳定的跟踪过程；从图 5(d) 可以看出反推积分自适应控制系统跟踪误差较小，误差曲线在开始阶段有些振荡，但在随后的运行过程中，振荡幅度越来越小，系统进入渐近稳定的跟踪过程。

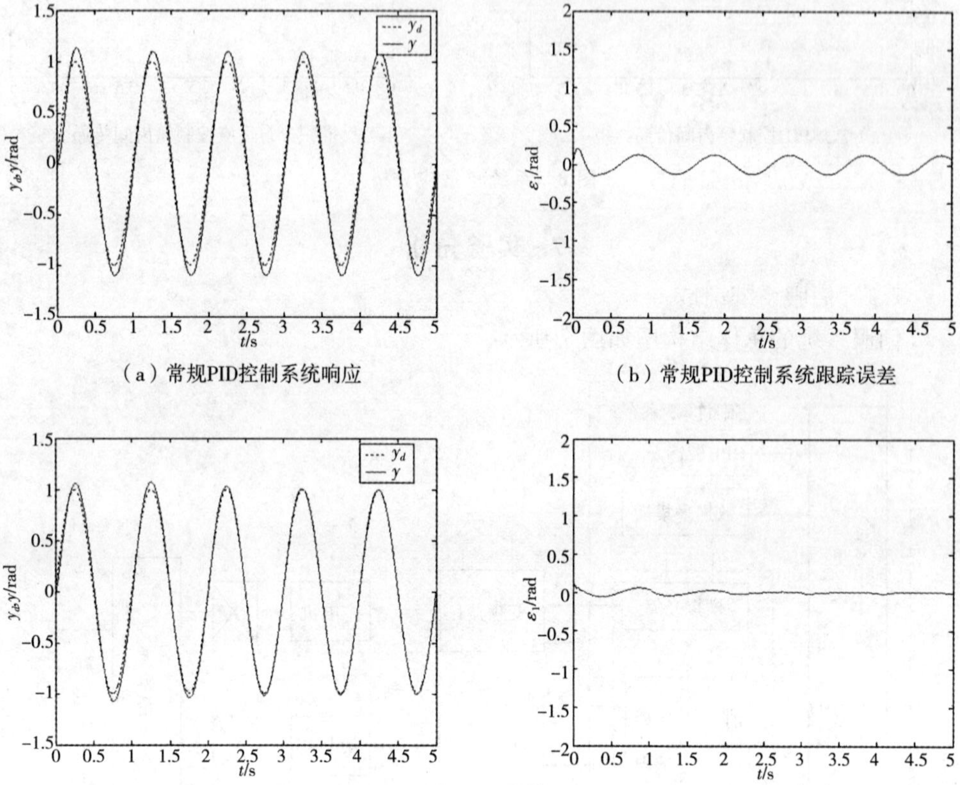

（a）常规PID控制系统响应

（b）常规PID控制系统跟踪误差

（c）反推积分自适应控制系统响应

（d）反推积分自适应控制系统跟踪误差

图 5 正弦信号下系统响应

6.2 系统自适应分析

图 6（a）、（b）分别表示系统在常规 PID 控制和反推积分自适应控制下轮齿间传递力矩。从图 6（a）可以看出，由于齿隙的存在以及参数 k，c 具有不确定性，使得系统在换向处，轮齿间传递力矩发生突变，导致系统不稳定；从图 6（b）可以看出，即使系统参数 k，c 具有不确定性，仍能通过反推积分自适应控制对轮齿间传递力矩进行比较准确的估计。

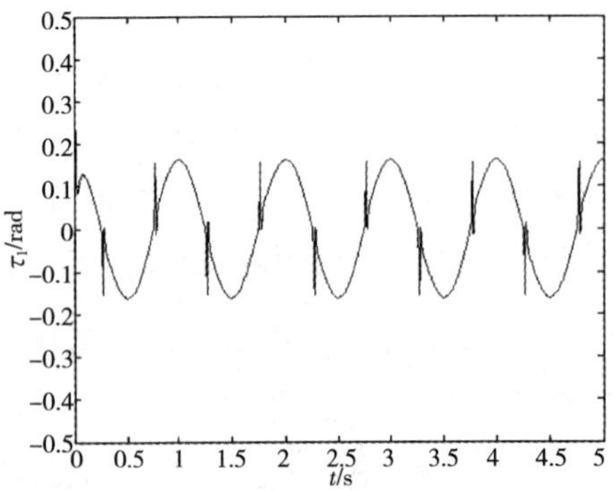

（a）常规PID控制轮齿间传递力矩

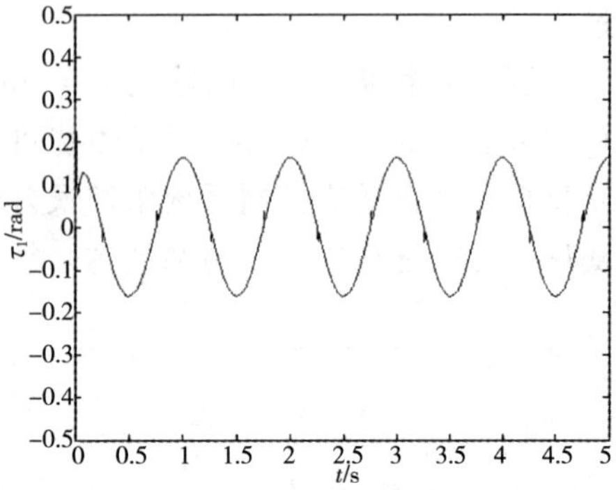

（b）反推积分自适应控制轮齿间传递力矩

图 6 系统自适应分析

7. 实验分析

7.1 伺服系统组成

伺服系统的总体结构图如图 7 所示。

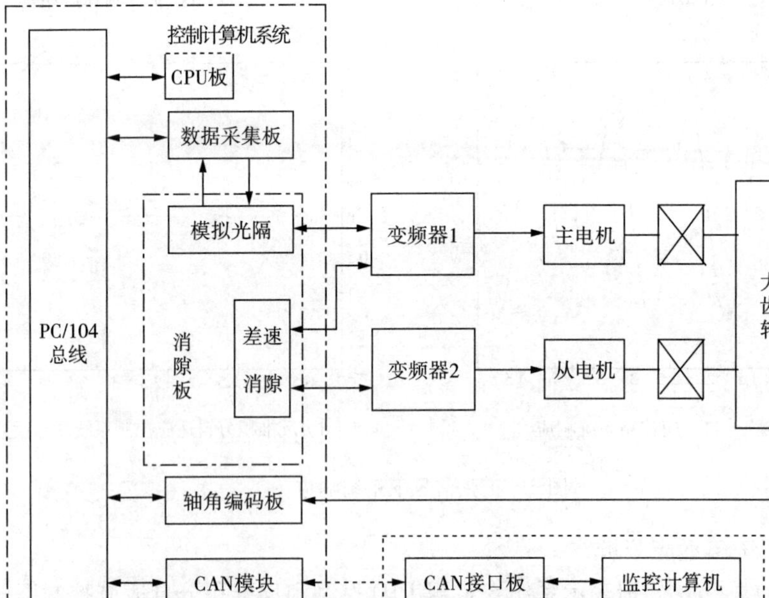

图 7 伺服系统的总体结构图

（1）控制计算机：主要完成信号采集、系统监控和控制量的求取，包括数据采集板、电消隙板、CAN 总线接口板、轴角编码板等。

（2）变频调速驱动器：完成驱动控制电机的任务。

（3）交流电机。

（4）齿轮传动链。

（5）位置反馈：负载侧角位置检测，由无接触式多极旋转变压器及模块式轴角编码器组成。

7.2 驱动方案的设计

长期以来，由于技术条件的限制，武器伺服系统均采用直流驱动方案。近年来，随着交流电动机驱动技术的进步，交流电机的性能得到了很大的提高。交流电机已逐步取代直流电机的驱动，成为伺服系统的主流。交流电动机具有结构简单、坚固耐用、体积小、重量轻、输出力矩大、效率高、无电刷、无整流子、无换向火花等优点。

7.2.1 电机选型

针对本系统的需要，选用天津科尔摩根工业驱动有限公司生产的 M－405－C－A1 电机作为执行机构，其主要性能参数如下：

- 额定功率：5.4kW
- 额定转矩：13.9 N·m（25℃）
  13.1N·m（40℃）
- 最大转矩：35.3 N·m（25℃）
- 静摩擦力矩：0.26 N·m
- 粘性摩擦系数：0.018 N·m/krpm
- 最大线电压：250V
- 额定线电流：19.8A
- 最大线电流：55.9A
- 额定转速：5000 rpm
- 最大转速：5000 rpm
- 理论最大加速度：7900rad/sec^2
- 最大电流：40A
- 电枢电阻：0.34 欧姆
- 电枢电感：8.4 mh
- 转子惯量：0.00441 kgm^2
- 电机重量：15.5 kg

7.2.2 变频驱动器

与电机相配套，驱动器选用天津科尔摩根工业有限公司 BDS4 系列变频驱动器。BDS4 变频驱动器由以下部分组成：

（1）采用隔离式变压器，将电网电压从三相交流 380V 变成三相交流 220V。

（2）电源组件包括：

• 辅助电源：

额定输入电压：单相 220V 交流 50/60Hz，或 220V 交流

额定输出电压：单相 115V 交流

辅助电源对 PSR4/5A－250 电源模块和 BDS4A－220J－405C2 逆变器风扇供电，同时辅助电源 115V 电压经 BDS4A－220J－405C2 逆变器内的变压、整流电路，提供 10V、±18V 控制电压。

• 监控部分：

包括监视、调试、硬件及软件报警系统

信号监视包括：速度、电流

参数调整包括：指令范围、平衡、稳定性、电流上限

报警信息包括：过热、过电流、过压、过速、未上电等信息

（3）PSR4/5A－250 电源模块

• 整流电路：三相交流 230V 电压经整流器整流给中间电路供电，中间电路典型电压值为 325V

• 中间电路：由电容器滤波电网电源和脉冲变频器中的高次谐波，而且因整流器不能回馈电网，此电容器还作为加速和制动所需功率的能量储存器

（4）BDS4A－220J－405C2 逆变器

• 电气特性：

PWM 频率：10kHz

零漂：0.075%/℃

直流输入：325V

交流输出：230V

单相持续电流：20A

单相最大电流：40A

• 功率部分：产生电机转矩

• 调节组件：

电流环 PI 调节器，速度环 PI 调节器，速度微分负反馈。其中速度微分负反馈的引入，可使突加给定启动时，速度调节器提早退饱和，从而有效地抑制以至消除转速超调；同时也增强了调速系统的抗扰能力，在负载扰动下的动态速降大大减低，但调节时间有所延长。

系统齿隙为 4mil（mil 是角度的单位，360°相当于 6000mil），系统要求性能指标为：①阶跃响应 1000mil 时，超调小于 4%，调节时间小于 0.8s，稳态误差

小于 3mil；②正弦响应 1000mil/s，1000mil/s^2 时，稳态误差小于 5mil。

图 8 为常规 PID 控制 1000mil 阶跃响应曲线，超调量为 15%，调节时间为 1.1s，最大稳态误差为 10.2mil；图 9 为反推积分自适应控制 1000mil 阶跃响应曲线，超调量为 3%，调节时间为 0.4s，最大稳态误差为 2.6mil；图 10 为常规

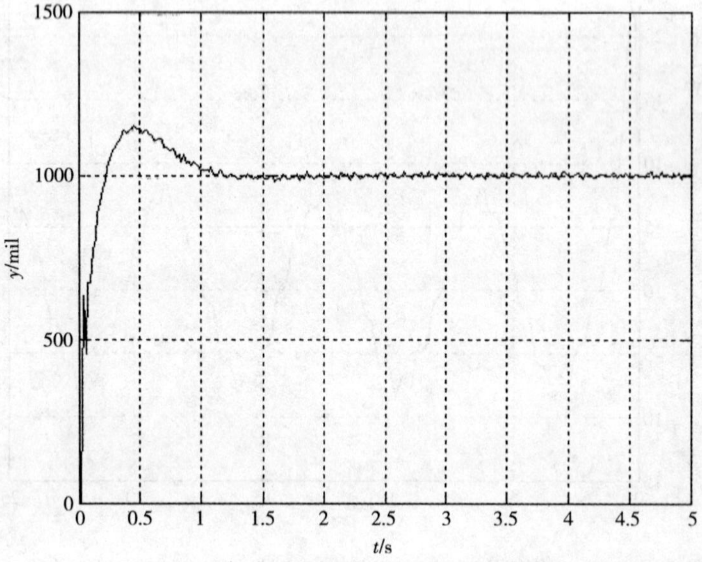

图 8　常规 PID 控制 1000mil 阶跃响应曲线

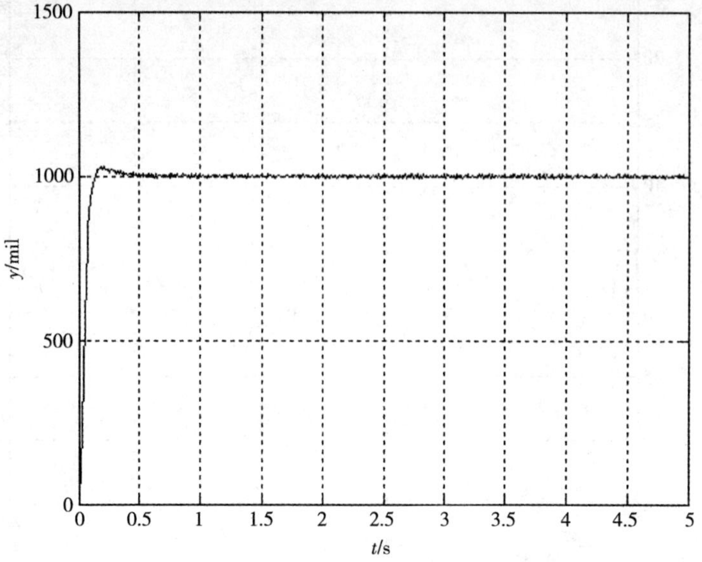

图 9　反推积分自适应控制 1000mil 阶跃响应曲线

PID 控制 1000mil/s，1000mil/s^2 正弦响应误差曲线，最大稳态误差为 8.5mil；图 11 为反推积分自适应控制 1000mil/s，1000mil/s^2 正弦响应误差曲线，最大稳态误差为 4.1mil。

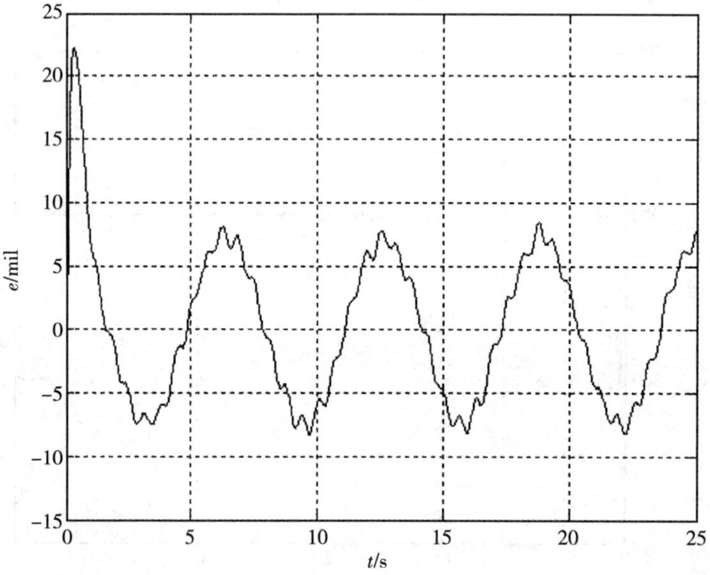

图 10　常规 PID 控制 1000mil/s，1000mil/s^2 正弦响应误差曲线

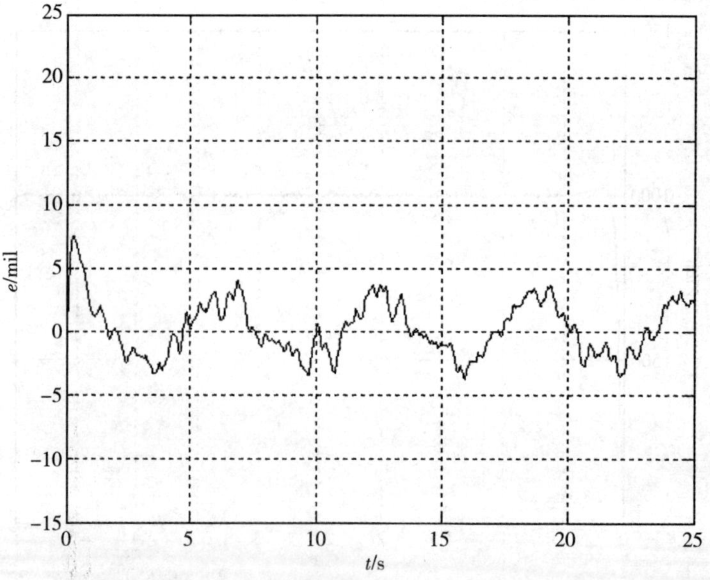

图 11　反推积分自适应控制 1000mil/s，1000mil/s^2 正弦响应误差曲线

8. 结 论

本文针对双电机驱动伺服系统齿隙非线性的控制问题，应用反推积分自适应控制方法，设计了基于 Lyapunov 稳定性理论的自适应控制器，使系统能够渐近稳定地跟踪期望输出。仿真和实验结果表明，系统对不同的参考输入具有较好的跟踪性能，具有较强的鲁棒性，所提出的控制策略是可行的。

参考文献：

[1] 孙龙飞．双电机驱动系统运动特性及消隙控制方法研究［D］．沈阳：东北大学，2012.

[2] 朱洪志，宋文祥，董英．同轴联接双电机驱动系统建模及仿真［J］．电机与控制应用，2013，40（2）：23－27.

[3] Zhang Yu，Ren Xuemei. Adaptive backstepping control of dual-motor driving servo systems with friction［C］. IHMSC，2014，v1：214－217.

[4] Ren Hai-Peng，He Bin. Anti-backlash control of machine tool feed system driven by dual-motors［J］. Electric Machines and Control，2014，18（3）：60－66.

[5] I. X. Bogiatzidis，E. D. Mitronikas，A. N. Safaces. Investigation of Backlash Phenomena Appearing in a Twin AC Cement Kiln Drive［C］. Electrical Machines，2010，1－6.

[6] I. X. Bagiatzidis，A. N. Safacas. Vibration Analysis and Backlash Identification of a Twin AC Drive for a Cement Kiln［C］. Power Electronics，Machines and Drives，2010，1－6.

[7] Zhao Wei，Ren Xuemei. The fast terminal sliding mode control of dual-motor driving servo systems with friction［J］. Journal of Harbin Institute of Technology，2014，46（3）：119－123.

[8] Lu Xiong，Yimeng Hou，Xueling Guang，etal. The control method of a dual-motor driving EHB system［C］. Transportation Electrification Asia Pacific，2014：1－5.

[9] Vrs，Jozef. Identification of nonlinear dynamic systems with input saturation and output backlash using three-block cascade models［J］. Journal of the Franklin Institute，2014，351（12）：5455－5466.

[10] 吴跃飞，马大为，姚建勇．机电伺服系统的非线性自适应动态摩擦补偿［J］．机械工程学报，2014，49（6）：89－94.

[11] 朱胜，孙明轩，何熊熊．输入具有齿隙非线性特性的周期系统的自适应控制 [J]．控制理论与应用，2012，29（4）：535－538.

[12] 朱胜，孙明轩，何熊熊．齿隙非线性输入系统的迭代学习控制 [J]．自动化学报，2011，37（8）：1014－1017.

[13] 杜仁慧，吴益飞，陈 威．考虑 LuGre 摩擦的伺服系统自适应模糊控制 [J]．控制与决策，2013，28（8）：1253－1256.

[14] 吴青聪，王兴松，杜峰坡．双套索系统力矩传动特性与摩擦补偿分析 [J]．机械工程学报，2014，12（8）：26.

[15] Hanawa，Tomohito，Deng，Mingcong. Compensation on the uncertain nonlinear plants preceded by uncertain backlash [J]．IEEJ Transactions on Electronics，Information and Systems，2014，134（9）：1214－1220.

[16] 冯斌，梅雪松，杨军．摩擦补偿脉冲特征参数的自适应配置方法 [J]. 上海交通大学学报，2014，48（5）：713－718.

[17] 周向阳，张宏燕．航空遥感惯性稳定平台齿隙非线性建模与补偿 [J]. 仪器仪表学报，2013，34（8）：1703－1710.

[18] Ruderman，M. Tracking Control of Motor Drives Using Feed forward Friction Observer [J]．IEEE Transactions on Industrial Electronics，2014，61（7）：3727－3735.

[19] 赵海波，周向红．双电机驱动伺服系统的反推自适应控制 [J]．控制理论与应用，2011，28（5）：745－751.

[20] Aung，Myo Thant Sin. Friction compensation of geared actuators with high presliding stiffness [J]．Journal of Dynamic Systems Measurement and Control，2015，137（1）：011007.

[21] 郭健，姚斌，吴益飞．具有输入齿隙的一类非线性不确定系统自适应鲁棒控制 [J]．控制与决策，2010，25（10）：1580－1584.

[22] 马吴宁，徐诚，郭亚军．火箭炮位置跟踪双自由度反推控制方法 [J]. 兵工学报，2013，34（4）：484－489.

[23] 舒燕军，唐硕．轨控式复合控制导弹制导与控制一体化反步设计 [J]. 宇航学报，2013，34（1）：79－85.

[24] 耿宝亮，胡云安，李静．控制增益为未知函数的不确定系统预设性能反演控制 [J]．自动化学报，2014，40（11）：2521－2529.

[25] Zong，Q，Wang，F，Su，R. Robust adaptive backstepping tracking control for a flexible air-breathing hypersonic vehicle subject to input constraint [J]．Proceedings of the Institution of Mechanical Engineers，Part G：Journal

of Aerospace Engineering，2015，229（1）：10－25.

［26］赵国峰．一类齿隙非线性控制系统的研究［D］．南京：南京理工大学，2005.

［27］TAO G，MA X，LING Y. Optimal and nonlinear control of systems with sandwiched backlash［J］. Automatica，2001，37（2）：165－176.

［28］MEZOUKI R，DAVILA J A，FRIDMAN L. Backlash phenomenon observation and identification in electromechanical systems［J］. Control Engineering Practice，2007，15（4）：447－457.

［29］POPOV V M. Hyperstability of control systems［M］. New York：Springer-Verlag，1973.

高压喷雾降尘技术在矿山中的应用

张少伍

摘　要： 随着绿色生产、安全生产在工业中的应用，矿山粉尘的治理已成为影响企业安全的重要因素。本文在分析煤矿粉尘产生、降尘背景的基础上，介绍了高压喷雾降尘的机理及影响因素，详细分析了水的特性、喷嘴的选型、结构参数等对高压喷雾降尘效果的影响，并简要说明目前存在的主要问题。

关键词： 粉尘；降尘；喷嘴

前　　言

随着社会的不断发展和进步，人们已经逐渐意识到环境保护的重要性。我国已经制定的走新型工业化道路政策，把环境保护放在了重要的位置。无论是从工业生产的要求出发，还是从人员保护的角度考虑，绿色生产已经成为工业生产的趋势。污染的种类很多，主要有空气污染、粉尘污染、水流污染、辐射污染以及其他污染种类。人们对污染的控制进行研究，使得很多控制污染的方法在现实中得到应用。对于粉尘污染的治理，主要通过收集或者采用特定手段降低空气中的固体颗粒污染物含量来实现。但是，对于一些特殊环境的污染，由于受到环境因素的制约，治理变得非常复杂。如在煤矿井下这样一个特殊的工业环境中，污染的控制主要集中于煤尘的防治。随着煤矿绿色安全生产的提出和实现，粉尘治理日益成为防治工作的重点。

1. 煤矿降尘的工业背景分析

由于煤矿掘进、采煤、运输等主要环节都会引起煤尘的污染，并且井下通风条件比较差，工作空间比较小，所以井下空气中煤尘的浓度会很高，高浓度的煤尘对人体和煤矿的安全造成极大危害。

20世纪90年代以来，随着综掘、综采技术的发展和应用，我国煤矿粉尘污

作者简介： 张少伍（1972—），男，汉族，安徽省无为人，铜陵学院教授，机械工程学院创新创业中心主任。

染问题日趋严重。在现有防尘技术条件下，各生产环节产生的矿尘量比例关系大致是：采煤工作面产尘量占45%～80%，掘进工作面产尘量占20%～38%，锚喷作业点产尘量占10%～15%，运输通风巷道产尘量占5%～10%，其他作业点产尘量占2%～5%。实测采煤工作面采煤机截割时的原始总粉尘浓度高达5000～6000mg/m^3（采煤机司机及下风流10m人行道处），最高可达5000～10000mg/m^3，掘进工作面掘进机掘进时达3000～4000mg/m^3，最高达6000mg/m^3。另外，呼吸性粉尘在煤尘中的浓度接近20%。

1.1 煤尘的危害性分析

（1）煤尘的自燃。由于过小的尘粒使表面自由能增加，从而提高其化学活性和氧化产热能力。当氧化反应产生的热量不能及时散发，使氧化反应自动加速，最终导致燃烧的发生。根据自燃温度可将可燃性粉尘分为两大类：第一类粉尘的自燃温度高于周围环境的温度，只有在加热时才能引起燃烧；另一类粉尘的自燃温度低于周围环境的温度，即使不加热也会引起自燃，这种粉尘极易形成火灾。

（2）煤尘爆炸。资料表明，煤尘的浓度达到45g/m^3，是引起煤尘爆炸的下限，煤尘浓度为2000g/m^3为引起爆炸的上限：当每立方米浮有300g左右的煤尘云时，爆炸力最强。煤尘爆炸造成人员伤害，设备毁坏和火灾。同时，爆炸时产生的高温、高压和冲击波对矿井的影响也非常大。

（3）尘肺病。尘肺病是矿工最常见的职业病之一。它的形成是由于工人长期吸入作业环境中悬浮粉尘而引起的肺部组织纤维性病变的总称。

资料表明，粒度在5μm以下的粉尘最容易被人呼吸进入肺部。而且，在采掘过程中，小于5μm的呼吸性粉尘占总产尘量的较大比例，这样使得在采掘工作面进行的喷雾降尘，特别是降低5μm以下的粉尘浓度有着十分重要的意义。

煤尘对人体呼吸系统的影响很大，尤其是小于5μm的可呼吸尘，它可以避开呼吸系统的各种保护，随空气直接流入人体的肺部。根据统计数字，几乎所有的工龄在3年以上的矿工都有不同程度的尘肺病，并且不同工种的工人患病的概率有所不同。资料表明，井巷掘进工人的患病率为4.22%，井巷掘进及采煤工的患病率为2.35%。由这些数据可以看出，粉尘污染对煤矿工人的身体健康影响很大。

1.2 喷雾降尘研究现状

（1）除尘技术。近几年来，随着高产高效矿井的发展，综掘工作面的产尘浓度越来越高。粉尘污染越来越严重，已经成为煤矿的最大污染源。粉尘的产生不仅严重危及综采工作面工人的身体健康，也存在着煤尘爆炸隐患。国内外针对矿尘治理的研究越来越多，矿尘治理的手段也越来越成熟。总的看来，这些技术或手段可归为两大类：干法除尘与湿法除尘。

干法除尘的实质是采用集尘器收集粉尘，然后进行清除：集尘器的原理大多采用文丘里原理，通过让高速风流或者水流通过特定的变截面的装置，从而形成负压吸入含尘气流，达到集尘的目的。

湿式除尘的工作介质大多采用水。人们对湿式除尘的研究与应用也比较多。人们将磁、声、电等领域的新技术引入喷雾降尘的研究，出现了许多高效、先进的喷雾降尘技术，如声波雾化技术、磁化水降尘技术、预荷电喷雾降尘技术以及高压喷雾降尘技术。

（2）喷雾降尘技术。高压喷雾技术是一种近年来在国外的许多煤矿中使用较普遍的降尘技术，但在我国只有极少数矿井开始使用，降尘效果十分显著。降尘率高的原因是水雾粒子与尘粒的凝结率高。在低压喷雾时，水雾粒子是通过惯性碰撞、拦截捕尘、凝并和布朗扩散等综合作用来降尘的。采用高压喷雾不但有低压喷雾时的四种机理作用，还使水雾带有较高的正负电荷，因而显著提高了水雾单颗粒对呼吸性粉尘的捕集效率。采用高压水流作为介质，通过参数的调节，可将其携带的高能量用于水滴的破碎，从而得到良好的雾化效果。

人类认识喷雾除尘技术是从雨滴洗涤大气中的尘埃开始的，以后逐渐推广应用到控制污染物和粉尘。早在1946年，兰米尔就研究了大气尘粒在球状捕尘器上的碰撞，并以位流和滞流为依据成功地计算了碰撞效率。我国从“八五”计划起开始研究喷雾降尘技术的应用，目前声波雾化降尘技术、磁化水降尘技术、预荷电喷雾降尘技术和高压喷雾降尘技术等已综合应用在矿山煤矿除尘中。

2. 高压喷雾降尘的机理

2.1 水射流的雾化

在空气冲击及水的表面张力联合作用下，高速水射流中出现波线扰动，由于射流处于不稳定状态，这些扰动的产生、生长及迅速变形使射流表面将产生界面波。这种界面波将使射流断面周期大为减小，随着速度的增加，波幅和频率也不断增加，当速度达到一定数值后，界面波的能量足以克服水的表面张力而使射流表面分裂出水滴，这些水滴一般并不是稳定的，它们还可能分裂成更细小的水滴，从而逐渐进行水雾。

2.2 高压水射流技术

高压水射流技术是近30年来发展起来的一门新技术，它广泛应用于切割、清洗以及除锈等领域。高压水射流的思想在于利用高能束水流能量来进行切割、破催等的能量转化。把这种思想用于喷雾除尘被证明是可行的，由于采用高压水流作为介质，通过参数调整能够将其高能量用于射流的破碎，从而得到很好的雾化效果，可以使水射流的能量转化为破碎后水滴的动能，这就为捕灭呼吸性粉尘提供了一条有效途径。为此，本文针对高压喷雾雾化效果的影响因素及捕尘效率进行研究，从而得到高压水射流在综掘工作面喷雾降尘的一般规律。

高压水射流技术在多个领域已经得到广泛应用，它的基本理论已经成熟。引入这项技术具有独特的优势。第一，可以设计合适的喷雾系统，从而可以得到能够有效捕灭呼吸性粉尘的雾粒，就可以解决目前湿法除尘的主要难题；第二，高压水射流技术在其他领域的应用业已很成熟，这些成熟的理论和技术可以引入到喷雾除尘的应用之中。最后，高压水射流喷雾降尘还具有节能的优点，能够大幅度降低湿法除尘的耗水量，减少煤的含水量，提高了煤质。

2.3　高压喷雾捕尘机理概述

水雾降尘是将细微水滴喷向含尘气流所在的空间，使之与随风扩散的尘粒碰撞或吸附，达到降尘的目的。其捕尘机理包括以下几个方面：重力沉降、惯性碰撞、拦截、凝集、扩散和静电凝结。如图1所示，较大颗粒的尘粒在接近水滴时，由于质量较大尘粒几乎不受水滴附近气体流线的影响，靠惯性作用与水滴碰撞并黏附于水滴表面，凝聚成大颗粒，从而在重力的作用下加速沉降，这就是惯性碰撞。拦截就是当气流中的部分尘粒在接近水滴时，在气流的作用下发生绕流，但同时在惯性的作用下，尘粒的轨迹逐渐偏离原来所在的流线，在半径方向上逐渐靠近水滴，当尘粒质心到水滴质心的距离小于二者半径之和时，尘粒就会和水滴接触而被捕获。在一定的空间中，气体的湿度较高时，水蒸气往往以气体中微小固体颗粒为凝结核而凝集。对细微粉尘，特别是直径小于0.2μm的粉尘，在布朗作用下可能会被水滴捕集。这叫扩散捕集。

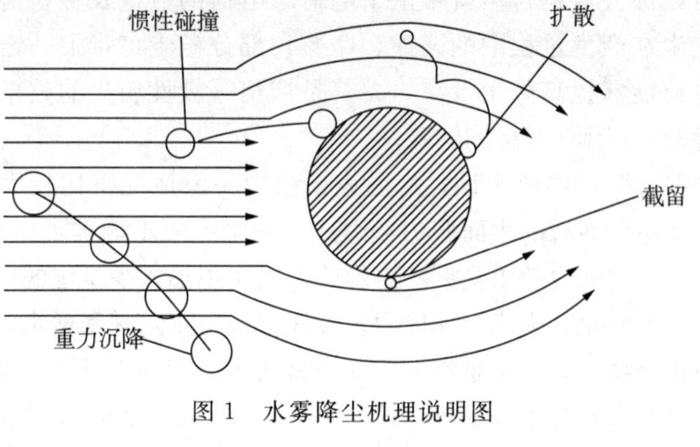

图1　水雾降尘机理说明图

矿井中的粉尘在产生和运动过程中，由于摩擦、碰撞、接触带电等原因，所以部分带有一定的电荷，而高压喷雾的水雾粒由于水雾电荷效应，某些雾粒自然带上了电，粉尘和雾粒带电的本身就提高了捕尘的系数，也就提高了降尘的效果。雾粒和粉尘带不同的电荷时，产生吸引力，这吸引力使两微粒凝聚在一起，这力的大小由电荷值、雾粒和粉尘粒度及它们的距离决定。这时，粉尘的凝结沉降是积极进行的，其原因是由静电力引起的，所以称为静电凝结，也称非惰性凝结。

3. 水的特性对喷雾降尘效果的影响

喷雾系统的工作介质是水。在系统运行过程中，液态水从常压状态，经加压管路或喷雾泵增加到一定的压力，再经雾化喷嘴，将压力液态水雾化，然后水雾以一定的运动规律与煤尘发生碰撞、拦截、扩散和重力沉降等作用，最后达到降尘的目的。在此过程中，水作为工作介质对喷雾系统有着十分重大的影响。

3.1 水的物理特性对水射流雾化的影响

从水介质的物理学特性分析中可以得到各种因素对水射流的影响作用。其中水的表面张力对雾化及降尘效果影响最大。水与气体交界的自由表面因内聚力作用，使表面形成一层膜，其上受有张紧的力，称为表面张力。水与固体接触，由于水表面张力的存在以及水与固体附着力大小的不同，有的固体能“润湿”，有的就不能“润湿”。这对研究水滴捕捉固体粉尘颗粒有很大影响。

此外，水的酸碱性对喷雾系统也有影响。控制喷雾用水的pH酸碱度对保证喷雾系统的正常工作也很重要。水质酸性或碱性过大都会加快各金属部件的腐蚀，不仅会降低管路及元件的使用寿命，而且可能阻塞管路或喷嘴，严重影响喷雾效果。

最后，水的荷电性对喷雾降尘也有很大影响。由于水雾的电荷效应，压力水从喷嘴喷出后，部分雾粒自然就带上了电荷，电荷的数量及雾粒荷电比例由喷雾方式决定，矿尘在产生过程中的碰撞、摩擦，部分矿尘也带上一定的电荷。尘粒和雾粒带有电荷能够提高降尘效率，尤其是捕集呼吸性粉尘的效果很明显。

3.2 湿润剂对喷雾效果的影响

各种粉尘都有一定的疏水性，水的表面张力一般情况下比较大。对于微小颗粒，动能不足以克服雾粒的表面张力，因此，粉尘一般不能被水迅速完全地湿润，致使雾化射流降尘的除尘效果受到一定影响。往水中加入少量湿润剂，使水溶液的物理化学性质发生变化，提高湿润能力。湿润剂是由亲水基和憎水基两种不同性质的基因组成的化合物。亲水基是易溶于水或易被水湿润的原子团，被水分子吸引湿润而溶于水，而憎水基被水分子排斥伸向空气，于是湿润剂物质的分子在水溶液表面形成紧密的、定向排列的吸附界面层。很多国家的研究和试验证明：在水中添加湿润剂，并使用这种湿润剂水溶液进行喷雾降尘，能得到明显的降尘效果。

3.3 水中杂质对喷雾系统的影响

由于水资源比较紧张，对许多矿井来说生产用水都需要回收再利用，同时从地面水池到综掘工作面有相当长的供水管路，这就难免造成喷雾用水中含有较多、较大的杂质。喷雾系统中的关键元件雾化喷嘴的孔径十分微小，极易造成堵塞，导致喷雾系统失效。这也是目前国内外喷雾系统不能正常工作的主要原因之一。

4. 喷嘴对喷雾性能的影响

水依靠喷嘴作为执行元件才能进行雾化。喷嘴还把高压喷雾泵或增压泵提供水压力能转化为动压能。高压水的能量都要通过喷嘴转换。在某种意义上喷嘴又相当于一种工作结构，其几何结构及动力性能参数对水的雾化和能量转化的效率有着十分重大的影响。

4.1　喷嘴选型对雾化效果的影响

水射流用于喷雾降尘时，一般选用雾化型喷嘴。收敛喷嘴主要将压力能转化成动能，而对雾化型喷嘴，压力通过后的雾化质量除了也需要有较高的雾滴运动速度外，还要使雾粒达到合理的粒度及分布的均匀度和较大的扩散面积等。试验研究表明，喷嘴的雾化质量主要取决于喷嘴的转化原理和结构。常用压力转化型雾化喷嘴的类型如表 1 示，结构图如图 2 所示。

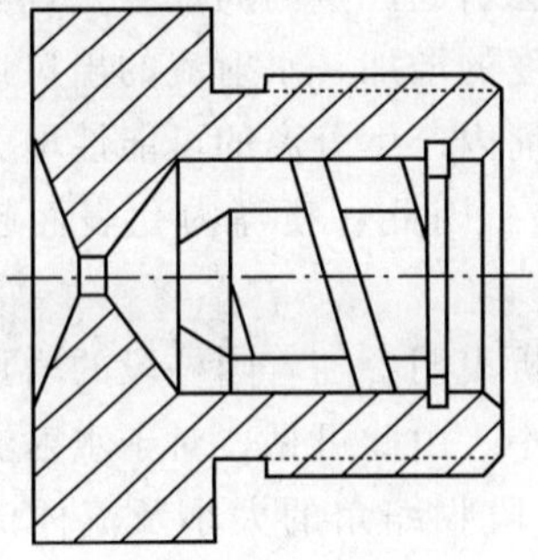

螺旋导水芯喷嘴图

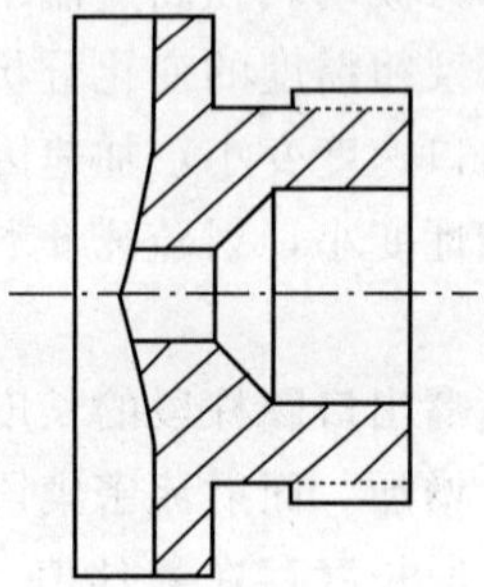

平射型喷嘴

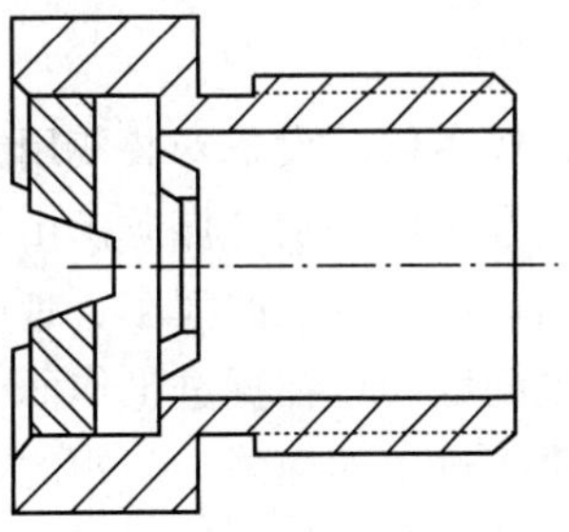

十字形导水芯喷嘴

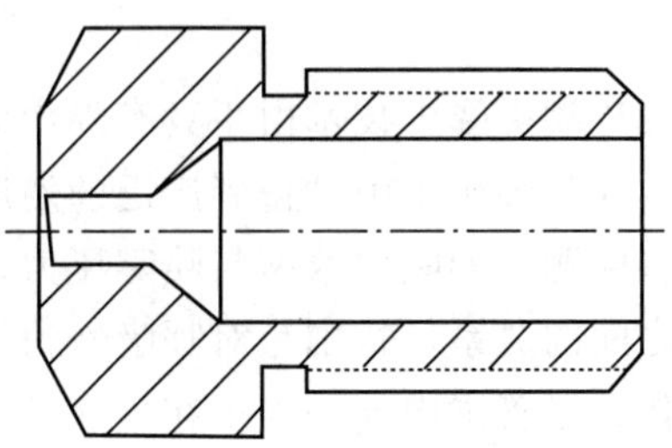

直射型喷嘴

图 2　常用压力转化型喷嘴

通过不同型号喷嘴性能的对比可以看出：喷嘴对水流的雾化质量主要取决于喷嘴的结构和雾化原理，一次雾化型雾流半径小；雾粒颗粒度不均匀；雾流中水的分布在轴线上比较集中，在雾流断面上分布不均匀。

表1 常用压力转化型喷嘴主要技术特征

喷嘴结构	雾化原理	雾流形状	雾化质量
螺旋牙水芯	压力一离心	空心圆锥形	分布均匀雾粒细小
平射型	压力一收缩	扁锥形	颗粒度与分布不均匀
十字形导水芯	压力一冲击	扁锥形	颗粒度与分布不均匀
直射型	压力一收缩	线形	扩散和雾化都差

4.2 喷嘴参数对喷雾性能的影响

（1）喷嘴内孔表面的粗糙度是决定射流品质和喷嘴寿命的重要因素。喷嘴内孔表面的微小凹凸不平，会导致射流产生较大的初始扰动，这种扰动扩散后将引起流体的压力波动。在高速流中，这种压力波动会引起严重的局部空穴现象。对喷嘴内孔以及粗糙度的变化分析表明，随着粗糙度的增加，水射流的出口边界厚度增加，出口速度变小，加速因子减小，同时喷嘴内产生分离的可能性增大，层流化的可能性变小，射流密集性和切割能力变差。因此，喷嘴内孔表面越光滑越好。

（2）喷嘴出口圆柱段的长度。大量的实验分析表明：随着圆柱段的增加，出口速度随之增加，而射流密集段的长度却随之减小。由此可见，对于水射流喷嘴而言，圆柱段长度存在最佳值。另外，喷嘴圆柱段收缩角的大小及流体流动条件，对圆柱段的最佳长度也有影响。一般取圆柱段长度为喷嘴出口直径的2.5～3倍最合适。

5. 总结

高压喷雾降尘技术由于具有降尘效率高、运行成本低、设备安装使用方便等因素，在各种矿山中已得到广泛的发展和应用，但在矿山特别是煤矿矿山中仍存在许多问题，如降尘效率与喷雾压力、雾粒的运动速度、雾粒的大小、带电电荷量等之间的关系，特别是对呼吸性粉尘的降尘除尘问题。以在掘进工作面中的应用为例，尽管国内外一直都在研究各种各样的解决掘进工作面降尘问题的措施和方法，但由于实际问题非常复杂，从而使这些措施的降尘效果不够理想。目前这些措施在实际使用中仍存在以下问题：

（1）由于喷雾压力不高，大多数降尘设备主要是针对可见尘的，对呼吸性粉尘的捕灭效果不好。

(2) 流量偏大，雾化效果不佳，使底板软化，煤的含水量增加。

(3) 设备复杂，运行成本高且维护不易。

(4) 没有专门针对二次粉尘采取降尘措施，二次粉尘捕灭效果不高。

参考文献：

[1] 张晶晶. 东荣二矿综掘面粉尘运移规律及高压喷雾降尘技术研究 [D]. 阜新：辽宁工程技术大学，2011.

[2] 陈大川，刘涛，周军，等. 粉尘超限高压喷雾降尘技术在杉木树矿的应用 [J]. 煤矿安全，2014，3：136—138.

[3] 李高峰. 高效喷嘴降尘的理论研究 [J]. 矿山机械，2009，19：26—29.

[4] 李新宏. 高压喷雾在掘进工作面应用研究 [D]. 西安：西安科技大学，2011.

[5] 马胜利. 掘进工作面高压喷雾除尘的机理分析 [J]. 矿山机械，2009，15：32—34.

[6] 宋建国. 综采面高压外喷雾降尘技术及其应用研究 [J]. 煤炭工程，2010，10：43—45.

复杂零件高压水射流渐进成形工艺的研究

魏树国

摘　要：金属板材高压水射流渐进成形技术是一种新型的板材成形技术，采用快速原型制造中的“分层制造”思想，将目标成形零件沿其高度方向离散成一系列相互平行的二维断面层，对金属板料进行逐层连续的局部变形，从而获得复杂的壳类零件的成形。该成形过程具有摩擦小、无须润滑、无污染等优点。21世纪以来，波纹管在工业中得到广泛应用，波纹管主要用于管道、容器的连接，用来吸收设备的振动以及弥补由于温度变化引起的管道变形。其现有的成形方法主要是液压成形、机械成形等，但是这些方法都需要模具，因此成本较高，并不适合小批量波纹管的生产。为了克服波纹管制造中的缺陷，利用高压水射流金属板材渐进成形的优势，现在出现了高压水射流波纹管加工工艺。

关键词：金属板材成型；高压水射流；渐进成形；波纹管

引　　言

金属零件的成形方法有很多种，但将金属板材成形与金属切削加工等方法相比，金属板材成形不仅具有更高的生产效率，而且能获得更高的材料利用率，因而在制造业中有着更广泛的应用，特别是在汽车、宇航、船舶、兵工、家电和日用品等工业部门，对国民经济的发展起着十分重要的作用。

在传统板材成形方法中，模具必不可少。模具成形方法生产效率高、加工件的精度高、适合大批量生产，多年来一直占据着主导地位，但缺点是模具设计制造周期长、维护费用高，而且缺乏柔性，产品稍做改变后模具需要重新设计更换。以汽车覆盖件为例，需要经过模具设计、制造、试验、修改等一系列过程才能投入生产，试制过程耗时、耗资，新车型开发的周期拉长、成本增加，不利于汽车厂家迅速推广新产品和占领市场。特别是我国的一些汽车厂家不得不从国外购置新车型的汽车覆盖件模

作者简介：魏树国（1970—），男，汉族，辽宁朝阳人，铜陵学院机械工程学院副教授，博士研究生。

具，价格不菲；或者由熟练技师手工制作模具，效率低而且精度难以保证。

目前，在市场需求不断变化的驱动下，制造业的生产规模沿着“小批量—少品种大批量—多品种变批量”的方向发展。作为广泛应用于制造业的板材成形技术，我们需要不断探索其新方法和新工艺，缩短新产品的开发周期，满足多品种小批量和样品试制的需求，实现板材的高效、快速、柔性成形，这是板材成形技术的发展趋势，因此进行无模成形工艺的研究具有重大的意义。

1. 金属板材成形现有技术

板材成形技术领域出现的大批新工艺、新技术，充分体现了学科基础性、学科前沿性及学科交叉性。下面介绍几种具有代表性的板材成形新技术。

1.1 旋压成形

旋压成形是一种常用的无模成形技术，其成形技术较成熟，但是只能加工薄壁空心回转体工件，如图1所示。

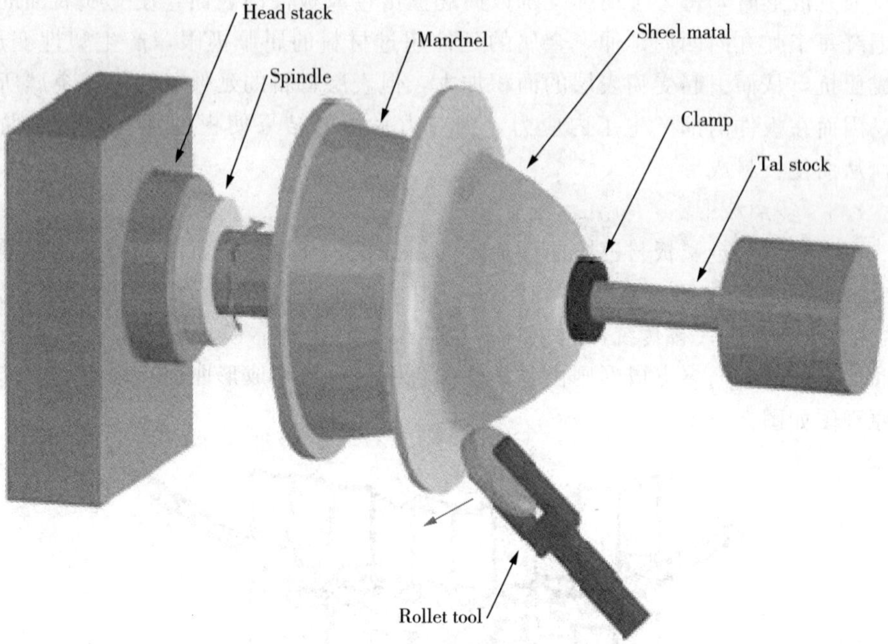

图1 旋压成形工艺示意图

它以回转轴和旋轮等工具做进给运动，施加于随芯模沿同一轴线旋转的金属毛坯，使产生连续的变形成为所需的空心回转体零件。

采用这种工艺，可以节约原材料，提高材料的利用率，但总的变形力和机床吨位相对于其他压力加工方式来说较低。另外，旋压属于半模成形，某些普通旋压可以无模成形，不需要成套模具，因而模具的费用和制造周期可以大大降低。同样，旋压工艺也存在局限性，只是用于加工空心薄壁回转体，坯料的厚度不能太大。对于需大批生产的简单零件用旋压法效率低，且旋压工艺中影响产品质量的工艺因素较复杂，对旋压设备和操作技术要求较高。

1.2 喷丸成形

喷丸成形技术是利用高速弹丸流撞击金属板材的表面，使受撞击的表面及其下层金属材料产生塑性变形而延伸，从而逐步使板材发生向受喷面凸起的弯曲变形而达到所需外形的一种成形方法。

喷丸成形是20世纪50年代随着飞机整体壁板的应用，在喷丸强化工艺的基础上发展起来的一种工艺方法。它用以成形外形变化平缓的蒙皮类钣金件，这些零件可以是等厚板、变厚度板和带筋整体壁板，是飞机工业成形整体壁板和整体厚蒙皮零件的主要方法之一。

喷丸成形时，每个金属弹丸都以高速撞击金属板件的表面，使受喷表面的金属围绕每个弹丸向四周延伸，金属的延伸超过材料的屈服极限，产生塑性变形，形成压抗，从而引起受喷表层的面积加大，但表层材料的延伸又为内层金属所牵制，因而在板件内部产生了内应力，内应力平衡的结果使板件发生双向弯曲变形，从而使板料成形。

1.3 多点成形

多点成形是金属板材三维曲面成形的新技术，其原理是将传统的整体模具离散成一系列规则排列、高度可调的基本体（或称冲头），由这些基本体组成的“柔性多点模具”代替传统冲压成形的整体模具。在整体模具成形中，板材由模具曲面来成形，而多点成形则由基本体的包络面（或称成形曲面）来完成，其成形原理图如图2所示。

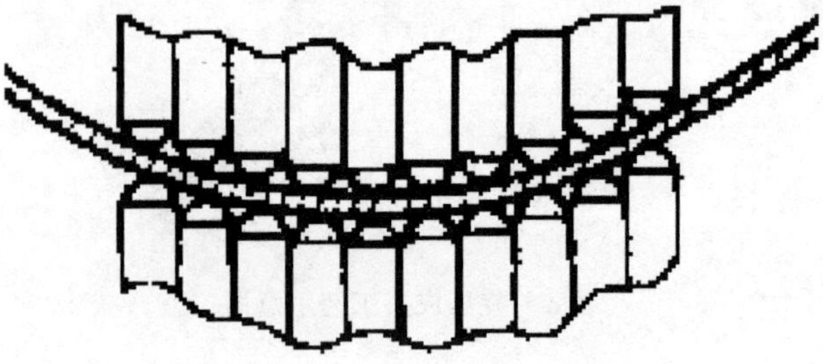

图2 多点成形工艺示意图

多点成形中各基本体的行程可以通过独立调形单元进行调整，改变各基本体的位置就相当于重新构造了成形模具。它包括多点模具成形、多点压机成形两种方式。多点成形实验机由CAD系统、微机控制系统和机械系统三大部分构成。根据目标件的几何外形和材料要求，CAD系统生成目标件的三维曲面形状，还可以进行无模多点成形过程的有限元数值模拟。将模拟无缺陷的目标件三维曲面形状数据文件传送给控制系统，控制系统根据数据文件调整机械系统中上下两个基本体群，由不同工艺要求，生成不同成形效果的目标产品。该技术在20世纪90年代初由日本教授中村敬一做了初步研究，在国内，吉林大学的李明哲教授在多点成形方面有了很大进展，并开始初步投入生产。

1.4 渐进成形

20世纪90年代初，日本学者松原茂夫提出了一种新型的板材成形工艺——金属板材渐进成形技术。其思路是将复杂的三维形状分解成一系列等高线层，并以工具头沿等高线运动的方式在二维层面上进行塑性加工，从而实现了金属板材的数字化制造。

金属板材渐进成形的特点是引入快速原型制造技术“分层制造”的思想，将复杂的三维数字模型沿高度方向离散成许多断面层，即分解成一系列等高线层，并生成等高线层面上的加工轨迹，成形刀具在计算机控制下沿等高线层面上的加工轨迹运动，对板材进行渐进塑性加工。其加工过程如图3所示，首先将被加工板料置于一个顶支撑模型上，在板料四周用夹板在托板上夹紧材料，托板可沿导柱自由上下滑动。然后将该装置固定在三轴联动的数控无模成形机上，加工时，成形刀具先走到指定位置，对板料压下设定压下量，然后根据控制系统的指令，按照第一层截面轮廓的加工轨迹要求，以走等高线的方式，对板材施行渐进塑性加工，并形成所需第一层界面轮廓后，成形刀具头压下设定高度，再按第二层界面轮廓轨迹要求运动，并形成第二层轮廓，如此重复直到整个工件成形完成。

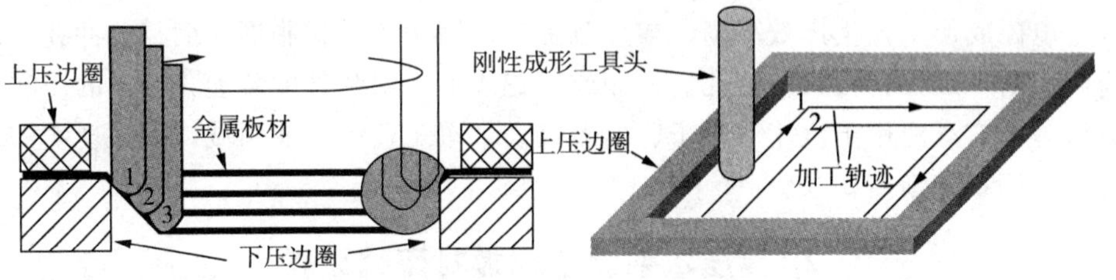

图3 渐进成形工艺加工示意图

这种方法无须形状对应的模具，成形工件的形状和结构也相应不受约束。其工艺是用逐层塑性加工来制造三维形体，在加工每一层轮廓时都和前一层自动实现光顺衔接。数字化渐进成形既可实现成形工艺的柔性，又可节省制造工装的大量成本。从成形过程来看，在成形工具头作用区域（为一个球冠面）下（也可以超出这个作用区域）的金属板料在成形力的作用下克服屈服极限，发生塑性变形，由原来的平面通过变薄拉延延展为表面积较大的曲面，随着工具头的不断碾压，塑性变形逐层累加，最终板料获得所需要的形状。

1.5　电磁成形

电磁成形技术是20世纪50年代初在国外迅速发展起来，成为金属板料加工的一种新方法。它是利用金属在强磁场中受磁力作用发生变形的一种高能成形技术，原理如图4所示，当线圈3通电时，产生向下的电磁力，迫使板料2向上运动，当板料遇到模具或工件时受到限位，使其产生预期变形。1958年，美国通用电力公司研制出世界上第一台电磁成形机，1962年，美国的布劳尔和哈维经过改进和完善，发明了可用于工业生产的电磁成形机，标志着电磁成形技术真正开始走向实用化和工业化。国内电磁成形研究一直停留在实验室阶段。20世纪60年代初期，中科院电工研究所曾组织力量系统研究过电磁成形工艺及其成形设备。20世纪70年代末，哈尔滨工业大学再次进行该设备与工艺研究及开发工作。

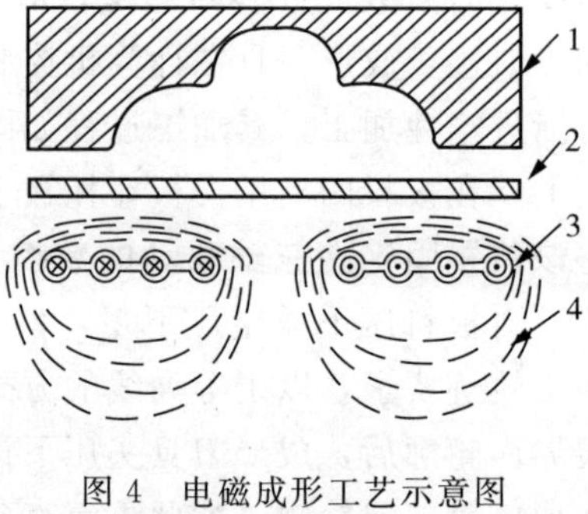

图4　电磁成形工艺示意图

1—模具；2—工件；3—线圈；4—磁力线

电磁成形工艺生产效率高、成形范围广，适用于管材胀形、缩径、冲孔、翻边、切断、焊接，板材的冲孔、压印或压花成形，组装件的装配，粉末的压实和成形等，广泛应用于汽车、电子、仪器仪表、军工业等工业领域，但从现实需求看，还远不能满足要求。

2. 高压水射流金属板材研究现状

2.1　高压水射流技术的应用

高压水射流技术是国际上自20世纪70年代兴起，继而迅速崛起的新技术、新工艺。工业清洗和切割是高压水射流技术应用的主旋律。近年来，随着大型化、智能化、专用化装备的发展，高压水射流技术已渗透到各个应用领域，如汽车、航空航天、采矿、建筑业、医药卫生和食品工业等。随着世界范围内越来越多的科研人员的探索，新的应用日益浮现。

水射流板材渐进成形技术，是在渐进成形技术基础上结合高压水射流技术而发展起来的。它的核心思想是用具有一定压力的水射流替代渐进成形的金属工具头，用水通过高压泵，经喷嘴将高压水喷射到板材上，水的动能转化为作用于板材的压力能，使板材产生局部塑性变形。在计算机控制下高压水喷嘴沿规划路径运动，完成一层加工后，进而成形下一层，加工过程中高压水射流的压力实时调节，如此循环直至最终成形。

高压水射流渐进成形技术无疑为加工金属板材提供了一种新型的方法，除具有金属板材渐进成形技术的特点外，由于利用了水射流，使其具有传统工具头无法比拟的优点，主要包括：

a）由于加工时，接触的界面是液体—固体，因此摩擦较小，无须润滑。

b）其接触面上的压力分布更加均匀，因此零件表面质量较好。

c）成形工件的复杂程度和延伸率比传统工艺高。

d）低成本、高柔性、高效率、绿色环保。

2.2 国内外研究现状与分析

（1）国内研究现状。国内有很多科研院所在进行金属板材单点及多点刚性工具头数控渐进成形技术的研究，如南京航空航天大学、华中科技大学、吉林大学、上海交通大学、中科院深圳先进技术研究院等高校及科研院所。因为对水射流的应用主要集中在将高压水射流技术应用除锈及切割中，所以目前国内对于金属板材高压水射流单点渐进成形技术开展研究的科研机构还比较少，人员投入也不是很足，主要集中在以下三个高校和一个科研院所：吉林大学、宁波工程学院、沈阳航空航天大学、中国科学院深圳先进技术研究院。

吉林大学与宁波工程学院联合设计了一台板材水射流渐进成形机，如图5所示，利用此设备对水射流渐进成形技术开展了相关的试验研究。

吉林大学多位研究生在此样机上进行了金属板材的高压水射流实验研究。研究生戚远大应用LS－DYNA软件以加工圆锥台为例，对采用高压水射流加工金属板材零件过程进行了仿真计算；同时另有几位同学对高压水射流加工轨迹进行了优化设计；还有同学使用ANSYS软件模拟了水射流单点冲击板材过程，分析了射流压力、板材厚度对板材成形深度的影响，研究了各工艺参数对成形的影响，并对一些难加工的零件进行了加工路径与轨迹的规划研究。

（2）国外研究现状。最先利用水射流成形的是日本人Hideo Iseki，搭建了成形装置，研究出用于加工非对称的浅壳类零件的新技术，分析了不同轨迹间距

图 5　吉林大学设计板材水射流渐进成形机

值下成形的零件的表面粗糙度，并用平面应变模型和流体力学的动量理论预测出胀形的高度和板料成形后的应变分布状况，如图 6 所示。

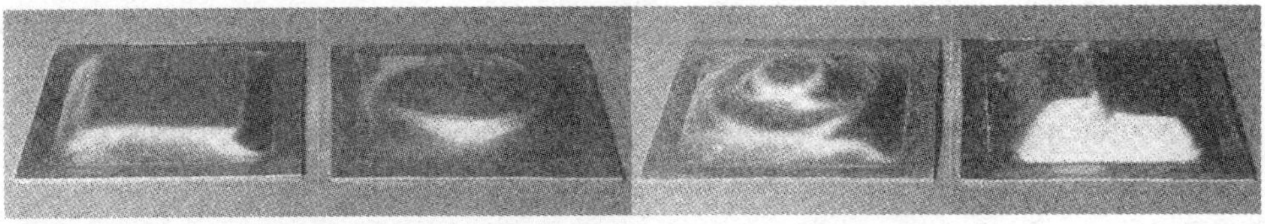

（a）成形样品

（b）成形设备

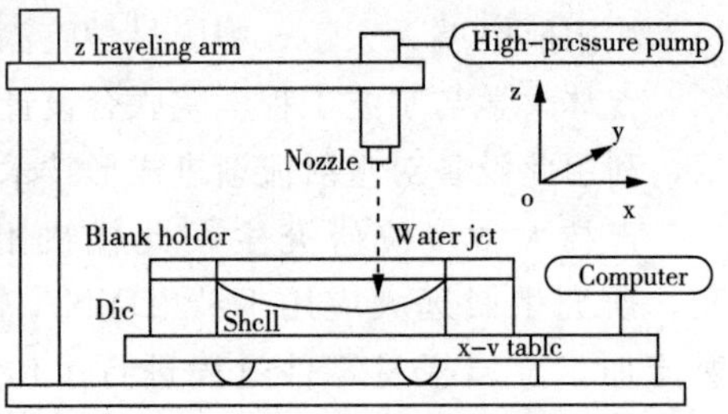

（c）结构简图

图 6　金属板材水射流渐进胀形装置及实验成形样品

斯洛文尼亚人 Bostjan Jurisevic ，Karl Kuzman，Mihael Junkar 等，在 Iseki 的理论基础之上，在斯洛文尼亚和瑞士的两个大学合作下，对水射流渐进成形技术展开了初步探讨，并提出了水射流渐进成形的基本模型理论，确定了水压和流量等工艺参数的重要性，如图 7 所示，认为此项技术有更高的灵活性、更好的环保性和良好的工具—工件接触条件。

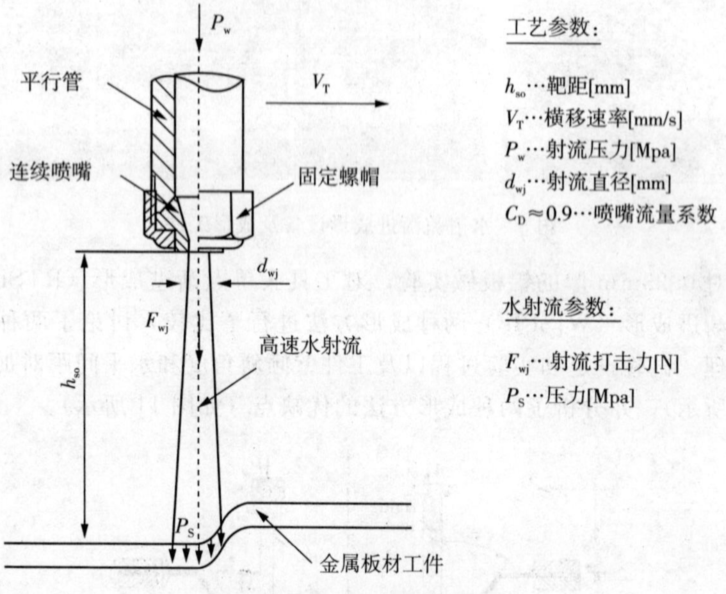

图 7 水射流渐进成形原理图

之后，他们提出了相对射流直径的定义：$k=d_{WJ}/T_B$（其中 d_{WJ} 为射流直径，T_B 为板厚），在描述工艺时运用这个概念可以带来很多优势，最重要的是，在定义区域可以消除板厚的影响。另外，零件的复杂性也可用此描述。通过磨料切割的实验，他们预测了水射流渐进成形的两个技术窗口，用此表示出工件的成形极限（如图 8 所示），并在此基础上搭建了水射流渐进成形实验设备，并加工出多种成形样件，如图 9 所示。

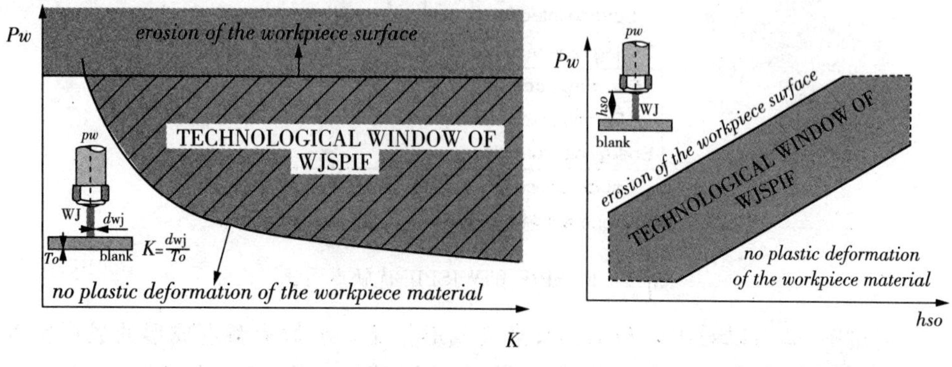

图 8 水射流渐进成形技术窗口

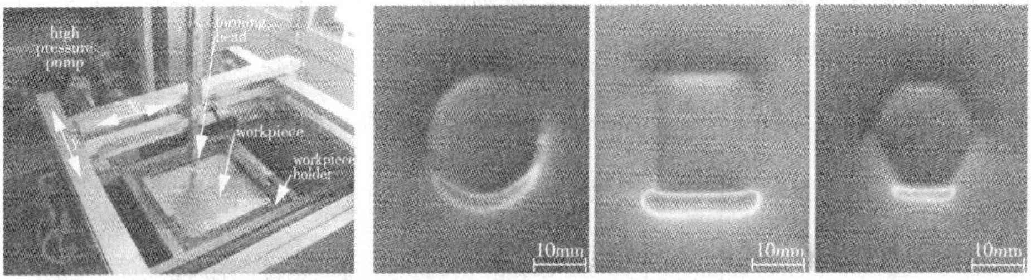

图 9　水射流渐进成形设备及成形工件

通过对 0.23mm 厚的铝板做实验，对工具头单点渐进成形（RTSPIF）与水射流单点渐进成形（WJSPIF）两种成形方法进行了比较，讨论了两种成形方法的加工原理、试验设定和实验过程以及工件壁倾斜角度和水平间距对加工的影响（如图 10 所示），并分析了两种成形方法的优缺点（如图 11 所示）。

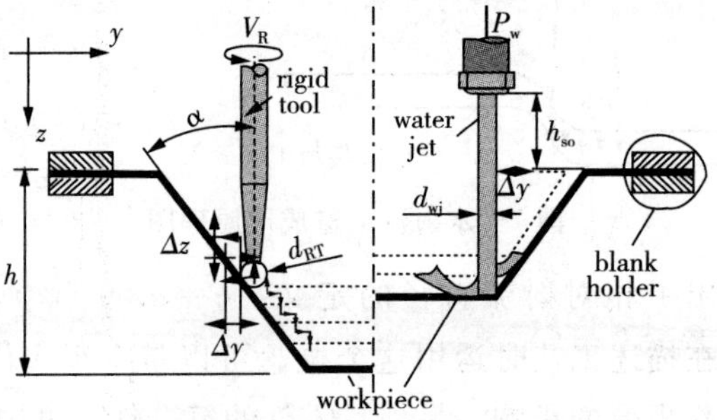

图 10　两种成形方法的工作原理及参数

Process attributes	WJISMF	ISMF
Flexibility	+	−
Surface integrity	+	−
Tooling reqiurements	+	−
Forming accuracy	−	+
Forming time	−	+
Energy consumption	−	+
Equipment costs	+	−
Environmental impact	+	−

图 11　RTSPIF 和 WJSPIF 优缺点对比

通过图 12 可以看出，与工具头渐进成形相比，水射流渐进成形的成形精度有所下降，为了提高水射流渐进成形的成形精度，Bostjan Jurisevic，Viktor

Sajn，Franc Kosel，Mihael Junkar 等人介绍了通过采用层叠支撑工具可明显地提高成形精度，而且，层叠支撑工具很容易地加工出来，并且不会明显地增加总体的费用和时间（如图 13 所示）。在使用层叠支撑工具的情况下，通过实验，他们讨论了加工轨迹对成形精度的影响。

荷兰人 Wilko C. Emmens 应用旋转式高速水射流成形了非直壁的啤酒和饮料易拉罐（如图 14 所示），通过这种特殊的转化，得到了比在拉伸试验中预期的变形量大的多变形。在实验中他把易拉罐放在模子中，在里面放置一组旋转喷头，通过旋转喷头产生水平高压水流，冲击易拉罐壁使之向外成形（如图 15 所示）。通过实验，他讨论了水压、喷头进给速率、喷头内径等对罐壁膨胀率的影响，还讨论了罐壁的应变等。

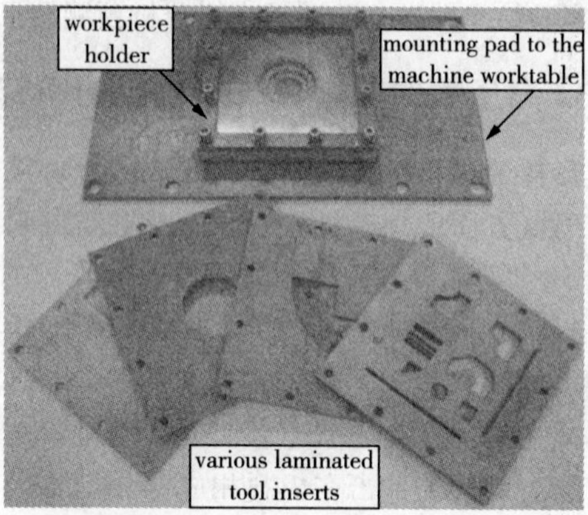

图 12　各种层叠支撑工具

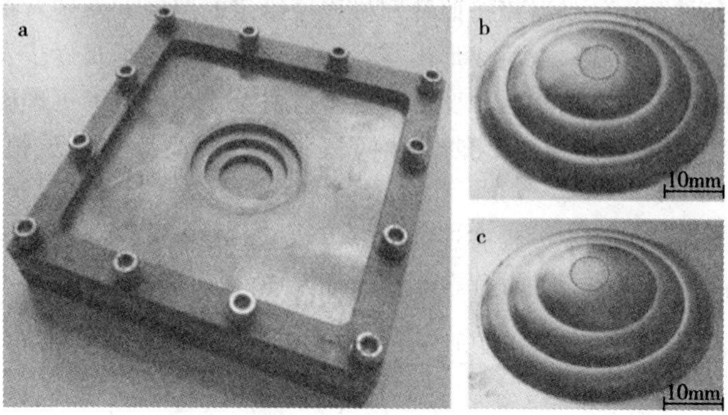

图 13　两种不同轨迹成形的工件

图 14　各种水射流成形的实验样品

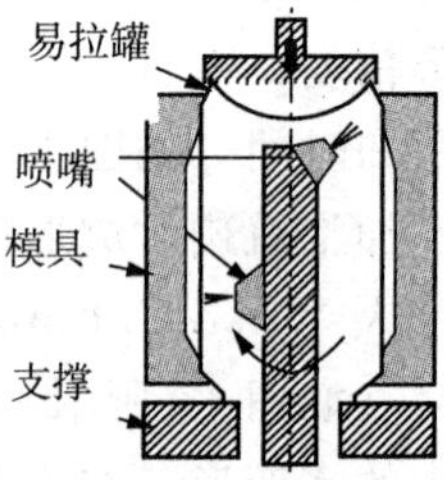

图 15　成形工艺简图

在英国，M. Chizari，L. M. Barrett，S. T，S. Al－Hassani 等人在金属薄管上应用高速水射流进行成形，通过模拟分析了薄管内壁的压力分布和水射流作用下薄管的膨胀情况，并结合实验结果数据，验证了模拟分析预测结果的正确性。

3. 高压水射流渐进成形机理的研究

由于金属板材成形件的材料种类繁多，因此各种材料成形时的成形情况各不相同，要求对高压水射流方面的理论进行研究，掌握高压水射流在自由射流和淹没射流情况下的知识。

高压水射流金属板料成形时，材料的受力状况和变形状况千变万化，这些反映在其内部质点上的应力状态和应变状态也必然是不同。研究不同的力学条件对塑性变形的影响，实质上是研究应力状态和应变状态对塑性变形的影响。高压水射流板料成形依靠射流对板料的冲击在板料相应部分产生局部变形，然后射流按一定速度移动，在所经过区域产生塑性变形。如果射流设备安装在数控机床上按渐进成形的原理进行一系列的等高线轨迹的运动，就可以将零件外形成形出来。其主要特点有两点：一是射流按照计算机程序给定的路径和轨迹对板料进行局部塑性成形，逐渐积累变形最后成形出零件；二是板料的变形是逐步发展的，每一步的变形量都比较小。由于这种变形特点，对射流作用板材的机理研究就显得非常必要。合理地建立板料变形的力学模型，对以后成形中实现精确控制至关重要。

描述流体运动的基本方程有连续性方程和运动方程。一般情况下，水假设为不可压缩的液体，其连续性方程在直角坐标系中的表达式为：

$$\frac{\partial v_x}{\partial x}+\frac{\partial v_y}{\partial y}+\frac{\partial v_z}{\partial z}=0 \qquad (式 1)$$

描述理想流体（无黏性流体）的运动方程为欧拉方程，但由于实际工程中所应用的水具有黏性，而黏性影响有时不能忽略，因此，用于描述黏性流体运动的运动方程为 Navier－Stokes 方程，在考虑重力场的直角坐标系中，其微分方程为：

$$\left.\begin{aligned}
\rho\frac{\mathrm{d}v_x}{\mathrm{d}t}&=\rho g_x-\frac{\partial p}{\partial x}+\mu\left(\frac{\partial^2 v_x}{\partial x^2}+\frac{\partial^2 v_y}{\partial y^2}+\frac{\partial^2 v_z}{\partial z^2}\right)\\
\rho\frac{\mathrm{d}v_y}{\mathrm{d}t}&=\rho g_y-\frac{\partial p}{\partial y}+\mu\left(\frac{\partial^2 v_x}{\partial x^2}+\frac{\partial^2 v_y}{\partial y^2}+\frac{\partial^2 v_z}{\partial z^2}\right)\\
\rho\frac{\mathrm{d}v_z}{\mathrm{d}t}&=\rho g_z-\frac{\partial p}{\partial z}+\mu\left(\frac{\partial^2 v_x}{\partial x^2}+\frac{\partial^2 v_y}{\partial y^2}+\frac{\partial^2 v_z}{\partial z^2}\right)
\end{aligned}\right\}\qquad\text{（式 2）}$$

结合方程和方程组，对于不可压缩黏性流体，存在四个方程，即一个连续方程和三个运动方程，而未知量也仅有四个，即 v_x、v_y、v_z 和 p，方程组已经闭合，只要给出初始条件和边界条件，则方程组具有理论唯一解，这也确定了其流动规律。

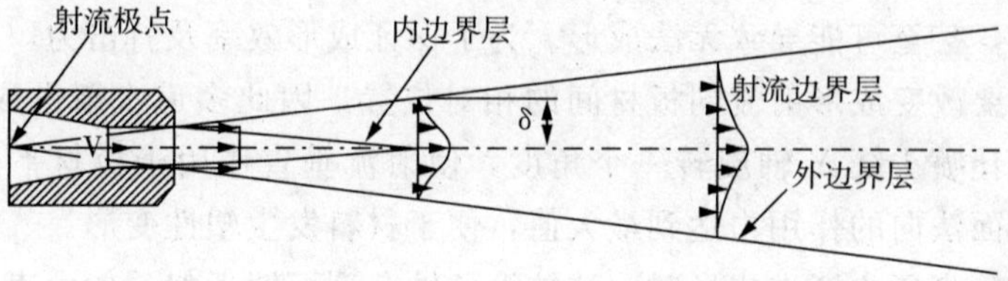

图 16　射流边界层

在流体分析与计算中，对于边界层，由于存在水的黏性作用和很大的速度梯度，只能用 Navier－Stoke 方程来描述边界层内水的运动，由于射流速度在边界层内的切向分量的变化远小于法向分量的变化，而且特征长度远大于边界层厚度 δ（如图 16 所示），可以较大程度地简化 Navier－Stoke 方程，求出唯一近似解。

4. 高压水射流波纹管加工路径规划

为了解决这一问题，必须采用新的工艺，该工艺方案通过逐次缩减成形半锥角来减小每道次成形板料的变薄量，使材料整体壁厚能够均匀变化，这样能够增大板料的成形极限，最终完成圆锥台件或直壁件的成形。加工路径是直线，上一层加工轨迹与下一层加工轨迹的成形半锥角不同。第一次成形圆锥台壳，斜表面平直，与平行直线型相同，斜面角度为 α_1，然后，第二次加工，斜面角度为 α_2，使 $\alpha_2<\alpha_1$，同样地，通过多次成形，直到完成所需的圆锥台件或直壁筒形件为止，板料的变形过程如图 17 所示。

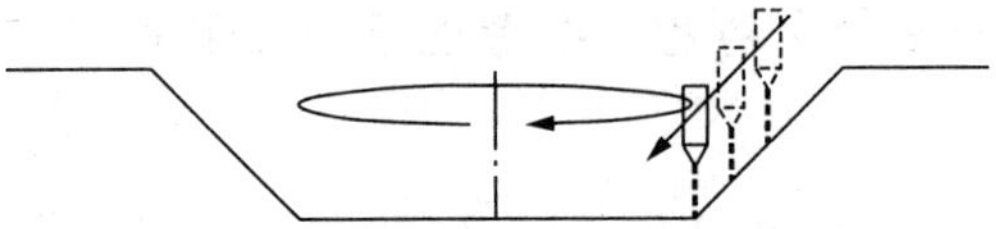

a）第一道次成形时的加工路径

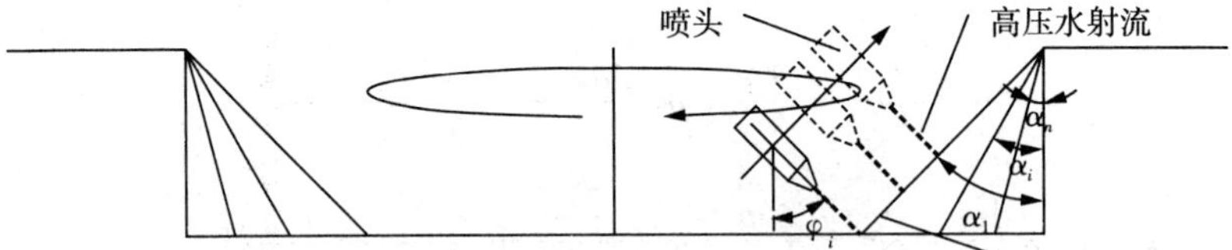

b）除第一道次意外后续成形的加工路径

图 17　水射流渐进成形直壁圆筒件的加工路径示意图

由图 17 可以看到，在直壁形零件时，若零件成形到一定深度后，随着成形角度的变大，喷嘴和要成形工件的表面会呈现一定角度，这样水射流对板材的冲击力沿板材法向的分力就会减小，打击力降低，使零件侧壁更加难以成形，降低了成形效率，甚至可能导致无法成形。为了保证成形效率及打击力，每一道加工完成后，需要改变成形射流同板材间的相对位置，因此多道次渐进成形过程中，后续道次中让喷头绕 Y 轴旋转一个角度，使射流垂直作用于板材平面，以使射流沿板材表面法向的作用力达到最大值，便于材料发生塑性变形。

在波纹管高压水渐进成形时，波纹管的轴向剖面图近似看作由直壁薄管形和一个半圆弧形组成，在直壁薄管和半圆弧底部，其半锥角为 0 度，根据渐进成形壁厚变化的正弦定理可知，板料在这个区域内将发生破裂。因此，波纹管在波纹成形时不能通过一次成形完成，必须进行多次成形，根据直壁波纹管的成形原理，我们对其加工路径进行了规划，如图 18 所示。在波纹管成形时，首先成形一个圆锥体，然后在此圆锥体的基础上成形波纹管，因为成形圆锥体时，其成形半锥角一般大于极限成形半锥角，所以圆锥体可以一次成形，然后在此圆锥体的基础上经过多道成形，最终加工出一个波纹管的波纹。

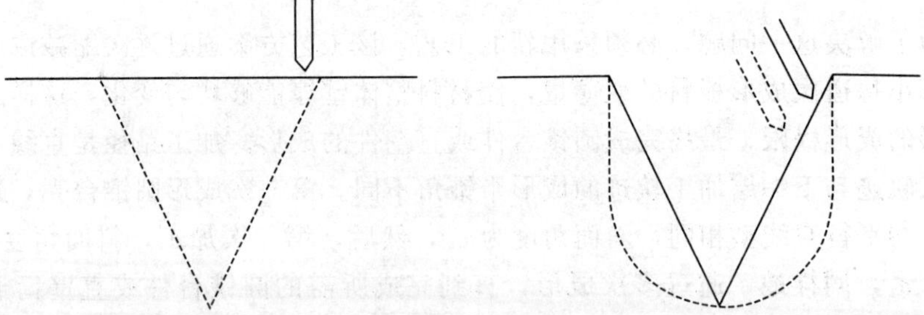

图 18　成形一个波纹管波纹示意图

5. 总结

波纹管是一种在轴截面上呈连续波纹状的圆柱形薄壁壳体，已经广泛应用于船舶、石油化工、冶金、电子、电力、核电、航天航空等行业。金属波纹管主要起到补偿管线热变形、减震和吸收管线沉降变形等作用，用来补偿设备或容器因温差、压力等原因而产生的设备尺寸变化，可以弥补因设备轴向、横向以及角向的变形造成的位移，可以吸收管道、设备及系统的加热位移、机械位移以及其他原因造成的位移，有吸收振动、降低噪音等效果。波纹管现有成形方式主要有液压胀形、机械胀形、焊接等方法，这些方法的制造成本较大，而且效率低。波纹管的制造成本较大的缺点也限制了其应用，因此进行波纹管成形的研究具有重要意义。

高压水射流板料成形是一种新兴起的渐进成形方法。日本的IsekiH对水射流板料成形的成形机理进行了初步的研究。到目前为止，各国学者对其进行了少量研究，研究情况表明：该成形方法与传统成形方法相比，具有无模或半模加工，节省了模具费用，缩短生产准备周期等优点。

参考文献：

[1] 欧阳伟，黄尚宇．电磁成形技术的研究与应用［J］．塑性工程学报，2005，12（3）：35－39.

[2] 李辉．复杂钣金件数控单点渐进成形技术的研究［D］．南京：南京航空航天大学，2007.

[3] 曾元松，黄遐．先进喷丸成形技术及其应用于发展［J］．塑性工程学报，2006，13（3）：23－31.

[4] 薛胜雄．高压水射流技术与应用［M］．北京：机械工业出版社，1998.

[5] 莫健华，韩飞．金属板材数字化渐进成形技术研究现状［J］．中国机械工程，2008，19（4）：491－497.

[6] 李全昌．基于虚拟样机的金属板材水射流渐进成形装置研究［D］．哈尔滨：哈尔滨工业大学，2011.

[7] S. B. M. Echrifa，M. Hrairia. Research and Progress in Incremental Sheet Forming Processes［J］. Journal of Materials Processing Technology，2010（209）：4237－4242.

[8] 刘萍，黄扬烛．水射流技术的现状及发展前景［J］．煤矿机械，2009，30（9）：10－12.

[9] Mihael Junkar，Kurt C. Heiniger，Bostjan Jurisevic. The Application of

Water-Jet Technology for Incremental Sheet-Metal Forming [J]. Journal of Mechanical Engineering，2004，50（12）：613－622.

[10] 孙现龙．金属板材渐进成形可成形性研究 [D]．西安：西北工业大学，2006.

[11] 赵彬．单点渐进成形的机理分析及数值模拟研究 [D]．长春：吉林大学，2007.

[12] 周六如．板料数控渐进成形变形区厚度变化规律的研究 [J]．机械工程学报，2011，47（18）：50－54.

[13] 朱宁远．金属板材渐进成形关键理论研究 [D]．赣州：江西理工大学，2012.

[14] 周文会．高压水射流喷嘴内外部流场的数值模拟研究 [D]．兰州：兰州理工大学，2008.

[15] Hideo Iseki，Tomoyuki Nara. Incremental Bulging of Sheet Metal Using Water jet and Shots [J]. Key Engineering Materials，2007（344）：574－582.

[16] A. Peteka，B. Jurisevicb，K. Kuzmana，etal. Comparison of alternative approaches of single point incremental forming processes [J]. Journal of materials processing technology，2009（209）：1810－1815.

[17] Wilko C. Emmens. Water jet forming of steel beverage cans [J]. International Journal of Device Tools & Manufacture，2006（46）：1243－1247.

[18] M. Chizari，L. M. Barrett. An explicit numerical modelling of the water jet tube forming [J]. Computational Materials Science，2009（45）：378－384.

[19] 徐永锋．水射流渐进成形工艺研究及加工路径的规划 [D]．长春：吉林大学，2009.

[20] 刘萌．水射流渐进成形系统研究 [D]．长春：吉林大学，2007.

[21] 程兆辉．高压水射流渐进成形技术研究 [D]．长春：吉林大学，2008.

[22] 孙家骏．水射流切割技术 [M]．江苏：中国矿业大学出版社，2007.

[23] 同六如．金属板料数控渐进成形机理及工艺的研究 [D]．上海：华中科学技术大学，2004.

[24] Gary Wang. Definition and Review of Virtual Prototyping [J]. Journal of computing and Information Science in Engineering，2002，2（3）：232－236.

[25] Xiaomin Cheng，Lin Zhou. The Experiment Study of Water Jet Incremental Sheet Metal Forming [J]. Advanced Materials Research，2011，230：1010－1013.

双摆头式五轴数控机床空间误差解耦补偿

殷 建

摘 要： 为提高大型复杂曲面结构件加工用双摆头式五轴机床精度，应用刚体空间运动学及齐次坐标变换理论，推导了刀具相对于工件的空间位姿误差模型，建立了刀具位置、方向矢量相对于五轴机床移动轴、旋转轴之间联动特性的解析式，提出了双摆头式五轴机床空间误差的补偿方法。首先通过两个旋转轴的转动，调整刀具的加工姿态误差，使其与理想加工方向一致；再利用三个直线轴的附加位移变换，补偿由于旋转轴姿态调整产生的额外位置误差。利用激光干涉仪和球杆仪测出的机床工作空间误差，建立了双摆头式五轴机床空间误差补偿模型，使得旋转轴运动对直线轴位置的耦合影响问题得到解决。最后通过对S型曲面工件误差补偿前后的加工实验对比，证明此误差补偿模型能明显提高了机床的加工精度。

关键词： 双摆头式五轴机床；误差模型；激光干涉仪；误差解耦补偿

引 言

近年来，我国的数控机床技术得到了快速发展和长足进步，但是在大尺寸且具有复杂空间曲面或型腔内表面的航空、汽车、模具等对精度要求很高的产品，特别是制造大型客机航空结构件的数控加工装备长期以来一直以国外进口设备为主。这些结构件尺寸变化范围大，从不到1米到十几米；精度要求高，尤其是对接、装配部位精度很高。五轴机床加工相对传统三轴加工有额外两个转动自由度，所以五轴同步运动控制下，相对于工件的角度和方位可自由调整刀具，从而使刀具对切削的自由曲面做最佳的方向配合，保证工件表面的加工质量。五轴机床加工可以减少工件装夹次数，使得加工时间大幅缩短，提高加工效率同时也提高了加工精度。现有机床的加工精度如果仅从机械设计和零部件制造上来提高，导致加工制造成本大幅上升，使得该方法使用受到经济条件限制，而通过误差补偿的方式提高机床的加工精度，可以有效解决制造成本和高精度要求之间的制约问题。五轴数控机床由于自身复杂结构和多轴运动之间的互相影响，尤其两个旋转轴更是增加了多项误差，使得对其进行误差补偿的难度更大。

对机床进行误差补偿，伊文思早在1989年就介绍了误差补偿的进展状况。早期的补偿方法主要利用校正丝杠、校正凸轮、参考标尺等机械形式来实现，但是不可避免增加了机械设备的复杂性。基于软件的误差补偿方案在20世纪70年代开始得到广泛的应用。1993、1996、1998年，美国学者Ni等分别采用了原点平移法对机床空间误差进行了补偿，并根据机床关键点的热误差值，用神经网络算法来预测整个机床热误差，利用计算的误差值在线进行了误差补偿。2003、2005年，美国学者Jun Ni对机床热误差进行了研究分析，利用动态建模方法建立了热误差—温度的模型。2008年，Fines等学者使用三种不同结构的神经网络算法模型对机床定位误差进行分析。1998以来，上海交通大学杨建国教授等根据齐次坐标变换原理建立了机床热误差和几何误差的综合数学模型，同时对不同机床结构给出了热误差数学模型。2002年，天津大学刘又午教授等基于多体系统理论建立了多轴加工中心的几何误差和热误差的综合误差模型。清华大学在机床热误差补偿方面也做了很多研究工作，2012年Jian Han等提出模糊C聚类的方法对机床热误差进行了建模分析。

针对五轴机床旋转轴运动对刀具切削点产生位置耦合变化作用，本文在实施误差补偿时，先通过两个旋转轴的旋转运动进行刀具姿态误差补偿；再将耦合产生的位置误差，通过三个直线轴的移动进行补偿。

1. 双摆头式五轴机床结构

双摆头式五轴联动机床的三个直线轴（$X/Y/Z$）用于刀具运动，两个旋转轴（A和C）用于刀具的回转和摆动，这种结构的优点在于主轴加工非常灵活，工作台可以设计得非常大，通过主轴头的附加回转及摆动可以为刀具的切削加工创造最佳的工艺条件，从而提高工件的表面质量、加工效率。适用于体积很大的多曲面零件，如航空工业中的涡轮、叶片等合金零件的加工，尤其是大型飞机的机身、机翼特别适合在这类机床上加工。

2. 双摆头式五轴数控机床空间运动学分析

双摆头五轴数控机床两个旋转轴之间运动存在相互影响，C轴的运动影响A轴的空间位置，同时，旋转轴的运动也会影响到直线轴位置的变化（如图1所示）。五轴机床加工时，不仅在三个直线轴上有位置误差，同时在刀具加工的方向矢量上，同样存在误差。因此，误差补偿模型不仅要考虑刀具和工件加工点的位置误差，同时还需考虑刀具相对于工件的刀轴方向误差。

如图2所示，建立五组坐标系：工件坐标系$C_w—O_wX_wY_wZ_w$；机床参考坐标系$C_m—O_mX_mY_mZ_m$，该坐标系是与机床床身固联的坐标系，且工件坐标系相

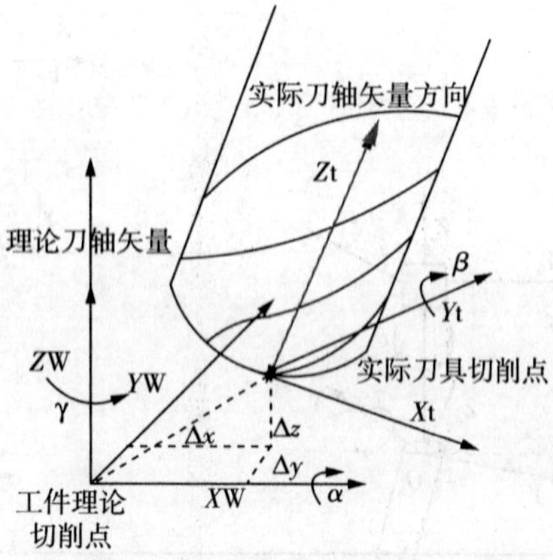

图 1　五轴机床加工刀具位姿误差示意图

对于机床参考坐标系有一个线性偏移 $w=(x_w, y_w, z_w)$。刀具坐标系 $C_t—O_tX_tY_tZ_t$，该坐标系是与旋转轴 A 固联的坐标系，其原点是刀尖点，刀具的长度为 l。C 轴坐标系 $C_c—O_cX_cY_cZ_c$，A 轴坐标系 $C_a—O_aX_aY_aZ_a$。A、C 轴坐标系方向一致，Z 向距离为 h。C 轴坐标系和机床参考坐标系方向一致，Z 向距离为 d。

工件通过夹具安装在工作台上，设 $P=(x_p, y_p, z_p)$ 是工件理想加工轨迹上的一个点，而 $\overrightarrow{O_p}=(i_p, j_p, k_p)$ 是刀具加工的方向矢量。加工时刀具切削点相对于工件加工路径上点 P 的复合变换运动，是通过齐次坐标变换 $Tool \longrightarrow T^{t\to a}\to T^{a\to c}\to T^{c\to m}\to T^{m\to w}\to Part$，将刀具的旋转角度和移动量转变为工件坐标系下的坐标变量，如式 1 所示：

$$(X, Y, Z, A, C)_t=f(x_p, y_p, z_p, i_p, j_p, k_p) \tag{1}$$

此时，工件加工轨迹上任一点 P 在工件坐标系中的坐标为 (x_p, y_p, z_p)，刀轴方向矢量为 (i_p, j_p, k_p)。由齐次坐标变换理论可得，P 点到工件坐标系的变换矩阵为式 2：

$$^{w}\boldsymbol{T}_p=\begin{bmatrix}1 & 0 & 0 & x_p\\ 0 & 1 & 0 & y_p\\ 0 & 0 & 1 & z_p\\ 0 & 0 & 0 & 1\end{bmatrix} \tag{2}$$

工件坐标系到机床参考坐标系的变换矩阵为式 3：

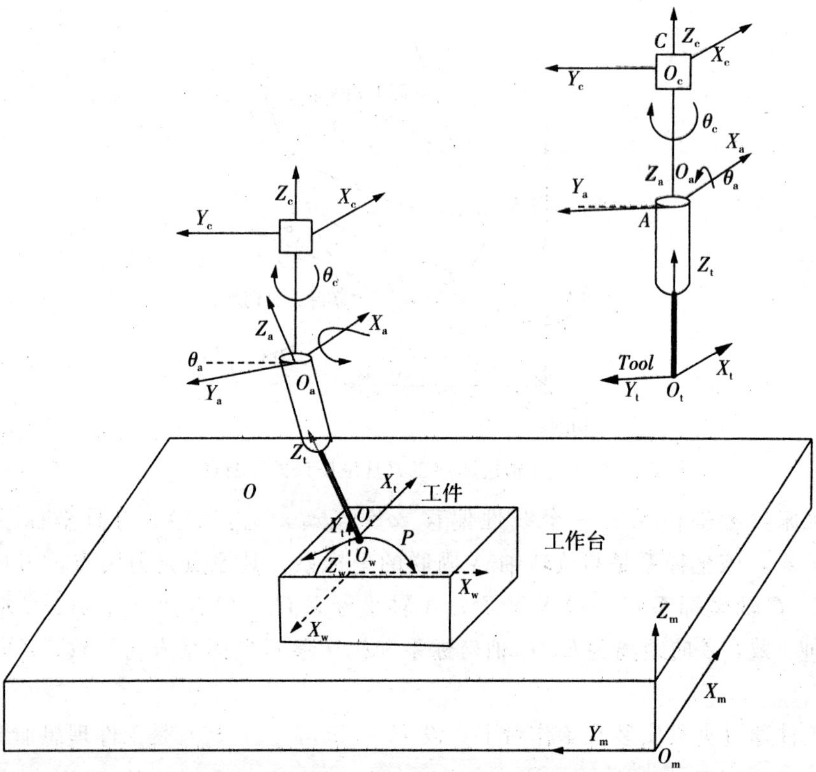

图 2　加工过程中刀尖切削点和工件位姿关系变化

$$
{}^{m}\boldsymbol{T}_{w}=\begin{bmatrix}1 & 0 & 0 & x_w\\ 0 & 1 & 0 & y_w\\ 0 & 0 & 1 & z_w\\ 0 & 0 & 0 & 1\end{bmatrix} \tag{3}
$$

当 A 轴、C 轴相对于各自初始零位逆时针绕 X、Z 轴做 θ_a 和 θ_c 旋转运动，则 C 轴相对于机床参考坐标系以及 A 轴相对于 C 轴坐标系运动的齐次变换矩阵为式 4、5：

$$
{}^{m}\boldsymbol{T}_{c}=\begin{bmatrix}\cos\theta_C & -\sin\theta_C & 0 & 0\\ \sin\theta_C & \cos\theta_C & 0 & 0\\ 0 & 0 & 1 & -d\\ 0 & 0 & 0 & 1\end{bmatrix} \tag{4}
$$

$$
{}^{c}\boldsymbol{T}_{a}=\begin{bmatrix}\cos\theta_a & 0 & \sin\theta_a & 0\\ 0 & 1 & 0 & 0\\ -\sin\theta_a & 0 & \cos\theta_a & h\\ 0 & 0 & 0 & 1\end{bmatrix} \tag{5}
$$

刀具切削点相对于 A 轴坐标系的齐次变换矩阵为式 6：

$$
{}^{a}\boldsymbol{T}_{t}=\begin{bmatrix}1 & 0 & 0 & x_t\\ 0 & 1 & 0 & y_t\\ 0 & 0 & 1 & z_t+l\\ 0 & 0 & 0 & 1\end{bmatrix} \tag{6}
$$

式中 x_t、y_t、z_t 表示刀具切削点在工件坐标系位置坐标。

加工时刀具为了从理想加工方向 $\vec{O}_p$ 接近给定的位置 P，刀具先通过旋转轴 C 轴做 θ_c 的旋转运动，然后 A 轴作 θ^a 的旋转变换，使得刀具的方向矢量 $\vec{O}_t$ 和 $\vec{O}_p$ 方向一致，整个变换过程如图 3 所示。

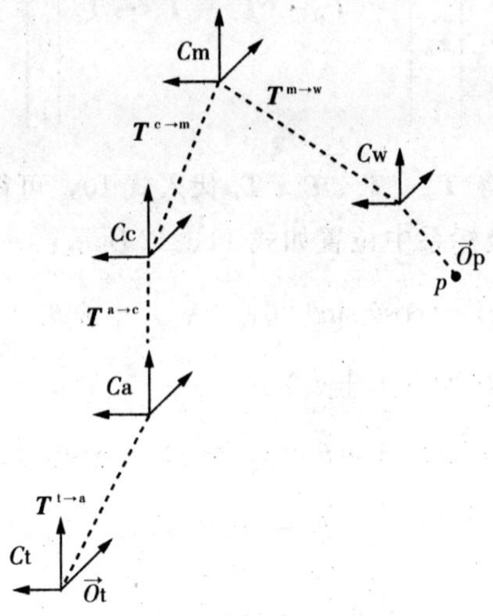

图 3　刀尖点到工件切削点的坐标变换

则变换后，刀具的方向变为如式 7 所示：

$$
\overrightarrow{O_t}=（\sin\theta_a\sin\theta_c，-\sin\theta_a\cos\theta_c，\cos\theta^a） \tag{7}
$$

由于工件固定不动，因此不影响刀具加工方向的变化，即机床参考坐标系下和工件坐标系下刀具加工方向是相同的。调整刀具到理想加工方向 $\vec{O}_p$，使得 $\vec{O}_t=\vec{O}_p$，则如式 8：

$$\vec{O}_t=(\sin\theta_a\sin\theta_c,\ -\sin\theta_a\cos\theta_c,\ \cos\theta^a)=(i_p,\ j_p,\ k_p)=\vec{O}_p \tag{8}$$

由式 8 可得出 θ_a、θ_c 如式 9：

$$\theta_c=\mathrm{arctg}\frac{i_p}{(-k_p)} \qquad 0\leqslant\theta_1\leqslant 2\pi$$

$$\theta_a=\mathrm{arccosk}_p \qquad -\frac{\pi}{2}\leqslant\theta_1\leqslant\frac{\pi}{2} \tag{9}$$

由于两个转动轴的旋转变化将引起刀尖点位置变动，这时，还需要做一次附加位移变换。因为刀具切削点坐标在工件坐标系中的位置和工件上点 P 坐标应相同，根据图 3 的矩阵变换关系，计算得出刀尖切削点在工件坐标系中的位置关系，如式 10 所示：

$$\begin{bmatrix} x_p \\ y_p \\ z_p \\ 1 \end{bmatrix}={}^{w}\boldsymbol{T}_m\cdot{}^{m}\boldsymbol{T}_c\cdot{}^{c}\boldsymbol{T}_a\cdot{}^{a}\boldsymbol{T}_t\begin{bmatrix} 0 \\ 0 \\ 0 \\ 1 \end{bmatrix} \tag{10}$$

根据式 2 至式 6，将 ${}^{w}\boldsymbol{T}_m$、${}^{m}\boldsymbol{T}_c$、${}^{c}\boldsymbol{T}_a$、${}^{a}\boldsymbol{T}_t$ 代入式 10，可得出刀具切削点位姿 x_t、y_t、z_t、θ_a、θ_c 在工件坐标系中位置如式 11、12 所示：

$$\begin{cases} x_t=\cos\theta_a\cos\theta_c(x_p+x_w)-\cos\theta_a\sin\theta_c(y_p+y_w)-\sin\theta_a(z_p+z_w-h+d) \\ y_t=\sin\theta_c(x_p+x_w)-\cos\theta_c(y_p+y_w) \\ z_t=\sin\theta_a\cos\theta_c(x_p+x_w)+\sin\theta_a\sin\theta_c(y_p+y_w)+\cos\theta_a(z_p+z_w-h+d)-l \end{cases} \tag{11}$$

$$\begin{cases} \theta_A=\mathrm{arccosk}_p \\ \theta_c=\arctan\dfrac{i_p}{(-k_p)} \end{cases} \tag{12}$$

五轴数控机床误差补偿过程是先测量各项误差大小，然后利用插值算法求出空间点的综合误差值，再利用误差补偿模型计算出各个运动轴的误差补偿值，最后通过编程对各轴输入一个补偿值来调整刀具相对于工件的位置和姿态来完成误差的补偿。

3. 双摆头五轴机床空间误差测量

在切削加工过程中，机床本身材料的有限刚度因其部件自重、工件负载、工作台加减速运行等造成的力变形以及机床温度场引起的热变形，也都会使机床部件产生几何偏差、运动误差，进而影响整个机床运动的运动准确度。在最后一道精加工工序中，切削力较小，因此它引起的变形可忽略不计。为减小热误差的影响，测量前机床的 X、Y、Z 三轴以 4m/min 进给速度、两个旋转轴以 50r/m、主轴转速 12000r/m 空载运行 2.5 个小时，此时机床温度场已基本达到热平衡状态，热误差达到稳定值，所以本文将热误差和几何误差作为准静态误差，用来计算误差模型进行补偿。根据刚体运动学原理，空间刚体具有六个自由度，不论是直线轴、旋转轴，其运动时都会产生 6 项误差（3 项平动误差和 3 项为转角误差）。

本文采用雷尼绍公司的 ML20 激光干涉仪组件（如图 4 所示）对机床三个直线轴进行空间定位误差测量；用激光自动回转台加上 RX10 基准回转分度器分步测量 A 轴和 C 轴的转角定位误差，而旋转轴的其他 5 项误差，通过球杆仪循圆测量辨识得到；最后由误差补偿模型计算出各运动轴的误差补偿值。

图 4　激光干涉仪测量误差测量示意图

4. 双摆头式五轴机床空间误差补偿

4.1　双摆头式五轴机床空间误差补偿过程

工件的加工精度，是由刀具切削点与工件的相对位置和方向决定的。如图 5 所示，在任意时刻如果各个轴的实际位置和理论加工条件下的理想编程位置出现偏差，这个偏差值就是工件的加工误差。向数控系统中输入一个与误差值大小相等而方向相反的补偿值，以抵消实际加工误差。整个补偿过程如图 6 所示，首先是刀具相对于工件的方向做一个调整，两个旋转轴先各自旋转补偿的角度，然后三个移动轴再各自移动一个补偿的位移，使得刀尖点和工件切削点重合。

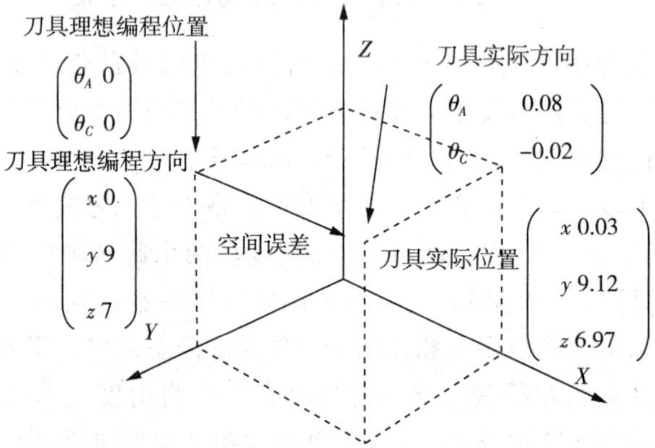

图 5　机床实际情况下刀具切削点误差

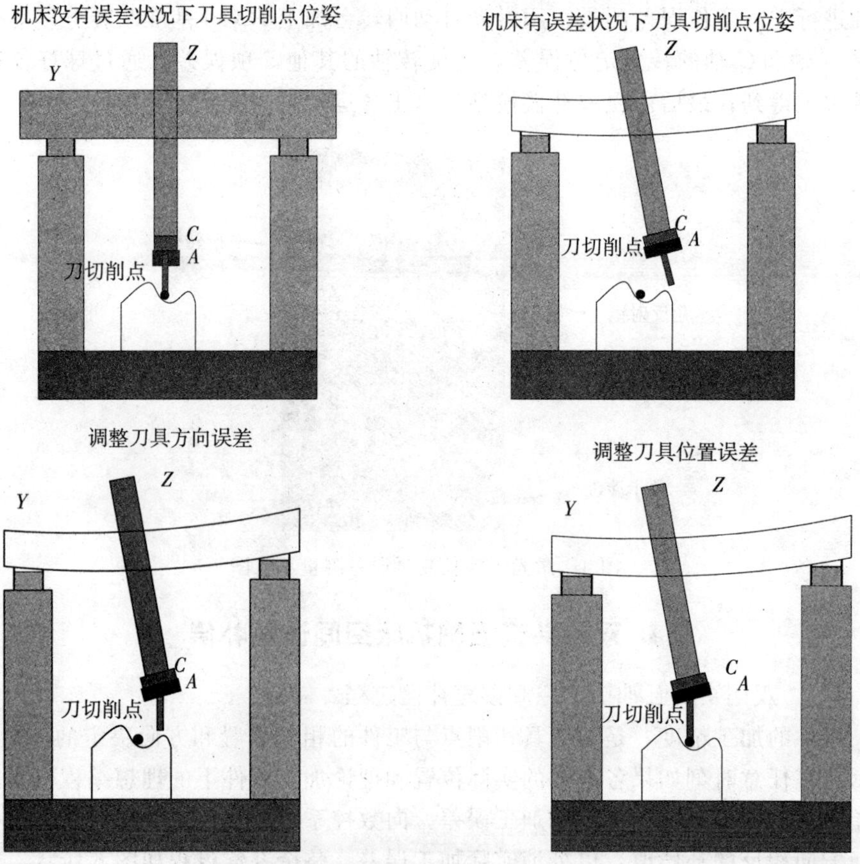

图 6　刀具位姿误差调整过程

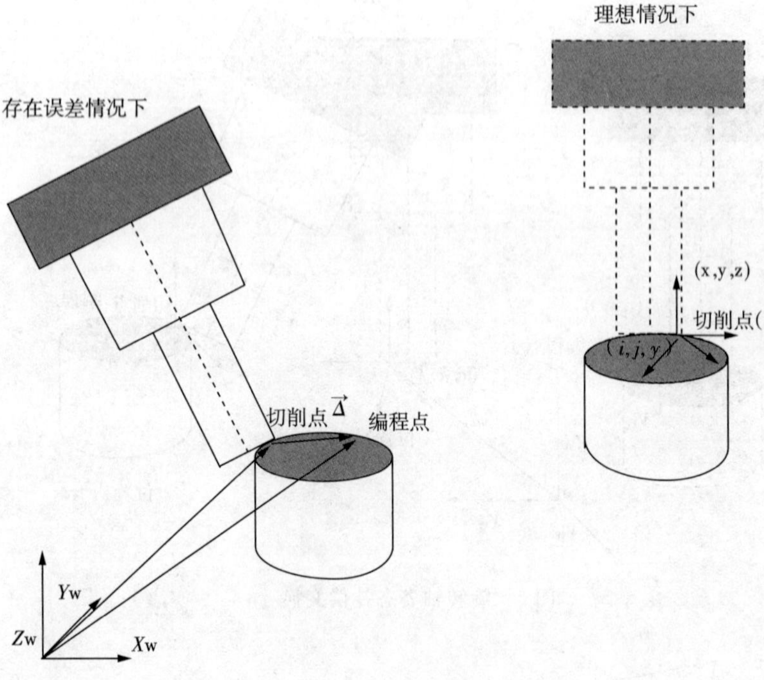

图 7 工件坐标系下刀具切削点相对工件误差

4.2 双摆头式五轴机床误差补偿算法

如图 7 所示，在工件坐标系下，工件安装在工作台，理想情况下刀具切削点与工件的接触点（编程点）相对于机床工件坐标系的位置和方向为（x_i，y_i，z_i）和（i_i，j_i，k_i）。而实际加工中，由于几何误差、热误差等各种误差的存在，刀尖和工件的实际切削点相对于机床工件坐标系下的为实际位置和方向：（x_r，y_r，z_r）和（i_r，j_r，k_r）。$\vec{\Delta}$ 就是机床加工时的误差（包括方向误差和位置误差）。

在双摆头五轴机床中，移动轴和旋转轴之间存在运动耦合。即使直线轴处于理想位置不动，旋转轴的转动也会造成刀具位置的移动。因此在进行误差补偿时，首先进行旋转轴姿态的调整补偿，再进行直线轴的位置补偿。

4.2.1 旋转轴姿态补偿

将处在实际加工位置的刀具（如位置 1 处所示方向矢量），通过 A、C 轴旋转一定的补偿角度，使刀轴矢量调整到和理论位置下的加工方向相同（如位置 2 所示），此时切削点和编程点应重合。这时刀尖和工件的切削点实际位置和方向：（x_a，y_a，z_a）和（i_a，j_a，k_a）（调整过程如图 8、图 9 所示）。

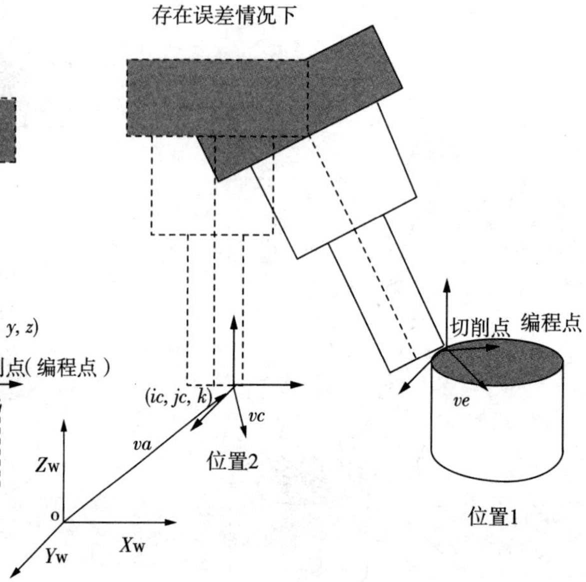

图 8　旋转轴姿态补偿变换

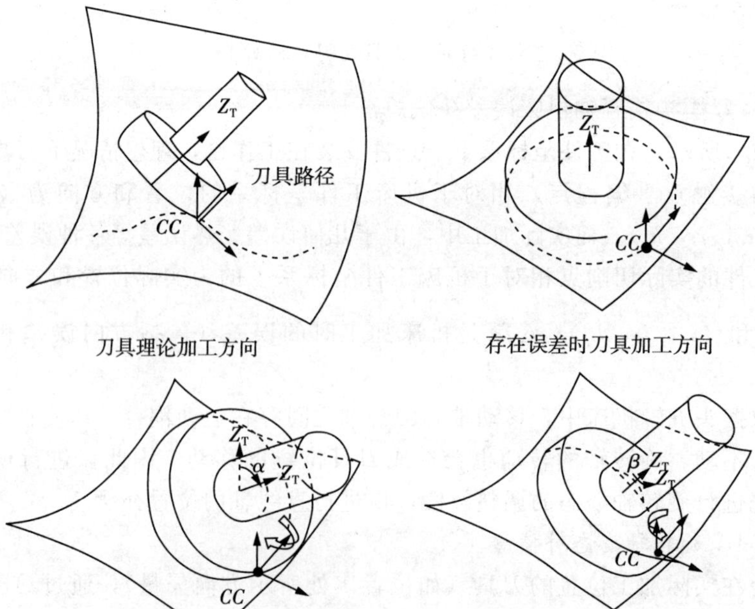

图 9　刀具方向误差补偿过程

由式 12 得到两个旋转轴修正的误差值如式 13 所示：

$$\begin{cases}\beta=\theta_a^i-\theta_a^r=\arccos k_i-\arccos k_r\\ \alpha=\theta_c^i-\theta_c^r=\arctan\dfrac{i_i}{j_r}-\arctan\dfrac{i_i}{j_r}\end{cases}\tag{13}$$

式中 α 和 β 是旋转轴 A、C 的补偿值。

4.2.2　直线轴位置补偿

将处于位姿调整后刀尖位置（位置 2 处）移动到理想位置时（位置 3 处），由于此时旋转轴位姿已经补偿，所以刀尖的方向矢量和实际加工方向相同，也即 $\theta_a^i=\theta_a^r$，$\theta_c^i=\theta_c^r$。但是两个旋转轴的转动使得刀尖点相对于工件切削点产生了额外的耦合位移，所以三个直线轴还需要再做一次附加移动变换。直线轴的补偿过程如图 10 所示，由式 11 可得直线轴位置补偿误差值如式 14 所示：

$$\begin{cases}\Delta x=cos\theta_a{}^i cos\theta_c{}^i\ (x_i+x_r)-cos\theta_a{}^i sin\theta_c^i\ (y_i+y_r)-sin\theta_a^i\ (z_i+z_r)\\ \Delta y=\qquad sin\theta_c{}^i\ (x_i+x_r)-cos\theta_c{}^i\ (y_i+y_r)\\ \Delta z=sin\theta_a{}^i cos\theta_c{}^i\ (x_i+x_r)+sin\theta_a{}^i sin\theta_c{}^i\ (y_i+y_r)+cos\theta_a{}^i\ (z_i+z_r)\end{cases}\tag{14}$$

式中 Δx、Δy、Δz 分别表示三个直线轴的位置补偿值。

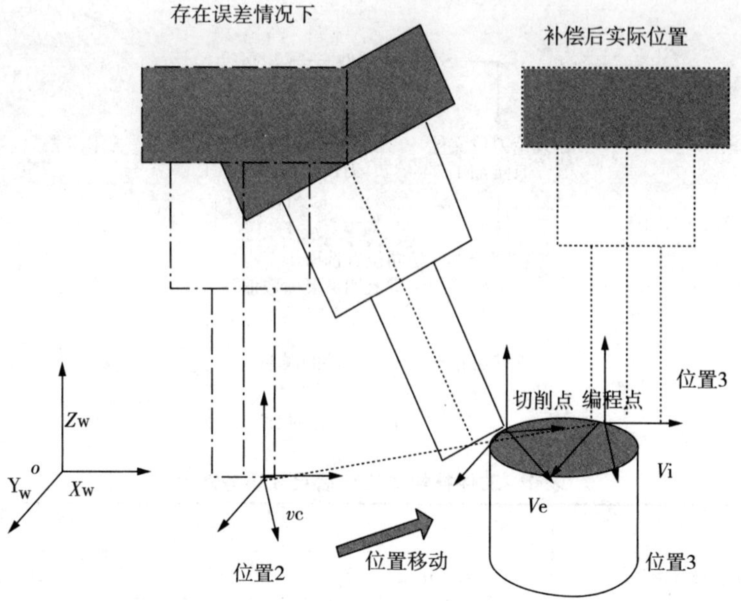

图 10　直线轴移动补偿变换

5. 实验

选取一个典型S型曲面轮廓试件（如图11所示）进行加工，以验证机床误差补偿模型的有效性，实验流程如图12所示。

图11　五轴加工S试件

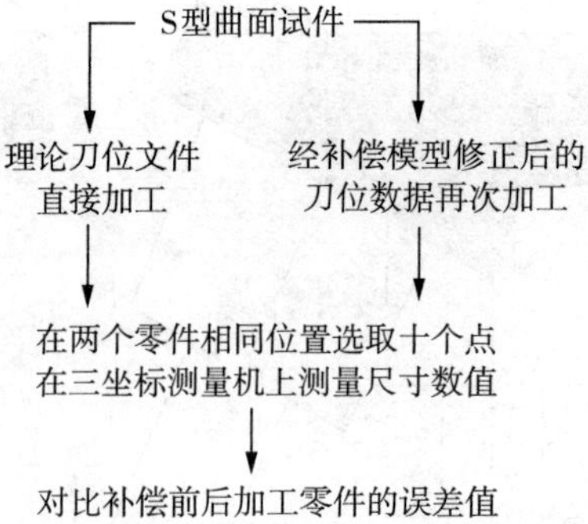

图12　补偿实验对比

表1　工件补偿加工前后尺寸误差对比

	最大尺寸误差	平均值	均方差
未补偿加工零件	44.86μm	26.52μm	10.19μm
补偿后加工零件	15.3μm	12.54μm	2.6μm

通过以上S型试件加工精度测量结果对比（如图13所示），说明本文提出的双摆头式五轴机床误差补偿模型，可以很好地控制复杂曲面的零件加工误差，从而明显提高机床的加工精度。

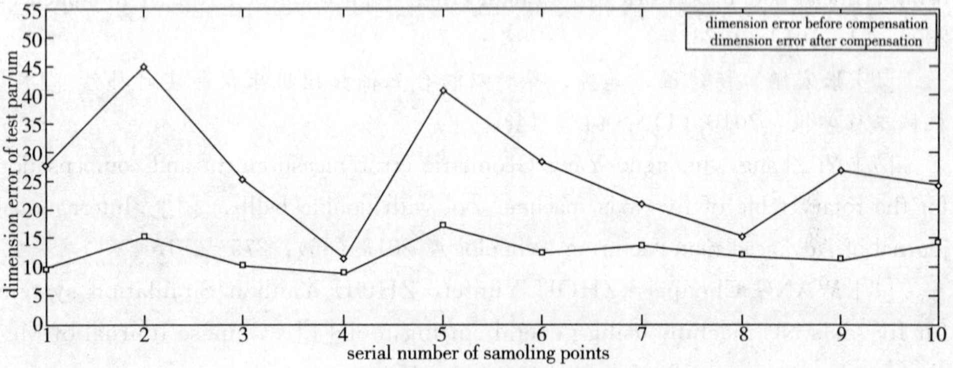

图13 测试工件补偿前后误差对比

6. 结论

本文应用刚体空间变换理论，推导了双摆头式五轴数控机床刀具运动轨迹（包括位置、方向）与机床多个运动轴联动特性之间的解析关系式，提出了空间误差解耦补偿的方法，解决了五轴机床直线轴、旋转轴之间的联动耦合对刀具切削点位姿误差的影响问题。将激光干涉仪和球杆仪测得的机床运动轴各项误差代入推导的误差模型中，得到对应的补偿值，再将补偿值输入数控系统加以补偿。通过对曲面试件进行误差补偿前后加工对比，实验结果表明了此方法对类似的五轴机床误差补偿具有普遍有效的适用性。

参考文献：

[1] Chen J. S，Yuan J，Ni J. Compensation of Non-Rigid Body Kinematic Effect of a Machining Center [J] . Transaction of NAMRI，1992 (20)：325－329.

[2] Yang S，Yuan J，Ni J. The Improvement of thermal error modeling and compensation on machine tools by neural network [J] . International Journal of Machine Tools and Manufacture，1996，36 (4)：527－537.

[3] Yang H，Ni J. Dynamic modeling for machine tool thermal error compensation [J] . Journal of Manufacturing Science and Engineering，2003，125 (2)：245－254.

[4] Yang H，Ni J. Dynamic neural network modeling for nonlinear，non-

stationary machine tool thermally induced error [J]. International Journal of Machine Tools and Manufacture，2005，45：455－465.

[5] John M. Fines，Arvin Agah. Machine tool positioning error compensation using artificial neural network [J]. Engineering Application of Artificial Intelligence，2008，21：1013－1026.

[6] 张宏韬，杨建国，姜辉，等．双转台五轴数控机床误差实时补偿 [J]. 机械工程学报，2010（11）：143－148.

[7] Yi Zhang，Jiangguo Yang. Geometric error measurement and compensation for the rotary table of five axis machine tool with double ballbar [J]. International journal of Advanced manufacturing technology，2013（65）：275－281.

[8] WANG Chenpei，ZHOU Yunfei，ZHOU Yanhon. Simulation system for five-axis NC machine using general cutting tool [J]. Chinese Journal of Mechanical Engineering，2001，14（2）：144－150.

[9] W. T. Lei，Y Y Hsu. Accuracy enhancement of five-axis CNC machines through real-time error compensation [J]. International journal of machine tools and manufacture，2003，43：871－877.

[10] Y. YHsu，S. S. Wang. A new compensation method for geometry errors of five-axis machine tools [J]. International Journal of Machine Tools&Manufacture，2007，47：352－360.

[11] 李锐钢．基于激光跟踪仪标定五轴数控加工中心主轴 [J]. 光学精密工程，2012，20（3）：477－482.

[12] 田志辉，史振广，刘伟奇，等．高精度曲率半径测量方法及其不确定度 [J]. 光学精密工程，2013，21（10）：2495－2501.

[13] 仇谷烽，余景池，黄启泰，等．接触式三坐标测量自由曲面的数据处理模型 [J]. 光学精密工程，2013，21（10）：2813－2820.

[14] H. Schwenke. Geometric error measurement and compensation of machines－An update [J]. Annals of the CIRP，2008，57：660－675.

[15] W. Gao. Measurement and compensation of error motions of a diamond turning machine [J]. Precision Engineer，2007，31（3）：310－316.

[16] E. L. J. Bohez，B. Ariyajunya，C. Sinlapeecheewa，etal. Systematic geometric rigid body error identification of 5-axis milling machines [J]. Computer-Aided Design，2007，39（4）：229－244.

[17] Eskandari，Behrooz Arszoo. Positional，geometrical，and thermal errors compensation by tool path modification using three methods of regression，

neural network, and fuzzy logic [J]. International journal of Advanced manufacturing technology, 2013, 65: 1635-1649.

[18] Lei cui, Yong Liu. A novel error compensation implementing strategy and realizing on Siemens 840DCNC system [J]. International journal of Advanced manufacturing technology, 2012, 61: 595-608.

人类应用材料发展历程

杨付双

摘　要：本文介绍了什么是材料和材料的意义，材料与人类的关系。本文随着材料的发展以及人类社会生产力的发展，介绍了人类在不同时代材料发展的过程和重点。

关键词：人类；材料；发展

世界是由物质构成的，材料就是人们用来制成各种机器、器件、结构等具有某种特性的物质实体。材料是人类社会生活的物质基础，材料的发展引起时代的变迁，推动人类文明和社会的进步。在知识经济时代，材料、能源、信息并列为现代科学技术的三大支柱，其作用和意义尤为突出。

在人类社会的发展和进步过程中，材料是一个带有时代和文明标志的基础。人类和材料的关系非常广泛、非常密切，也非常重要，在这点上很少能有其他领域与之相比。人类文明的发展史，就是一部利用材料、制造材料和创造材料的历史。材料历来是生产力的标志，人类社会进步的里程碑。人类从没中断过追求更好的材料，或使材料具有更优异的性质或新的功能，从而满足人类社会发展中层出不穷的新需要。

一种新材料的出现，常常引起生产力大发展，进而推动社会进步。正是如此，才有了今天人类丰富多彩、璀璨夺目的世界与文化。没有半导体单晶硅，不可能有今天发达的微电子工业；没有低损耗光纤，不可能有当今蓬勃的光纤网络社会。

材料发展的历史演进为天然材料→陶瓷→青铜→铁→水泥→钢（有色金属）→硅→高分子材料→新型材料。

一部人类文明史，从某种意义上说，也可称为世界材料发展史。

古代石器、青铜器、铁器等的兴起和广泛应用，极大改变了人们的生活和生产方式，对社会进步起到关键性推动作用，这些材料被历史学家作为划分某一个时代的重要标志，如石器时代、青铜器时代、铁器时代等。

每一种新材料的发现，每一项新材料技术的应用，都会给社会生产和人类生活带来巨大改变，推动人类社会前进。

(一) 天然材料

图1 石器时代的生产工具

大约25000年前，人类就学会使用材料。材料在自然界中大量存在，人类可以直接从自然中获取，经过简单的加工就可为人类所用。主要是竹、木、骨、牙、皮、毛、石等天然材料，并进行粗糙加工，除此之外别无他物。典型的天然材料——石器，从挖掘出的人类当年所使用的各种用途的锋利石片，可想象人类远祖的艰苦。他们能区别、选用各种石头，创造出刀、斧、针各种器具，用于生产、生活和战争。

石器时代的生产工具极其落后，人类社会的生产力也极端低下，社会发展极其缓慢，人类文明也是相当简单和粗俗的（如图1所示）。

(二) 陶器（无机非金属材料）

据考古学家分析，古时候人们用黏土或以黏土、长石、石英为主的混合物，经成型、干燥、烧制（烧制温度低于1200℃），得到坚硬的陶器。

陶是人类创造的第一种“人造材料”，由于高温烧制产生物理化学变化，得到和黏土不一样的新物质。我国陶器大约出现在8000年前，具有悠久的历史。半坡村出土了碗、钵、釜、罐、瓶等，甚至还有能吹气发声的陶埙。从著名的仰韶和龙山文化遗址出土的陶器中，人们发现当时祖先已经掌握了烧制黑色陶器和白色陶器的配方和技术（如图2所示）。闻名于世的秦始皇兵马俑是典型的陶制品。

著名的唐三彩创始于唐高宗时期，用白黏土作胎，以Cu、Fe、Co等矿物作釉的着色剂，两次烧制后成为绚丽多彩的陶器精品（如图3所示）。

图2 陶器

图3 唐三彩

江苏宜兴紫砂壶（紫砂泥由黏土、云母、赤铁矿等组成，其中Fe_2O_3含量约

7%～10%，TiO_2＞1%）制造技术精湛，色泽淳朴，造型独特，别具一格。

陶的出现，人类可吃煮熟的谷物，喝煮开的水，可长时间储存食物，促进人类进化。陶器也是最初的耐火材料，为以后的铜、铁冶炼提供物质条件。

陶器是人类创造的第一种无机非金属材料。人类第一次有意识地创造发明出自然界没有的并且具有全新性能的“新”材料，标志着人类能离开上天的赐予，开始进入自力创造材料的时代。恩格斯论述：“人类从低级阶段向文明阶段的发展就从学会制陶开始的。”陶器的出现成为新石器时代开始的标志之一。

陶器的不足是不致密、易渗漏、强度也不高。3000 多年前的殷、周时期，人们发明了釉瓷。炉窑温度达到 1200℃，能将金属氧化物烧制成釉瓷，用途更为广泛，质地比陶更为细腻，外观美观。

瓷土与陶土相比，F_e2O_3、CaO、MgO 等助熔剂物质明显减少，SiO_2 含量也降至 70%以下，Al_2O_3 含量显著增加。

瓷器制造工艺水平有很大改进，烧结温度提高到 1200℃以上，反映出人类改造自然的能力增强。

釉料是用矿物（长石、方解石、石英等）和颜料按一定比例配制，高温下釉料被熔融并均匀覆盖在瓷器表面，冷却后质地坚硬、光滑、不粘污，并可调配成各种颜色。

江西景德镇的薄胎瓷器被赞为洁如玉、明如镜、薄如纸、声如磬。瓷器作为中华文明象征，大量流传。它自 9 世纪传至阿拉伯国家，13 世纪传到日本，15 世纪传到欧洲，以其福美绝伦征服了西方（如图 4 所示）。

（三）青铜

我国青铜的冶炼已可追溯到公元前 3600 年，晚于埃及和西亚民族（伊朗、伊拉克），发展快、水平高，到殷、西周时期已经发展到较高水平。青铜器的最大历史贡献在于社会秩序的建立。西周中晚期有严格的列鼎制度，用形状花纹相同而大小依次递减的奇数组鼎来代表贵族身份。《春秋公羊传》记载：天子用 9 鼎，诸侯用 7 鼎，卿大夫用 5 鼎，士用 3 鼎或 1 鼎（如图 5 所示）。

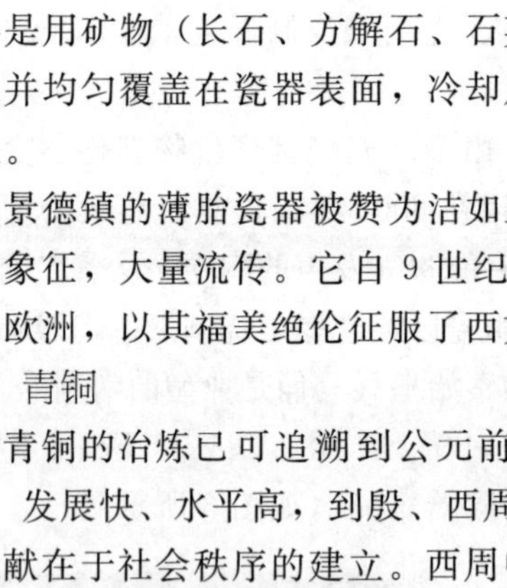
图 4 瓷器

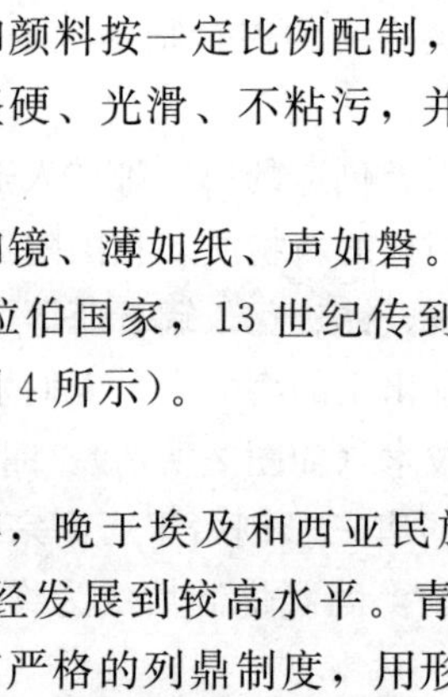
图 5 青铜器

人类文明第一次将人与工具二者的意义联系起来。

青铜的一个重要用途就是铸造武器，如钺、戈、矛、戟、刀、剑、弩、镞、盔等。青铜武器相对于石制和纯铜武器来说，其威力如同枪炮对刀戟，当军队和战争成为一个国家的暴力机器和手段的时候，青铜以它4.7倍于纯铜的硬度频频向统治贵族领取赫赫战功。

春秋初期，出现大量青铜工具（斧、锯、凿、锥等）和青铜农具（锄、铲等）。青铜工具极大促进农业技术的提高，相关的冶铸技术获得飞速发展。

(四) 铁器

铁是地球上储量居于第三的元素（前两位为硅、铝），来源于大型恒星的聚变。中国同埃及、美索不达米亚等古国一样，对铁的认识都是从陨铁开始的。青铜器到铁器并不是偶然的铜的精炼带动铁的冶炼；赤铁矿（F_e2O_3）与赤铜矿（CuO）极为相似，青铜冶炼所需的高温和还原气氛，为一氧化碳与铁矿石接触还原金属铁创造极为有利的条件；青铜熔炼时，为造渣和降低熔点，往往加入氧化铁作为熔剂，直接为铁矿石还原积累经验。

铁器的崛起宣告青铜退出历史舞台：

铁制农具的强度和硬度比铜高，更加耐用；铁制农具来源广泛，价格便宜，迅速占领生产资料市场，对农业生产有更大的促进作用。

铁制盔甲比铜制盔甲轻，增加战士的灵活性；铁制兵器比铜制兵器轻巧、锋利和耐用，因而铁制装备大大提高军队的战斗力，迅速占领军备材料市场。

中国在春秋战国时期发明了生铁冶铁技术，用铁水浇铸农具、工具，大量使用。

中国最早关于使用铁制工具的文字记载是《左传》中的晋国铸铁鼎。

铁器的广泛使用使人类的工具制造进入了一个全新的领域，生产力得到极大提高。

战国初期，中农食五人；战国晚期，中农食七人。

人口：夏朝：1355万，西汉：5959万。

粮食亩产：战国：85斤，西汉：120斤。

粮食年产：以人均口粮500斤计算，西汉粮食年产量达到300亿斤。

强汉盛唐——坚实的农业基础，很大程度依靠铁制农具和铁制工具的推广使用。

铁器使一些民族从原始社会发展到奴隶社会，也推动一些民族脱离奴隶制的枷锁而进入封建社会。

(五) 水泥

2000年前，希腊和古罗马人在建筑中使用一种石灰和火山灰的混合物，它们在水中缓慢反应生成坚硬的固体。为最早应用的水泥。

19 世纪初，英、法等将黏土化石灰（或泥灰岩）烧结成为水硬性材料，其中 Al_2O_3、SiO_2含量之和达到 20%～35%，称为天然水泥。

水泥生产工艺以石灰石和黏土为主要原料，经破碎、配料、磨细制成生料，喂入水泥窑中煅烧成熟料，加入适量石膏，磨细而成。

1824 年，英国用石灰石和黏土的混合物烧成一种水硬性的胶凝材料，凝结硬固后的颜色、外观和当时英国用于建筑的优质波特兰石头相似，故称为波特兰水泥。

1825 年，波特兰水泥在英国建厂生产。

1889 年，中国在唐山建造了第一座水泥厂。

2012 年，中国水泥产量达到 21.84 亿吨，产量占全球 50%以上，如图 6 为水泥板。

图 6　水泥板

（六）钢

含碳量在 P—E 之间的铁碳合金为钢。距今 1800 年前出现两步炼钢技术，即先炼成铁，再炼成钢。直到 19 世纪前半期，人类始终生活在“铁器时代”。我国古代最早炼钢法可追溯到春秋战国时期，以海绵状块炼铁为原料经加热渗碳，碳由表及里渗入，然后反复进行锻打，形成渗碳钢。这种方法不要特殊设备，也不要复杂技术，易于实现，成为中国最早的炼钢方法。

河北易县燕下都出土一些渗碳钢器物，如剑、戟、矛等，经检验均为含碳量不同的钢制成。

两汉是中国古代炼钢技术的大发展时期，如生铁脱碳钢、炒钢、百炼钢等都是在这个时期发展的。

现代炼钢起始于 1856 年英国人 H. Bessemer 发明的酸性底吹转炉炼钢法，该法首次解决大规模生产液态钢的问题，奠定近代炼钢工艺方法的基础。

由于空气与铁水直接作用，Bessemer 法具有很快的冶炼速度，成为当时主要的炼钢方法。

1879 年 12 月 29 日，一列火车经过苏格兰泰河大铁桥时，大桥坍塌，78 人丧生。桥断的主要原因是所用铸铁存在的铸造缺陷和材质问题等。

血的教训使人们正视到当时已能大规模生产的钢是更适合的工程材料，于是，钢轨、钢桥、钢船、钢枪、钢炮等逐步取代了铸铁。

1910 年发明的工具钢 W18Cr4V 有很高的硬度．温度达到 600℃也不下降，大大提高刀具耐用度，使机床切削速度成倍增长，被誉为“高速钢”，对机械工业的发展起了极其重要的推动作用。

不锈钢的发明是钢铁发展史上又一项重大成就，从 20 世纪 20 年代开始工业规模生产，为化学工业的发展做出了重大贡献，图 7 所示为钢铁大桥。

图 7　钢铁大桥

（七）有色金属

近代以来，人们除发展钢铁材料以外，还进一步发展金、银、铜、钛、铝、镁、钼等有色金属及其合金材料。

有色金属资源的开发和利用，不只是对钢铁材料的补充，更重要的是可发挥和开发钢铁材料不具备的各种特殊性能。

在特定领域中，还必须采用有色金属才能最大限度满足现代科技对材料性能提出的要求。

20 世纪上半叶，Al 合金强度提高到 700MPa（合金化和时效强化），其比强度（强度/密度）为 2.64×106，是钢（0.61×106）的 4 倍多（达到同样强度 Al 合金用量只需钢的 1/4），这对结构材料来说无疑是一个飞跃。

没有高比强度 Al 合金，就没有现代航天航空成就（如图 8 所示）。

有色金属重要用途如下：

喷气发动机、火箭、煤炭、石油化工等现代化工业技术所需超耐热合金（高温 Ni 基合金）；

电力、电工、电子工业所需要的导体材料、电阻和仪表材料（Cu 基合金）；

原子能发电和核技术所需要的核燃料和稀有金属 Be、Nd、Zr、V 等；

大规模集成电路和计算机所需要的 Au、Ag 等良导体和 Ga、In、Ge 等半导体；

这些都需要有色金属材料，其具有的特殊物理效应是钢铁材料无法替代的。

图 8　航天飞机

(八) 硅

第二次世界大战中，开始用硅制作雷达的高频晶体检波器。所用的硅纯度低，不是单晶体。

1950 年，制出第 1 只硅晶体管。

1960年，硅整流器、硅闸流管问世，促使硅材料的生产一跃而居半导体材料的首位。

1960年代，硅外延生长单晶技术和硅平面工艺。

硅晶体管制造技术趋于成熟，集成电路迅速发展。

20世纪70年代初，石英光导纤维材料和GaAs激光器的发明，促进了光纤通信技术迅速发展并逐步形成了高新技术产业，使人类进入了信息时代。

（九）高分子材料

人类文明出现以来，高分子材料就一直陪伴人们。

天然高分子（丝、皮、毛等）从远古就被人发现利用。

不断改进加工技术，将棉、麻、丝、皮、毛等用于建筑、工具、纺织、造纸、制衣制革等；把植物体内的“树脂”（树流出的油脂）用于涂料、黏合剂、药物和溶剂等。

穿梭于太空的宇宙飞船、射程上万公里的战略导弹除要求有强大的推力系统外，质轻、耐烧蚀、高强度的壳体材料也十分重要。

高分子材料的密度为$0.9 \sim 2.3 g/cm^3$，对要求减轻自重的飞机、导弹、人造卫星、宇宙飞船有特殊意义。

由高分子黏合剂与聚丙烯腈制成的高强度、高模量碳纤维复合材料成为这些飞行器理想的壳体。

常用塑料的体积电阻率高达1016～1020Ω·cm，低密度聚乙烯的介电强度高，在电子和电工技术中合成高分子材料已大量取代天然橡胶制作绝缘材料。

高分子材料具有低的热导系数，比金属小上百倍甚至近千倍，其所制成的泡沫材料是十分理想的隔热体。

在冷藏、建筑、节能装置中广泛用作保温材料，在有高温冲击的飞行器如火箭、导弹、宇宙飞船中是优良的热防护材料。

部分高分子材料可抵抗酸、碱、盐溶液和蒸汽等腐蚀的功能，如聚四氟乙烯，可抵御王水的腐蚀。

高分子材料发展之迅速，对人类生活影响之深入和广泛，在当前各高新技术中发挥作用之重大，是一般传统材料难以比拟的。

没有高分子材料，探测宇宙的空间飞船、高密度存储光盘、飞机跨越太平洋的不停站飞行、飞行器的红外隐身，都只能是停留在脑子里的幻想。

可以预言，在人类面临能源和资源挑战的21世纪，高分子材料将为人类社会做出更大的贡献。

20世纪人类应用材料种类极其繁多，各种新材料不断涌现，很难用一种材料来代表当今时代的特征。新材料时代，衣、食、住、行以及科学技术的发展都离不开新材料，同时出现了各种材料的复合技术。金属与无机材料的复合，金属与高分子材料的复合，无机材料与高分子材料的复合。

钛材料与日常生活，“自行车发烧友”一般选择钛合金制自行车。它以其独特的魅力，成为国际上公认的生产各类比赛及休闲用高档自行车最先进、最理想的材料，通常用于需要抗腐蚀、耐疲劳、高弹性的场合。

通常合金架的比重约为 $8.9g/cm^3$，纯钛架的比重约为 $4.5g/cm^3$。

计算机的发展已经历了 4 代，目前正在发展第 5 代。

电子管时代：第 1 代（1946—1958），以电子管作为逻辑部件。

晶体管时代：第 2 代（1959—1964），采用晶体管作为逻辑部件。

小规模集成电路时代：第 3 代（1965—1970），用集成电路作为逻辑元件。

大规模及超大规模集成电路时代：第 4 代（1971—1989），大规模集成电路应用于计算机，寄存器多，速度快。

计算机科学时代：第 5 代，主要有智能型计算机、分布式计算机系统、多媒体技术。

没有远程通信技术，整个世界的发展不会有今天这样快，远程通信技术的发展与光导纤维的问世密切相关。

100 年前，美国科学家贝尔做过用光传输语言的实验。

1966 年，发现提高玻璃纯度可减少光传播过程中的损耗。

1970 年，美国康宁公司用高纯石英玻璃制造出现代光导纤维，被誉为百年不遇的发明。

光纤是一种比头发还细的高纯度玻璃丝，一根细丝就能同时传输 2000 路通话，且不失真、不受环境干扰。不易被窃听、传输特别快（比铜缆快 72000 倍）。

建筑材料可分为结构材料、装饰材料和某些专用材料。结构材料包括木材、竹材、石材、水泥、混凝土、金属、砖瓦、陶瓷、玻璃、工程塑料、复合材料等。装饰材料包括各种涂料、油漆、镀层、贴面、各色瓷砖、具有特殊效果的玻璃等。专用材料指用于防水、防潮、防腐、防火、阻燃、隔音、隔热、保温、密封等的材料。建筑材料长期承受风吹、日晒、雨淋、磨损、腐蚀等，性能会逐渐变化，建筑材料的合理选用至关重要，首先应当安全、经久耐用。

建筑材料用量很大，直接影响到工程的造价，通常建材费用占工程总造价的一半以上。因此，在考虑技术性能时，必须兼顾经济性。

中国传统的建筑以木结构建筑为主，西方的传统建筑以砖一石结构为主。

现代建筑以钢筋混凝土为主。

早期的轿车，车身沿用马车车身结构，整个车身以木材料为主。

1912 年，由爱德华·巴特首次制成了全金属的车身。

1925年，文森卓·兰西亚发明承载式车身。车身由钢板冲压成型的金属结构件和大型覆盖件组成。这种金属结构的车身一直沿用至今，得到不断的完善和发展。

复合材料：主要是碳纤维复合材料。重量极轻，可达到与刚质材料同样的稳定性和安全性，大大提高了汽车的灵敏性和操纵性，尤其是在转弯处可提高车速。

合金：主要是铝合金。铝合金车壳具有质量轻、节能、散热好、耐腐蚀等特点。

铝：中高档汽车越来越多使用铝，铝质车身比钢质车身轻约40%。

钢：主要有镀锌钢、低碳钢、高强度钢等。

镀锌钢板有良好的抗腐蚀能力，广泛应用在汽车上。

低碳钢板有很好的塑性加工性能，能满足车身拼焊的要求。

高强度钢板是在低碳钢板的基础上采用强化方法得到的，可在厚度减薄的情况下依然保持汽车车身的机械性能要求，从而减轻了汽车重量。

个人所得税动态筹划方法

——基于非线性规划模型

蒋剑军

摘　要：近年来个人所得税支出占个人支出的比例逐年提高，因此在依法纳税基础上的纳税筹划问题已逐渐成为社会关注的热点问题之一。高校教师的收入也随着高等教育的快速发展而有了较大的提高，已成为个人所得税征管的重要对象。本文就高校教师个人所得税纳税筹划问题建立了由系列非线性规划模型所组成的动态筹划模型，并运用最优化软件求解出工资及年终奖金动态发放的最优方案，提出了适合高校教师及其他工薪阶层的筹划建议。

关键词：高校教师；个人所得税；动态筹划；非线性规划模型

1. 高校教师纳税筹划的背景

随着我国高等教育事业的快速发展，近年来高校教师的收入有了较大的提高。国家税务总局发布的《关于进一步加强对高收入者个人所得税征收管理的通知》及《个人所得税管理办法》中已明确将高等院校、烟草、电力等高收入行业以及列入个人高收入的大学教师作为个人所得税征管的重要对象。然而，高校作为市场经济的主体之一，可在法律许可的范围内综合运用多种手段从薪酬的发放时间、数额、方式等多方面优化教职员工的个人所得结构，以减轻高校教师的税收负担。因此，高校若能就教师个人所得税这个问题设计一套科学、先进的税务筹划途径，以有效降低教师税负，提高教师实际收入，必能提高教师对学校的满意度与忠诚度，从而实现高校的可持续发展。

所谓高校教师个人所得税纳税筹划，就是指高等院校在遵守税法、尊重税法的前提下，运用纳税人的权利，通过对工资薪金、劳务报酬、稿酬、特许权使用费等所得在发放的时间、数额及方式等方面进行规划和安排，最大限度地降低高校教师税负、增加高校教师实际收入的财税管理活动。

作者简介：蒋剑军（1970—），男，汉，四川仁寿人，应用数学博士，铜陵学院教授。

当前关于高校教师个人所得税纳税筹划的讨论已有丰富的文献。有的从政策角度分析纳税筹划中的风险；有的从法律角度提供纳税筹划中所要遵循的原则；有的针对年终一次性奖金的纳税筹划进行了专门的讨论；也有通过数学模型讨论固定年薪制下工薪所得的纳税筹划方法。绝大多数文献提供高校教师所得的分散筹划计算方法，即逐一介绍工薪所得、劳务所得、稿酬所得及特许权使用费所得等筹划计算方法。这些纳税筹划方法都是对全体高校教师统一且静态的筹划，并且不涉及深刻的数学方法。

本文将应用系列非线性规划模型构建高校教师动态工薪下个人所得税纳税筹划模型，为高校教师提供"一人一策"的工薪集中筹划方案。这个方案也适合其他工薪阶层。

2. 高校教师个人所得税动态筹划问题

当前，高校已是个人所得税纳税的重要单位。有的高校为了减轻教师的税收负担，以为员工谋福利，打造和谐校园，各部门协同提供了针对教师个人的个人所得税纳税动态筹划方法，具体如下。

首先，人事部门在考虑常规性调薪、奖酬金、全年一次性奖金等诸多变动因素的基础上，尽可能精确地向财务部门提供每位教师下年度全年的工薪预计数；然后，相关职能部门及各二级学院在强化预算管理的基础上，在下年度到来前将能实现的各项奖金及补贴预计数提交财务部门；最后，财务部门汇总核对这些数据，并在法律框架内将非工薪收入（劳务报酬、稿酬和其他所得等）与工薪收入进行恰当的转化，扣除非税项目等之后，形成每位教师的全年预期收入，按纳税最小化原则计算出每位教师的最佳月薪和年终奖金支付额，据此在规定时间内发放到每位教师账户，并依法代扣代缴个人所得税。

此外，如果某些教师因临时原因增加或减少了工作，比如增加教学工作量、委派指导学生科技活动、编写实验指导书等，于年中发生一笔或多笔收入，那么教师个人可到财务部门申请全年预期收入变更，于是财务部门对该名教师重新筹划此后每个月的工资和年终奖金。每位教师都可根据自己全年收入的动态情况向财务处申请变更一次或多次。试给出在这样的个人所得税动态筹划方案下每月工资及年终奖金的最优发放方案。

本文运用定量分析和对比分析相结合的方法，应用最优化理论为该个人所得税问题建立了由系列非线性规划模型构成的动态筹划模型，并运用最优化软件求解出工资及年终奖金动态发放的最优方案，提出了适合高校教师及其他工薪阶层的筹划建议。

3. 个人所得税动态筹划模型及求解

3.1 个人所得税动态筹划中的一些概念

在提出解决此问题的方案前，本文首先给出上述个人所得税动态筹划方案中提及的“申请变更”和后文提及的“执行变更”的含义。申请变更是指某位教师全年预期收入发生了变化，向财务部门提出全年预期收入变更申请；执行变更，是指财务部门收到变更申请后对此后每月工资和年终奖金进行重新筹划，并执行新的发放方案。

个人所得税动态筹划方案中有以下几个细节需要注意。

(1) 若变更申请发生在第 m 月，则变更执行一般发生在第 $m+1$ 月或之后，具体哪个月执行变更要视有利于税额减少而定，而且执行变更不对该次变更前的工资产生影响。

(2) 原则上变更申请可于全年任一月提出，但实际上若在 12 月提出，则可与之前相关部门向财务部门提交的奖金及补贴预计数进行合并，从而相当于没有提出变更申请，于是来年 1 月也就没有变更可执行，这意味着若有变更需要执行，则时间一般是在 2 月或之后。

(3) 若同一月提出变更申请多次，则财务部门可于当月汇总为一次变更，这相当于每月至多提出一次变更申请。

3.2 个人所得税计算表达式

3.2.1 工资（salary）纳税额函数 f（S）

假设某月工资为 S 元，则按现行个人所得税制度（见国税发[2011]46 号文件），该月工资应纳税额为

$$f(S)=\begin{cases}0,\ S\leqslant 3500\\(S-3500)\times 3\%,\ 3500<S\leqslant 5000\\(S-3500)\times 10\%-105,\ 5000<S\leqslant 8000\\(S-3500)\times 20\%-555,\ 8000<S\leqslant 12500\\(S-3500)\times 25\%-1005,\ 12500<S\leqslant 38500\\(S-3500)\times 30\%-2755,\ 38500<S\leqslant 58500\\(S-3500)\times 35\%-5505,\ 58500<S\leqslant 83500\\(S-3500)\times 45\%-13505,\ S>83500\end{cases}\tag{1}$$

3.2.2 年终奖金(year-end bonus)纳税额函数 $g(Y, S)$

据国税发[2005]9 号文件：纳税人取得全年一次性奖金，单独作为一个月工资、薪金所得计算纳税；在一个纳税年度内，对每一个纳税人，该计税办法只允许采用一次。具体计税办法参阅国税发[2005]9 号文件，本文不再详述。

本文所指年终奖金，即是指文件中的全年一次性奖金。设年终奖金为 Y 元，年终奖金发放当月工资为 S 元，则按国税发[2005]9 号文件计税办法，有

① 当 $S \geqslant 3500$ 时，应纳税额 $g(Y, S)$ 为

$$g(Y, S)=\begin{cases} Y\times 3\%, & Y/12\leqslant 1500 \\ Y\times 10\%-105, & 1500<Y/12\leqslant 4500 \\ Y\times 20\%-555, & 4500<Y/12\leqslant 9000 \\ Y\times 25\%-1005, & 9000<Y/12\leqslant 35000 \\ Y\times 30\%-2755, & 35000<Y/12\leqslant 55000 \\ Y\times 35\%-5505, & 55000<Y/12\leqslant 80000 \\ Y\times 45\%-13505, & Y/12>80000 \end{cases} \tag{2}$$

② 当 $S<3500$ 且 $Y>3500-S$ 时，应纳税额 $g(Y, S)$ 为

$$g(Y, S)=\begin{cases} (Y+S-3500)\times 3\%, & (Y+S-3500)/12\leqslant 1500 \\ (Y+S-3500)\times 10\%-105, & 1500<(Y+S-3500)/12\leqslant 4500 \\ (Y+S-3500)\times 20\%-555, & 4500<(Y+S-3500)/12\leqslant 9000 \\ (Y+S-3500)\times 25\%-1005, & 9000<(Y+S-3500)/12\leqslant 35000 \\ (Y+S-3500)\times 30\%-2755, & 35000<(Y+S-3500)/12\leqslant 55000 \\ (Y+S-3500)\times 35\%-5505, & 55000<(Y+S-3500)/12\leqslant 80000 \\ (Y+S-3500)\times 45\%-13505, & (Y+S-3500)/12>80000 \end{cases} \tag{3}$$

③ 当 $S<3500$ 且 $Y\leqslant 3500-S$ 时，应纳税额为 $g(Y, S)=0$。

3.3 个人所得税动态筹划模型

下述命题 1 和命题 2 不仅对本文建模是重要的，也是个人所得税筹划中非常重要的结论，更是个人所得税动态筹划的依据。

命题 1 设某人在 m 月内总计领取工资 M 元，每月依次领取工资 x_1，x_2，

…，x_m 元，这 m 月的平均工资为 $\bar{x}$：$M=m\bar{x}$ 元，则有 $\sum_{k=1}^{m} f(x_k) \geqslant mf(\bar{x})$。

命题1是说按 m 月平均工资纳税的总额将不多于按这 m 月不均衡工资纳税的总额。换句话说，在一定时期内工资收入总额既定时工资发放越均衡，纳税总额越不会增加。

这个结论广泛见于个人所得税纳税筹划文献，是纳税筹划理论中的基本结论。杜晓梅指出筹划中应注意的问题时提出了“按月均衡发放工资奖金不是最优的纳税方法”的观点，下文的模型也将印证这一点。

下面为个人所得税动态筹划方案建立数学模型。

假设上年底提交的今年全年预期收入为 W，今年申请变更 n 次（$0 \leqslant n \leqslant 11$），分别发生在第 m_1，m_2，…，m_n 月，其中 $1 \leqslant m_1 < m_2 < \cdots < m_n \leqslant 11$，增量依次为 d_1，d_2，…，d_n。下面先对 n 的某些特殊值进行讨论，然后据此递推即可导出一般情形的结果。

当 $n=0$ 时，全年没有提出变更申请。假设全年预期收入 W 中分配到工资中的部分为 X（按命题1平均分摊到每月则为 x：$X=12x$），其余部分 $Y=W-X$ 为年终奖金。于是，全年纳税总额为

$$T=12f(x)+g(Y, x) \tag{4}$$

个人所得税筹划的目的是，在 $X+Y=W$（定值）的条件下调节 X 与 Y 的值，使得全年纳税总额 T 为最小，即有如下数学规划模型：

$$\min T=12f(x)+g(Y, x)$$
$$\text{s. t.} \begin{cases} X+Y=W \\ X=12x \geqslant 0 \\ Y \geqslant 0 \end{cases} \tag{5}$$

上述结果即为固定年薪制下个人所得税筹划的数学规划模型。

模型（5）的解称为固定年薪制下工资及年终奖金的全局最优发放方案，也就是说，在年总收入为 W（定值）的所有工资及年终奖金发放方案中，全局最优发放方案纳税最少。

当 $n=1$ 时，假设申请变更发生在第 m 月，增量为 d，执行变更发生在第 z 月（称 z 为变更执行点，是模型决策变量之一，为正整数，且 $m+1 \leqslant z \leqslant 13$，当 $z=13$ 时其含义是该次变更不执行，增量 d 合并到年终奖金中发放）。分两步计算纳税额。

第一步：因为不能预知有变更发生，所以第1月至第 $z-1$ 月仍按原来的全

年预期收入 W 计算纳税额。假设 W 分配到工资中的部分为 X_1（平均分摊到每月为 x_1：$X_1=12x_1$），其余部分 $Y_1=W-X_1$ 按原计划则为年终奖金，使得纳税额最少的数学规划模型如下：

$$\min T_1=12f(x_1)+g(Y_1,\ x_1)$$

$$\text{s. t.}\begin{cases}X_1+Y_1=W\\X_1=12x_1\geqslant 0\\Y_1\geqslant 0\end{cases}\tag{6}$$

运用优化软件求解模型(6)，可得 x_1 和 Y_1 的值。

第二步：至第 $z-1$ 月沿袭了第一步所确定的工资 x_1，第 z 月至第12月按新的（且是剩下的）预期收入 $R(z)=W+d-(z-1)x_1$ 重新筹划工资及年终奖金，如图1所示。

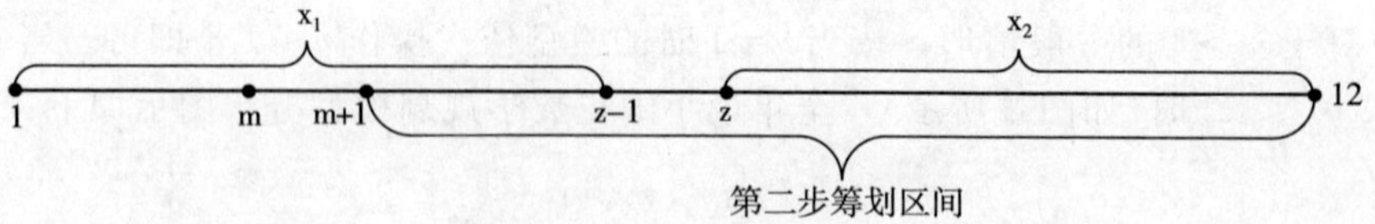

图1　当 $n=1$ 的情形

假设 $R(z)$ 分配到工资中的部分为 X_2，其余部分 $Y_2=R(z)-X_2$ 成为新的年终奖金（第一步所确定的年终奖金废止），使得全年纳税额最少的数学规划模型如下：

$$\min T_2=(z-1)f(x_1)+(13-z)f(x_2)+g(Y_2,\ x_2)$$

$$\text{s. t.}\begin{cases}X_2+Y_2=R(z)\\X_2=\begin{cases}0,\ z=13\\(13-z)x_2,\ m+1\leqslant z<13\end{cases}\\x_2=\begin{cases}x_1,\ z=13\\X_2/(13-z),\ m+1\leqslant z<13\end{cases}\\X_2,\ Y_2\geqslant 0,\ z\text{ 为整数}\end{cases}\tag{7}$$

模型(7)中 X_2，x_2，z 三者关系在目标和约束中都是非线性的，所以这是非线性规划模型。关于其中变更执行点 z 值的分布，我们通过几个实例来探索（如表1所示）。

表 1　z 值分布探索实例

例	m	x_1	Y_1	d	z 值分布	x_2	Y_2	全年最少纳税
1	9	3500	0	100	10	3533.3	0	3
					11	3550	0	3
					12	3600	0	3
					13	没有执行	100	3
2	9	3400	0	300	10	3500	0	0
3	4	5000	0	18000	13	没有执行	18000	1080

从表 1 我们得到如下结论：

命题 2　变更执行点 z 值可能取遍区间$[m+1，13]$上所有整数值，其中 $z=m+1$ 或 $z=13$ 最有个人所得税筹划意义，即年中收入要么尽早发放，要么年底合并到年终奖金中发放。

对于 $n>1$ 的一般情形，按当 $n=1$ 时的模型依次操作 $n+1$ 步即可。当 $z_1 \leqslant z_2 \leqslant \cdots \leqslant z_n$ 时(如图 2 所示)，全年最小纳税数学规划模型分步图示如下：

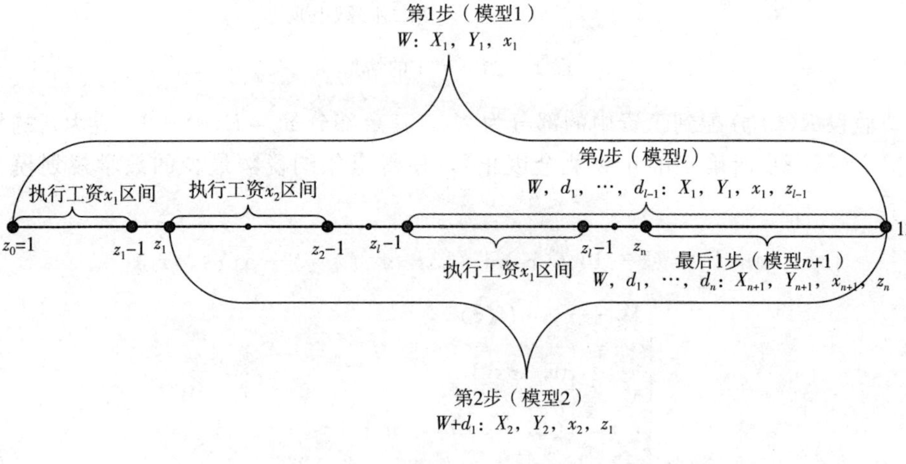

图 2　全年执行变更 n 次的工资分布情况($m_n \leqslant z_n < 12$)

第一步：同模型(6)。

下面给出第 l 步($l=2，\cdots，n$) 模型的推导(图 2 是示意图)。

① 决策变量：第 $l-1$ 次变更的执行点 z_{l-1}、相应的工资 X_l(或 x_l) 及年终奖金 Y_l；

② 已知的有：预期年收入、各次变更增量、之前各模型所求解出来的变更执行点、工资及年终奖金：$W，d_1，\cdots，d_{l-1}，X_1，Y_1，x_1，\cdots，X_{l-1}，Y_{l-1}，$

x_{l-1}，z_{l-2}。

为了方便书写模型，记 $z_0=1$，$z_l=13$，则全年纳税额最少的数学规划模型为：

$$\min T_l=\sum_{k=1}^{l}(z_k-z_{k-1})f(x_k)+g(Y_l,\ x_l)$$

$$\text{s. t.}\begin{cases}X_l+Y_l=W+\sum\limits_{k=1}^{l-1}[d_k-(z_k-z_{k-1})x_k]\\ X_l=\begin{cases}0,\ z_{l-1}=13\\ (13-z_{l-1})x_l,\ m_{l-1}+1\leqslant z_{l-1}\leqslant 12\end{cases}\\ x_l=\begin{cases}x_{l-1},\ z_{l-1}=13\\ X_l/(13-z_{l-1}),\ m_{l-1}+1\leqslant z_{l-1}\leqslant 12\end{cases}\\ X_l,\ Y_l\geqslant 0,\ z_{l-1}\text{ 为整数}\end{cases}\tag{8}$$

模型(8)中 X_l，x_l，z_{l-1} 三者关系在目标和约束中都是非线性的，故也是非线性规划模型。

上述系列模型组成了高校教师个人所得税动态筹划方案。个人所得税动态筹划方案是分段最优纳税方案，全年预期收入 d_1，d_2，…，d_n 的动态性使其成为现实中操作性最强的个人所得税纳税筹划方案。

4. 案例分析

假设某高校张老师经财务部门汇核的来年全年预期收入为 $W=108600$ 元。到了第二年，张老师于 5 月份接到大学生科技竞赛培训任务，预计酬金 4300 元。张老师对该笔收入及时向财务部门做了变更申请。试计算在个人所得税动态筹划方案下张老师的工资及年终奖金发放方案及在此发放方案下年纳税总额。

4.1　建模及求解过程

易知张老师向财务部门提交变更申请 1 次，申请时间为 $m=5$，增量为 $d=4300$，假设执行时间为 z，于是分步建模及求解如下。

第一步：执行变更前全年纳税模型

$$\min T_1=12f(x_1)+g(Y_1,\ x_1)$$

$$\text{s. t.}\begin{cases}X_1+Y_1=108600\\ X_1=12x_1\geqslant 0\\ Y_1\geqslant 0\end{cases}$$

第二步：执行变更后全年纳税模型。

$$\min T_2=(z-1)f(x_1)+(13-z)f(x_2)+g(Y_2,\ x_2)$$

$$\text{s. t.}\begin{cases}X_2+Y_2=W+d-(z-1)x_1\\ X_2=\begin{cases}0,\ z=13\\(13-z)x_2,\ m+1\leqslant z<13\end{cases}\\ x_2=\begin{cases}x_1,\ z=13\\X_2/(13-z),\ m+1\leqslant z<13\end{cases}\\ X_2,\ Y_2\geqslant 0,\ z\text{为整数}\end{cases}$$

应用优化软件编程计算得到结果见表 2(每次计算精确到小数点后两位)。

表 2　动态筹划方案结果

各参数序号	x	X	Y	f	g	T	z
1	7550	90600	18000	300	540	4140	6
2	8164.29	57150	18000	377.86	540	4685	

由上述结果知，张老师当年工资及年终奖金动态发放方案及在此发放方案下年度纳税总额见表 3。

表 3　工资及年终奖金的动态发放方案

工资	执行时间段	1 月 ～ 5 月	6 月 ～ 12 月
	额度(元 / 月)	7550	8164.29
年终奖金(元)		18000	
年度纳税总额(元)		4685.00	

4.2　与其他发放方案的比较

① 若年底前提交的全年预期收入不可变更，将年中收入与之前规划的年终奖金合并于年底一起发，则全年纳税总额为(工资为 7550 元 / 月，年终奖金变更为 22300 元)

$$T=12f_1+g(22300,\ 7550)=12\times 300+2125=5725$$

比动态筹划方案下的纳税总额多出 5725－4685＝1040 元，这是一笔不小的开支。

② 假设对张老师来说 4300 元的大学生科技竞赛培训酬金是可预期的，全年

预期收入从 108600 元变更为 108600＋4300＝112900 元（向财务部门提交前即已变更）。于是，按模型（5）算出工资及年终奖金的全局最优发放方案、全年税收总额分别为：

工资及年终奖金发放方案：工资 7908.33 元/月，年终奖金 18000 元。

全年税收总额：4570 元。

与全局最优发放方案相比，动态筹划方案下纳税总额多出 4685－4570＝115 元。

因为全年收入的动态性，个人所得税筹划全局最优方案实际上难以实施，所以个人所得税动态筹划方案仍不失为实际中的最优方案。

需要说明的是，个人所得税的动态筹划方案不仅适用于高校，对其他企业事业单位也适用，本文不再举例说明。

参考文献：

[1] 王总胜，刘志耕．工资薪金税前扣除七大要点及涉税风险分析［J］．财务与会计，2014（1）．

[2] 刘云甫．高校税收筹划的法律思考——以高校教师个人所得税为视角［J］．行政与法，2010（2）．

[3] 陈辉．年终一次奖金个人所得税敏感区间及纳税筹划——以高校为例［J］．会计之友，2012（4）．

[4] 李永艳，马鹏．线性规划方法在个税纳税筹划中的应用［J］．西部财会，2011（12）．

[5] 黄志平．个人所得税税务筹划探析［J］．现代商贸工业，2013（8）．

[6] 高素玲．高校教师个人所得税纳税筹划［J］．会计之友，2012（11）．

[7] 黄春萍，代利平．高校教师个人所得税税务筹划探析［J］．财会通讯，2011（7）．

[8] 顾素霞．高校教师个人所得税纳税筹划研究［J］．财会月刊，2010（11）．

[9] 王淑华．新税法下高校教师个人所得税筹划研究［J］．东北财经大学学报，2009（3）．

[10] 黄海波．高校教师个人所得税税务筹划研究［J］．科技与管理，2011（3）．

[11] 杜晓梅．高校教师工资奖金发放方式的个人所得税筹划［J］．会计之友，2011（5）．

基于背景值优化的 GM（1，1）模型及其应用研究

蒋诗泉

摘　要：由于背景值是影响灰色理论建模精度的重要因素之一，根据灰色系统理论建模机理以及数据累加生成具有非齐次灰指数规律，构建动态序列模型。基于积分几何意义的视角，利用函数逼近的思想并结合复化梯形公式，提出一种新的 GM（1，1）模型背景值优化的方法。算例表明，利用优化的背景值计算公式所建立的 GM（1，1）模型在预测精度上得到显著提高。

关键词：GM（1，1）模型；复化梯形公式；背景值；动态序列模型

1. 引言

灰色预测模型是灰色系统理论的主要内容之一，灰色预测模型在各个方面得到了广泛的应用。文献[1]指出 GM（1，1）模型是灰色预测的核心内容，它主要是通过一阶微分方程的模型来揭示其内部规律。许多学者在应用 GM（1，1）模型的过程中，发现模型预测精度不稳定，并为此做了很多的研究。文献[2－4]阐述了 GM（1，1）模型预测误差大的原因在于背景值构造方法不恰当，同时给出了背景值构造新方法。文献[5]给出了一种基于数值分析的 Newton—Cotes 的背景值公式，但是当 n 较大时，高次插值会出现 Runge 现象，造成误差较大。文献［6］给出了一种基于二次插值的背景值计算方法，该方法虽然不会出现 Runge 现象，但是其预测精度难于保证。文献[7]根据一次累加具有“灰指数”规律，并利用齐次指数拟合灰指数序列，然后对其积分，将积分值作为背景值。该法不足之处在于，一次累加序列并不一定都是齐次序列。文献[8－9]利用一次累加生成序列的准指数规律，将其准指数设成非齐次指数形式，通过变换求出准指数函数中的常数，该准指数函数积分值作为背景值。文献[10]提出一种利用梯形面积近似背景值时产生的正误差去补偿矩形面积近似背景值时产生的负误差的

作者简介：蒋诗泉（1974—），男，汉族，安徽舒城县人，铜陵学院副教授，博士。

背景值重构方法。该方法对如何取 n_1 个小梯形不好把握，因此预测准确性不稳定。文献[11]利用预估一校正技术，根据一次累加生成序列呈指数增长的特点构造新的插值函数，从而改善 GM（1，1）的背景值。文献[12－13]也提出了对背景值的改进措施。从以上研究看出对背景值的优化方法主要包括：一是插值，即利用插值多项式的方法改进背景值；二是拟合，即假定对原始数据进行 1—AGO 后为（非）齐次指数规律，通过变换求出（非）齐次指数中的系数，对 1—AGO 后为（非）齐次指数函数进行积分运算，其积分值作为优化的背景值。其中，基于数值分析的插值方法主要缺陷是多项式次数的选择不易处理，同时它的预测精度也不能保证；基于（非）齐次指数拟合 1—AGO 的序列 $x^{(1)}$（k）方法的主要缺陷是预测精度提高不明显。因此，在各位学者的研究基础上，利用一次累加具有非齐次灰指数规律，构建动态序列模型，该模型中变量可以取实数，克服了以往研究中变量只取正整数的缺陷。从积分的几何意义的视角，利用函数逼近的思想并结合复化梯形公式去改进其背景值，以提高 GM（1，1）模型的预测精度。算例说明改进的背景值公式确实能够提高 GM（1，1）预测的精度。因此，该背景值公式具有一定的理论意义和实践意义。

2. 传统灰色模型的建模机理及其误差分析

2.1 传统灰色 GM（1，1）模型的建模机理

定义 1：灰色 GM(1，1) 预测模型中，已知原始序列 $X^{(0)}=\{x^{(0)}(1), x^{(0)}(2), \cdots, x^{(0)}(n)\}$，$x^{(0)}(i)>0$，$i=1, 2, \cdots, n$

则其一次累加序列为：1—*AGO*：

$X^{(1)}=\{x^{(1)}(1), x^{(1)}(2), \cdots, x^{(1)}(n)\}$，其中，$x^{(1)}(k)=\sum_{i=1}^{k} x^{(0)}(i)$，$i=1, 2, \cdots, n$。称 $x^{(0)}(k)+ax^{(1)}(k)=b$ 为 GM(1，1) 的原始形式。 (1)

定义 2：$X^{(0)}$，$X^{(1)}$ 如定义 1 所示，令 $Z^{(1)}=(z^{(1)}(1), z^{(1)}(2), \cdots, z^{(1)}(n))$，其中，$z^{(1)}(k)=\frac{1}{2}\{x^{(1)}(k)+x^{(1)}(k-1)\}$，

则称 $x^{(0)}(k)+az^{(1)}(k)=b$ 为 GM(1，1) 模型的基本形式。 (2)

定理 1：若参数列 $\hat{a}=[a, b]^{\mathrm{T}}$ 且 $Y=\begin{bmatrix} x^{(0)}(2) \\ x^{(0)}(3) \\ \vdots \\ x^{(0)}(n) \end{bmatrix}$，$B=\begin{bmatrix} -z^{(1)}(2) & 1 \\ -z^{(1)}(3) & 1 \\ \vdots & \vdots \\ -z^{(1)}(n) & 1 \end{bmatrix}$

则 GM(1，1) 模型 $x^{(0)}(k)+az^{(1)}(k)=b$ 的最小二乘估计参数列满足 $\hat{a}=(B^{\mathrm{T}}B)^{-1}B^{\mathrm{T}}Y$。

GM(1，1) 模型 $x^{(0)}(k)+az^{(1)}(k)=b$ 的时间响应序列为：

$$\hat{X}^{(1)}(K+1)=(x^{(0)}-\frac{b}{a})\mathrm{e}^{-ak}+\frac{b}{a}，k=1，2，\cdots，n。\tag{3}$$

其还原值为：

$$\hat{X}^{(1)}(K+1)=\hat{x}^{(1)}(K+1)-\hat{x}^{(1)}(K)$$

$$=(1-\mathrm{e}^{a})(x^{(0)}(1)-\frac{b}{a})\mathrm{e}^{-ak}，k=1，2，\cdots，n。\tag{4}$$

从式(4) 可以看出，GM(1，1) 模型的模拟预测精度取决于参数 a，b 的值，而参数 a，b 的值又取决于 $z^{(1)}(k)$ 的求解。$z^{(1)}(k)$ 就是我们所称的背景值，由此可见背景值确实是影响 GM(1，1) 模型预测精度的很重要的一个方面。

2.2 传统 GM(1，1) 模型的误差分析

(2) 式的白化方程为：$\frac{\mathrm{d}x^{(1)}(t)}{\mathrm{d}t}+ax^{(1)}(t)=b$ (5)

对(5) 式在[$k-1$，k] 上积分得：$x^{(0)}(k)+a\int_{k-1}^{k}x^{(1)}(t)\mathrm{d}t=b$ (6)

将式(6) 与式(2) 进行比较得：$z^{(1)}(k)=\int_{k-1}^{k}x^{(1)}(t)\mathrm{d}t$ (7)

传统的背景值是梯形的面积，而实际值应该等于曲线 $x^{(1)}(t)$ 在区间[$k-1$，k] 上与 t 轴所围成的曲边梯形的面积 $\int_{k-1}^{k}x^{(1)}(t)\mathrm{d}t$。两面积之差即为传统的背景值计算公式的误差的来源。

3. GM(1，1) 模型背景值优化方法研究

3.1 背景值优化的方法

对背景值优化是从积分的几何意义去考虑，对区间[$k-1$，k] 上不断地进行插入点，利用函数逼近的思想，最后求出曲边梯形的面积。此处用多项式进行逼近，采取分段低次插值，低次插值多项式的次数 $n\in[2，4]$，一般取 2 次多项式。因为高次多项式 $L_n(x)$，次数越高，则对被积函数的光滑度的要求也越高，同时对 $n\to\infty$ 时，$L_n(x)$ 也不一定收敛到 f_x。积分区间越小，求积分误差越小。

因此，利用梯形公式，构造相应的求积公式，然后再将所有小区间上的积分加起来，就可以得到整个区间[$k-1$, k]上的求积公式(如图1所示)。根据其他各位学者研究的思路，虽然1—AGO序列成非齐次指数形式，但是并不认为所有的点就在某一条指数曲线上，这条曲线也只是一条近似曲线。因此，将这条曲线作为构造小区间端点值的一个动态序列模型，由这个序列模型求出每个小区间端点值，然后利用复化求积公式计算出优化的背景值。

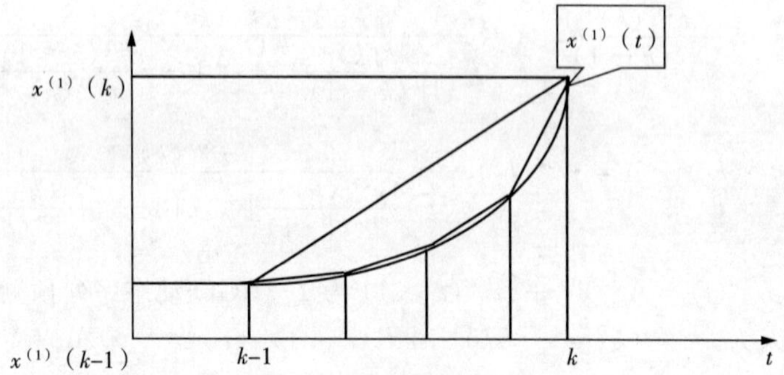

图1　面积逼近示意图

定义3：记[$k-1$, k]=[a, b]，首先把区间[a, b]分成n等分，节点为$x_k=a+k\cdot h$其中$k=0, 1, 2\cdots, n$；$h=\frac{a-b}{n}$。对每个小区间[x_k, x_{k+1}]用数值积分中的梯形公式，于是得到：

$$I=\int_a^b f(x)dx=\sum_{k=0}^{n-1}\int_{x_k}^{x_{k+1}}f(x)dx\approx\sum_{k=0}^{n-1}\frac{x_{k+1}+x_k}{2}(f(x_k)+f(x_{k+1}))$$

$$=\frac{h}{2}(f(a)+f(b)+2\sum_{k=1}^{n-1}f(a+k\cdot h))=T_n$$

称T_n为复化梯形求积公式，下标n表示将区间n等分，若把区间$2n$等分，在每个区间上仍用梯形公式，则可以得到定理2。

定理2：对复化梯形公式T_n，若将区间$2n$等分得到T_{2n}，则T_n与T_{2n}之间有如下关系：

$$T_{2n}=\frac{1}{2}(T_n+H_n)\text{其中，}H_n=h\cdot\sum_{k=1}^{n}f(a+(2k-1)\frac{b-a}{2n})$$

证明：$T_{2n}=\frac{h}{4}\cdot\sum_{k=1}^{n-1}[f(x_k)+2f(x_{k+\frac{1}{2}})+f(x_{k+1})]=\frac{1}{2}T_n+\frac{h}{2}\cdot\sum_{k=1}^{n-1}f(x_{k+\frac{1}{2}})$

$$=\frac{1}{2}(T_n+H_n) \quad 其中，H_n=h\cdot\sum_{k=1}^{n}f(a+(2k-1)\frac{b-a}{2n})$$

定理 2 本质上给出了一个良好的 T_n 与 T_{2n} 之间递推关系，通过这个递推关系，可以方便计算机编程，理论上能够实现在计算机上求解 T_n、T_{2n} 的值。

定理 3：设 $X^{(0)}=\{x^{(0)}(1),\ x^{(0)}(2),\ \cdots,\ x^{(0)}(n)\}$，$x^{(0)}(i)>0$，$i=1$，2，…，$n$ 为原始序列，并设其 1—AGO 累加序列为 $x^{(1)}(k)=Ae^{\alpha(k-1)}+B$，则有

$$\alpha=\ln\frac{x^{(0)}(k)}{x^{(0)}(k-1)},\quad A=\frac{x^{(0)}(k)}{\left[\frac{x^{(0)}(k)}{x^{(0)}(k-1)}\right]^{k-1}\cdot\left[1-\frac{x^{(0)}(k-1)}{x^{(0)}(k)}\right]}$$

$$B=x^{(0)}(k_1)-A=x^{(0)}(k_1)-\frac{x^{(0)}(k)}{\left[\frac{x^{(0)}(k)}{x^{(0)}(k-1)}\right]^{k-1}\cdot\left[1-\frac{x^{(0)}(k-1)}{x^{(0)}(k)}\right]}$$

我们称 $x^{(1)}(t)=Ae^{\alpha(t-1)}+B$，$(t\geqslant 1)$ 为 1—AGO 动态序列预测模型。

证明：因为，$x^{(0)}(k)=x^{(1)}(k)-x^{(1)}(k-1)=Ae^{\alpha(k-1)}-Ae^{\alpha(k-2)}$

$$=Ae^{\alpha(k-1)}(1-e^{-\alpha}) \tag{8}$$

所以，$$\frac{x^{(0)}(k)}{x^{(0)}(k-1)}=\frac{Ae^{\alpha(k-1)}(1-e^{-\alpha})}{Ae^{\alpha(k-2)}(1-e^{-\alpha})}=e^{\alpha} \tag{9}$$

对(9) 两边取对数得到：$$\alpha=\ln\frac{x^{(0)}(k)}{x^{(0)}(k-1)} \tag{10}$$

由(8) 得：$$A=\frac{x^{(0)}(k)}{e^{\alpha(k-1)}(1-e^{-\alpha})}=\frac{x^{(0)}(k)}{e^{(k-1)\cdot\ln\left[\frac{x^{(0)}(k)}{x^{(0)}(k-1)}\right]}\cdot\left(1-e^{\ln\frac{x^{(0)}(k-1)}{x^{(0)}(k)}}\right)}$$

$$=\frac{x^{(0)}(k)}{\left[\frac{x^{(0)}(k)}{x^{(0)}(k-1)}\right]^{k-1}\cdot\left[1-\frac{x^{(0)}(k-1)}{x^{(0)}(k)}\right]} \tag{11}$$

由初值条件可以知道，$x^{(1)}(k_1)=x^{(0)}(k_1)=Ae^{\alpha(k_1-k_1)}+B=A+B\Rightarrow$

$$B=x^{(0)}(k_1)-A=x^{(0)}(k_1)-\frac{x^{(0)}(k)}{\left[\frac{x^{(0)}(k)}{x^{(0)}(k-1)}\right]^{k-1}\cdot\left[1-\frac{x^{(0)}(k-1)}{x^{(0)}(k)}\right]} \tag{12}$$

3.2　利用优化的背景值进行建模

首先，利用定理 3 中的 1—AGO 动态序列预测模型，计算出在区间[k，$k+1$]上 n 等分点处的函数值[即求 $f(a+kh)$ 的值]。

其次，利用复化求积公式计算背景值 $z^{(1)}(k)=\int_{k-1}^{k}x^{(1)}(t)\mathrm{d}t$

$$=\frac{h}{2}(f(a)+f(b)+2\sum_{k=1}^{n-1}f(a+k\cdot h))$$

最后，利用定理 1 计算出 GM（1，1）的时间响应序列及其还原值的表达式并进行预测。

4. 算例分析

我们用 2002—2011 年国家的能源消费需求数据作为基本数据，对原始 GM（1，1）模型和优化背景值以后的 GM（1，1）［以下简称改进的 GM（1，1）］在能源消费需求预测中应用，以比较两个模型的预测精度。以 2002—2009 年能源消费需求数据作为原始数据，对 2010、2011 两年的能源消费需求进行预测。用 2010、2011 两年的实际数据作为检验数据。

具体过程是以区间［1，2］为例，每个区间插入 3 个点将其平均分成 4 份。其他区间类似。

Step 1：计算 α，利用 $\alpha=\ln\frac{x^{(0)}(k)}{x^{(0)}(k-1)}=\ln\frac{x^{(0)}(2)}{x^{(0)}(1)}=\ln\frac{18.38}{15.93}=0.1431$

Step 2：计算 A，

利用 A＝

$$\frac{x^{(0)}(k)}{\left[\frac{x^{(0)}(k)}{x^{(0)}(k-1)}\right]^{k-1}\cdot\left[1-\frac{x^{(0)}(k-1)}{x^{(0)}(k)}\right]}=\frac{18.38}{\left(\frac{18.38}{15.93}\right)^{2-1}\cdot\left(1-\frac{15.93}{18.38}\right)}=119.51$$

Step 3：计算 B，利用 $B=x^{(0)}(k_1)-A=15.93-119.51=-103.58$

Step 4：计算每个小区间的端点值，利用动态序列模型 $x^{(1)}(t)=Ae^{\alpha(t-1)}+B$，$(t\geqslant 1)$

即，$x^{(1)}(t)=119.51\cdot e^{0.1431(t-1)}-103.58$

$t_1=\frac{5}{4}$ 时，$x^{(1)}(t_1)=20.28$；$t_1=\frac{6}{4}$ 时，$x^{(1)}(t_1)=24.79$；$t_1=\frac{7}{4}$ 时，

$$x^{(1)}(t_1)=29.47$$

$$f(a)=x^{(1)}(1)=15.93,\ f(b)=34.31$$

Step 5：计算优化的背景值，利用 $z^{(1)}(k)=\int_{k-1}^{k}x^{(1)}(t)\mathrm{d}t\Rightarrow z^{(1)}(2)=$

$\int_{1}^{2}x^{(1)}(t)\mathrm{d}t=\frac{h}{2}(f(a)+f(b)+2\sum_{k=1}^{n-1}f(a+k\cdot h))=\frac{1}{8}[15.93+34.31+2(20.28+$

24.79＋29.47)]＝24.9125

同理得到：$z^{(1)}(3)=44.6215$，$z^{(1)}(4)=67.9784$，$z^{(1)}(5)=93.0612$

$z^{(1)}(6)=44.121.1735$，$z^{(1)}(7)=156.7850$，$z^{(1)}(8)=183.4950$

将上面的优化背景值带入GM（1，1）模型就得到模拟预测值（如表1所示）。

表1 能源消费需求预测比较表 （单位：$/10^8t$）

年份	序号	原始数据	GM（1，1）模型		优化的GM（1，1模型）	
			模拟预测值	相对误差	模拟预测值	相对误差
2002	1	15.93	15.93	0.00%	15.93	0.00%
2003	2	18.38	19.75	7.50%	19.83	7.88%
2004	3	21.35	21.36	0.05%	21.33	0.09%
2005	4	23.60	23.10	2.12%	22.94	0.67%
2006	5	25.87	24.98	3.44%	24.67	4.63%
2007	6	28.00	27.02	3.5%	26.53	5.25%
2008	7	29.14	29.23	0.31%	28.53	2.09%
2009	8	30.66	31.61	3.09%	30.68	0.07%
2010	9	32.50	34.19	5.2%	32.99	1.51%
2011	10	34.80	36.98	6.26%	35.48	1.95%
平均相对误差		3.15%		2.41%		

5. 结语

根据灰色系统建模理论，分析了原始GM（1，1）模型的建模原理，并分析了传统的GM（1，1）模型预测误差的根源，认为影响灰色系统建模精度的一个重要因素是背景值构造。本文从积分的几何意义的角度出发，利用函数逼近的思想，结合复化梯形公式，提出了一种新的重构背景值的方法。根据重构背景值的GM（1，1）模型，利用2002—2011年能源消费需求数据做了模拟预测，证明了该模型显著地提高了预测精度。该背景值的构造具有一定的理论意义和现实意义，使GM（1，1）模型在实际应用中发挥更大的效应。

参考文献：

[1] 刘思峰，党耀国，方志耕，等．灰色系统理论及其应用［M］．北京：科学出版社，2010.

[2] 谭冠军．GM（1，1）模型背景值构造方法和应用［J］．系统工程理论与实践，2000，20（4）：98—103.

[3] 谭冠军．GM（1，1）模型背景值构造方法和应用（Ⅱ）［J］．系统工程理论与实践，2000，20（5）：125—132.

[4] 谭冠军．GM（1，1）模型背景值构造方法和应用（Ⅲ）［J］．系统工程理论与实践，2000，20（6）：70—74.

[5] 李俊峰，戴文战．基于插值和 Newton—Cotes 公式的 GM（1，1）模型的背景值构造新方法及应用［J］．系统工程理论与实践，2002，22（10）：122—126.

[6] 唐万梅，向长合．基于二次插值的 GM（1，1）模型预测方法的改进［J］．中国管理科学，2006，14（6）：109—112.

[7] 罗党，刘思峰，党耀国．灰色模型 GM（1，1）优化［J］．中国工程科学，2003，5（8）：50—53.

[8] 熊萍萍，党耀国，王正新．MGM（1，1）模型背景值优化［J］．控制与决策，2011，26（6）：806—810.

[9] 王叶梅，党耀国，王正新．非等间距 GM（1，1）模型背景值的优化［J］．中国管理科学，2008，16（4）：159—162.

[10] 戴文战，熊伟，杨爱萍．基于函数 cot（x^α）变换及背景值优化的灰色建模［J］．浙江大学学报（工学版），2010，44（7）：1368—1372.

[11] 穆海林，王文超，宁亚东，等．基于改进灰色模型的能源消费预测研究［J］．大连理工大学学报，2011，51（4）：493—497.

[12] Wang Z X，Dang Y G，Liu S F. The optimization of background value in model［J］. Journal of Grey System，2007，10（2）：69—74.

[13] Wang F X. Improvement on unequal interval gray forecast model［J］. Fuzzy information and engineering，2006，6（1）：118—123.

[14] 李星毅，李奎，施化吉，等．背景值优化的 GM（1，1）预测模型及应用［J］．电子科技大学学报，2011，40（6）：911—914.

[15] 李庆扬，王能超，易大义．数值分析［M］．武汉：华中理工大学出版社，2000.

[16] 国家统计局．中国统计年鉴 2011［M］．北京：中国统计出版社，2012.